Mme Gaskell

Elizabeth Cleghorn Gaskell

(éditrice : Mme Ellis H. Chadwick)

Writat

Cette édition parue en 2024

ISBN : 9789359949567

Publié par
Writat
email : info@writat.com

Contenu

Introduction

je

PARMI les femmes écrivains du XIXe siècle, aucune ne mérite un souvenir plus reconnaissant que Mme Gaskell. Même si elle est décédée il y a quarante-six ans, ses histoires sont toujours lues avec avidité, et sa vie suscite un intérêt croissant, comme l'a montré l'appréciation presque universelle l'année dernière, lors de la célébration de son centenaire. Pour les amoureux des œuvres de Mme Gaskell, l'âge n'a pas encore changé, la lavande peut se trouver entre leurs pages, mais elle est toujours douce, et il existe de nombreux romanciers à succès de notre époque dont les œuvres sont beaucoup moins lues et plus inspirées. date que la sienne. Les générations suivantes ont gardé sa mémoire verte, et les réimpressions continues de ses romans prouvent leur valeur, non seulement pour la période au cours de laquelle ils ont été écrits, mais pour toujours.

Une vie aussi occupée, bienveillante et belle, bien que simple et sans incident, ne pouvait être supprimée complètement, car ses fidèles du monde entier la considèrent comme l'un de leurs auteurs préférés et, en tant que tels, ils demandent avec impatience à en savoir plus sur la femme qui a charmé et les a réconfortés par son humour bienveillant, et les a inspirés et ennoblis par son traitement sympathique des torts sociaux créés par notre système industriel.

Mme Gaskell est sûrement en train d'acquérir la reconnaissance plus complète qu'elle mérite à juste titre, même si en tant qu'écrivain dans les années cinquante et au début des années soixante, elle a pris sa place comme une digne contemporaine de Charlotte Brontë et de Charles Dickens et a eu une carrière des plus réussies. Elle qui a toujours été si généreuse dans son appréciation des autres, ne peut échapper aux hommages volontaires de ses admirateurs.

En août dernier, alors que je visitais une maison où Mme Gaskell était souvent une hôte très appréciée, j'ai eu le privilège de lire une lettre dans laquelle elle mentionnait son amie Florence Nightingale, pour qui elle exprimait sa grande admiration. Peu de temps après, j'appris qu'à cette heure même Florence Nightingale était décédée. Cette lettre parut rapprocher Mme Gaskell, bien qu'elle ait précédé son amie de près d'un demi-siècle. Travaillant sur des lignes très différentes, ces deux nobles femmes ont toutes deux entendu un cri de détresse et se sont senties obligées de faire quelque chose pour l'atténuer. Parmi les femmes distinguées du XIXe siècle, peu ont mérité mieux de leur pays que l'auteur de *Mary Barton* et l'héroïne de la guerre de Crimée.

Rares sont ceux qui se souviennent personnellement de Mme Gaskell, mais j'ai eu le privilège d'en rencontrer plusieurs, et ils pensent tous à elle avec gratitude, non seulement comme une romancière à succès, mais aussi comme une dame très douce, une mère modèle, une dévouée. épouse, une excellente gérante de maison et également une amie fidèle et fidèle. Ses sympathies allaient toujours aux pauvres et aux nécessiteux, et elle constituait une acquisition précieuse pour toute cause qui pouvait s'assurer de ses services.

Son premier grand roman, *Mary Barton* , écrit sous l'influence d'une forte émotion au moment le plus sombre de sa vie, alors qu'elle avait perdu son fils unique, prouva non seulement son génie d'écrivain, mais révéla également son intense sympathie pour ceux qui souffraient. l'injustice autour d'elle à Manchester.

Bien que modeste et presque réservée à l'excès, elle avait le courage de ses convictions et son histoire pitoyable faisait vibrer tout le pays, portant son suprême message de tolérance et d'assistance à ceux qui ne pouvaient s'en empêcher.

C'était une démarche audacieuse que de critiquer les agissements de ses voisins, mais comme elle l'a bien fait dans *Mary Barton* ! et quand ce roman fut jugé entièrement du côté des pauvres et contre leurs employeurs, elle trouva admirablement la balance entre *le Nord et le Sud* , en donnant les deux côtés de la question.

Il faut se rappeler que *Mary Barton* a été écrite il y a plus de soixante ans, à une époque où il y avait peu d'aide organisée aux pauvres et aux opprimés, que ce soit par les Églises ou par l'Etat. C'est son son de clairon qui a beaucoup contribué à éveiller les riches et à leur montrer leur devoir légitime envers les pauvres.

Mme Gaskell n'avait pas peur d'écrire une histoire avec un but précis. Elle a mis en pratique ce qu'elle prêchait et, avec son mari, le fidèle ministre de Cross Street Chapel, elle a fait de son mieux pour atténuer l'horrible pauvreté qu'elle voyait quotidiennement autour d'elle. Ce travail de pionnier que M. et Mme Gaskell ont accompli si discrètement et sans ostentation a porté ses fruits plus tard, et Manchester garde leurs noms en souvenir reconnaissant.

Dotée d'une intuition rapide, d'un jugement équilibré et d'un bon sens, elle n'a eu aucune difficulté à dépeindre la vie réelle des ouvriers pauvres du Lancashire. Son premier roman, en quelque sorte son meilleur en raison du sentiment intense qui s'y dégage, la plaça d'un seul coup au rang des meilleurs écrivains de l'époque, position qu'elle conserva pendant les années restantes de sa vie, produisant des romans. qui se distinguent par leur convivialité pure et douce et leur touche tendre. Elle n'a jamais aspiré au sensationnalisme, mais s'est contentée de nous raconter des « histoires de tous les jours », comme elle avait l'habitude de les appeler, et c'est pour cela qu'elle s'adresse aussi bien aux jeunes qu'aux vieux et à toutes les classes de la société.

George Sand a un jour fait remarquer à Lord Houghton : « Mme. Gaskell a fait ce que ni moi ni aucune autre femme écrivain en France ne pouvons accomplir : elle a écrit des romans qui suscitent le plus profond intérêt chez les hommes du monde, et pourtant que chaque fille sera d'autant meilleure en lisant.

Mary Barton, avec son message pathétique, *Cranford*, cette idylle en prose sans égal, et la fascinante *Vie de Charlotte Brontë* sont ses œuvres les plus connues, mais il n'y a pas moins de six autres romans : *Ruth*, *North and South*, *My Lady Ludlow*, *Sylvia's Lovers.*, *Cousin Phillis* et *Wives and Daughters* - son meilleur et son plus long roman - qui méritent tous d'être beaucoup plus connus. En outre, elle a écrit une quarantaine d'articles et de nouvelles, principalement pour *Household Words* et *All the Year Round*, sous la direction géniale de Charles Dickens. Tout cela prouve que Mme Gaskell n'était pas limitée à un seul type d'écriture et qu'elle était également à l'aise pour traiter des sujets aussi nombreux et aussi variés.

Contrairement à Charlotte Brontë, qui, aussi grande artiste qu'elle soit, avait une gamme très étroite, Mme Gaskell puisait dans de nombreuses sources, et sa toile était souvent très remplie, bien que ses belles esquisses de vie soient presque inégalées en termes d'ampleur et de variété. «Personne ne l'a jamais approchée avec le don de raconter une histoire», a déclaré quelqu'un qui l'a connue avant qu'elle ne devienne écrivain.

Mme Gaskell avait une grande aversion pour la critique et, bien que très indifférente aux louanges, elle était extrêmement sensible au blâme et, pour ces raisons, elle souhaitait que ses œuvres soient son seul mémorial et qu'en dehors de l'écrivain, elles soient jugées. sur leurs seuls mérites.

Tout ce qui a été révélé sur la vie de Mme Gaskell prouve à quel point sa propre personnalité transparaît naturellement à travers ses histoires. «Elle est ce que ses œuvres montrent qu'elle a été : une femme bonne et sage», a écrit Frederick Greenwood dans son éloge funèbre dans le *Cornhill Magazine* après sa mort.

Le fait que nombre de ses histoires aient été traduites dans plusieurs autres langues leur confère une popularité très large et générale.

II

Elizabeth Cleghorn Stevenson, pour donner le nom de jeune fille de Mme Gaskell, a vu la lumière pour la première fois le 29 septembre 1810, à Chelsea, en vue de la Tamise, qu'elle décrit comme un grand réconfort pour elle plus tard, alors qu'elle était « très, très mécontent." La maison dans laquelle elle est née se trouvait dans le pittoresque Lindsey Row, presque en face du vieux pont en bois de Battersea, apprécié des artistes et juste au détour de la rivière. La vue depuis la maison, désormais connue sous le nom de 93 Cheyne Walk, est toujours très belle.

Treize mois presque jour pour jour après la naissance d'Elizabeth Stevenson, sa mère décède au 3 Beaufort Row, Chelsea, à l'âge de quarante ans, et est enterrée le 30 octobre 1811. Après la mort de la mère, le bébé est pris en charge par un voisin. l'épouse du commerçant, jusqu'à ce que M. Stevenson puisse prendre des dispositions pour que sa petite fille soit emmenée chez Mme Lumb, la belle tante Hannah, qui vivait au bord de la lande à Knutsford. Quelques semaines après le décès de la mère, une amie des Holland, Mme Whittington, consentit à ramener le bébé avec elle à Knutsford.

Cette déclaration concernant la mort de Mme Stevenson et l'âge auquel Mme Gaskell est devenue orpheline, qui est maintenant rendue publique pour la première fois, est confirmée par Mme Gaskell elle-même, qui, écrivant à Mary Howitt le 18 août 1838, dit : "Bien que Londonien de naissance, j'ai été très tôt orphelin de mère et emmené à l'âge d'un an seulement dans ma chère ville natale adoptive de Knutsford."

Le long voyage en diligence de Chelsea à Knutsford aurait suggéré le voyage de « Babby » de Londres à Manchester dans *Mary Barton* . Maintenant que l'on sait qu'Elizabeth Stevenson avait un peu plus d'un an, et non un mois comme l'ont affirmé tous les auteurs précédents sur le sujet, il est facile de comprendre que Mme Gaskell avait pour prototype de "Babby" un bébé d'environ un an. En tant que mère, cela m'a toujours intriguée de savoir comment un bébé aussi jeune que « Babby » est représenté dans *Mary Barton* aurait pu survivre après avoir été nourri de « pobbies », et il est tout à fait certain qu'une croûte de pain, fournie pour le enfant selon l'histoire, ne pouvait pas convenir à un si jeune bébé.

Désormais, Knutsford – « Ma chère ville natale d'adoption », comme l'appelait affectueusement Mme Gaskell, devint sa maison jusqu'à son mariage. L'arrivée de ce bébé dans la petite ville du Cheshire a conduit à immortaliser l'endroit sous le nom de Cranford, car si Elizabeth Stevenson n'y avait jamais vécu, le Knutsford du début de la période victorienne aurait probablement été enterré dans l'oubli depuis longtemps, et bien que beaucoup l'aient appréciant le réconfort et le charme du lieu, il lui fallait un artiste « avec une touche d'ange » pour révéler la beauté de la petite ville de campagne et de sa société pittoresque et bienveillante de vieilles filles.

La maison de Mme Lumb à Knutsford, où Elizabeth Stevenson est devenue une fille singulièrement belle, se trouve toujours au coin de la lande, sur laquelle le futur romancier avait l'habitude de se promener et de rêver. Dans ce quartier, elle était entourée des gens de sa mère. À Church House se trouvait son oncle, le Dr Holland, « qui faisait sa ronde de trente milles et vivait à Cranford ». Il était le père du célèbre Sir Henry Holland, médecin de la reine Victoria. Il était ravi d'emmener sa nièce avec lui dans ses promenades à la campagne, tout comme le Dr Gibson de Hollingford, dans *Wives and Daughters*, parcourait le district avec Molly Gibson.

Elizabeth Stevenson a eu de la chance dans sa filiation. Son père, William Stevenson, un homme remarquable et doué, était le fils du capitaine Stevenson de Berwick-on-Tweed. Autrefois, le nom s'écrivait Stevensen, ce qui trahissait son origine scandinave. Mme Gaskell a toujours aimé voyager et, lorsqu'elle s'apprêtait à partir en voyage, elle disait : « Le sang des Vikings bouillonne dans mes veines. »

Si l'hérédité doit compter pour quelque chose, Elizabeth Stevenson tirait une grande partie de son talent littéraire de son père, qui, selon le registre annuel de 1830, « était un homme remarquable par les connaissances qu'il possédait et par la simplicité et la modestie de son attitude ». où ses rares réalisations étaient cachées. Mme Gaskell était très fière de la mémoire de son père, comme elle pouvait l'être. Quelqu'un qui l'a connu a écrit : « Aucun homme n'avait aussi peu d'ennemis personnels et autant d'amis sincères et fidèles. Il était gentil et bienveillant et n'avait guère la fierté d'être un auteur. Ces mots pourraient être écrits en toute sincérité comme étant également applicables à sa célèbre fille.

William Stevenson a joué de nombreux rôles. Après avoir terminé ses études à l'Académie Daventry, il devient tuteur à Bruges, puis se rend à Manchester en tant que conférencier classique à l'Académie et prédicateur à la chapelle unitaire Dob Lane, Failsworth. Plus tard, il fut agriculteur à East Lothian, puis il s'installa à Édimbourg, où il devint rédacteur en chef de l'*Edinburgh Review* et collaborateur de nombreux magazines, en plus d'écrire une *Vie de Caxton*. En 1807, il vint à Londres comme secrétaire de Lord Lauderdale et finit par s'installer comme gardien des archives au Bureau du Trésor, poste qu'il occupa jusqu'à sa mort en 1829. La mère de Mme Gaskell était Elizabeth Holland, quatrième fille de Samuel Holland du Domaine Sandlebridge, près de Knutsford. Il possédait également un domaine connu sous le nom de Dogholes, près de Great Warford.

Grand-père Holland était un homme très aimable, et il a sans aucun doute contribué pour quelque chose au beau personnage du fermier prédicateur, M. Holman, dans *Cousin Phillis*, et dans une moindre mesure à Thomas Holbrook, l'amant fidèle de Miss Matty. La maison ancestrale de Sandlebridge est magnifiquement et précisément décrite comme Hope Farm dans *Cousin Phillis* et comme Woodley dans *Cranford*. L'histoire de plusieurs membres de la distinguée famille Holland était telle qu'elle ne pouvait s'empêcher de se plonger dans les romans d'un génie tel que Mme Gaskell, bien qu'elle n'ait jamais eu l'intention de mettre de vraies personnes dans ses histoires. Si la définition de Leslie Stephen d'un roman est correcte, « une expérience transfigurée, pas nécessairement la propre expérience de l'auteur, mais suffisamment proche de sa vie quotidienne pour être à la portée de sa sympathie », alors les romans de Mme Gaskell résistent bien à l'épreuve.

On sait peu de choses sur la grand-mère paternelle, mais sa grand-mère Holland est décrite comme « une femme d'une énergie et d'une volonté extraordinaires et plutôt à l'opposé de son mari, qui, bien que ferme, était beaucoup plus calme et disposé à traiter ses domestiques avec plus d'indulgence que son mari. épouse, qui était extrêmement pointilleuse avec eux. Sir Henry Holland, dans ses *Souvenirs*, dit que son grand-père, Samuel Holland, était l'optimiste le plus pratique qu'il ait jamais connu, et bien qu'il cultivait sa propre terre, il ne pouvait jamais se plaindre de « la température des saisons » et l'un des propres fils de Samuel Holland déclare que la vie de son père a été « particulièrement douce ».

Elizabeth Stevenson est restée à Knutsford jusqu'à l'âge de treize ans, la seule variation étant une visite occasionnelle à son père à Chelsea. Knutsford, avec ses curieuses vieilles coutumes, a dû faire une impression très vive dans son esprit, puisqu'elle a ensuite pu représenter la petite ville de campagne dans pas moins de six de ses histoires décrivant la vie d'un village anglais au début du XIXe siècle. . Ces histoires pittoresques sont de parfaites petites miniatures situées dans le magnifique paysage qui abonde dans cette partie du Cheshire, et elles nous donnent un aperçu de la romancière à son meilleur.

Combien peu de personnes auraient pu trouver dans le Knutsford d'antan, avec ses vieilles filles raffinées, ses quelques familles aristocratiques et le médecin et l'avocat nécessaires, autant d'excellents matériaux avec lesquels tisser des histoires qui ont charmé les générations suivantes dans de nombreux pays. C'était l'intuition claire de Mme Gaskell qui a vu bien plus que ce que l'œil du mortel ordinaire a vu et lui a fourni une réserve illimitée et inépuisable, à partir de laquelle elle pouvait charmer soit par la voix, soit par la plume. Celui qui l'a connue avant qu'elle soit reconnue comme une écrivaine de talent a dit d'elle : « Elle était une conteuse née », et on peut bien le croire.

Vers l'âge de quatorze ans, Elizabeth Stevenson fut envoyée dans un excellent pensionnat à Stratford-on-Avon, tenu par les demoiselles Byerley, qui étaient apparentées aux Holland, ainsi qu'à sa belle-mère. Elle y reste deux ans, vacances comprises. L'école était autrefois connue sous le nom de « La vieille maison de Sainte-Marie » et Shakespeare y vécut pendant un certain temps. Être éduqué dans une maison où Shakespeare vivait autrefois était de bon augure pour le futur romancier.

Les années d'école d'Elizabeth ont été très heureuses. Écrivant à Mary Howitt en 1838, elle dit : « Je ne veux pas quitter, même en pensée, les repaires de jours aussi heureux que l'étaient mes années d'école. »

Un livre, présenté à l'un de ses camarades de classe, daté du 15 juin 1824, se trouve devant moi, avec la signature d'Elizabeth Stevenson. Elle était connue pour sa gentillesse envers ses camarades d'école et, comme Charlotte Brontë, à Roe Head, on disait d'elle qu'elle pouvait souvent être trouvée entourée d'un groupe d'auditeurs enthousiastes, et même en tant qu'écolière, elle avait, comme elle chère Miss Matty, un penchant pour les histoires de fantômes.

Son premier effort littéraire distinct fut une lettre décrivant un après-midi passé à Clopton Hall, Stratford-on-Avon, en compagnie de ses camarades d'école, qu'elle envoya à William Howitt, qui l'accepta volontiers pour l'insérer dans ses « Visites de lieux remarquables ». » Il a été écrit plus de dix ans après qu'elle ait quitté l'école, mais il prouve à quel point elle était observatrice en tant que fille et comment son amour de la recherche l'a amenée à explorer la vieille maison plutôt que de se promener dans le parc qui entoure la salle.

Il y a deux ans, grâce à la courtoisie du propriétaire, j'ai pu me promener dans Clopton Hall, qui était autrefois le manoir. Elle a été en partie reconstruite, mais la salle de récréation, dans laquelle les joyeuses écolières prenaient le thé, est toujours là avec ses belles fenêtres peintes, et la chambre du curé, dans laquelle notre future romancière se glissait à quatre pattes, se laisse voir avec ses fenêtres à barreaux et ses textes peints sur les murs, et sur le vieil escalier en chêne se trouvent des peintures à l'huile de Charlotte et Margaret Clopton, mentionnées par Mme Gaskell. Les amateurs des œuvres de Mme Gaskell ne devraient pas manquer de lire son récit graphique de « A Visit to Clopton Hall ».

Vers l'année 1827, Elizabeth Stevenson retourna chez sa bonne tante Lumb à Knutsford, mais peu de temps après, son unique frère, un lieutenant de marine, quitta son navire alors qu'il était au port de Calcutta et on n'en entendit plus jamais parler. C'est sans doute lui qui a suggéré « Pauvre Peter » dans *Cranford* et « Cher Frederick » dans *North and South*, bien que ces deux personnages aient été autorisés à retourner chez eux. On dit que la publication de la lettre au « Pauvre Pierre » en Inde est fondée sur des faits réels.

La disparition de son frère fut suivie de la grave maladie de son père, qui l'emmena à Chelsea, où elle le soigna avec dévouement jusqu'à sa mort en 1829. On la retrouve ensuite laissant sa belle-mère et son demi-frère William et sa demi-sœur Catherine, et retournant une fois de plus à Knutsford, où elle ne resta pas longtemps, car à cette époque elle rendit une longue visite à Newcastle-on-Tyne, chez le révérend William Turner, si joliment décrit dans son deuxième roman, *Ruth* , dans «La maison d'un ministre dissident.» Dans l'atmosphère tranquille de cette maison religieuse, elle a trouvé son prototype pour Thurstan Benson. Thurstan, comme elle l'explique, était un ancien nom de famille, et il est toujours conservé dans la famille. Il y avait un certain Thurstan Holland de Denton, au début du XVe siècle, qui était l'un de ses ancêtres.

De Newcastle-on-Tyne, Elizabeth Stevenson est allée passer le dernier hiver de sa jeunesse à Édimbourg. Là, sa remarquable beauté attira les peintres et les sculpteurs, et heureusement elle fut persuadée de s'asseoir auprès de David Dunbar, ancien élève de Chantrey. Il a sculpté le magnifique buste en marbre de la belle débutante, qui, enfermé dans une vitrine, est l'un des biens les plus précieux de son ancienne maison de Manchester. Vers cette époque, elle fit également peindre une miniature exquise, dont la pose nous rappelle la description de *Ruth* par Bellingham : « Un si superbe tour de tête, elle pourrait être une Percy ou une Howard. »

En août 1832, avant d'avoir atteint son vingt-deuxième anniversaire, Elizabeth Cleghorn Stevenson était mariée au révérend William Gaskell, MA , ministre de la chapelle unitaire de Cross Street, à Manchester. La cérémonie a eu lieu dans l'ancienne église paroissiale de Knutsford, car les dissidents n'étaient pas autorisés à se marier dans leurs propres chapelles à cette époque. Les Holland et les Gaskell étaient déjà liés par mariage, la sœur de M. Gaskell ayant épousé Charles Holland, un cousin d'Elizabeth Stevenson.

Dans une de ses lettres, Mme Gaskell nous raconte que les rues de Knutsford étaient sablées conformément à la coutume lors des mariages, et qu'il y avait des réjouissances générales. La lune de miel s'est déroulée dans le nord du Pays de Galles, dans le quartier de Festiniog, où M. Charles Holland possédait de vastes carrières d'ardoise.

Le mariage était idéal. La jeune épouse se lança aussitôt dans le travail de son mari, aidant à l'école du dimanche et visitant les malades et les nécessiteux. Sa beauté et sa personnalité séduisante la rendirent chère aux membres de la congrégation de son mari, qui était considérée comme la plus intellectuelle et la plus riche de Manchester à l'époque, plus de trente voitures privées attendant souvent après la fin du service du matin. *Mary Barton* donne aux lecteurs l'autre côté de la société dans laquelle Mme Gaskell a évolué et où elle est devenue « un véritable ange de lumière » dans les quartiers pauvres d'Ancoats et de Hulme.

Leur maison a toujours été un centre de lumière et d'apprentissage, d'abord pendant dix ans au 14 Dover Street, ensuite au 121 Upper Rumford Street, et enfin, à partir de 1849, l'actuelle résidence familiale à Plymouth Grove, qui a toujours été connue pour son hospitalité ensoleillée et atmosphère intellectuelle géniale. Lord Houghton a déclaré à propos de cette maison que son influence bienfaisante était telle dans la grande ville cotonnière : « Elle a fait de Manchester un centre possible pour les littéraires ». M. et Mme Gaskell ont rassemblé autour d'eux un cercle d'amis chaleureux, qui se sont joints à la tentative d'améliorer les quartiers pauvres de cette partie du Lancashire. Lorsque les émeutes chartistes avaient réduit à la famine de nombreux ouvriers du coton, la maison de Mme Gaskell était un rendez-vous d'où elle distribuait par ses fenêtres tôt le matin des pains et d'autres produits de première nécessité.

Thomas Wright, un ouvrier de Manchester, qui consacrait tout son temps libre à visiter les prisons et à aider les morts, trouva de bons amis chez les Gaskell. Mme Gaskell a écrit une note d'appréciation à son sujet dans *Mary Barton* . MGF Watts a peint « Le Bon Samaritain » en 1850 et l'a offert à la ville de Manchester en hommage à la noble philanthropie de Thomas Wright. Mme Gaskell a joué un rôle déterminant en incitant M. Watts à peindre le magnifique portrait à l'aquarelle de Thomas Wright, qui est maintenant exposé à la National Portrait Gallery.

Le révérend Travers Madge était un autre qui a travaillé avec les Gaskell, renonçant à son salaire de ministre et consacrant sa vie aux pauvres. Les demoiselles Winkworth étaient également des aides volontaires, tout comme John Bamford, dont le poème « Que Dieu aide les pauvres » a trouvé sa place dans *Mary Barton* . En plus de l'aide pratique apportée par les Gaskell, ils nourrissaient tous deux le désir d'utiliser la plume dans l'intérêt des pauvres et, en 1837, ils publièrent conjointement dans le *Blackwood's Magazine* un poème intitulé n° 1, *Sketches Among the Poor* . Il s'agit en réalité d'une interprétation poétique de la vie familiale de la « vieille Alice », qui figure de manière si pathétique dans *Mary Barton* . Aucun autre poème n'a réussi à cela, bien qu'il soit bien connu que Mme Gaskell s'exprimait fréquemment en vers, et que M. Gaskell a écrit un certain nombre de beaux hymnes, dont certains se trouvent encore dans divers recueils. Il traduisait également des hymnes de l'allemand et était un expert en écriture dans le dialecte du Lancashire. En plus de ses autres fonctions, il fut pendant un certain temps maître de conférences en littérature anglaise et en logique à l'Owens College, aujourd'hui connue sous le nom de Victoria University, Manchester.

La vie tranquille de Knutsford et de Stratford-on-Avon a inspiré à Mme Gaskell ces belles pensées du pays qu'elle a si bien exprimées dans ses récits pastoraux, mais c'est la ville animée de Manchester qui a éveillé son talent latent et a fait voler sa plume. en écrivant « les douleurs silencieuses des pauvres ».

La mort de son unique garçon de la scarlatine, en septembre 1842, à Festiniog, où elle était allée en vacances, fut suivie d'une maladie persistante, et c'est allongée sur son canapé qu'elle trouva le temps nécessaire pour écrire son premier roman. On a dit que *Mary Barton* contenait trop de scènes de lit de mort, mais il est bon de se rappeler que c'est d'un lit de mort que Mme Gaskell a puisé l'inspiration qui lui a permis de représenter avec des couleurs si réalistes des scènes courantes de la vie. des pauvres. La plainte selon laquelle *Mary Barton* et *Lizzie Leigh* étaient beaucoup trop tristes – « des histoires contenant un sanglot » – a probablement incité Mme Gaskell à prouver qu'elle pouvait écrire dans une veine humoristique, d'où ses délicieux croquis de *Cranford Society* . *Mary Barton* avait attiré de nombreux amis littéraires, parmi les plus enthousiastes étant Charles Dickens, à la demande duquel elle devint une collaboratrice régulière de *Household Words* , qu'il venait de démarrer. Lorsque Mme Gaskell lui envoya son premier court article intitulé *Our Society in Cranford* , qui comprenait les chapitres un et deux, elle pensait qu'il s'agissait d'une esquisse complète, mais Dickens en demandait toujours plus, et c'est ainsi que l'histoire de la Société Cranfordienne fut relatée. petit à petit et ensuite compilé pour former le livre qui est certainement le plus populaire de tous les ouvrages de Mme Gaskell. "Si mon nom est un jour immortalisé, ce sera grâce à *Cranford* , car tant de gens me l'ont mentionné", a déclaré Mme Gaskell, et elle s'est révélée être une véritable prophète. Partout où la langue anglaise est parlée, *Cranford* est apprécié, car son humour calme et ensoleillé est irrésistible, et il est devenu un classique, qui se distingue par son charme délicieux et son pathétique tendre.

Avec une splendide fidélité, Mme Gaskell a gardé son style inimitable, et les croquis sont, comparés à ceux de Dickens et de Thackeray, comme des aquarelles soigneusement finies à côté de la toile solide et audacieuse d'un Rubens ou d'un Vandyke. Au lieu d'une gaieté bruyante, *Cranford* provoque un sourire bienveillant, qui s'élargit rarement en un rire bruyant, mais il laisse toujours le lecteur meilleur grâce à sa bienveillante influence. *Cranford* reflète le mieux le beau caractère de Mme Gaskell. Elle aimait raconter des histoires d'antan et aiguiser l'appétit pour des contes amusants, qui, tout en étant parfaitement fidèles à la réalité, frôlaient le ridicule et traitaient avec douceur des travers et des faiblesses de certaines couches de la société. De ces histoires, elle avait une bonne réserve, qu'elle pouvait raconter avec une douce satire à sa manière. Elle aimait faire un jeu de mots ou poser une énigme, qui attirerait immédiatement l'attention, et, comme Miss Galindo dans *My Lady Ludlow* , elle croyait : « Quand tout va mal, on cesserait de respirer si on ne pouvait pas alléger son souffle. cœur par une plaisanterie.

En 1850, peu de temps avant que Mme Gaskell ne commence *Cranford* , elle rencontra sa grande contemporaine, Charlotte Brontë, à Briery Close, Windermere.

Soixante ans plus tard, presque jour pour jour, j'ai été invité par l'aimable courtoisie du propriétaire à visiter cette intéressante maison située au bord du lac Windermere. Le salon confortable dans lequel ces deux romanciers se sont rencontrés et leurs chambres respectives, l'une à côté de l'autre, d'où l'on a une vue magnifique sur le lac et les collines au-delà, sont toujours considérés comme sacrés pour les associations de cette fête d'août 1850, lorsque la timide et insaisissable Charlotte Brontë a rencontré pour la première fois son futur biographe.

L'une des personnes qui ont rencontré les deux romanciers lors de cette visite m'a parlé un jour de la différence marquée entre ces deux femmes. Charlotte Brontë, dans sa robe de soie noire, était assise sur le canapé, nerveuse et timide, « comme si elle serait heureuse si le sol s'ouvrait et l'avalait, tandis que Mme Gaskell, brillante et vive, avait l'air tout à fait à l'aise et égale à rien." Les deux grands romanciers se sont attachés l'un à l'autre et Charlotte Brontë a visité la maison de Mme Gaskell à Manchester à trois reprises, et en retour, Mme Gaskell a passé une semaine dans l'ancien presbytère de Haworth. Cette amitié porta ses fruits dans les années à venir, lorsque le vieux Patrick Brontë demanda à Mme Gaskell d'écrire la vie de sa fille, ce à quoi elle consentit volontiers et à laquelle elle travailla de bon cœur et parfois même avec passion dans une tâche si difficile.

Cette admirable biographie est devenue un classique et constitue un mémorial approprié pour l'auteur de *Jane Eyre* à la fois comme un hommage d'affection d'un romancier à un autre et comme un récit fidèle d'une vie noble. « J'ai essayé de dire la vérité », écrit le biographe, et nous savons à quel point elle y est parvenue, même si lors de la publication de la troisième édition, elle s'est retrouvée dans un véritable « nid de frelons », et les inquiétudes et les ennuis d'une seule source et un autre a provoqué un dégoût temporaire pour l'écriture. Après un certain temps, cependant, le désir de manier la plume lui revint et elle écrivit *My Lady Ludlow* et *Round the Sofa Stories* , qui doivent sans aucun doute quelque chose à ses années à Stratford-on-Avon en 1824-27 et à sa vie à Édimbourg. en 1829-31.

Après des vacances sur l'île de Man en 1856, Mme Gaskell prend un nouveau départ et décide d'écrire une histoire maritime. Une visite à Whitby en 1858 a donné naissance au conte vraiment pathétique des *Amoureux de Sylvia* , qui a pour toile de fond la pittoresque ville de pêcheurs de Whitby. Les descriptions du vieux port de mer sont magnifiquement et précisément rendues, et une visite à Whitby n'est complète que si *les Amoureux de Sylvia* ont été lus à la vue et au son de la mer autour de cette côte accidentée. Les fermes et fermes mentionnées peuvent être localisées et répondent minutieusement aux descriptions données. La ferme Haytersbank, l'ancienne maison de Sylvia, Moss Brow, où vivaient les Corney, la boutique du vieux Foster sur la place du marché, sont toutes toujours là.

Mme Gaskell a avoué avoir pris plus de soin avec *les Amoureux de Sylvia* qu'avec aucun autre de ses romans, et cette histoire historique est l'une de ses meilleures et marque une deuxième étape dans son œuvre. C'est une histoire fondée sur des faits à l'époque cruelle des gangs de presse, et Mme Gaskell a merveilleusement réussi dans sa définition des personnages. Elle ne cherche pas à les rendre parfaits, mais les décrit avec leurs défauts, et il n'y a aucune exagération mais juste la conversation sans fard naturelle aux gens de l'époque dont parle l'histoire. Les parties descriptives sont parfaitement rendues, et ce fut un grand hommage à la fidèle peinture de mots de Mme Gaskell lorsque Du Maurier fut amené à utiliser de véritables croquis de Whitby pour l'aider à illustrer *les Amoureux de Sylvia* avant de savoir que Monkshaven et Whitby ne faisaient qu'un et le même endroit. Certaines scènes sont superbement dessinées et Mme Gaskell a atteint son apogée en matière de portraits verbaux dans *Sylvia's Lovers* . Les funérailles du marin dans le vieux God's Acre autour de l'ancienne église paroissiale sont un chef-d'œuvre. La fête du Nouvel An à Moss Brow et la sortie de Philip Hepburn dans l'obscurité lors de cette nuit mémorable montrent un merveilleux aperçu de la nature humaine. La dernière scène, où Philip et Sylvia se rencontrent pour se séparer à nouveau quand il est trop tard, est un tableau pathétique que peu de gens auraient pu peindre avec une émotion aussi bouleversante.

Cousin Phillis est une idylle en prose unique en raison de la beauté de son langage et de la richesse de ses incidents originaux - "Un joyau sans défaut" - et l'une des histoires les plus parfaites de la romance du vieux monde, insérée dans le riche décor de l'histoire de son grand-père Holland. ferme pittoresque à Sandlebridge, près de Knutsford. C'est une histoire à lire encore et encore. L'héroïne, Phillis Holman, est l'un des personnages les plus parfaitement esquissés de tous les romans anglais, et pourtant il n'y a rien de excessif, tout est simple, calme et digne, et en même temps si réel et fidèle à la vie. Bien que moins connu que *Cranford* , *Cousin Phillis* mérite amplement d'être accroché à ses côtés comme une miniature d'une grande beauté, aux couleurs douces et tamisées. L'histoire est entourée par l'atmosphère de la vie familiale pratique et religieuse de la famille pieuse de Hope Farm, qui doit sûrement quelque chose aux propres parents de Mme Gaskell.

Cette histoire fut rapidement suivie par ce qui, hélas, devint la dernière de Mme Gaskell et notamment sa meilleure œuvre, *Wives and Daughters* . Elle appelle cela une histoire de tous les jours, et pourtant elle captive le lecteur du début à la fin. L'héroïne est une jeune Anglaise typique et bien élevée, qui séduit ses lecteurs par sa simplicité naturelle et son bon sens. L'histoire est une fois de plus celle de Knutsford et nous emmène dans les parcs bien boisés et les demeures seigneuriales à la périphérie du village. Ceux qui connaissaient le Knutsford des années 50 disaient à quel point il était fidèle à la réalité. Les personnages sont dessinés d'une main de maître. Molly

Gibson et Cynthia Kirkpatrick sont une splendide étude de contrastes, et les pouvoirs de Mme Gaskell n'ont jamais été autant mis à rude épreuve, et elle n'a jamais aussi bien réussi, sauf peut-être lorsqu'elle dessine la mère de Cynthia, la belle-mère de Molly et de la deuxième Mme Gibson.

Le livre est presque lié à *Cranford* , car cette histoire d' *épouses et de filles* concerne les proches parents des dames de Cranford. Bien que la romancière aborde à la légère les faiblesses et les défauts de Mme Gibson, elle montre sa perspicacité et lit le personnage avec astuce, quoique avec beaucoup de gentillesse.

Mme Gibson et Cynthia Kirkpatrick sont dignes de Thackeray lui-même et doivent peut-être quelque chose à son influence. Les deux personnages sont difficiles à définir, et entre les mains d'un écrivain moins compétent, nous aurions dû les mépriser et les détester, mais avec l'esprit bienveillant qui transparaît dans toutes les œuvres de Mme Gaskell, nous sommes poussés à faire des concessions et à plaindre leur superficialité tout en souriant à la sagesse du monde affichée. Combien différents auraient-ils été révélés par George Eliot, et avec quel mépris impitoyable Charlotte Brontë les aurait traités. "Molly Gibson est la meilleure héroïne que vous ayez jamais eue", a écrit Madame Mohl. Elle est certainement une cousine de Margaret Hale dans *Nord et Sud* et une sœur de Phillis Holman dans *Cousin Phillis* . Ce type de jeunesse anglaise convenait à la plume de Mme Gaskell. Ses héroïnes sont généralement mieux dessinées que ses héros, ce qui peut s'expliquer dans une certaine mesure par le fait qu'elle considérait tout du point de vue d'une femme et que pendant toute sa vie littéraire elle eut la compagnie de ses propres filles dévouées, enfin instruits, heureux et, comme leur mère, toujours soucieux de faire le bien. Le personnage de Molly Gibson a toujours été associé à l'enfance de Mme Gaskell, mais tout récemment, j'ai reçu une lettre du petit-fils d'un des amis d'école de Mme Gaskell à Stratford-on-Avon, et il me dit qu'on lui a toujours fait comprendre que sa grand-mère était le prototype de Molly Gibson. En réalité, les personnages de Mme Gaskell dans nombre de ses histoires correspondent à de nombreux originaux, d'où sa détermination à les classer comme des « histoires de tous les jours », même si, en fait, ils ne sont probablement pas tirés d'un seul individu.

Mme Gaskell a souffert plus que la plupart des écrivains d'être accusée de mettre des personnes réelles dans ses histoires, mais bien que l'imagination soit une grande qualité, elle n'est pas plus essentielle que le pouvoir de reconnaître et de gérer les faits simples de la vie ; car bien que nombreux soient ceux qui peuvent créer un personnage, rares sont ceux qui peuvent le délimiter fidèlement, et il en va de même pour la localité.

Avant que le dernier chapitre de *Femmes et Filles* ne soit terminé, la plume tomba des mains de la romancière, juste au moment où elle était au zénith de son pouvoir d'écrivain. Ce roman a été écrit sous forme de feuilleton pour le *Cornhill Magazine* lorsque M. Frederick Greenwood en était rédacteur en chef. La dernière partie fut écrite à Pontresina au cours de l'été 1865, alors que Mme Gaskell voyageait avec son gendre, M. Charles Compton, CR , et ses trois filles. Elle est revenue à Manchester en juin et était loin d'être en bonne santé. Durant toute sa vie littéraire, elle a désiré un *pied-à-terre* à la campagne, où elle pourrait trouver le calme nécessaire à son travail. Le nord de l'Angleterre était trop froid en hiver, mais en été, elle trouvait un endroit charmant dans la baie de Morecambe, un petit village d'antan connu sous le nom euphonique de Silverdale. Là, pendant une partie de nombreux étés, elle se rendit avec ses filles et sa fidèle nourrice dans une ferme décrite avec précision dans *Ruth* . Silverdale vit comme Abermouth dans cette noble histoire.

La maison de campagne choisie par Mme Gaskell était connue sous le nom de The Lawn, à Holybourne, près d'Alton, dans le Hampshire. Elle l'acheta avec les deux mille livres qu'elle reçut pour *ses épouses et ses filles* , et elle cacha le secret à son mari, dans l'intention de le lui présenter lorsqu'il serait modifié et rénové selon son propre goût artistique. Mais hélas! avant que le travail ne soit terminé, elle décéda subitement le dimanche après-midi, le 14 novembre 1865. Elle se sentait vraiment mieux et, ce dimanche même, assistait au service religieux dans la vieille église pittoresque de Holybourne en compagnie de ses filles, quand, pendant le thé, sans un instant d'avertissement, sa tête baissa et elle disparut. Écrivant sur cette triste période, une de ses filles a écrit : « Les derniers jours de maman ont été pleins de pensées aimantes et d'aide tendre pour les autres. Elle était si douce, si chère et si noble au-delà des mots.

Épouses et filles était presque terminé. Elle attendait des informations particulières sur l'un des personnages, Roger Hamley, qui, avec son frère Osborne, formait un couple admirable avec Molly Gibson et Cynthia Kirkpatrick, avant de conclure l'histoire. Les tout derniers mots écrits par Mme Gaskell sont : « Et maintenant, couvrez-moi de près, et laissez-moi m'endormir et rêver de ma chère Cynthia et de mon nouveau châle. » Celui qui aimait tendrement Mme Gaskell a déclaré qu'il ne serait pas inapproprié de modifier les mots *Cynthia* en mari et *nouveau châle* en nouvelle maison, car pendant son séjour à Holybourne, ses pensées étaient souvent tournées vers son mari, le pasteur unitarien très occupé à Manchester, et elle attendait avec impatience « avec la joie d'un enfant » de lui offrir une maison de campagne dans le sud de l'Angleterre, dans laquelle elle espérait qu'il prendrait sa retraite avec elle, même si elle espérait de nombreuses années d'utilité tant pour elle que pour son mari.

Le bref séjour à Holybourne, avec sa fin tragique, fut un triste souvenir pour le mari et les filles. La maison est toujours en possession de la famille. Le cadeau que la mère a acheté si joyeusement a été conservé comme un dernier gage d'amour, bien que la famille n'y ait jamais résidé après la mort de Mme Gaskell.

M. Frederick Greenwood a ajouté un éloge tendrement écrit à la fin de *Wives and Daughters* qui a été publié avec le roman, et cela a formé une conclusion belle et appropriée à l'histoire. « Ce qui promettait d'être le couronnement d'une vie est un mémorial de la mort. Quelques jours encore et ce serait une colonne triomphale, couronnée d'un chapiteau de feuilles et de fleurs festives, maintenant c'est une autre sorte de colonne, un de ces tristes piliers blancs qui se dressent brisés dans le cimetière.

Wives and Daughters a été publié sous forme de livre en 1866 par MM. Smith, Elder and Co. et a été extrêmement populaire, en partie à cause de la mort tragique de l'auteur, mais davantage à cause de la beauté de l'histoire. Pour ceux qui connaissent la petite ville de Knutsford dans le Cheshire, il est intéressant de localiser la tour Cumnor et les portes du parc par lesquelles Molly Gibson a conduit lors de sa première garden-party depuis Church House, anciennement la maison de son oncle Holland, maintenant connue sous les cartes postales. comme la maison de Molly Gibson. La maison des Hamley est à identifier avec l'une des anciennes salles du quartier, mais le charme de l'histoire réside dans son naturel et les personnages sont si bien équilibrés. En posant le livre, on dit involontairement, comme Mme Gaskell l'a écrit à propos de Charlotte Brontë : « Si seulement elle avait vécu ». Ce roman la présente comme une écrivaine adulte, et comme une personne qui est passée d'histoires domestiques simples, didactiques pour le Parish Magazine, à des romans qui charment un cercle beaucoup plus large et sont acceptables pour toutes les classes de la société.

Mme Gaskell est enterrée dans son bien-aimé Knutsford, dans l'ancien cimetière unitarien autour de l'église, où une simple croix de granit marque le lieu de repos. Sur sa tombe se trouve souvent une couronne ou un bouquet en guise d'hommage reconnaissant de la part de l'un de ses nombreux admirateurs. Ses écrits ont été rédigés dans un esprit de véritable serviabilité, et il est impossible de lire ses histoires sans se sentir mieux après leur lecture. Elle faisait preuve d'un esprit bien formé dans son travail et tout ce qu'elle faisait était consciencieux. Sa vie n'a pas été mouvementée, mais elle a été remplie de bonnes actions.

La renaissance du culte de Gaskell contribue à familiariser la génération actuelle avec ses belles histoires de la période mi-victorienne. Il est à noter que même si elle passait une grande partie de ses vacances sur le continent, la France, l'Allemagne et l'Italie étant ses lieux de villégiature préférés, tous ses romans racontent la vie anglaise, car elle se gardait bien de ne jamais sortir de ses profondeurs. Elle a écrit sur ce qu'elle avait vécu et sur ce qu'elle voyait dans la vie quotidienne de ceux qui l'entouraient. Les générations futures liront les romans de Mme Gaskell et sentiront qu'elle était une fine observatrice de l'humanité et qu'elle avait non seulement le désir mais la capacité de la comprendre.

Les qualités exceptionnelles de ses romans sont l'individualité, la véracité et la pureté. Le pouvoir d'entrer dans les sentiments de ses personnages est presque unique, comme le prouvent abondamment *Mary Barton* , *Ruth* , *Sylvia's Lovers* et *Wives and Daughters* . Ceux d'une génération passée pourraient mieux témoigner de la véracité de ses histoires. C'étaient de véritables images de mots magnifiquement conçues et fidèles à la réalité, et il y avait une absence d'exagération – l'une des aversions favorites de Mme Gaskell.

La pureté de son écriture est proverbiale. Aucun auteur ne l'a surpassée dans cette qualité, et ses romans sont tous exempts de scories et de censure. Son esprit était celui qui créait le matin et annonçait un jour plus pur, et l'immortalité de son nom repose sur l'injonction paulinienne : « Tout ce qui est honnête, tout ce qui est juste, tout ce qui est pur, tout ce qui est beau, tout ce qui est beau, sont de bonne réputation, s'il y a quelque vertu et s'il y a des louanges, réfléchissez à ces choses.

ESTHER ALICE CHADWICK.

WEST BRAE, ENFIELD, MIDDLESEX ,
25 août 1911 .

Calendrier des principaux événements de la vie de Mme Gaskell

1810.   Elizabeth Cleghorn Stevenson, née au 12 Lindsey Row, Chelsea, le 29 septembre.

1811.   Déplacé au 3 Beaufort Row, Chelsea, juin 1811.

         La mère est décédée en octobre 1811 au 3 Beaufort Row.

1812.   Elizabeth a été emmenée à Knutsford à l'âge de quatorze mois.

1824.   Envoyé à l'école à Stratford-on-Avon.

1827.   Son unique frère, John Stevenson, a disparu à Calcutta.

1829.   Le père est décédé au 3 Beaufort Row, Chelsea.

         A rendu visite à ses proches à Newcastle-on-Tyne.

1830.   Visité Édimbourg.

1831.   Buste en marbre sculpté par Dunbar.

1832.   Mariée au révérend William Gaskell, MA , le 30 août.

1832-   Résidait au 14 Dover Street, Manchester.
42.

1837.   Mme Lumb est décédée à Knutsford, le 1er mai.

1842-   Résidait au 121 Upper Rumford Street, Manchester.
49.

1844.   Son fils unique est décédé à Festiniog, en septembre 1844.

1849-   Résidait au 84 Plymouth Grove, Manchester.
65.

1848.   Premier roman, *Mary Barton* , publié.

         J'ai rencontré Charles Dickens pour la première fois.

1850.   La mère de M. Gaskell, Margaret Gaskell, est décédée en janvier.

1850.   Rencontre Charlotte Brontë pour la première fois en août 1850.

Publié *Le Cottage Moorland* .

1853.	Deuxième roman, *Ruth* , publié.

Cranford publié.

1854.   Visité Paris et rencontré Madame Mohl.

1855.   *Nord et Sud* publiés.

Lizzie Leigh et autres contes publiés.

1857.   *de la vie de Charlotte Brontë* .

J'ai édité *Mabel Vaughan* et rédigé la préface.

1859.   *d'histoires autour du canapé* .

My Lady Ludlow et autres contes publiés.

1862.   Préface à *Garibaldi à Cabrera* par le colonel Vecchj.

Inauguration d'écoles de couture pour les pauvres à Manchester.

1863.   *Les Amoureux de Sylvia* publiés.

La fille de Mme Gaskell, Florence Elizabeth, mariée à M. Charles Compton, QC , le 8 septembre.

J'ai visité Rome et j'ai séjourné avec WW Story.

1865.   *Cousin Phillis* publié.

Épouses et filles publiées dans « Cornhill Magazine ».

Mme Gaskell est décédée à Holybourne, Hants, le 12 novembre.

Inhumé le 16 novembre au cimetière de la chapelle unitaire, Knutsford.

je
Poésie

La poésie n'était pas *le point fort de Mme Gaskell*, mais son instinct poétique se révélait surtout dans ses idylles en prose : *Cranford* et *Cousin Phillis*.

Presque tous ses articles et croquis ont été écrits pour *Household Words* et *All the Year Round*, bien que la renommée de Mme Gaskell repose sur ses romans. Charles Dickens s'est empressé de recruter Mme Gaskell comme collaboratrice régulière de son magazine, et sa polyvalence a été démontrée par les nombreux sujets différents qu'elle a abordés avec tant de compétence.

Poésie

Croquis parmi les pauvres

Magazine de Blackwood, janvier 1837

Non je

Ce poème a été écrit par Mme Gaskell en collaboration avec son mari et constitue son premier ouvrage publié. Écrivant à Mary Howitt en 1838, elle dit : « Nous avions autrefois pensé à *essayer* d'écrire des croquis parmi les pauvres, *plutôt* à la manière de Crabbe (ne trouvez pas cela présomptueux), mais dans un esprit plus voyant ; et un – le seul – a été publié dans *Blackwood*, en janvier 1837. Mais je suppose que nous avons parlé de notre plan près d'une églantine, car il n'est jamais allé plus loin. Le poème est intéressant, car il préfigure la vision sympathique de Mme Gaskell sur la vie des pauvres, et constitue un prélude digne de son premier roman, car le personnage de « Mary » est basé sur le même original que « Old Alice » dans *Mary. Barton*.

DANS les jours de l'enfance, je me souviens de moi

D'une maison sombre derrière un vieil orme,

Entouré de rues sombres, où la fleur

Apporté de l'air plus frais, rare pendant une heure

A conservé son parfum parfumé; pourtant des hommes y vivaient,

Oui, et dans le bonheur ; l'esprit s'éclaircit

Dans les airs les plus denses, sa propre atmosphère lumineuse.

Mais dans la maison dont j'ai parlé habitait

Celui sur qui tout le poids de la fumée se faisait sentir.

Elle avait dépassé les limites entre la jeunesse et l'âge

Une femme célibataire, pas solitaire, sage

Et toujours attentionné, mais vraiment gentil :

Sans les liens naturels, elle cherchait à lier

Cœurs à elle, avec un amour doux et utile,

Invitez à chaque changement de sympathie à bouger.

Et ainsi elle a gagné l'affection qu'elle appréciait

De tout être vivant, aussi méprisé soit-il -

Un appel à sa tendresse à chaque fois

Les amis autour d'elle avaient un chagrin à partager ;

Et si, dans la joie, ils oubliaient le bon,

Elle se réjouissait toujours, et il n'en fallait pas plus.

Je n'ai pas dit vraiment, elle n'était pas seule,

Même si personne le soir ne partageait sa pierre de foyer propre ?

Pour certains, elle pourrait paraître prosaïque, mais moi

Elle a toujours charmé par sa poésie quotidienne.

Ressenti dans chacune de ses actions, jamais entendu,

E'en comme le compagnon d'un doux oiseau chanteur,

Cette muette et qui rumine toujours sur son nid au trésor,

Le tendre espoir de son cœur se cachait au plus profond de sa poitrine.

Dans toutes ses tâches tranquilles, une chère pensée

Gardé une influence toujours vraie et constante, non apportée

Avant le monde, mais j'en ai d'autant plus récolté

Pour être pour elle-même un magasin secret.

Chaque fois qu'elle entendait parler de maisons de campagne, un sourire

Pendant ce temps, son visage sérieux s'éclaira ;

Elle ne savait pas que c'était venu, mais dans son cœur

Un espoir surgit, dont ce sourire faisait partie.

Elle pensait que le moment pourrait venir, et pourtant le bol

Ont été brisés à la fontaine, quand son âme

Pourrait écouter ses désirs, sans aucune réprimande

En pensant à l'échec de la cause qu'elle aimait ;

Quand elle pourrait quitter la rue étroite et bruyante,

Et une fois de plus, la maison de son enfance pourrait la saluer.

C'était un endroit agréable, cette première maison !

Le ruisseau passait en chantant, laissant son écume

Parmi les drapeaux bleus et les myosotis ;

Et dans un coin, au-dessus de cet endroit abrité,

Pendant des siècles se dressa un aubépine noueux ;

Et si tu passes au printemps, tu verras peut-être

Le tronc noué tout couronné de fleurs,

Que chaque brise secouait en averses parfumées ;

Les abeilles sérieuses dans les cellules odorantes mentaient,

Hymner leurs remerciements avec une mélodie murmurante ;

Le soleil du soir brillait sur le vert,

Et semblait s'attarder sur la scène solitaire.

Et, si pour d'autres le premier nid de Marie

Montré pauvre et simple, à son sein aimant

Un charme était caché dans les taches mêmes

Quelle heure et quelle météo sont partis ; les vieilles vitres sombres,

La mousse grise et rugueuse, le poireau, tu verras peut-être

Ont été relatés dans la mémoire de l'enfance ;

Et dans ses rêves, elle errait très loin

Parmi les collines, sa sœur à ses côtés…

Cette sœur a dormi sous un tombeau herbeux

Avant que le temps lui ait volé sa première douce floraison.

Ô Dors ! tu ramènes le cœur de notre enfance,

Avant que la rosée ne s'expire, l'espoir s'en va ;

Tu appelles les perdus, affligés

Jusqu'à ce que le chagrin ait perdu son pouvoir larmoyant ;

À toi est le pays des fées, où habitent les ombres,

Évoqué dans les rêves par un étrange sortilège caché.

Mais le jour et l'éveil ont leurs rêves, ô sommeil,

Quand l'Espoir et la Mémoire gardent leurs chères montres ;

Et c'est ainsi que Marie détenait l'emprise suprême,

Quand elle travaille gentiment, elle travaille ses mains toute la journée.

Elle employait ses mains, ses pensées erraient loin et librement,

Jusqu'à ce que le sens soit appelé à calmer la réalité.

Quelques petites semaines, et puis, déliez les chaînes

Ce qui l'a tenue aux malheurs ou aux douleurs d'autrui,

Adieu les rues sombres et les cieux enveloppés,

Sa maison précieuse devrait bénir ses yeux ardents,

Et juste comme au temps de la joie enfantine

Chaque coin herbeux et chaque repaire boisé devraient l'être.

Pourtant, toujours, alors qu'un chagrin s'en allait,

Un autre a appelé le tendre à rester,

Et, si tard, elle partageait la gaieté joyeuse et éclatante,

Le fantôme Grief était assis recroquevillé devant le foyer.

Ainsi les jours et les semaines passèrent et se transformèrent en années,

Pas pleuré par Marie, à l'exception des larmes des autres.

En tant qu'infirmière affectueuse, celle du sein de la mère

Apaise le bébé fatigué dans son repos tranquille,

D'abord, il calme chaque son, puis laisse tomber le rideau.

Pour jeter une lumière faible et endormie sur tout,

Alors l'âge a grandi doucement sur chaque sens fatigué

Une teinte plus profonde pour lisser ainsi la raie.

Chaque accent chéri, chaque ton familier

Tombés de sa musique quotidienne, un à un ;

Pourtant, ses regards attentifs pouvaient à juste titre deviner

Ce que les lèvres en mouvement ne pouvaient exprimer par le son,

Sur chaque visage aimé est ensuite venu un voile vaporeux,

Et l'éclat et l'ombre de sa vue ont disparu.

Et enfin, le changement solennel qu'ils ont vu

Privant la mort de la moitié de sa crainte royale ;

L'esprit s'enfonça dans l'enfantillage, et eux,

Compter sur ses conseils jour après jour

(Comme un vagabond solitaire, de loin chez lui,

Prend pour guide une étoile fixe et bien connue,

Jusqu'à ce que des nuages flottent sur sa lumière tremblante,

Et laisse-le plus sauvage dans la nuit sans chemin),

Je la cherchais changé de visage avec un regard étrange et incertain,

Je la prie toujours de les guider à travers le labyrinthe.

Ils plaignaient son sort solitaire et le trouvaient triste ;

Pourtant, comme dans sa petite enfance, elle était heureuse ;

Elle n'avait aucun sentiment de changement, ni de perte de pensée,

Avec ceux qui l'entouraient, aucune communion n'était recherchée ;

Elle savait à peine ce qu'elle était. Fantaisie sauvage

L'avait placée enfant dans la maison de son père ;

C'était sa mère qui la chantait pour son repos ;

L'alouette la réveilla en sortant de son nid ;

Les abeilles ont chanté joyeusement toute la journée,

Se cachant au milieu des fleurs partout où elle jouait ;

Les cloches du sabbat sonnaient comme autrefois,

Gonflement et chute au soupir du vent doux ;

Ses petites sœurs s'agenouillaient avec elle en prière,

Et tous les soirs, la bénédiction de son père était partagée ;

Alors, enveloppée dans de joyeuses imaginations, sa vie

Elle a continué avec tous ses doux jeunes souvenirs.

Je pense souvent (si par cette lumière mortelle

Nous pouvons tous lire correctement le sort des autres),

Que pour son cœur aimant une bénédiction est venue,

Invisible pour beaucoup, assombri par un nom ;

Et tout ce qui disparaît du monde

C'était comme la fleur la nuit, quand elle s'est enroulée

Ses feuilles dorées, et les léchait autour de son cœur,

Pour se blottir au plus près dans sa partie la plus douce.

Oui! des voix d'anges ont rappelé son enfance,

Effaçant la vie avec sa sombre trace triste ;

Son souhait secret était toujours connu au ciel,

Et c'est ainsi que la réponse fut mystérieuse.

Avec tristesse, beaucoup ont pleuré ses dernières années,

Mais la bénédiction brillait derrière cette brume de larmes,

Et, comme l'enfant qu'elle considérait elle-même, elle ment

Dans un doux sommeil, jusqu'à ce que les morts ressuscitent.

Articles et croquis

Salle Clopton

Des visites de lieux remarquables de W. Howitt , 1840

Ce récit d'une visite à Clopton House, écrit en 1838, est la première contribution distincte de Mme Gaskell à la littérature. Elle a pris la forme d'une lettre adressée à William Howitt, après avoir lu ses *Visites de lieux remarquables* , et a été incluse dans sa *Visite à Stratford-on-Avon* , publiée en 1840. Les M. et Mme W — mentionnés ici sont M. et Mme Wyatt. La peinture à l'huile de Charlotte Clopton « aux cheveux dorés » est désormais accrochée à l'escalier de Clopton House.

JE ME DEMANDE si vous connaissez Clopton Hall, à environ un mile de Stratford-on-Avon. Me permettez-vous de vous raconter une journée très heureuse que j'ai passée là-bas ? J'étais à l'école du quartier et une de mes camarades d'école était la fille d'un M. W — , qui vivait alors à Clopton. Mme W — a demandé à un groupe de filles d'aller passer un long après-midi, et nous sommes partis par une belle journée d'automne, pleins de joie et d'émerveillement concernant l'endroit que nous allions voir. Nous avons traversé des champs désolés à moitié cultivés, jusqu'à ce que nous arrivions en vue de la maison, un grand bâtiment lourd, compact, carré en briques, de ce rouge profond et mort se rapprochant presque du pourpre. Devant se trouvait une grande cour formelle, avec des piliers massifs surmontés de deux monstres sinistres ; mais les murs de la cour étaient démolis, et l'herbe poussait aussi rude et sauvage à l'intérieur de l'enceinte que dans l'avenue surélevée par laquelle nous étions descendus. Les fleurs étaient entremêlées d'orties, et ce n'est qu'en approchant de la maison que nous vîmes l'unique rose jaune et la bruyère d'Autriche disposées dans une sorte d'ordre autour des fenêtres à carreaux de diamant profondément enfoncés. Nous nous sommes rassemblés dans la salle au sol en marbre pavé, orné d'étranges portraits de personnes qui étaient dans leurs tombes depuis au moins deux cents ans ; Pourtant, les couleurs étaient si fraîches, et dans certains cas si réalistes, qu'en regardant simplement les visages, j'avais presque l'impression que les originaux se trouvaient peut-être dans le salon au-delà. Plus complètement, pour nous ramener comme à l'époque des guerres civiles, on accrochait une sorte de carte militaire, bien finie à la plume et à l'encre, indiquant les postes des armées respectives, et avec une écriture à l'ancienne mode. en dessous, les noms des principales villes, indiquant la force de la garnison, etc. Dans cette salle, nous fûmes accueillis par notre aimable hôtesse, et nous dit que nous pourrions nous promener où bon nous semble, dans la maison ou hors de la maison, en prenant soin de nous. être dans le « salon encastré » à l'heure du thé. J'ai préféré monter le large escalier en chêne à étagères, avec sa balustrade massive toute croulante et vermoulue. La famille qui résidait alors dans la salle n'occupait pas la moitié, non, pas le tiers des chambres ; et les meubles démodés étaient intacts dans la plupart d'entre eux. Dans l'une des chambres à coucher (que l'on dit hantée) et qui, avec son atmosphère intime refoulée et les longues ombres du soir qui s'avançaient, me donnait un sentiment « étrange », était accroché un portrait d'une beauté singulière ! une jeune fille à l'air doux, avec des cheveux blonds et dorés coiffés en arrière de son front et tombant en boucles ondulées sur son cou, et avec des yeux qui « ressemblaient à des violettes remplies de rosée », car il y avait le scintillement de larmes non versées devant leur bleu foncé profond. – et c'était le portrait de Charlotte Clopton, à propos de laquelle une légende si effrayante circulait dans l'église de Stratford. Lors d'une épidémie, de la transpiration ou de la peste, cette jeune fille était tombée malade et, selon toute vraisemblance, était morte. Elle fut enterrée avec une hâte effrayante dans les voûtes de la chapelle de Clopton, rattachée à l'église de Stratford, mais la maladie ne fut pas arrêtée. Quelques jours plus tard, un autre des Clopton mourut, et ils le portèrent au caveau ancestral ; mais alors qu'ils descendaient les escaliers sombres, ils aperçurent, à la lueur des torches, Charlotte Clopton dans ses vêtements funéraires appuyée contre le mur ; et quand ils regardèrent de plus près, elle était effectivement morte, mais pas avant, dans les angoisses du désespoir et de la faim, d'avoir mordu un morceau de son épaule ronde et blanche ! Bien sûr, depuis , elle *marchait* . C'était « la chambre de Charlotte », et au-delà de la chambre de Charlotte se trouvait une chambre d'apparat tapissée de la poussière de nombreuses années et obscurcie par les plantes grimpantes qui couvraient les fenêtres et s'efforçaient même avec une audace luxuriante à travers les carreaux brisés. Au-delà encore, il y avait une vieille chapelle catholique, avec une chambre d'aumônier, qui avait été murée et oubliée jusqu'à ces dernières années. J'entrai à quatre pattes, car l'entrée était très basse. Je me souviens de peu de choses dans la chapelle ; mais dans la chambre de l'aumônier se trouvaient des éditions anciennes, et je crois rares, de nombreux livres, pour la plupart des in-folios. Un grand exemplaire sur papier jaune de « *Tout pour l'amour ou le monde bien perdu* » de Dryden , daté de 1686, a attiré mon attention et est le seul dont je me souviens particulièrement. De temps en temps, en errant, je rencontrais une nouvelle branche d'escalier, et les passages tortueux et mal éclairés étaient si nombreux que je me demandais si je pourrais retrouver mon chemin. Il y avait un curieux vieux coffre sculpté dans l'un de ces passages, et avec une curiosité de jeune fille j'essayai de l'ouvrir ; mais le couvercle était trop lourd, jusqu'à ce que je persuade un de mes compagnons de m'aider, et quand il fut ouvert, que pensez-vous que nous ayons vu ? — DES OS ! — mais soit humain, soit les restes de la mariée perdue, nous n'avons pas vu. resta pour voir, mais s'enfuit dans une terreur en partie feinte et en partie réelle.

La dernière de ces pièces désertes dont je me souvienne, la dernière, la plus déserte et la plus triste, c'était la Crèche, une crèche sans enfants, sans voix chantantes, sans pas joyeux carillonnant ! Une crèche traînait avec ses anciens habitants, des garçons audacieux et vaillants, des filles blondes à l'allure voûtée, et une ou deux nourrices avec des bébés ronds et gros dans les bras. Qui étaient-ils tous ? Quel a été leur sort dans la vie ? Soleil ou tempête ? ou avaient-ils été « aimés des dieux et morts jeunes ? Les échos mêmes ne le savaient pas. Derrière la maison, dans un creux maintenant sauvage, humide et envahi de sureaux, se trouvait un puits appelé Margaret's Well, car c'est là qu'une jeune fille de la maison de ce nom s'était noyée.

J'ai essayé d'obtenir toutes les informations possibles sur la famille de Clopton de Clopton. Ils étaient en déclin depuis les guerres civiles ; avaient été incapables pendant une génération ou deux de vivre dans l'ancienne maison de leurs pères, mais avaient travaillé à Londres ou à l'étranger pour gagner leur vie ; et le dernier de la vieille famille, célibataire, excentrique, avare, vieux et aux habitudes les plus sales, si le bruit disait vrai, était mort à Clopton Hall quelques mois auparavant, une sorte de pensionnaire dans la maison de M. W — . famille. Il a été enterré dans la magnifique chapelle des Clopton dans l'église de Stratford, où l'on voit les bannières flotter et l'armure suspendue au-dessus d'un ou deux monuments splendides. M. W — avait été l'avocat du vieil homme, et entièrement dans sa confiance, et il lui a laissé la succession, grevée et en mauvais état. Un an ou deux après, l'héritier, un parent très éloigné résidant en Irlande, réclama et obtint la succession, sous prétexte d'influence indue, sinon de contrefaçon, de la part de M. W — ; et la dernière fois que j'ai entendu parler de nos aimables amuseurs ce jour-là, c'est qu'ils étaient hors-la-loi et vivaient à Bruxelles.

Un mariage grec

Tiré de « Chansons grecques modernes », *Paroles de famille* , 1854.

Mme Gaskell était une étudiante passionnée des coutumes et traditions populaires, et plusieurs de ses articles prouvent à quel point elle était observatrice et délicieusement curieuse, lorsqu'une opportunité d'enquêter sur une tradition ou une coutume se présentait.

Parlons MAINTENANT DES CHANTS DE MARIAGE. La vie ressemble à un opéra chez les Grecs modernes ; toutes les émotions, tous les événements nécessitent le soulagement du chant. Mais un mariage est un moment de chant entre les êtres humains et entre les oiseaux. Chez les Grecs, les jeunes des deux sexes sont séparés et ne se réunissent qu'à l'occasion de quelque fête publique, lorsque le jeune Grec choisit sa fiancée et demande le consentement de ses parents. S'ils le donnent, tout est arrangé pour les fiançailles ; mais les jeunes ne sont pas autorisés à se revoir avant cet événement. Il est des régions de la Grèce où le jeune homme est autorisé à déclarer lui-même sa passion à l'objet de celle-ci. Ce n'est cependant pas avec des mots qu'il respire son tendre costume. Il essaie de la rencontrer dans un chemin ou dans un autre endroit où il pourra lui lancer une pomme ou une fleur. Si l'on choisit le premier missile, on ne peut qu'espérer que la jeune femme soit douée pour attraper, car un coup de pomme moyennement dur est un gage d'amour un peu trop violent. Après ce lancer de pommes ou de fleurs, sa seule chance de rencontrer son amour est à la fontaine ; où toutes les jeunes filles grecques vont puiser de l'eau, comme Rébecca allait autrefois au puits.

La cérémonie des fiançailles est très simple. Un soir fixé, les parents des amants se réunissent en présence d'un prêtre, soit chez le père du futur époux, soit chez les parents de la mariée élue. Une fois le contrat de mariage signé, deux jeunes filles amènent la fiancée, entièrement couverte d'un voile, et la présentent à son amant, qui la prend par la main et la conduit jusqu'au prêtre. Ils échangent des alliances devant lui et il leur donne sa bénédiction. La mariée se retire alors ; mais tout le reste de la compagnie reste et passe la journée à se réjouir et à boire à la santé du jeune couple. L'intervalle entre les fiançailles et le mariage peut n'être que de quelques heures ; cela peut prendre des mois ou des années ; mais, quel que soit le temps écoulé, les amants ne doivent plus jamais se revoir jusqu'au jour du mariage. Trois ou quatre jours avant cette heure, le père ou la mère de la mariée envoient leurs notes d'invitation ; chacun d'entre eux étant accompagné du cadeau d'une bouteille de vin. Les réponses arrivent avec des accompagnements encore plus substantiels. Ceux qui auront grand plaisir à accepter, enverront un présent avec leur réponse ; le plus fréquent est un bélier ou un agneau habillé de rubans et de fleurs ; mais les plus pauvres envoient leur quartier de mouton comme contribution aux noces.

La veille du mariage, ou plutôt pendant la nuit, les amis de chaque côté vont parer les mariés pour la cérémonie qui approche. Le marié est rasé par son paranymphe ou époux, d'une manière très grave et digne, en présence de toutes les demoiselles invitées. Imaginez l'attitude du marié, inquiet et immobile sous les mains de son barbier inexpérimenté, le nez légèrement relevé entre un doigt et un pouce, tandis qu'une foule de jeunes filles regardait gravement cette gracieuse opération ! La mariée est parée, quant à elle, de ses jeunes compagnes ; qui l'habillent de blanc et la couvrent entièrement d'un long voile fait de la plus belle étoffe. Le lendemain matin, de bon matin, le jeune homme et tous ses amis sortent, comme un marié hors de sa chambre, pour chercher la mariée et l'emmener hors de la maison de son père. Puis elle, dans des chants aussi anciens que les ruines des vieux temples qui l'entourent, chante ses adieux douloureux au père qui a pris soin d'elle et l'a protégée jusqu'à présent ; à la mère qui l'a enfantée et chérie ; aux compagnes de sa virginité ; à sa première maison; à la fontaine où elle puisait quotidiennement de l'eau ; aux arbres qui ombrageaient son jeu d'enfant ; et de temps en temps elle cède à des larmes naturelles ; puis, selon un usage immémorial, la paranymphe se tourne vers le cortège joyeux mais sympathique et dit dans une phrase devenue proverbiale en de telles occasions : « Laissez-la tranquille ! elle pleure ! A quoi elle doit répondre : « Emmène-moi, mais laisse-moi pleurer ! Après que le *cortège* ait porté la mariée jusqu'à la maison de son mari, tout le monde se rend à l'église, où se déroule la cérémonie religieuse. Puis ils retournent à la demeure de l'époux, où ils s'assoient tous et font la fête ; sauf la mariée, qui reste voilée, debout seule, jusqu'au milieu du banquet, lorsque la paranymphe s'approche, détache le voile qui tombe, et elle reste debout, rougissante, exposée aux yeux de tous les convives. Le lendemain est consacré à l'exécution de danses particulières à un mariage. Le troisième jour, les parents et amis se réunissent tous ensemble et conduisent la mariée à la fontaine, avec les eaux de laquelle elle remplit un nouveau vase de terre ; et dans lequel elle jette diverses provisions. Ils dansent ensuite en rond autour de la fontaine.

Tenir un Salon

Extrait de « Manières de l'entreprise », *Mots de famille* , 1854

Cet article donne un aperçu de la remarque qui a souvent été faite : « si quelqu'un à Manchester savait comment *tenir un salon,* c'était certainement Mme Gaskell » ; elle étudiait et pratiquait l'art de recevoir à la perfection.

MADAME DE SABLÉ avait toutes les conditions qui lui permettaient *de tenir un salon* avec honneur pour elle et plaisir pour ses amis.

En dehors de ce couronnement, la bonne dame française semble avoir été assez banale. Elle était bien née, bien élevée, et la compagnie qu'elle entretenait devait la rendre assez intelligente. Elle était mariée à un mari ennuyeux et avait sans doute eu ses petits flirts après être devenue veuve de bonne heure ; M. Cousin y fait allusion, mais ils n'ont jamais été scandaleux ni mis en évidence devant le public. Passée la quarantaine, elle s'est lancée dans le processus de « faire son salut » et s'est inclinée vers les Port-Royalistes. Elle avait l'habitude d'aimer les choses délicates, malgré son jansénisme. Elle avait une amie avec qui elle s'est disputée de temps en temps au cours de sa vie. Et (pour conclure quelque chose comme Lady O'Looney, de mémoire célèbre) elle savait *tenir un salon* . M. Cousin nous dit qu'elle n'était remarquable en aucune chose ni en aucune qualité, et attribue à ce seul et simple fait le succès de sa vie.

Or, depuis que j'ai lu ces Mémoires de Madame de Sablé, j'y ai beaucoup et profondément réfléchi. Au début, j'étais enclin à rire de l'extrême importance qu'on attachait à cet art de « recevoir » - non, cette traduction ne suffit pas ! - « tenir salon » est encore pire, car cela implique l'État et réserve de royauté ; — l'appellerons-nous l'art du « Sabléing » ? Mais quand je pensais à mon expérience dans la société anglaise, aux soirées redoutées avant leur arrivée et dont je soupirais de souvenir, parce qu'elles étaient si ineffablement ennuyeuses, je vis que, pour Sablé bien, cela exigeait, comme le sous-entendait M. Cousin, le union de nombreuses excellentes qualités et de petites grâces indiscutables. J'ai demandé à des Français s'ils pouvaient me donner la recette, car elle semblait très probablement traditionnelle, voire encore existante dans leur pays. Je vous présente leurs idées, si fragmentaires soient-elles, et je vous raconterai ensuite quelques-unes des miennes ; enfin, peut-être, avec l'ajout des vôtres, ô très dignes lecteurs ! nous découvrirons peut-être l'art perdu de Sabléing.

La Française a déclaré : « Pour réussir à Sabléing, une femme doit avoir dépassé sa jeunesse, mais pas avoir perdu le pouvoir d'attirer. Elle doit le faire par ses manières douces et gracieuses, et par son tact prompt et prompt à apercevoir ceux qui n'ont pas eu leur part d'attention, ou à éloigner la conversation de tout sujet qui pourrait faire souffrir une personne présente. « Ces règles sont valables en Angleterre », dis-je. Mon ami poursuivit : « Elle ne devrait jamais occuper une place importante dans quoi que ce soit ; elle devrait garder le silence aussi longtemps que quelqu'un d'autre veut parler ; mais, quand la conversation s'arrête, elle doit se jeter dans la brèche avec le même esprit avec lequel je remarque que les demoiselles de la maison, où se donne un bal, restent tranquillement là jusqu'à ce que les danseurs soient fatigués, puis sautent dans l'arène. , pour continuer l'esprit et la musique jusqu'à ce que les autres soient prêts à recommencer.

« Mais, dit le gentleman français, même à cette époque où l'on a besoin de sujets de conversation, elle devrait plutôt suggérer que développer, poser des questions plutôt que de donner sa propre opinion. »

"C'est sûr", dit la dame. « Madame Récamier, dont les salons étaient les plus parfaits de ce siècle, a toujours caché ses opinions sur les livres, ou sur les hommes, ou sur les mesures, jusqu'à ce que tout autour d'elle ait donné les leurs ; puis elle, pour ainsi dire, les rassembla et les harmonisa, disant une chose gentille ici, et une chose douce là, et parlant toujours avec son bon sens, jusqu'à ce que les gens les plus opprimés apprennent à comprendre le point de vue de chacun, ce qui est vrai. une bonne chose à faire pour les adversaires.

« Ensuite, le nombre de personnes que vous recevez est une autre considération. Je dirais pas moins de douze, ni plus de vingt, continua le gentilhomme. « Les soirées devraient être fixées, disons hebdomadaires, tous les quinze jours au début du mois de janvier, qui est notre saison. Fixez une heure matinale pour ouvrir la salle. Les gens sont alors saisis dans leur fraîcheur, avant d'être épuisés par les autres partis.»

La dame parla : « Pour ma part, je préfère retrouver mes amis après qu'ils aient quitté les grands bals ou les réceptions. On entend alors les propos, l'esprit, la raison et la satire qu'ils avaient emmagasinés pendant la soirée de silence imposé ou de discours cérémonieux.

« Une petite satire de bonne humeur est une sauce très agréable, répondit le gentleman, mais il faut qu'elle soit de bonne humeur, et les auditeurs doivent être de bonne humeur ; il faut surtout que la conversation soit générale, et non le bavardage, bavardage, bavardage dans un coin, par lequel se distinguent si souvent les Anglais. Vous n'entrez pas dans le monde pour échanger des secrets avec vos amis intimes ; vous allez vous rendre agréables à toutes les personnes présentes et aider tout le monde à passer une bonne soirée.

« Les étrangers ne devraient pas être admis », dit la dame en reprenant la tension. « Ils ne commenceraient pas équitablement avec les autres ; ils ignoreraient les allusions qui font référence aux conversations des veilles précédentes ; ils ne comprendraient pas l'argot… comment l'appeler ? Je veux dire ces expressions ayant rapport à des événements passés ou à des mots d'esprit passés communs à tous ceux qui ont l'habitude de se rencontrer.

« Madame de Duras et madame Récamier n'ont jamais fait d'avances à aucun étranger. Leurs *salons* étaient les meilleurs que Paris ait connu de cette génération. Tous ceux qui voulaient être admis devaient attendre et prouver leur aptitude en étant agréables ailleurs : obtenir leur diplôme, pour ainsi dire, parmi le cercle de connaissances de ces dames ; et, enfin, c'était une grande faveur d'être reçue par eux.

"La société de nombreuses célébrités leur a manqué en adhérant si strictement à cette règle tacite", a déclaré le monsieur.

"Bah!" dit la dame. "Célébrités! qu'est-ce qu'on a à voir avec eux dans la société ? En tant que célébrités, ils sont tout simplement ennuyeux. Parce qu'un homme a découvert une planète, il ne s'ensuit pas qu'il puisse converser agréablement, même sur ses propres sujets ; souvent, les gens sont épuisés par une seule action ou expression de leur vie – épuisés par tous les besoins d'un « salon ». L'écrivain, par exemple, ne peut pas se permettre de parler vingt pages pour rien, alors soit il reste profondément silencieux, soit il vous donne de simples rinçages de son esprit. Je parle maintenant de lui comme d'une simple célébrité, et je justifie la sagesse des dames dont nous parlions de ne pas rechercher de telles personnes ; en fait, en étant plutôt timide envers eux. Certains de leurs amis étaient les personnages les plus célèbres de leur temps, mais ils étaient reçus dans leur ancienne qualité d'hommes agréables ; un caractère supérieur, de loin. Alors, dit-elle en se tournant vers moi, je crois que vous, les Anglais, gâtez la perfection de la conversation en ayant votre chambre brillamment éclairée pour une soirée dont le charme dépend de ce qu'on entend, comme pour une soirée où la jeunesse et la beauté sont au rendez-vous. pour s'exposer parmi les fleurs et les festons, et toutes sortes de jolis ornements. Je ne voudrais jamais qu'une pièce donne l'impression que les gens sont sombres dès leur première entrée ; mais il existe une sorte de clair de lune, comparé au soleil, dans lequel les gens parlent plus librement et plus naturellement ; où les gens timides engageront une conversation sans craindre le moindre changement de couleur ou le moindre mouvement involontaire – tout comme nous sommes toujours plus confidentiels devant un feu que partout ailleurs – comme les femmes parlent le plus ouvertement dans la chambre faiblement éclairée du curling. temps."

« Fini vos gens timides », dit le gentleman. « Les personnes gênées, pensant à une rougeur ou une pâleur involontaire, à un mouvement inconvenant du visage, plus qu'au sujet dont elles parlent, ne devraient pas du tout entrer dans la société. Mais comme les femmes sont beaucoup plus sujettes à cette faiblesse nerveuse que les hommes, la prépondérance des gens dans un salon devrait toujours être du côté des hommes.

Je ne pense pas avoir obtenu davantage d'indices sur l'art perdu de la part de mes amis français. Voyons si ma propre expérience en Angleterre peut fournir d'autres idées.

Prenons d'abord les préparatifs à faire avant que notre maison, notre chambre ou notre logement puisse être fait pour recevoir la société. Bien entendu, je ne parle pas des préparatifs nécessaires aux soirées dansantes ou musicales. Je prends pour intention affirmée les fêtes qui ont une conversation agréable et des rapports sociaux heureux. Il peut s'agir de dîners, de dîners, de thé ; peu importe comment on les appelle, pourvu que leur fin soit définie. Si vos amis n'ont pas dîné et qu'il vous convient de leur donner à dîner, au nom de Lucullus, laissez-les dîner ; mais veillez à ce qu'il y ait autre chose que la simple nourriture et le vin pour rendre leur engraissement agréable à ce moment-là et agréable à retenir, sinon vous feriez mieux d'emballer pour chacun ses portions du plat délicat et de l'envoyer séparément, par courrier chaud. des bacs à eau, pour qu'il puisse manger confortablement derrière une porte, comme Sancho Panza, et en finir avec cela. Et pourtant je ne vois pas pourquoi nous devrions être comme des ascètes ; Je crois qu'il y a une grâce de préparation, une sorte de son de trompette festive, qui est juste et propre à distinguer le jour où nous recevons nos amis des jours communs, non marqués par de telles pierres blanches. La pensée et le soin que nous prenons pour eux de leur présenter ce que nous avons de meilleur peuvent impliquer un certain renoncement à nous-mêmes dans nos jours moins chanceux. J'ai été dans des maisons où tout le monde, depuis la servante du marmiton jusqu'au sommet, travaillait joyeusement à double marée, parce que les « amis du Maître » arrivaient ; et tout doit être beau et bon, et toutes les pièces doivent paraître claires, propres et jolies. Et comme « un cœur joyeux va jusqu'au bout », les préparatifs faits dans cet esprit accueillant et hospitalier ne semblent jamais fatiguer personne autant que lorsque les domestiques sentent instinctivement qu'il a été dit dans le salon : « Il faut que et-donc » ou « Oh, mon Dieu ! nous n'avons jamais eu un tel ou un tel. Oui, j'aime un peu de faste, de luxe et de majesté, pour marquer nos jours heureux où nous recevons des amis en guise de fête ; mais je ne pense pas que je mettrais mon pouvoir de procurer du luxe uniquement dans le domaine de la nourriture et de la boisson.

Mes amis seraient probablement surpris (certains portent des casquettes et d'autres des perruques) si je leur fournissais des guirlandes de fleurs, à la manière des anciens Grecs ; mais mettez des fleurs sur la table (aucune de vos impostures, cire ou autre ; je préfère une honnête racine de primevère au bord de la route, dans un vase commun de porcelaine blanche, au plus grand bouquet de raretés artificielles bruissantes et raides dans une épergne d'argent). Une fleur ou deux à côté de l'assiette de chaque personne ne serait pas un inconvénient, quant à la dépense, et constituerait un accueil muet très agréable et joli. Les cuisiniers et les servantes, agissant dans l'esprit sympathique que j'ai décrit, faisaient de leur mieux, depuis bien faire bouillir les pommes de terre jusqu'à envoyer tous les plats dans le meilleur ordre possible. Je pense que je ferais en sorte que chaque dîner imaginaire soit préparé selon le plan « original » de M. Walker ; chaque plat séparément, chaud et chaud. J'ai l'idée que lorsque j'irai vivre en Utopie (pas avant Noël prochain), j'aurai une sorte de buffet d'eau chaude, comme je crois en avoir vu dans les grandes maisons, et que rien ne figurera sur la table. mais ce qui est agréable à l'oeil. Si simple que soit la nourriture, je la ferais et à mes amis (et ne puis-je pas ajouter le Donateur ?) le respect de la présenter à table aussi bien cuite, aussi mangeable, aussi saine que mes pauvres moyens le permettaient ; et c'est vers cela plutôt que vers une variété de plats que je dirigerais mes soins. Nous n'avons aucune association avec le bœuf et le mouton ; les oies peuvent nous rappeler le Capitole et les paons, Junon ; un pâté aux pigeons, de la simplicité des colombes de Vénus, mais qui pense au couvert de feuilles qui a été sa demeure dans sa vie, quand il voit un lièvre rôti ? Aujourd'hui, les fleurs en tant qu'ornement éloignent nos pensées de leur beauté et de leur parfum actuels. Je suis presque sûr que Mme de Sablé avait des fleurs dans son salon ; et, comme elle aimait elle-même les friandises, je peux imaginer sa douce bienveillance de caractère, se réjouissant de quelques préparatifs personnels faits le matin pour les amis attendus de la soirée. Je l'imagine mijoter des ris de veau dans une casserole en argent, ou assaisonner une salade avec ses mains délicates, dodues et blanches – même si j'ai jamais vu une casserole en argent. J'étais autrefois assez ignorant pour croire qu'on ne s'en servait que dans la cuisine de la Belle au Bois Dormant, ou dans les préparatifs du mariage de Ricquet-à-la-Touffe ; mais on m'a assuré qu'il existe de telles choses, et qu'elles donnent une saveur des plus délicates, ou aucune saveur aux victuailles qui y sont cuites ; ainsi je l'affirme encore, Mme de Sablé cuisinait des ris de veau pour ses amies dans une casserole d'argent ; mais ne jamais se fatiguer de ces travaux antérieurs. Elle connaissait trop bien le vrai goût de ses amis ; ils se souciaient d'elle, d'abord, comme d'un élément de leur agréable soirée : la casserole d'argent dans laquelle ils devaient tous se réunir ; l'huile dans laquelle leurs divers ingrédients devaient être ramollis de ce qui était dur ou discordant - très secondaire serait leur intérêt pour ses ris de veau.

« Des ris de veau, ils recevront de l'argent par an,

De Sablé non plus.

Sur l'ameublement, la conversation et les jeux

Extrait de « Manières de l'entreprise », *Mots de famille* , 1854

J'AI ENTENDU ou lu dernièrement que nous commettons une grande erreur en fournissant à nos salons de réception toutes les couleurs claires et délicates, la profusion d'ornements et les chintz mouchetés et tachetés, si nous voulons montrer le visage et la silhouette humaines. ; que connaissaient mieux nos ancêtres et les grands peintres, avec leurs fonds un peu sombres et fortement teintés, soulageant ou mettant en relief la silhouette ronde et le teint délicat de pêche.

Je crois que le salon de Mme de Sablé était meublé avec une sobriété de ton profonde et chaleureuse ; éclairé par des fleurs et des gens joyeux et animés, dans un éclat vestimentaire qui se perdrait aujourd'hui contre nos murs de satin et nos tapis fleuris, et dorure, dorure partout. Ensuite, d'une manière ou d'une autre, la conversation a dû déboucher naturellement sur le sens ou sur l'absurdité, selon le cas . Les gens devaient être rentrés chez elle bien préparés pour l'un ou l'autre sort. Il se pourrait que l'esprit vienne au premier plan, pétillant, crépitant, bondissant, faisant écho partout ; ou bien les mêmes personnes pourraient parler avec toute leur force et toute leur sagesse, sur un sujet grave et important de l'heure, de cette manière que nous avons pris l'habitude d'appeler « sérieuse », mais ce terme m'a semblé légèrement aromatisé par je ne peux pas, depuis que j'ai entendu parler d'un « oncle sérieux ». En tout cas, graves ou gais, les gens ne montaient pas dans les salons de Mme de Sablé dans le but précis d'être l'un ou l'autre. Ils étaient emportés par le sujet de la conversation, par l'humour du moment. J'ai rendu visite à un groupe de personnes qui se piquaient d'être rationnelles. Nous avons parlé de ce qu'ils appelaient du bon sens, mais de ce que j'appelle des platitudes, au point que j'ai eu envie, comme Southey, dans le Docteur, de sortir quelque interminable mot absurde (Aballibogibouganorribo était de lui, je pense) pour soulager mon désespoir. de ne pouvoir penser à rien de plus sensé. Cela m'aurait fait du bien de le dire et j'aurais pu repartir sur une voie rationnelle. Mais je ne l'ai jamais fait. J'ai sombré dans un silence insensé, qui, j'espère, a été pris pour de la sagesse. L'une de ces personnes a fait un profond compliment à une de mes relations, car c'est ce qu'elle voulait dire : « Oh, Miss F. ; tu es si banal ! Mais comme il n'est pas au pouvoir de chacun d'être rationnel et « banal », à tout moment et en tout lieu, en déchargeant nos sens en un endroit donné, comme l'eau d'un tuyau d'incendie ; et comme certains d'entre nous sont des citernes plutôt que des fontaines, et peuvent avoir leurs réserves épuisées, pourquoi n'est-il pas plus général de faire appel à d'autres auxiliaires de conversation, afin de nous permettre de passer une agréable soirée ?

Mais j'y reviendrai tout à l'heure. Permettez-moi seulement de dire qu'il n'y a qu'une chose plus ennuyeuse qu'une soirée où tout le monde essaie d'être profond et sensé, c'est une soirée où tout le monde essaie d'être spirituel. J'éprouve à chaque fois un sentiment désagréable d'effort et de manque de naturel ; mais la tentative perpétuelle, même lorsqu'elle réussit, d'être intelligent et amusant est la pire des deux. Les gens essaient de dire des choses brillantes plutôt que vraies ; Non seulement ils s'emparent avidement du superficiel et du ridicule chez les autres et dans les événements en général, mais, à force de rechercher constamment des sujets de plaisanteries, de mots et de satire, ils deviennent eux-mêmes possédés d'une sorte de susceptibilité douloureuse, et ont peur de leur propre travail et n'osent céder à aucune expression de sentiment, ni à aucune noble indignation ou enthousiasme. Cette sorte d'esprit lassant est bien différente de l'humour, qui surgit et se fraye un chemin irrépressible, et suscite des sourires et des rires, mais pas très loin des larmes. Croyez-le, quelques-uns des amis de Mme de Sablé avaient été émus de la manière la plus abondante et la plus cordiale. Eux aussi savaient raconter. Très simple, dites-vous ? Je dis NON! Je crois que l'art de raconter une histoire est né chez certaines personnes, et celles-ci le maîtrisent à la perfection ; mais tous pourraient y acquérir une certaine expertise, et devraient le faire, avant de se lancer dans les récits confus, complexes, hésitants, brisés, décousus, pauvres, chauves, d' événements qui n'ont ni unité, ni couleur, ni vie, ni fin. en eux, qu'on entend parfois.

Mais quant aux partis rationnels qui sont en vérité si irrationnels, où tous parlent d'un personnage assumé au lieu de se montrer ce qu'ils sont réellement et d'étendre ainsi la connaissance mutuelle des capacités infinies et belles de la nature humaine, chaque fois que je vois le des visages graves et posés, avec leur expression bonne mais anxieuse, je me souviens de la façon dont j'étais autrefois, il y a longtemps, à une fête comme celle-ci ; chacun avait fait ressortir sa sagesse et l'avait diffusée pour le bien de la société ; un ou deux, par sens du devoir et sans aucun intérêt particulier pour la question, nous avaient améliorés en nous parlant de quelque nouvelle découverte scientifique, dont les détails étaient tous faux, comme je l'ai appris par la suite ; s'ils avaient eu raison, nous n'aurions pas été plus sages - et juste au moment où une information plus utile aurait pu provoquer une congestion cérébrale, un étranger à la ville - une aventure belle, audacieuse, mais très féminine - a proposé un jeu, et un tel jeu, pour nous les sages de Gotham !

Mais elle (maintenant immobile et tranquille depuis longtemps après sa vie brillante, si pleine de jolies farces) était une créature que tous ceux qui la regardaient aimaient ; et avec un étonnement grave et hésitant, nous nous agenouillions autour d'une table circulaire à son mot d'ordre. Elle a fait un cercle et, sortant une plume d'un oreiller de canapé, elle nous a dit qu'elle devrait la faire exploser dans les airs, et que celui d'entre nous près duquel elle flottait devait souffler pour l'empêcher de tomber sur la table. Je soupçonne que nous ressemblions tous à Keeley dans le « Camp de Chobham » et que nous étions surpris de notre propre obéissance à ce mandat ridicule et insensé, donné avec une impériosité gracieuse, comme s'il était trop royal pour être contesté. Nous nous sommes agenouillés, soufflant avec la plus grande intensité, ressemblant à un groupe de personnes âgées...

« Imbéciles ! » Non, mon cher monsieur. J'allais dire des chérubins âgés. Mais mieux valait se ridiculiser que faire des hiboux, comme nous le faisions auparavant.

Sur les livres

Extrait de « Manières de l'entreprise », *Mots de famille* , 1854

JE n'ai rien dit des livres. Pourtant je suis sûr que, si Madame de Sablé vivait maintenant, on les verrait dans son salon comme faisant partie de son mobilier naturel indispensable ; non pas sorties, et dispersées ici et là quand « la compagnie arrivait », mais comme présences habituelles dans sa chambre, faute de quoi, elle voudrait un sentiment de chaleur, de confort et de compagnie. Produire des livres pour préparer une soirée, pour la faire passer agréablement, est un grand risque. En premier lieu, les livres sont écrits par de telles personnes et, en de telles occasions, choisis davantage pour leur extérieur que pour leur intérieur. Et dans le suivant, ils sont « le simple matériau avec lequel la sagesse (ou l'esprit) construit » ; et si les gens ne savent pas comment utiliser le matériel, ils ne suggéreront rien. J'imagine que Mme de Sablé laisserait traîner, comme ils le seraient naturellement, les volumes qu'elle lisait elle-même, ou ceux qui, étant nouveaux, contenaient quelque chose d'intéressant du moment. Je pouvais aussi imaginer que ses invités ne se sentiraient pas obligés de parler continuellement, qu'ils aient quelque chose à dire ou non, mais qu'il pourrait y avoir des pauses de silence non désagréables - une obscurité tranquille d'où ils pourraient être sûrs que les petites étoiles sortiraient. lueur bientôt. Je peux croire que pendant de telles pauses de repos, quelqu'un pourrait ouvrir un livre, saisir une phrase suggestive et se lancer à nouveau dans une conversation pleine et entière. Mais je ne peux imaginer de grands préparatifs pour ce qui devait se dire entre des gens, dont chacun apportait le meilleur plat en apportant lui-même ; et dont la propre réserve de vie, de pensée et de sentiment individuels, et d'esprit maternel, serait indéfiniment meilleure que n'importe quelle détermination pure et simple de consacrer la soirée à un perfectionnement mutuel. Si les gens sont vraiment bons et sages, leur bonté et leur sagesse jaillissent inconsciemment et profitent comme la lumière du soleil. Donc des livres de référence, des livres de suggestions impromptues, mais jamais des livres qui servent de textes à une conférence. Les gravures relèvent à peu près des mêmes règles. A certains, ils disent tout ; pour les esprits ignorants et non préparés, rien. Je me souviens avoir remarqué cela en observant comment les gens regardaient un portefeuille très précieux appartenant à une de mes connaissances, qui contenait des portraits gravés et authentiques de presque toutes les personnes possibles ; du roi et du kaiser aux mendiants et criminels notoires ; y compris tous les hommes, femmes et acteurs célèbres dont les portraits ont pu être obtenus. Pour certains, ce portfolio donnait matière à observation, à méditation et à conversation. Cela leur présentait toutes sortes de tragédies humaines, toutes sortes de décors, de costumes et de groupes à l'arrière-plan, peuplés de personnages évoqués par leur imagination. D'autres les prenaient et les déposaient en disant simplement : « C'est un joli visage ! » "Oh, quelle paire de sourcils !" "Regardez cette drôle de robe!"

Pourtant, après tout, avoir quelque chose à prendre et à regarder est un soulagement et utile aux personnes qui, sans se gêner, sont nerveuses de ne pas être habituées à la société, ô Cassandre ! Rappelez-vous quand vous, avec vos riches pièces d'or de pensée, avec votre noble pouvoir d'expression de choix, avez été déposés, et étiez reconnaissants de l'être, pour regarder quelques gravures dérisoires, simplement parce que les gens ne savaient pas comment accéder à votre minerai, et vous ne vous souciiez pas de savoir s'ils le faisaient ou non, et vous étiez plutôt ennuyé par leurs tentatives, dont vous ne connaissiez jamais la fin. Tandis que moi, avec mes détritus et clinquants, j'étais considéré comme « agréable et une acquisition ! Vous auriez été apprécié chez Madame de Sablé, où le courant sympathique et intellectuel de la conversation vous aurait emporté, vous et vos fragments d'or, par sa force douce, irrésistible et douce.

Réceptions françaises

Extrait de « French Life », *Fraser's Magazine* , 1864

Mme Gaskell a passé de nombreux jours heureux en France, séjournant souvent à Paris avec l'excentrique mais fidèle Madame Mohl. Pendant ses vacances là-bas en 1862, elle tenait un journal qui lui fournissait le matériel pour les trois articles brillants et bavards, parus anonymement dans *le Fraser's Magazine* en avril, mai et juin 1864.

NOTRE conversation dérivait sur la vieille coutume française de recevoir au lit. C'était si juste que la nouvelle épouse du duc de Saint-Simon se coucha après le dîner matinal de ces jours-là, pour recevoir ses visites de noces. La duchesse de Maine, de la même époque, avait un lit dans la salle de bal de

Sceaux, et s'y couchait (ou s'asseyait à demi), regardant les danseuses. Je demandai s'il n'y avait pas une différence de tenue vestimentaire entre le jour et la nuit. Mais Madame A— **semblait** penser qu'il y avait très peu de choses. La Révolution mit fin à cette coutume ; mais une ou deux grandes dames conservèrent l'habit jusqu'à leur mort. Madame A— avait souvent vu Madame de Villette recevoir au lit ; elle portait toujours des gants blancs, ce que Madame A— **imaginait** être la seule différence entre la toilette de jour et la toilette de nuit. Madame de Villette était la fille adoptive de Voltaire, et, à ce titre, tous les innovateurs audacieux des modes de pensée et de conduite anciens venaient la voir et lui rendre hommage. Elle était également veuve du marquis de Villette, et à ce titre elle reçut les hommages des dames et messieurs de l' *ancien régime* .

Dans l'ensemble, ses réceptions hebdomadaires devaient être très amusantes, d'après le récit de Madame A — . La vieille marquise était couchée ; autour d'elle se tenait la compagnie, et, pour couronnement de la visite, elle demandait à sa *femme de chambre* de lui remettre le cœur de Voltaire, qu'il lui avait légué, et qu'elle conservait dans un petit écrin d'or. Alors elle commençait à raconter des anecdotes sur le grand homme ; grand pour elle, et avec une certaine justice. Car il avait voyagé dans le midi de la France et s'était arrêté pour passer la nuit chez un ami, où il avait été très frappé par la profonde tristesse sur le visage d'une jeune fille de dix-sept ans, une des filles de son ami ; et, en s'enquérant de la cause, il apprit que, pour augmenter la part des autres, cette jeune femme devait être envoyée dans un couvent, destination qui lui détestait extrêmement. Voltaire l'en sauva en l'adoptant et en lui promettant de lui donner une dot suffisante pour lui assurer un mariage respectable. Elle avait vécu quelque temps avec lui à Ferney avant de devenir marquise de Villette. (Vous vous souvenez des liens existant entre la famille de son mari et Madame de Maintenon, ainsi qu'avec la seconde épouse de Bolingbroke.)

Madame de Villette devait être une personne fort *inconséquente , à en juger par la description très amusante que fit Madame* A— de sa conversation. Ses phrases commençaient généralement par une affirmation qui était réfutée par la suite. Par exemple : « C'était merveilleux avec quelle facilité Voltaire prononçait des impromptus pleins d'esprit. Il s'enfermait toute la matinée dans sa bibliothèque, et le soir il conduisait gracieusement la conversation jusqu'au point qu'il désirait, puis sortait le vers ou l'épigramme qu'il avait composé pour la circonstance, de la manière la plus spontanée et la plus facile. manière!" Ou encore : « C'était le plus modeste des hommes. Lorsqu'un étranger arrivait à Ferney, son premier soin était de lui faire visiter le village et de lui montrer toutes les améliorations qu'il avait apportées, le bien qu'il avait fait, l'église qu'il avait bâtie. Et cela n'a jamais été facile jusqu'à ce qu'il ait donné au nouveau venu l'occasion d'entendre ses compositions les plus récentes. Puis elle montrait à un vieux grand-père le fauteuil de cuir à haut dossier dans lequel, disait-elle, il avait écrit sa *Henriade* , oubliant qu'il était alors un tout jeune homme.

Madame A— **disait** que les réceptions de Madame de Villette valaient la peine d'être présentes, car elles donnaient une idée des mœurs de la société avant la Révolution.

16 février 1863. — De nouveau à Paris ! et, comme je me souviens d'une jeune Anglaise disant avec beaucoup de joie : « nous n'avons jamais besoin d'être une soirée à la maison ! » Mais ses visions étaient celles de balles ; nos possibilités sont celles, très agréables, de pouvoir entrer certains soirs de la semaine chez différents amis, sûrs de les trouver chez eux prêts à accueillir tous ceux qui entreront. Ainsi, le lundi, Madame de Circourt reçoit ; Les mardis, Madame — ; Les mercredis, Madame de M — ; Les jeudis, Monsieur G — ; et ainsi de suite. Il n'y a aucune préparation de divertissement ; quelques bougies supplémentaires, peut-être un Baba, ou un gâteau au goût prononcé de rhum, et un peu plus de thé sont offerts. Tout le monde est le bienvenu et personne n'est attendu. Les visiteurs peuvent venir habillés comme ils le seraient à la maison ; ou en pleine toilette, en route pour les bals et autres gaiesté. Ils partent sans adieu formel ; d'où, je suppose, notre expression « départ des Français ».

Bien sûr, le caractère agréable de ces réceptions informelles dépend de nombreuses circonstances différentes, et je doute qu'elles répondraient en Angleterre. Un certain talent est requis chez l'hôtesse ; et ce talent n'est pas la bonté de cœur, ni la courtoisie, ni l'esprit, ni l'intelligence, mais cette merveilleuse union de toutes ces qualités, avec en outre un soupçon d'intuition, que nous appelons tact. Madame Récamier l'avait à la perfection. Son esprit ou son intelligence était de l'ordre passif ou réceptif ; elle appréciait beaucoup et naissait peu. Mais elle avait le sixième sens, qui lui apprit quand parler et quand se taire. Elle faisait ressortir les pouvoirs des autres par son intérêt judicieux pour ce qu'ils disaient ; elle entra avec des paroles douces avant que l'ombre d'une discorde prochaine ne fût aperçue. Il ne pouvait pas s'agir uniquement d'art ; ce n'était certainement pas tout à fait naturel. Comme je l'ai dit, les invitations ne sont pas données pour ces soirées. Madame reçoit le mardi. N'importe qui peut y aller. Mais il existe des tentations pour des personnes spéciales qui peuvent être habilement écartées. Vous pourrez dire devant celui que vous désirez attirer : « Je pense que M. Guizot sera parmi nous mardi ; il vient de rentrer à Paris » – et l'hameçon est presque sûr de mordre ; et bien sûr vous pouvez varier votre mouche avec vos poissons. Pourtant, malgré toute l'expérience et toutes les chances, certaines maisons sont invariablement ennuyeuses. Les gens qui seraient tristes chez eux vont y être tristes. Les esprits gais et brillants sont toujours ailleurs ; ou peut-être entrer, saluer l'hôtesse, jeter un coup d'œil autour de la pièce et disparaître tranquillement. Je n'arrive pas à comprendre pourquoi ; mais c'est ainsi.

Mais une délicieuse réception, qui n'aura plus jamais lieu, une hôtesse plus que charmante, dont les vertus, qui étaient la véritable source de ses charmes, ont été avant cela « plantées dans le jardin de Notre-Seigneur », nous attendait ce soir. Dans ce seul cas, il faut qu'il me soit permis de citer un nom, celui de Madame de Circourt, si connu, si tendrement aimé et si profondément respecté. De son mari accompli, toujours parmi nous, je ne dirai donc rien, sinon que ce fut, selon toute apparence, le mariage le plus heureux et le plus agréable que j'aie jamais vu. Madame de Circourt était russe de naissance et possédait ce don pour les langues qui est presque une possession nationale. Ce fut le moyen immédiat pour elle d'obtenir la forte estime et l'amitié constante de tant d'hommes et de femmes distingués de différents pays. Vous la trouverez mentionnée comme une amie chère et appréciée dans plusieurs mémoires des grands hommes de l'époque. J'ai entendu un Anglais observateur, bien qualifié pour parler, dire qu'elle était la femme la plus intelligente qu'il ait jamais connue. Et j'en ai entendu aussi une, qui est une sainte de la bonté, parler de la piété, de la bienveillance et de la tendre bonté de Mme de Circourt, comme sans égal chez aucune femme qu'elle ait jamais connue. Je pense que c'est Dekker qui parle de notre Sauveur comme du « premier vrai gentleman qui ait jamais vécu ». Nous pouvons choisir d'être choqués par la liberté d'expression utilisée par le vieux dramaturge ; mais n'est-ce pas vrai ? Le christianisme n'est-il pas le cœur même de toute courtoisie gracieuse ? Je suis sûr qu'il en était ainsi de Mme de Circourt. Il n'y a jamais eu de maison où les faibles, les ennuyeux et les humbles recevaient une attention aussi aimable et discrète, ou se sentaient aussi heureux et chez eux. Il n'y a jamais eu d'endroit dont j'ai entendu parler, où le savoir, le génie et la valeur étaient plus vraiment appréciés et où je me sentais plus sûr d'être compris. J'ai dit que je ne parlerai pas des vivants ; mais bien sûr, chacun doit comprendre que cet état n'aurait pas pu exister sans la réalisation de la vieille épitaphe :

Ils n'en faisaient qu'un, on ne pourrait jamais le dire

Lequel d'entre eux a gouverné et lequel d'entre eux a obéi.

Il y avait entre eux mais cette dispute,

C'était ce que la volonté de l'autre devait exécuter.

Dans la fleur de l'âge, au milieu de son sain goût pour tous les plaisirs sociaux et intellectuels, Mme de Circourt eut un terrible accident ; sa robe prit feu, elle fut terriblement brûlée, resta longtemps sur un lit de malade, et n'en sortit que les nerfs et la constitution brisés à vie. Une telle épreuve suffisait, tant mentalement que physiquement, pour provoquer cette forme d'égoïsme qui s'empare trop souvent des invalides chroniques et qui déprime non seulement leur moral, mais celui de tous ceux qui les approchent. Madame de Circourt n'était pas de ces gens-là. Son doux sourire était peut-être un peu moins éclatant ; mais c'était tout aussi prêt. Elle ne pouvait pas se rendre au service de ceux qui avaient besoin d'elle ; mais, incapable de bouger sans beaucoup d'aide, elle s'assit à sa table d'écriture, pensant et travaillant encore pour les autres. Elle ne pourrait plus jamais rechercher les timides, les lents ou les maladroits ; mais, d'un joli mouvement de main, elle pouvait les attirer près d'elle et les rendre heureux par ses paroles douces et sensées. On ne la verrait plus dans une société gaie et brillante ; mais elle avait une sympathie très active pour les jeunes et les joyeux qui s'y mêlaient ; pourrait planifier leurs robes pour eux; il s'efforçait de se procurer des partenaires agréables lors d'un bal auquel se rendait un jeune étranger ; et seulement deux ou trois jours avant sa mort inattendue, car elle avait souffert patiemment si longtemps que personne ne savait à quel point la fin était proche, elle prit beaucoup de peine pour donner un grand plaisir à une jeune fille qu'elle connaissait très peu, mais qui, j'espère, ne l'oubliera jamais.

Description de Duncombe

Extrait de « M. Les confessions d'Harrison », *Le compagnon des dames* , 1851

Il s'agit de la première tentative de Mme Gaskell de décrire la vie révolue de la petite ville de campagne de Knutsford, qu'elle a idéalisée dans ses histoires sous six noms différents et immortalisée sous le nom de *Cranford* . La belle description de la vieille ville du Cheshire est vraie pour Knutsford aujourd'hui, car heureusement, « la main du constructeur » n'a pas encore été autorisée à gâcher sa beauté pittoresque et surannée.

J'ÉTAIS trop paresseux pour faire grand-chose ce soir-là et je m'asseyais dans la petite fenêtre en arc qui surplombait la boutique de Jocelyn, regardant de haut en bas la rue. Duncombe se considère comme une ville, mais je devrais l'appeler un village. Vraiment, vu de chez Jocelyn, c'est un endroit très pittoresque. Les maisons sont tout sauf régulières ; ils peuvent être méchants dans leurs détails ; mais dans l'ensemble, ils ont l'air bien ; ils n'ont pas ce front plat et sans relief que présentent de nombreuses villes aux prétentions bien plus grandes. Çà et là, une fenêtre en arc, de temps en temps un pignon se découpant sur le ciel, parfois un étage supérieur en saillie, jette un bon effet d'ombre et de lumière le long de la rue ; et ils ont une drôle de façon de colorer le badigeon de certaines maisons d'une sorte de teinte rose buvard, qui ressemble plus à la pierre dont Mayence est bâtie qu'à autre chose. C'est peut-être de très mauvais goût, mais à mon avis, cela donne une riche chaleur à la coloration. Puis, çà et là, une maison d'habitation a une cour devant, avec une parcelle d'herbe de chaque côté de l'allée dallée, et un ou deux grands arbres, tilleuls ou marronniers d'Inde, qui envoient leurs grandes branches supérieures saillantes dans le jardin. rue, créant des abris ronds et secs sur le trottoir pendant les averses d'été.

Une course pour la vie à travers les sables mouvants de la baie de Morecambe

Tiré de « Le héros de Sexton », *Howitt's Journal*, 1847.

L'histoire complète a été réimprimée avec *Christmas Storms and Sunshine* dans un petit livret et présenté par Mme Gaskell comme contribution à une fête organisée à Macclesfield au profit des bains et lavoirs publics en 1850. Une copie du livret a été vendu deux guinées il y a quelques années. Un pont ferroviaire enjambe désormais cette partie dangereuse de la baie de Morecambe.

BIEN! nous avons emprunté un shandry et attelé ma vieille jument grise, comme j'en avais l'habitude dans la charrette, et nous sommes partis aussi grands que le roi George à travers les sables vers trois heures, car vous voyez qu'il y avait de hautes eaux vers midi, et nous Je devais aller et revenir de la même manière, car Letty ne pouvait pas laisser son bébé longtemps. C'était un joyeux après-midi ; la dernière fois que j'ai vu Letty rire de bon cœur ; et, d'ailleurs, la dernière fois que j'ai moi-même ri de bon cœur. La dernière heure de traversée tombait vers neuf heures et nous étions en retard au départ. Les horloges étaient fausses ; et nous avions un travail de chasse à un cochon que notre père avait donné à Letty pour qu'il le rapporte à la maison ; nous l'avons finalement mis dans un sac, et il a crié et hurlé dans la partie arrière du hangar, et nous avons ri et ils ont ri ; et au milieu de toute cette gaieté, le soleil s'est couché, ce qui nous a un peu dégrisé, car alors nous savions quelle heure il était. J'ai fouetté la vieille jument, mais elle était bien plus grosse que le matin et ne voulait ni monter ni descendre rapidement les sourcils, et il n'y en a pas quelques-uns entre Kellet et le rivage. Sur le sable, c'était pire. Ils étaient très lourds, car la fraîcheur était tombée après les pluies que nous avions eues. Seigneur! comment j'ai fouetté la pauvre jument, pour profiter du feu rouge qui durait encore. Vous ne connaissez peut-être pas les sables, messieurs ! Du côté de Bolton, d'où nous sommes partis, il vaut mieux que six milles jusqu'à Cart Lane, et deux canaux à traverser, sans parler des trous et des sables mouvants. Au deuxième canal de chez nous, le guide attend, pendant toute la durée de la traversée, du lever au coucher du soleil ; mais pendant les trois heures de chaque côté des hautes eaux, il n'est pas là, bien sûr. Il reste après le coucher du soleil s'il est prévu, pas autrement. Alors maintenant tu sais où nous étions cette horrible nuit. Car nous avions traversé le premier canal environ deux milles, et il faisait de plus en plus sombre au-dessus et autour de nous, sauf une ligne de lumière rouge au-dessus des collines, lorsque nous arrivâmes à un creux (car tous les sables semblent si plats, il y a bien des creux où l'on perd toute vue du rivage). Nous avons mis plus de temps que nous n'aurions dû mettre à traverser le creux, tant le sable était rapide ; et quand nous remontâmes, là, sur l'obscurité, se dessinait la ligne blanche de la marée impétueuse qui remontait la baie ! Cela ne semblait pas à un kilomètre de nous ; et quand le vent souffle sur la baie, il vient plus vite qu'un cheval au galop. « Seigneur, aide-nous ! » dis-je ; et puis j'ai regretté d'avoir parlé pour effrayer Letty ; mais les mots furent écrasés hors de mon cœur par la terreur. Je la sentis frissonner à mes côtés et agripper mon manteau. Et comme si le cochon (comme il s'était rauque il y a quelque temps) avait compris le danger dans lequel nous courions tous, il s'est remis à crier, suffisamment pour dérouter n'importe qui. Je le maudis entre mes dents à cause de son bruit ; et pourtant, c'était la réponse de Dieu à ma prière, pécheur aveugle que j'étais. Ouais ! vous pouvez sourire, monsieur, mais Dieu peut remédier à bien des choses méprisantes, si nécessaire.

À ce moment-là, la jument était toute en écume, tremblante et haletante, comme si elle était dans une frayeur mortelle ; car, quoique nous fussions sur la dernière rive avant le deuxième canal, l'eau lui remontait les jambes ; et elle est tellement fatiguée ! Lorsque nous approchâmes du canal, elle resta immobile, et toutes mes flagellations ne parvinrent pas à la faire bouger ; elle gémit à haute voix et trembla d'une manière terrible. Jusqu'à présent, Letty n'avait pas parlé ; je tenais seulement fermement mon manteau. Je l'entendis dire quelque chose et je baissai la tête.

"Je pense, John, je pense, que je ne reverrai plus jamais bébé!"

Et puis elle a poussé un tel cri, si fort, si aigu et si pitoyable ! Cela m'a assez énervé. J'ai sorti mon couteau pour éperonner la vieille jument, afin que cela finisse d'une manière ou d'une autre, car l'eau coulait d'un air maussade jusqu'à l'essieu même, sans parler des vagues blanches qui ne connaissaient aucune pitié dans leur avance constante. Ce quart d'heure, monsieur, m'a paru aussi long que toute ma vie depuis. Les pensées et les fantaisies, les rêves et les souvenirs se rencontraient. La brume, la brume épaisse, qui était comme un rideau épouvantable, nous enfermant dans la mort, semblait apporter avec elle les parfums des fleurs qui poussaient autour de notre propre seuil ; c'était peut-être le cas, car cela tombait sur eux comme une rosée bénie, même si pour nous c'était un linceul. Letty m'a dit plus tard qu'elle avait entendu son bébé pleurer pour elle, au-dessus du gargouillis des eaux montantes, aussi clairement qu'elle avait jamais entendu quoi que ce soit ; mais les oiseaux de mer chantaient et le cochon hurlait ; Je ne l'ai jamais attrapé; en tout cas, c'était à des kilomètres.

Juste au moment où je sortais mon couteau, un autre bruit se rapprochait de nous, se mêlant au gargouillis des eaux proches et au rugissement des eaux lointaines (pas si lointaines cependant) ; nous pouvions à peine voir, mais nous pensions voir quelque chose de noir sur la couleur plombée des vagues, de la brume et du ciel. Il s'est approché, s'est approché : d'un mouvement lent et régulier, il a traversé le canal jusqu'à l'endroit où nous étions.

Oh mon Dieu! c'était Gilbert Dawson sur son fort cheval bai.

Nous avons parlé peu de mots, et nous avions peu de temps pour les dire. À ce moment-là, je n'avais aucune connaissance du passé ou du futur – seulement d'une pensée présente – comment sauver Letty et, si je le pouvais, moi-même. Je ne me suis souvenu que plus tard que Gilbert avait dit qu'il s'était laissé guider par le cri de terreur d'un animal ; Ce n'est que lorsque tout fut fini que j'appris qu'il avait été inquiet de notre retour, à cause de la profondeur de la fraîcheur, qu'il avait emprunté un passager, sellé son cheval tôt dans la soirée et qu'il était descendu à Cart Lane pour nous surveiller. Si tout s'était bien passé, nous n'en aurions jamais entendu parler. Tel quel, raconta le vieux Jonas, les larmes coulant de ses joues flétries.

Nous avons attaché son cheval au hangar. Nous avons élevé Letty au siège passager. Les eaux montaient à chaque instant avec un bruit maussade. Ils étaient tous sauf dans le hangar. Letty s'accrochait aux poignées du passager, mais baissait la tête comme si elle n'avait encore aucun espoir de vivre. Plus vite que prévu (et pourtant il aurait peut-être eu le temps de réfléchir et de se laisser tenter, monsieur : s'il était parti avec Letty, il aurait été sauvé, pas moi) Gilbert était dans le hangar à mes côtés.

"Rapide!" dit-il clairement et fermement. « Vous devez monter devant elle et la maintenir éveillée. Le cheval sait nager. Par la miséricorde de Dieu, je suivrai. Je peux couper les traces, et si la jument n'est pas gênée par le shandry, elle me portera en toute sécurité. En tout cas, vous êtes un mari et un père. Personne ne se soucie de moi.

Ne me détestez pas, messieurs. Je souhaite souvent que cette nuit soit un rêve. Depuis, cela hante mon sommeil comme un rêve, et pourtant ce n'était pas un rêve. J'ai pris sa place sur la selle, j'ai mis les bras de Letty autour de moi et j'ai senti sa tête reposer sur mon épaule. J'ai confiance en Dieu, j'ai dit quelques mots de remerciement ; mais je ne m'en souviens pas. Je me souviens seulement que Letty a levé la tête et a crié :

"Que Dieu vous bénisse, Gilbert Dawson, pour avoir sauvé mon bébé de l'orphelin cette nuit." Et puis elle est tombée contre moi, comme si elle était inconsciente.

J'ai ramené Letty chez elle auprès de son bébé, sur lequel elle a pleuré toute la nuit. Je suis retourné au rivage à propos de Cart Lane ; et d'un pas fatigué, je marchais le long du bord de l'eau, criant de temps en temps dans le silence un vain cri pour Gilbert. Les eaux sont revenues et n'ont laissé aucune trace. Deux jours plus tard, il a été échoué près de Flukeborough. La vieille jument pauvre et pauvre a été retrouvée à moitié enterrée dans un tas de sable par Arnside Knot. D'après ce que l'on pouvait deviner, il avait laissé tomber son couteau en essayant de couper les traces, et avait ainsi perdu toute chance de vivre. Quoi qu'il en soit, le couteau a été retrouvé dans une fente du manche.

Conseils à un jeune médecin

Extrait de « M. Les confessions d'Harrison », *Le compagnon des dames* , 1851

LE lendemain matin, M. Morgan est arrivé avant que j'aie fini de petit-déjeuner. C'était le petit homme le plus pimpant que j'aie jamais rencontré. Je vois l'affection avec laquelle les gens s'accrochent au style vestimentaire qui était en vogue lorsqu'ils étaient beaux et belles, et qui recevait le plus d'admiration. Ils ne veulent pas croire que leur jeunesse et leur beauté ont disparu et pensent que la mode dominante est inconvenante. M. Morgan s'insurgera d'heure en heure contre les redingotes, par exemple, et les moustaches. Il garde le menton rasé de près, porte un manteau noir et un pantalon gris foncé ; et lors de sa tournée matinale auprès de ses patients de la ville, il porte invariablement les bottes de Hesse les plus brillantes et les plus noires, avec des pompons en soie pendants de chaque côté. Quand il rentre chez lui, vers dix heures, pour se préparer à aller voir ses patients de la campagne, il enfile les bottes les plus élégantes que j'aie jamais vues, qu'il se procure chez un merveilleux bottier situé à cent milles de là. Son apparence est ce qu'on appelle « jemmy » ; il n'y a pas d'autre mot qui puisse faire l'affaire. Il fut évidemment un peu décontenancé lorsqu'il me vit dans mon costume de petit-déjeuner, avec les habits que j'avais apportés des gars de Guy ; mes pieds contre la cheminée, ma chaise en équilibre sur ses pattes de derrière (habitude de s'asseoir que je découvris plus tard qu'il détestait particulièrement) ; des pantoufles aux pieds (ce qu'il considérait également comme un désordre des plus disgracieux « sorti d'une chambre ») ; enfin, d'après ce que j'appris ensuite, tous les préjugés qu'il avait étaient outrés par mon apparition lors de sa première visite. Je posai mon livre et me levai pour le recevoir. Il se leva, chapeau et canne à la main.

"Je suis venu vous demander s'il vous conviendrait de m'accompagner lors de ma tournée du matin et d'être présenté à quelques-uns de nos amis." J'ai tout à fait détecté le petit ton de froideur provoqué par sa déception face à mon apparence, bien qu'il n'ait jamais imaginé qu'il soit en quoi que ce soit perceptible. "Je serai prêt immédiatement, monsieur", dis-je, et je me précipitai dans ma chambre, trop heureux d'échapper à son œil scrutateur.

A mon retour, je me rendis compte, par diverses petites toux indescriptibles et des bruits hésitants, que ma tenue ne le satisfaisait pas. Je me tenais prêt, chapeau et gants à la main ; mais il ne proposa toujours pas de partir pour notre tournée. Je suis devenu très rouge et chaud. Enfin il dit :

« Excusez-moi, mon cher jeune ami, mais puis-je vous demander si vous n'avez pas d'autre manteau que celui-là, « coupé », je crois que vous les appelez ? Nous sommes plutôt attachés aux convenances, je crois, à Duncombe ; et beaucoup dépend de la première impression. Que ce soit professionnel, mon cher monsieur. Le noir est l'habit de notre profession. Pardonnez mon langage si clair ; mais je me considère *in loco parentis* .

Il était si bon, si fade et, en vérité, si amical que je pensais qu'il serait très puéril de s'en offusquer ; mais j'avais un peu de ressentiment dans mon cœur contre cette façon d'être traité. Cependant, j'ai marmonné : « Oh, certainement, monsieur, si vous le souhaitez », et je suis revenu une fois de plus pour changer mon manteau, mon pauvre pan coupé.

« Ces habits, monsieur, donnent à un homme un aspect un peu trop sportif, qui ne convient pas tout à fait au savant métier ; c'est plus comme si vous veniez ici pour chasser que pour être le Galien ou l'Hippocrate du quartier. Il sourit gracieusement, alors j'étouffai un soupir ; car, à vrai dire, j'avais un peu anticipé, et même m'étais vanté chez Guy, des courses que j'espérais faire avec la meute ; car Duncombe se trouvait dans un district de chasse célèbre. Mais toutes ces idées furent tout à fait dispersées lorsque M. Morgan me conduisit dans la cour de l'auberge, où se trouvait un marchand de chevaux se rendant à une foire voisine, et « me conseilla fortement » – ce qui, dans nos circonstances relatives, équivalait à un injonction – d'acheter un petit cob brun, utile et au trot rapide, au lieu d'un beau cheval voyant, « qui accepterait n'importe quel obstacle auquel je le mettrais », comme m'a assuré le marchand de chevaux. M. Morgan était évidemment ravi lorsque je me suis incliné devant sa décision et que j'ai abandonné tout espoir d'une chasse occasionnelle.

« Mon cher jeune ami, il y a une ou deux indications que je voudrais vous donner sur vos manières. La grande maison Sir Everard avait l'habitude de dire : « Un médecin généraliste doit avoir soit de très bonnes manières, soit de très mauvaises. » Or, dans ce dernier cas, il faut qu'il possède des talents et des connaissances suffisantes pour assurer qu'il soit recherché, quelle que soit sa manière. Mais l'impolitesse donnera de la notoriété à ces qualifications. Abernethy en est un bon exemple. Je m'interroge plutôt sur le goût des mauvaises manières. J'ai donc étudié pour acquérir une politesse attentive et inquiète, qui allie l'aisance et la grâce avec un regard tendre et un intérêt. Je ne sais pas si j'ai réussi (peu d'hommes y parviennent) à me rapprocher de mon idéal ; mais je vous recommande de vous efforcer de suivre cette manière qui convient particulièrement à notre profession. Identifiez-vous avec vos patients, mon cher monsieur. Vous avez de la sympathie dans votre bon cœur, j'en suis sûr, de ressentir vraiment de la douleur en écoutant le récit de leurs souffrances, et cela les apaise de voir l'expression de ce sentiment dans votre manière. Ce sont en effet, monsieur, les manières qui font l'homme dans notre métier. Je ne me donne pas l'exemple, loin de là ; mais... Voici M. Huttons, notre vicaire ; un des domestiques est indisposé, et je serai heureux d'avoir l'occasion de vous présenter. Nous pourrons reprendre notre conversation à un autre moment.

Je ne savais pas que nous avions eu une conversation dans laquelle, je crois, l'assistance de deux personnes est requise.

Le choix des odeurs

Extrait de « My Lady Ludlow », *Mots de famille* , 1858

LA pièce était pleine de parfums, en partie à cause des fleurs à l'extérieur et en partie à cause des grands pots de pot-pourri à l'intérieur. Le choix des odeurs était ce sur quoi ma dame se piquait, disant que rien ne montrait la naissance comme une forte sensibilité olfactive. Nous n'avons jamais nommé le musc en sa présence, son antipathie à son égard était si bien comprise dans la maison ; on croyait à ce sujet qu'aucune odeur provenant d'un animal ne pourrait jamais être d'une nature suffisamment pure pour donner du plaisir à toute personne de bonne famille, là où, bien entendu, la perception délicate des sens avait été cultivée depuis longtemps. générations. Elle citerait par exemple la manière dont les sportifs préservent la race des chiens qui ont fait preuve d'un odorat aiguisé ; et comment de tels dons se transmettent de génération en génération parmi des animaux, dont on ne peut supposer qu'ils aient quoi que ce soit d'orgueil ancestral ou de fantaisies héréditaires à leur sujet. Musk n'a donc jamais été mentionné à Hanbury Court. Il n'y avait plus de bergamote ni de bois du sud, bien que végétaux par nature. Elle considérait ces deux dernières comme trahissant un goût vulgaire chez celui qui choisissait de les rassembler ou de les porter. Elle regrettait d'en remarquer des brins à la boutonnière de tout jeune homme auquel elle s'intéressait, soit parce qu'il était fiancé à une de ses servantes, soit autrement, alors qu'il sortait de l'église un dimanche après-midi. Elle craignait qu'il n'aime les plaisirs grossiers ; et je ne sais si elle ne pensait pas que sa préférence pour ces douceurs grossières n'impliquait pas une probabilité qu'il se mettrait à boire. Mais elle faisait la distinction entre le vulgaire et le commun. Les violettes, les roses et les bruyères étaient assez communes ; des roses et de la réséda, pour ceux qui avaient des jardins, du chèvrefeuille pour ceux qui se promenaient dans les ruelles ; mais les porter ne trahissait aucune vulgarité de goût ; la reine sur son trône pourrait être heureuse de sentir un bouquet de fleurs. Un beaupot (comme nous l'appelons) de roses et de roses fraîchement cueillies était placé chaque matin lorsqu'elles étaient en fleurs sur la table particulière de milady. Pour des odeurs végétales durables, elle préférait la lavande et l'aspérule à n'importe quel extrait. La lavande lui rappelait d'anciennes coutumes, disait-elle, et des jardins de chalets simples, et de nombreux propriétaires de chalets lui faisaient offrande d'un bouquet de lavande. L'aspérule odorante, elle aussi, poussait dans des endroits sauvages et boisés, où le sol était fin et l'air délicat ; les enfants pauvres allaient le lui chercher dans les bois des hauteurs ; et pour ce service, elle les récompensait toujours avec de belles pièces de monnaie neuves, dont mon seigneur, son fils, avait l'habitude de lui envoyer un sac frais de la Monnaie de Londres chaque mois de février.

Attar de roses, encore une fois, elle n'aimait pas. Elle disait que cela lui rappelait la ville et les femmes de marchands, trop riches, trop lourdes de parfum. Et le muguet tomba en quelque sorte sous le coup de la même condamnation. Ils étaient très gracieux et élégants à regarder (ma dame était très franche à ce sujet), fleur, feuille et couleur – tout était raffiné chez eux, sauf l'odeur. C'était trop fort. Mais la grande faculté héréditaire dont milady se piquait, et avec raison, car je n'ai jamais rencontré personne qui la possédât, était le pouvoir qu'elle avait de percevoir l'odeur délicieuse qui se dégageait d'un lit de fraises à la fin de l'automne, lorsque le les feuilles fanaient et mouraient toutes. *Les Essais de Bacon* étaient l'un des rares livres qui traînaient dans la chambre de milady ; et, si vous le preniez et l'ouvriez négligemment, il était sûr de s'effondrer lors de son « Essai sur les jardins ». « Écoutez, disait Madame, ce que dit ce grand philosophe et homme d'État. « À côté de cela — il parle de violettes, ma chère — se trouve la rose musquée — dont vous vous souviendrez du grand buisson au coin du mur sud, juste à côté des fenêtres bleues du salon ; c'est la vieille rose musquée, la rose musquée de Shakespeare, qui est en train de disparaître dans tout le royaume à présent. Mais pour revenir à monseigneur Bacon : « Puis le fraisier part, mourant avec une excellente odeur des plus cordiales. » Or, les Hanbury sentent toujours cette excellente odeur cordiale, et elle est très délicieuse et rafraîchissante. Voyez-vous, du temps de lord Bacon, il n'y avait pas eu autant de mariages mixtes entre la cour et la ville qu'il y en a eu depuis les jours difficiles de Sa Majesté Charles II ; et dans l'ensemble, au temps de la reine Elizabeth, les grandes et vieilles familles d'Angleterre formaient une race distincte, tout comme un cheval de trait est une créature très utile à sa place, et Childers ou Eclipse est une autre créature, bien que tous deux soient de la même espèce. même espèce. Ainsi, les vieilles familles ont des dons et des pouvoirs d'une classe différente et supérieure à ceux des autres ordres. Ma chère, n'oubliez pas que vous essayez de sentir l'odeur des feuilles de fraisier mourantes cet automne prochain. Vous avez un peu du sang d'Ursula Hanbury en vous, et cela vous donne une chance.

Mais quand octobre est arrivé, j'ai reniflé et reniflé, et tout cela en vain ; et ma dame, qui avait observé la petite expérience avec une certaine inquiétude, a dû m'abandonner comme hybride. J'étais mortifié, je l'avoue, et je pensais que c'était dans une sorte d'ostentation de ses propres pouvoirs qu'elle ordonnait au jardinier de planter une bordure de fraises du côté de la terrasse qui se trouvait sous ses fenêtres.

La saint Valentin

Extrait de « Les trois époques de Libbie Marsh », *Howitt's Journal*, 1847

Il est à noter que toutes les histoires antérieures de Mme Gaskell sont des récits de la vie à Manchester et dans ses environs. En 1848, ils furent réédités sous le titre *Life in Manchester*, par Cotton Mather Mills, Esq., *nom de guerre* sous lequel Mme Gaskell tentait de cacher son identité.

SON idée était la suivante : sa mère venait de l'est de l'Angleterre, où, comme vous le savez peut-être, on a la jolie coutume d'envoyer des cadeaux le jour de la Saint-Valentin, sans connaître le nom du donateur, et, bien sûr, le mystère constitue la moitié de la joie. Le 14 février était aussi l'anniversaire de Libbie, et bien des années, dans les jours heureux d'autrefois, sa mère était ravie de lui faire une surprise avec un petit cadeau dont elle devinait plus à moitié l'offrant, bien que chaque jour de Saint-Valentin, la manière de le faire son arrivée était variée. Depuis lors, le 14 février avait été le plus triste de toute l'année parce que le plus hanté par le souvenir du bonheur disparu. Mais maintenant, cette année, si elle ne pouvait pas retrouver elle-même l'ancienne joie de cœur, elle essaierait d'égayer la vie d'un autre. Elle économiserait, elle baiserait , mais elle achèterait un canari et une cage pour ce pauvre petit garçon d'en face, qui usait sa vie monotone avec si peu de plaisirs et tant de souffrances.

Je doute que je puisse ne pas vous parler ici des angoisses et des peurs, des espoirs et des sacrifices de soi – tous, peut-être, petits dans l'effet tangible comme l'acarien de la veuve, mais non moins marqués par les anges aveugles qui se promènent. continuellement parmi nous – ce qui a varié la vie de Libbie avant qu'elle n'atteigne son objectif. Il suffit de dire que c'est chose faite. La veille même du 14, elle trouva le temps d'aller avec sa demi-guinée chez un barbier qui habitait près d'Albemarle Street et qui était célèbre pour son cheptel d'oiseaux chanteurs. Il y a des passionnés de toutes sortes de choses, bonnes et mauvaises, et de nombreux tisserands de Manchester connaissent et se soucient plus des oiseaux que quiconque ne le croirait facilement. Hommes têtus, silencieux, réservés sur bien des choses, il suffit d'effleurer le sujet des oiseaux pour éclairer leurs visages d'éclat. Ils vous diront qui a remporté les prix lors de la dernière exposition de canaris, où les oiseaux primés peuvent être vus, et vous donneront tous les détails de ces mimiques drôles mais jolies et intéressantes des expositions de bétail de grands gens. Parmi ces amateurs, Emanuel Morris, le barbier, était un oracle.

Il emmena Libbie dans sa petite arrière-boutique, utilisée pour le rasage privé d'hommes modestes, qui ne se souciaient pas d'être exposés dans la devanture du magasin parés de toutes les gloires de la mousse ; et qui était entouré d'oiseaux dans de grossières cages en osier, à l'exception de ceux qui avaient gagné des prix, et qui étaient par conséquent honorés par des prisons en fil doré. Plus le corps de l'oiseau était long et mince, plus il recevait d'admiration, en ce qui concerne la beauté extérieure ; et quand, en outre, la couleur était profonde et claire, et ses notes fortes et variées, Emmanuel insistait davantage sur ses perfections. Mais c'étaient tous des oiseaux primés ; et, après enquête, Libbie apprit, avec un peu de chagrin au cœur, que leur prix variait entre une et deux guinées.

« Je ne suis pas trop exigeante quant à la forme et à la couleur », a-t-elle déclaré. "Je voudrais un bon chanteur, c'est tout !"

Elle a un peu baissé dans l'estimation d'Emanuel. Cependant, il lui montra ses bons chanteurs, mais tous étaient au-dessus des moyens de Libbie.

« Après tout, je ne pense pas que le fait de chanter très fort ne m'importe pas tellement ; ce n'est qu'un bruit après tout, et parfois le bruit agite les gens.

"Ils doivent être des gens nesh, comme le chantent les oiseaux", répondit Emanuel, plutôt offensé.

«C'est pour quelqu'un qui va mal», dit Libbie avec dépréciation.

« Eh bien, » dit-il comme s'il réfléchissait à la question, « les gens grincheux s'en prennent souvent plus à eux pour leur montrer de l'amour qu'à eux pour leur être intelligent et doué. Il arrive que tu préfères avoir ça, »ouvrant la porte d'une cage et appelant un oiseau de couleur terne, assis en mobylette dans un coin. "Ici... Jupiter, Jupiter !"

L'oiseau lissa ses plumes en un instant, et, poussant une petite note de joie, s'envola vers Emanuel, portant son bec à ses lèvres, comme pour l'embrasser, puis, se perchant sur sa tête, il commença un gargouillis de plaisir : pas du tout aussi varié ni aussi clair que le chant des autres, mais qui plaisait davantage à Libbie ; car elle était toujours du genre à découvrir qu'elle préférait les groseilles à maquereau qui étaient accessibles aux raisins qui étaient hors de sa portée. Le prix aussi était juste, alors elle prit volontiers possession de la cage et la cacha sous son manteau, avant de la ramener à la maison. Emanuel, quant à lui, lui donnait des instructions quant à sa nourriture, avec toute la minutie d'un homme aimant son sujet.

"Est-ce qu'il fera bientôt connaissance avec quelqu'un ?" demanda-t-elle.

« Donnez-lui seulement deux jours, et vous et lui serez aussi épais que lui et moi le sommes maintenant. Vous n'avez qu'à ouvrir sa porte et à l'appeler, et il vous suivra dans la pièce ; mais il t'embrassera d'abord, puis se perchera sur ta tête. Il veut seulement apprendre, que je n'ai pas le temps de lui donner, pour accomplir bien d'autres accomplissements.

"Quel est son prénom? Je ne l'ai pas bien compris.

« Jupiter, ce n'est pas courant ; mais la ville est envahie de Bobbies et de Dickies, et comme mes oiseaux sont un peu à l'écart, j'aime avoir de meilleurs noms pour eux, alors j'en ai juste choisi quelques-uns dans les manuels scolaires de mon garçon. On peut tout aussi bien, quand on y est habitué, dire Jupiter que Dicky.

«Je pourrais mieux amener ma langue vers Peter; répondrait-il à Pierre ? » demanda Libbie, maintenant sur le point de partir.

"C'est possible, mais je pense qu'il serait plus disposé aux trois syllabes."

Le jour de la Saint-Valentin, la cage de Jupiter était ornée de feuilles de lierre, formant une jolie couronne sur l'osier ; et sur l'un d'eux était épinglé un bout de papier, avec ces mots, écrits de la meilleure main ronde de Libbie :

« De la part de votre fidèle Valentine. S'il vous plaît, notez qu'il s'appelle Peter, et il viendra si vous l'appelez, dans un instant.

Mais Libbie ne fit pas grand-chose cet après-midi-là ; elle était tellement occupée à guetter le messager qui devait porter son présent à son petit Valentin, et s'enfuir dès qu'il aurait livré le serin et expliqué à qui il était envoyé.

Enfin il arriva ; puis il y eut une pause avant que la femme de la maison ne soit libre de le monter à l'étage. Alors Libbie vit le petit visage rougir d'une couleur vive, les mains faibles trembler d'un empressement ravi, la tête penchée pour essayer de déchiffrer l'écriture (au-delà de sa capacité, pauvre garçon, de lire), le retournement ravi de l'écriture. cage afin de voir le canari sous tous les points de vue, tête, queue, ailes et pattes ; une intention à laquelle Jupiter, dans son inquiétude de se retrouver de nouveau parmi des étrangers, ne seconda pas, car il sautillait de manière à présenter continuellement un front plein au garçon. Ce fut une source de plaisir infatigable pour le petit bonhomme, jusqu'à ce que le jour se rapproche ; il avait évidemment oublié de se demander qui le lui avait envoyé, dans sa joie de posséder un tel trésor ; et lorsque l'ombre de sa mère s'assombrit sur le store et que l'oiseau eut été exposé, Libbie la vit faire ce qui, malgré toute sa tendresse, semblait rarement être entré dans ses pensées : elle se pencha et embrassa son garçon, avec l'expression d'une mère. sympathie pour la joie de son enfant.

Le canari était placé pour la nuit entre le petit lit et la fenêtre ; et quand Libbie se leva une fois pour jeter un coup d'œil habituel, elle vit le petit bras posé tendrement autour de la cage, comme s'il embrassait son nouveau trésor même dans son sommeil. La façon dont Jupiter a dormi cette première nuit est une tout autre chose.

Lundi de Pentecôte à Dunham Park.

Extrait de « Les trois époques de Libbie Marsh », *Howitt's Journal*, 1847

PENDANT DES années le lieu de villégiature préféré des ouvriers de Manchester ; depuis plus d'années que je ne peux le dire ; probablement depuis que « le duc », par ses canaux, a inauguré le système des voyages à bas prix. Son paysage aussi, qui présente un contraste si complet avec le tourbillon et l'agitation de Manchester ; si complètement boisé, avec ses arbres ancestraux (ici et là blanchis par la foudre) ; ses « murs verdoyants » ; ses allées herbeuses mènent au loin à quelque clairière, où l'on commence par le bruissement du lapin parmi les fougères de l'année dernière, et où le cri du pigeon ramier semble le seul son approprié et cohérent. Croyez-en, ce repos sylvestre complet, ce calme accessible, ce clapotis de l'âme dans les images vertes de la campagne, forment le contraste le plus complet avec la personne d'une ville, et ont par conséquent sur elle le plus grand pouvoir de charme.

Bientôt, Libbie découvrit qu'elle avait très faim. Maintenant, ils n'avaient plus qu'un dîner, qui devait, bien entendu, être pris le plus près possible de midi ; et Margaret Hall, dans sa prudence, demanda à un ouvrier voisin de lui dire quelle heure il était.

«Non,» dit-il, «je ne regarderai jamais l'horloge ou la montre aujourd'hui. Je ne vais pas gâcher mon plaisir en découvrant à quelle vitesse il s'en va. Si tu as faim, mange. Je prépare mon propre dîner et j'ai mangé le mien il y a une heure.

Ils prirent donc leurs pâtés de veau, et s'aperçurent alors qu'il n'était que dix heures et demie ; Cette matinée avait été marquée par tant d'événements agréables. Mais leur entrain était tel qu'ils ne faisaient que jouir de leur erreur et se joignirent au rire général contre l'homme qui avait dîné vers neuf heures. Il rit de bon cœur jusqu'à ce que, s'arrêtant brusquement, il dit :

« Je ne dois pas continuer à ce rythme-là ; rire donne un tel appétit.

"Oh, si c'est tout", dit un homme à l'air joyeux, allongé de tout son long et effaçant le parfum frais de l'herbe, tandis que deux ou trois petits enfants se précipitaient sur lui et rampaient autour de lui, tandis que des chatons ou des chiots s'ébattaient avec eux. leurs parents, « si c'est tout, nous aurons un abonnement de nourriture pour ces gens imprévoyants qui ont dîné pour leur petit-déjeuner. Voici un pâté de saucisses et une poignée de noix pour ma part. Apportez le chapeau, Bob, et voyez ce que la compagnie va vous donner.

Bob a réalisé la blague, au grand amusement du petit Franky ; et personne n'a été assez grossier pour refuser, même si les contributions variaient d'une goutte de menthe poivrée à une tourte de veau et un pâté aux saucisses.

« C'est un commerce florissant », a déclaré Bob en vidant son chapeau de provisions sur l'herbe aux côtés de Libbie. « En plus, c'est top aussi de vivre du public. Écoutez ! qu'est-ce que c'est?"

Les rires et les bavardages se turent soudain, et les mères emmenèrent leurs petits écouter, tandis que, au loin, tantôt s'enfonçant et tombant, tantôt gonflant et clair, retentissait un carillon retentissant de voix d'enfants, mélangées dans une de ces voix. des airs de psaumes que nous connaissons tous si bien et qui nous rappellent le très vieux temps où nous, enfants émerveillés, étions pour la première fois amenés à adorer «Notre Père», par ces bien-aimés qui sont depuis allés au culte plus parfait. Sainte était cette louange chorale lointaine, même pour les plus irréfléchis ; et quand, en effet, celui-ci fut terminé, dans l'instant de pause pendant lequel l'oreille attend la répétition de l'air, ils entendirent le bourdonnement et le bourdonnement de midi des myriades d'insectes qui dansaient leur vie dans ce jour glorieux ; ils entendaient le balancement des bois puissants dans la brise douce mais irrésistible, puis de nouveau éclataient les plaisanteries joyeuses et les cris de l'enfance ; et de nouveau les aînés reprirent leur joyeuse conversation, allongés ou assis «sous l'arbre vert». De nouvelles fêtes arrivaient ; certains chargés de fleurs sauvages, presque de branches d'aubépine, en fait ; tandis qu'un ou deux avaient fait des prix avec les premières églantines et avaient rejeté la silène, la silène, le rouge-gorge en lambeaux, tout cela pour empêcher la dame des haies d'être obscurcie ou cachée par la communauté.

L'un après l'autre, ils s'approchèrent de Franky et le regardèrent avec intérêt alors qu'il triait les fleurs qui lui étaient données. Des parents heureux se tenaient là, entourés de leurs bandes de maison, en bonne santé et en beauté, et sentaient la triste prophétie de ces membres ratatinés, de ces doigts décharnés, de ces yeux de lampe , à l'éclat brillant et sombre. Sa mère surveillait trop attentivement son bonheur pour lire le sens de ces regards graves, mais Libbie les voyait et les comprenait ; et un frisson la parcourut, même ce jour-là, en pensant à l'avenir.

« Oui ! J'ai pensé que nous devrions vous donner un coup de pouce !

Un sursaut qu'ils donnèrent, avec leur terrible tape dans le dos de Libbie, alors qu'elle restait les bras croisés en train de regrouper des fleurs et de suivre ses pensées douloureuses. C'étaient les Dixon. Au lieu de passer leurs vacances en restant au lit, eux et leurs enfants s'étaient réveillés et étaient venus en omnibus jusqu'au point le plus proche. Pendant un instant, la rencontre fut gênante, à cause de la querelle entre Margaret Hall et Mme Dixon, mais il ne fut pas possible de résister longtemps aux bienfaits apaisants de Mère Nature, en cette période de vacances et dans cet endroit solitaire et tranquille ; ou s'ils avaient pu ne pas y prêter attention, la vue de Franky aurait calmé tous les sentiments de colère, tant il était changé depuis la dernière fois que les Dixon l'avaient vu ; et depuis qu'il était le Puck ou le Robin Goodfellow du quartier, dont les billes roulaient toujours sous les pieds des autres, et dont les ficelles supérieures étaient toujours suspendues dans des nœuds coulants pour attraper les imprudents. Oui, lui, le garçon faible, doux, à l'allure presque féminine, avait autrefois été un joyeux et joyeux coquin, et en tant que tel, il était souvent menotté par Mme Dixon, la même Mme Dixon qui maintenant regardait avec les larmes aux yeux. Pouvait-elle, à sa vue, changée, fanée, entretenir une querelle avec sa mère ?

« Depuis combien de temps es-tu ici ? » demanda Dixon.

"Welly toute la journée", répondit Libbie.

« Vous n'êtes jamais allé voir les cerfs, ni les chênes royaux et royaux ? Seigneur! Tellement stupide!"

Sa femme lui a pincé le bras, pour lui rappeler l'état d'impuissance de Franky, ce qui, bien sûr, a attaché les pieds autrement disposés. Mais Dixon avait un remède. Il appela Bob et un ou deux autres ; et, prenant chacun un coin du solide châle à carreaux, ils suspendirent Franky comme dans un hamac, et le transportèrent ainsi joyeusement, le long des allées boisées, sur le gazon lisse et herbeux, tandis que l'éclat et l'ombre scintillants tombaient sur son visage tourné vers le haut. . Les femmes marchaient derrière, causant, flânant, toujours en vue du hamac ; tantôt ramassant quelque trésor vert sur le sol, tantôt attrapant les branches basses du marronnier d'Inde. L'âme a beaucoup grandi ce jour-là, et dans ces bois, et tout cela inconsciemment, comme grandissent les âmes. Ils suivirent les porteurs du hamac de Franky jusqu'à une butte herbeuse, au sommet de laquelle se dressait un groupe de pins, dont les tiges ressemblaient à de l'or rouge foncé dans les rayons du soleil. Ils y avaient emmené Franky pour lui montrer Manchester, au loin, dans la plaine bleue, sur laquelle le premier plan boisé coupait une ligne douce et claire. Au loin, très loin, sur cette plaine plate, on pouvait apercevoir le nuage de fumée immobile suspendu au-dessus d'une grande ville, et c'était Manchester – Manchester laide et enfumée – Manchester chère, occupée, sérieuse et noble ; où leurs enfants étaient nés et où, peut-être, certains reposaient enterrés ; où se trouvaient leurs maisons et où Dieu avait jeté leur vie et leur avait dit de travailler sur leur destinée.

"Hourra! pour du oud smoke-jack ! s'écria Bob en posant doucement Franky sur l'herbe, avant de faire tourner son chapeau, en préparation d'un cri. "Hourra! Hourra!" de tous les hommes. "Il y a le bord de mon chapeau qui traîne comme un quoit là-bas", observa tranquillement Bob, alors qu'il replaçait son chapeau sans bords sur sa tête avec la gravité d'un juge.

« Voici les enfants de l'école du dimanche qui viennent s'asseoir de ce côté ombragé et prendre leurs petits pains et leur lait. Écoutez ! ils chantent la grâce de l'école maternelle.

Ils étaient assis tout près, de sorte que Franky pouvait entendre les paroles qu'ils chantaient, en cercles d'enfants, faisant, dans leurs joyeux imprimés d'été, nouvellement enfilés pour cette semaine, des guirlandes de petits visages, tous heureux et lumineux sur ce flanc de colline verdoyante. . Un petit « point » de fille est venu timidement derrière Franky, qu'elle surveillait depuis longtemps, et a jeté son demi-chignon à ses côtés, puis s'est enfui et s'est caché, très honteux de l'audace de sa propre douce impulsion. Elle n'arrêtait pas de regarder Franky depuis son écran ; et pendant ce temps, il était presque trop content et heureux de manger ; le monde était si beau, et les hommes, les femmes et les enfants si tendres et gentils ; tellement adouci, en fait, par la beauté de cette terre, si inconsciemment touché par l'esprit d'amour qui était le Créateur de cette belle terre. Mais la journée touchait à sa fin ; la chaleur diminua ; les oiseaux recommencèrent leurs gazouillis ; les parfums frais flottaient à nouveau autour des plantes, des arbres et de l'herbe, témoignant de la présence parfumée de la rosée vivifiante, et... l'heure du bateau était proche. Alors qu'ils parcouraient à nouveau le chemin de la prairie, ils furent rejoints par de nombreux groupes qu'ils avaient rencontrés au cours de la journée, tous pleins de bonheur, tous pleins des aventures de la journée. Les querelles de longue date avaient été oubliées, de nouvelles amitiés s'étaient nouées. Des goûts frais et des délices supérieurs avaient été transmis ce jour-là. Nous avons tous notre regard, de temps en temps, appelé par quelque pensée noble ou aimante (notre plus haute sur terre), qui sera notre image au ciel. Je peux apercevoir sur de nombreux visages la lumière scintillante du nuage de gloire venant du ciel, « qui est notre maison ». Ce regard était présent sur de nombreux visages fatigués et ridés, alors qu'ils se retournaient pour apercevoir un regard nostalgique et persistant sur les bois de Dunham, qui s'enfonçaient rapidement dans l'obscurité de la nuit, mais dont le souvenir devait hanter, dans la verdure et la fraîcheur, de nombreux visages. métier à tisser, atelier et usine, avec des images de paix et de beauté.

Cette nuit-là, alors que Libbie restait éveillée, se rappelant les incidents de la journée, elle entendit la voix de Franky à travers les fenêtres ouvertes. Au lieu des gémissements de douleur fréquents, il essayait de se rappeler le poids de l'un des hymnes des enfants :

« Ici, nous souffrons de chagrin et de douleur,

Ici, nous nous retrouvons pour nous séparer à nouveau ;

Au Ciel, nous ne nous séparons plus.

Oh! ce sera joyeux », etc.

Elle lui rappelait sa question, la question murmurée, au moment le plus heureux de la journée. Il a demandé à Libbie : « Dunham est-il comme le paradis ? Les gens ici sont gentils comme des anges et je ne veux pas que le paradis soit plus beau que cet endroit. Si vous et votre mère vouliez mourir avec moi, j'aimerais mourir et vivre toujours là ! Elle l'avait arrêté, car elle craignait qu'il ne soit impie ; mais maintenant, le désir du jeune enfant d'avoir une idée précise du pays vers lequel sa sagesse intérieure lui disait qu'il se précipitait n'avait rien de mal, ni même de triste, car...

« Au Ciel, nous ne nous séparons plus. »

II
Romans

Mary Barton , *Lizzie Leigh* , *Ruth* et *North and South* , les premiers romans de
Mme Gaskell, ont été écrits dans un but précis : « défendre les pauvres » - et
dans eux, elle aborde certains des problèmes sociaux de l'époque, qu'elle a
tenté de résoudre. résoude. Plus tard, elle a prouvé à quel point elle pouvait
écrire dans une veine humoristique, comme dans *Cranford* , *Mr. Harrison's
Confessions* et *My Lady Ludlow* .

En tant qu'écrivaine descriptive, elle excellait, notamment dans *Mary Barton* ,
Ruth , *Cousin Phillis* et *Sylvia's Lovers* . Elle a toujours été très observatrice et
nombre de ses histoires rappellent son talent pour la peinture de mots
exquise.

Questions sociales

Pauvres *contre* riches

De *Mary Barton* , 1848

« TU n'as jamais pu supporter les gentilshommes », dit Wilson, à moitié amusé
par la véhémence de son ami.

– Et à quoi m'ont-ils fait pour que je les aime ? » demanda Barton, le feu
latent illuminant ses yeux ; et, éclatant, il continua : « Si je suis malade, est-ce
qu'on vient me soigner ? Si mon enfant est mourant (comme le pauvre Tom,
les lèvres blanches et pâles tremblantes, faute d'une nourriture meilleure que
celle que je pourrais lui donner), l'homme riche apporte-t-il le vin ou le
bouillon qui pourrait lui sauver la vie ? Si je suis sans travail pendant des
semaines dans les mauvais moments, et que l'hiver arrive, avec un gel noir et
un vent d'est vif, et qu'il n'y a pas de charbon pour la grille, ni de vêtements
pour le lit, et que les os maigres sont visibles à travers le des vêtements en
lambeaux, le riche partage-t-il son bien avec moi, comme il devrait le faire, si
sa religion n'était pas une farce ! Quand je m'allongerai sur mon lit de mort
et que Marie (béni soit-la !) s'inquiète, comme je sais qu'elle s'inquiétera, » et
ici sa voix faiblit un peu, « une dame riche viendra-t-elle et l'emmènera chez
elle si besoin est ? être, jusqu'à ce qu'elle puisse regarder autour d'elle et voir
ce qu'il y a de mieux à faire ? Non, je vous le dis, c'est pour les pauvres, et
seulement pour les pauvres, comme c'est le cas pour les pauvres. N'essayez
pas de m'ennuyer avec cette vieille histoire selon laquelle les riches ne
connaissent rien des épreuves des pauvres ; Je dis que s'ils ne le savent pas,
ils devraient le savoir. Nous sommes leurs esclaves tant que nous pouvons

travailler ; nous accumulons leurs fortunes à la sueur de notre front, et pourtant nous devons vivre aussi séparés que si nous étions dans deux mondes ; oui, aussi séparés que Dives et Lazare, avec un grand gouffre entre nous ; mais je sais qui était alors le mieux loti ; et il termina son discours par un petit rire sans aucune gaieté.

À tout moment, c'est une chose déconcertante pour le pauvre tisserand de voir son employeur se déplacer de maison en maison, chacune plus grande que la précédente, jusqu'à ce qu'il finisse par en construire une plus magnifique que toutes, ou qu'il retire son argent de l'entreprise, ou qu'il vende son moulin, pour acheter un domaine à la campagne, tandis que tout le temps le tisserand, qui pense que lui et ses camarades sont les véritables créateurs de cette richesse, lutte pour le pain de ses enfants, à travers les vicissitudes des salaires réduits, des horaires réduits , moins de mains employées, etc. Et quand il sait que le commerce est mauvais, et qu'il peut comprendre (au moins partiellement) qu'il n'y a pas assez d'acheteurs sur le marché pour acheter les marchandises déjà fabriquées, et par conséquent qu'il n'y a pas de demande pour davantage ; lorsqu'il supportait et endurait beaucoup sans se plaindre, pouvait-il aussi voir que ses employeurs supportaient leur part ; il est, dis-je, déconcerté et (pour reprendre ses propres mots) « exaspéré » de voir que tout se passe comme d'habitude avec les propriétaires de moulins. Les grandes maisons sont encore occupées, tandis que les maisons des filateurs et des tisserands sont vides, car les familles qui les occupaient autrefois sont obligées de vivre dans des chambres ou des caves. Les voitures roulent encore dans les rues, les concerts sont toujours remplis d'abonnés, les magasins de luxe coûteux trouvent toujours des clients quotidiens, tandis que l'ouvrier passe son temps au chômage à regarder ces choses et à penser à la femme pâle et sans plainte de la maison, et au des enfants qui pleuraient et demandaient en vain assez de nourriture, de la santé déclinante, de la vie mourante de ses proches et chers. Le contraste est trop fort. Pourquoi devrait-il être le seul à souffrir des mauvais moments ?

Je sais que ce n'est pas vraiment le cas ; et je sais quelle est la vérité dans de telles questions ; mais ce que je veux impressionner, c'est ce que l'ouvrier ressent et pense. Il est vrai qu'avec une imprévoyance enfantine, les bons moments dissiperont souvent ses grognements et lui feront oublier toute prudence et toute prévoyance.

Mais il y a parmi ces gens des hommes sérieux, des hommes qui ont enduré des torts sans se plaindre, mais sans jamais oublier ni pardonner à ceux qui (ils croient) ont causé tout ce malheur.

Parmi eux se trouvait John Barton. Ses parents avaient souffert ; sa mère était morte du manque absolu du nécessaire à la vie. Lui-même était un bon ouvrier régulier et, en tant que tel, assez sûr d'avoir un emploi stable. Mais il dépensait tout ce qu'il gagnait avec la confiance (on peut aussi appeler cela de l'imprévoyance) de quelqu'un qui voulait et se croyait capable de subvenir à tous ses besoins par ses propres efforts. Et quand son maître fit soudainement faillite et que tout le monde dans le moulin fut refoulé, un mardi matin, avec la nouvelle que M. Hunter s'était arrêté, Barton n'avait plus que quelques shillings sur lesquels compter ; mais il avait bon cœur d'être employé dans une autre usine, et en conséquence, avant de rentrer chez lui, il passa quelques heures à aller d'usine en usine, demandant du travail. Mais à chaque moulin il y avait un signe de dépression du commerce ! certains travaillaient peu d'heures, d'autres arrêtaient de travailler et pendant des semaines, Barton était sans travail et vivait à crédit. C'est à cette époque que son petit fils, la prunelle de ses yeux, le centre de toute sa puissance d'amour, tomba malade de la scarlatine. Ils l'ont entraîné à travers la crise, mais sa vie ne tenait qu'à un fil transparent. Tout, disait le docteur, dépendait d'une bonne nourriture, d'une vie généreuse, pour entretenir les forces du petit bonhomme, dans l'accablement où la fièvre l'avait laissé. Des propos moqueurs ! quand la nourriture la plus courante de la maison ne fournirait pas un petit repas. Barton a essayé le crédit ; mais il était usé dans les petites boutiques de provisions, qui souffraient à leur tour. Il pensait que voler ne serait pas un péché et il aurait volé ; mais il ne put en avoir l'occasion pendant les quelques jours où l'enfant resta. Affamé lui-même, presque au point d'une faim animale, mais avec la douleur corporelle engloutie dans l'anxiété pour son petit garçon en train de couler, il se tenait devant l'une des vitrines où sont exposés tous les produits de luxe comestibles ; des cuisses de chevreuil, des fromages Stilton, des moules de gelée, autant de spectacles appétissants pour le passant commun. Et c'est de cette boutique qu'est sortie Mme Hunter ! Elle se dirigea vers sa voiture, suivie du commerçant chargé d'achats pour une fête. La porte fut rapidement claquée et elle s'éloigna ; et Barton rentra chez lui avec un esprit de colère amère dans le cœur, pour voir son unique garçon cadavre !

Vous pouvez imaginer, maintenant, les réserves de vengeance dans son cœur contre les patrons. Car il ne manque jamais ceux qui, que ce soit dans la parole ou dans la presse, trouvent qu'il est de leur intérêt de nourrir de tels sentiments dans la classe ouvrière ; qui savent comment et quand réveiller la puissance dangereuse dont ils disposent ; et qui utilisent leurs connaissances avec un but implacable pour l'une ou l'autre des parties.

Pétition des travailleurs au Parlement, 1839

De *Mary Barton*, 1848

DEPUIS trois ans, le commerce est de pire en pire et le prix des denrées de plus en plus élevé. Cette disparité entre le montant des gains des classes ouvrières et le prix de leur nourriture, provoqua, dans un plus grand nombre de cas qu'on ne pouvait l'imaginer, la maladie et la mort. Des familles entières ont progressivement souffert de la famine. Ils voulaient seulement qu'un Dante enregistre leurs souffrances. Et pourtant, même ses paroles seraient en deçà de l'horrible vérité ; ils ne pouvaient que présenter un aperçu des terribles faits de la misère qui entourèrent des milliers et des milliers de personnes au cours des terribles années de 1839, 1840 et 1841. Même les philanthropes qui avaient étudié le sujet étaient forcés d'admettre qu'ils étaient perplexes dans leurs efforts pour déterminer la véritable réalité. les causes de la misère ; toute la question était d'une nature si compliquée qu'il devenait presque impossible de la comprendre complètement. Il n'est donc pas surprenant d'apprendre qu'un mauvais sentiment entre les travailleurs et les classes supérieures est devenu très fort en cette période de privations. L'indigence et les souffrances des ouvriers firent naître dans l'esprit de beaucoup d'entre eux le soupçon que leurs législateurs, leurs magistrats, leurs employeurs et même les ministres du culte étaient, en général, leurs oppresseurs et leurs ennemis ; et étaient ligués pour leur prostration et leur captivité. Le mal le plus déplorable et le plus durable qui est né de la période de dépression commerciale à laquelle je fais référence était ce sentiment d'aliénation entre les différentes classes de la société. Il est si impossible de décrire, ou même de se représenter vaguement, l'état de détresse qui régnait dans la ville à cette époque, que je ne m'y efforcerai pas ; et pourtant je pense encore une fois que, sûrement, dans un pays chrétien, cela n'était pas connu, même si faiblement, comme les mots pouvaient le dire, sinon les plus heureux et les plus chanceux se seraient rassemblés avec leur sympathie et leur aide. Dans de nombreux cas, les malades pleuraient d'abord, puis ils juraient. Leurs sentiments vindicatifs se sont manifestés dans une politique enragée. Et quand j'entends, comme j'ai entendu, parler des souffrances et des privations des pauvres, des magasins de provisions où l'on vendait des portions de thé, de sucre, de beurre et même de farine pour loger les indigents, des parents assis dans leur des vêtements au coin du feu pendant toute la nuit pendant sept semaines ensemble, afin que leur seul lit et leur seule literie puissent être réservés à l'usage de leur nombreuse famille - d'autres dormant sur la pierre froide du foyer pendant des semaines de suite, sans moyens adéquats pour subvenir à leurs besoins. avec de la nourriture ou du combustible - et cela au plus profond de l'hiver - d'autres étant obligés de jeûner pendant des jours ensemble, sans aucun espoir de meilleure fortune, vivant en outre, ou plutôt affamés, dans un grenier bondé ou une cave humide, et peu à peu sombrer sous la pression du besoin et du désespoir, dans une tombe prématurée ; et lorsque cela a été confirmé par l'évidence de leurs regards soucieux, de leurs sentiments excités et de leurs maisons désolées, puis-je m'étonner que beaucoup d'entre eux, dans de tels moments de misère et de dénuement, aient parlé et agi avec une précipitation féroce ?

Une idée naissait alors parmi les agents, née chez les chartistes, mais qui finit par être chérie comme une enfant chérie par beaucoup de gens. Ils ne pouvaient pas croire que le gouvernement connaisse leur misère : ils préféraient plutôt croire qu'il était possible que des hommes puissent volontairement assumer la charge de législateurs pour une nation qui ignorait son état réel ; comme qui devrait établir des règles domestiques pour le joli comportement des enfants sans se soucier de savoir que ces enfants ont été gardés pendant des jours sans nourriture. En outre, les multitudes affamées avaient appris que l'existence même de leur détresse avait été niée au Parlement ; et bien qu'ils éprouvaient cela étrange et inexplicable, l'idée que leur misère devait encore être révélée dans toutes ses profondeurs et qu'alors un remède serait trouvé, apaisait leurs cœurs endoloris et contenait leur fureur naissante.

Ainsi, une pétition fut rédigée et signée par des milliers de personnes au cours des beaux jours du printemps 1839, implorant le Parlement d'entendre des témoins qui pourraient témoigner de la misère sans précédent des districts manufacturiers. Nottingham, Sheffield, Glasgow, Manchester et bien d'autres villes étaient occupées à nommer des délégués pour transmettre cette pétition, qui pourraient parler non seulement de ce qu'ils avaient vu et entendu, mais de ce qu'ils avaient supporté et souffert. Ces délégués étaient des hommes épuisés, décharnés, anxieux et affamés.

L'un d'eux était John Barton. Il aurait eu honte d'admettre le frémissement d'esprit que lui avait procuré sa nomination. Il y avait la joie enfantine de voir Londres – cela allait un peu loin, et seulement un peu. Il y avait la vaine idée d'exposer ses idées devant tant de grands gens – cela allait un peu plus loin ; et enfin, il y avait la pure joie de cœur qui naissait de l'idée qu'il était l'un de ceux choisis pour être des instruments pour faire connaître les détresses du peuple, et par conséquent pour lui procurer quelque grand soulagement, au moyen duquel il ne pourrait jamais souffrir de manque ou de soucis. Il espérait beaucoup, mais vaguement, des résultats de son expédition. Cette pétition visant à faire entendre leurs souffrances était un témoignage des précieux espoirs de nombreuses créatures autrement désespérées.

La veille du matin où les délégués de Manchester devaient partir pour Londres, on pourrait dire que Barton organisait une levée, tant de voisins sont venus passer. Job Legh s'était tôt installé avec sa pipe près du feu de John Barton, sans dire grand-chose, mais il soufflait et s'imaginait utile à ajuster les fers à lisser qui pendaient devant le feu, prêts pour Mary quand elle en aurait besoin. Quant à Mary, son emploi était le même que celui de la femme de Beau Tibbs, « lavant simplement les deux chemises de son père », dans l'arrière-cuisine du garde-manger ; car elle s'inquiétait de son apparition à Londres. (L'habit avait été racheté, mais le mouchoir de soie avait été perdu.) La porte étant ouverte, comme d'habitude, entre la maison et l'arrière-cuisine, elle salua leurs amis en entrant.

"Alors, John, tu es à destination de Londres, n'est-ce pas ?" dit l'un d'eux.

"Oui, je suppose, je dois y aller", répondit John, cédant pour ainsi dire à la nécessité.

« Eh bien, il y a bien des choses dont j'aimerais que vous parliez aux gens du Parlement. Tu ne les épargneras pas, John, j'espère. Dites-leur ce que nous pensons ; comment nous pensons que nous avons été soignés assez longtemps, et nous ne voyons pas quel bien ils ont fait, s'ils ne peuvent pas nous donner ce que nous pleurons tous pour le péché le jour de notre naissance.

"Aïe aïe! Je leur dirai cela, et bien plus encore, quand mon tour viendra ; mais tu sais que beaucoup auront leur parole avant moi.

« Eh bien, tu parleras enfin. Soyez béni, mon garçon, demandez-leur de demander aux maîtres de casser les machines. Il n'y a jamais eu de bons moments depuis que les spinning-jennies sont arrivées.

« Les machines sont la ruine des pauvres gens », répétaient plusieurs voix.

« Pour ma part, » dit un homme frissonnant, à moitié vêtu, qui se glissait près du feu, comme frappé par la fièvre, « je voudrais que tu leur dises d'adopter le projet de loi sur les horaires réduits. La chair et le sang se lassent de tant de travail ; pourquoi les ouvriers d'usine devraient-ils travailler plus longtemps que les autres métiers ? Demandez-leur simplement ça, Barton, d'accord ?

Barton fut épargné de la nécessité de répondre, grâce à l'entrée de Mme Davenport, à la pauvre veuve pour laquelle il avait été si bon ; elle avait l'air à moitié nourrie et impatiente, mais elle était décemment vêtue. Elle apporta à la main un petit paquet de journaux qu'elle apporta à Mary, qui l'ouvrit et cria en balançant le col de sa chemise à ses doigts savonneux :

« Voyez, mon père, quel dandy vous serez à Londres ! Mme Davenport vous a apporté ceci ; fait une nouvelle coupe, le tout à la mode. Merci d'avoir pensé à lui.

"Eh, Marie!" dit Mme Davenport à voix basse, que puis-je faire de tout ce qu'il a fait pour moi et pour les miens ? Mais, Mary, je peux bien sûr t'aider, car tu seras occupée par ce voyage.

"Aidez-moi juste à les essorer, et ensuite je les emmènerai au mutiler."

Ainsi Mme Davenport est devenue une auditrice de la conversation ; et après un certain temps, je me suis joint à eux.

« Je suis sûr, John Barton, si vous envoyez des messages aux gens du Parlement, vous ne vous opposerez pas à leur dire à quel point c'est une épreuve douloureuse, leur loi, le maintien des enfants dans le travail en usine, qu'ils soient ou non. être faible ou fort. Voilà notre Ben ; eh bien, le porridge semble ne lui servir à rien, il mange tellement ; et je n'ai pas eu d'argent pour l'envoyer à l'école, comme je le souhaiterais ; et le voilà, se déchaînant dans les rues chaque jour, devenant de plus en plus affamé, et empruntant de nombreuses mauvaises manières ; et l'inspecteur ne le laisse pas entrer travailler à l'usine, parce qu'il n'a pas l'âge requis ; bien qu'il soit deux fois plus fort que le petit garçon de Sankey, il travaille jusqu'à pleurer à cause de ses jambes douloureuses, bien qu'il ait le bon âge et mieux.

« J'ai un projet que je souhaite dire à John Barton, » dit un homme pompeux et prudent, « et j'aimerais qu'il le présente à l'honorable Chambre. Ma mère venait de l'Oxfordshire et était sous-blanchisseuse dans la famille de Sir Francis Dashwood ; et quand nous étions petits, elle nous racontait des histoires sur leur grandeur ; et une chose qu'elle a citée était que Sir Francis portait deux chemises par jour. Maintenant, il était tous aussi un qu'un homme du Parlement ; et beaucoup d'entre eux, je n'en doute pas, sont comme extravagants. Dis-leur simplement, John, qu'ils feraient une grande gentillesse aux tisserands du Lancashire s'ils faisaient faire leurs chemises en calicot ; Cela rendrait le commerce florissant, grâce au pouvoir des chemises qu'ils portent.

Job Legh a maintenant mis sa parole. Retirant la pipe de sa bouche et s'adressant au dernier orateur, il dit :

« Je vais vous dire quoi, Bill, et sans vouloir vous offenser, faites attention ; il n'y a que des centaines de parlementaires qui portent autant de chemises sur le dos ; mais il y a des milliers et des milliers de pauvres tisserands qui n'ont eu qu'une seule chemise dans le monde ; oui, et je ne sais pas où en trouver un autre quand ce chiffon sera fini, même s'ils produisent des kilomètres de calicot chaque jour ; et plusieurs kilomètres se trouvent dans des entrepôts, interrompant le commerce faute d'acheteurs. Suivez mon conseil, John Barton, et demandez au Parlement de libérer le commerce, afin que les ouvriers puissent gagner un salaire décent et acheter leurs deux, voire trois chemises par an ; cela rendrait le tissage rapide.

Il remit sa pipe à sa bouche et redoubla de bouffée pour rattraper le temps perdu.

« J'ai peur, voisins », a déclaré John Barton, « je n'ai pas beaucoup de chance de leur dire à tous ce que vous dites : ce à quoi je pense, c'est simplement parler de la détresse qu'ils disent n'être que nulle. Quand ils entendent parler d'enfants nés sur des drapeaux mouillés, sans un chiffon pour les couvrir ni un peu de nourriture pour la mère : quand ils entendent parler de gens couchés pour mourir dans les rues, ou cachant leur besoin, 'un trou dans une cave jusqu'à ce que la mort vienne les libérer ; et quand ils entendront parler de toute cette peste, de cette peste et de cette famine, ils feront sûrement pour nous un peu plus de sagesse que nous ne pouvons le deviner maintenant. Cependant, je n'ai aucune objection, si c'est le cas, il y a une ouverture, pour défendre ce que vous dites ; Quoi qu'il en soit, je ferai de mon mieux, et vous voyez maintenant, si des temps meilleurs n'arrivent pas une fois que le Parlement saura tout.

Rencontre entre les maîtres et leurs employés

De Mary Barton , 1848

LE jour arriva où les maîtres devaient avoir un entretien avec la députation des ouvriers. La réunion devait avoir lieu dans une salle publique d'un hôtel ; et là, vers onze heures, les propriétaires de moulins qui avaient reçu les commandes étrangères commencèrent à rassembler.

Bien sûr, le premier sujet, même si leur esprit était occupé par un autre, était la météo. Après avoir fait leur devoir par toutes les averses et le soleil qui s'étaient produits au cours de la semaine écoulée, ils se mirent à parler de l'affaire qui les réunissait. Il pouvait y avoir une vingtaine de messieurs dans la salle, dont certains, par courtoisie, qui n'étaient pas immédiatement concernés par le règlement de la question actuelle ; mais qui étaient néanmoins suffisamment intéressés pour y assister. Ceux-ci étaient divisés en petits groupes qui ne semblaient pas du tout unanimes. Certains étaient pour une légère concession, juste une prune de sucre pour calmer le vilain enfant, un sacrifice à la paix et à la tranquillité. Certains étaient fermement et avec véhémence opposés au dangereux précédent consistant à céder un iota ou un titre à la force extérieure d'une participation. C'était apprendre aux ouvriers à devenir des maîtres, disaient-ils. S'ils souhaitaient désormais la chose la plus folle, ils sauraient que le moyen de réaliser leurs souhaits serait de faire grève. En outre, un ou deux des présents revenaient à peine de New Bailey, où l'un des participants avait été jugé pour une agression cruelle contre un pauvre tisserand du nord du pays, qui avait tenté de travailler à bas prix. Ils étaient indignés, à juste titre, de la manière impitoyable dont le pauvre garçon avait été traité ; et leur indignation face au tort a pris (comme c'est souvent le cas) la forme extrême de la vengeance. Ils avaient l'impression que, plutôt que de céder au groupe d'hommes qui recouraient à des mesures si cruelles envers leurs collègues ouvriers, eux, les maîtres, préféreraient renoncer à tous les bénéfices découlant de l'accomplissement de la mission afin que les ouvriers pourrait souffrir énormément. Ils oubliaient que la grève était dans ce cas la conséquence du besoin et du besoin, injustement subis, comme le croyaient les résistants ; car, si insensés soient-ils et sans fondement, telle était leur croyance, et telle était la cause de leur violence. C'est une grande vérité qu'on ne peut pas éteindre la violence par la violence. Vous pouvez le laisser de côté pendant un certain temps ; mais pendant que vous vous réjouissez de votre succès imaginaire, voyez s'il ne revient pas avec sept démons pires que lui-même !

Personne ne songeait à traiter les ouvriers comme des frères et des amis, et ouvertement, clairement, comme faisant appel aux hommes raisonnables, en énonçant exactement et complètement les circonstances qui conduisaient les maîtres à penser que c'était la sage politique de l'époque de faire eux-mêmes des sacrifices et de espèrent pour eux de la part des agents.

En passant de groupe en groupe dans la salle, vous avez aperçu un mélange de phrases comme celui-ci :

« Pauvres diables ! ils sont sur le point de mourir de faim, j'en ai peur. Mme Aldred prépare chaque semaine deux têtes de vache en soupe, et les gens parcourent de nombreux kilomètres pour la chercher ; et si ces temps durent, nous devons essayer d'en faire davantage. Mais nous ne devons pas nous laisser intimider !

"Une hausse d'environ un shilling ne fera pas beaucoup de différence, et ils partiront en pensant avoir gagné leur point de vue."

« C'est exactement ce à quoi je m'oppose. Ils le penseront, et chaque fois qu'ils auront un point à gagner, aussi déraisonnable soit-il, ils se mettront en grève.

"Cela les blesse vraiment plus que nous."

"Je ne vois pas comment nos intérêts peuvent être séparés."

« Cette foutue **brute** avait jeté du vitriol sur les chevilles du pauvre garçon, et vous savez quel mauvais côté c'est de guérir. Il dut rester immobile sous la douleur, et cela le laissa à la merci du misérable cruel, qui le frappa à la tête jusqu'à ce qu'on ait à peine su qu'il était un homme. Ils doutent qu'il survivra.

"Si ce n'était que pour cela, je me dresserais contre eux, même si c'est la cause de ma ruine."

« Oui, pour ma part, je ne céderai pas un sou aux cruelles brutes ; ils ressemblent plus à des bêtes sauvages qu'à des êtres humains.

(Eh bien, qui aurait pu les rendre différents ?)

« Je dis, Carson, allez simplement raconter à Duncombe ce nouvel exemple de leur abominable conduite. Il hésite, mais je pense que cela va le décider.

La porte était maintenant ouverte, et le garçon annonça que les hommes étaient en bas et demanda si c'était le plaisir de ces messieurs qu'ils soient montrés.

Ils acquiescèrent et prirent rapidement place autour de la table officielle ; ressemblant le plus possible aux sénateurs romains qui attendaient l'irruption de Brennus et de ses Gaulois.

Clochard, clochard, montaient les escaliers, les pieds lourds et encombrés ; Et en une minute, cinq hommes sauvages et sérieux se trouvaient dans la pièce. John Barton, à cause d'une erreur d'époque, n'était pas parmi eux. S'il s'agissait d'hommes plus gros, on les aurait traités de décharnés ; en réalité, ils étaient de petite taille, et leurs vêtements en futaine pendaient librement sur leurs membres rétrécis. En choisissant leurs délégués également, les ouvriers avaient davantage tenu compte de leur cerveau et de leur faculté de parole que de leur garde-robe ; ils auraient pu lire les opinions de ce digne professeur Teufelsdröckh, dans *Sartor Resartus* , pour en juger par les manteaux et les pantalons délabrés qui habillaient pourtant les hommes de qualité et de pouvoir. Il y avait longtemps que beaucoup d'entre eux n'avaient plus connu le luxe d'un vêtement neuf ; et des trous d'air étaient visibles dans leurs vêtements. Certains maîtres étaient plutôt offensés de voir un détachement aussi déchiqueté s'interposer entre le vent et leur noblesse ; mais qu'importe ?

A la demande d'un monsieur choisi à la hâte pour officier comme président, le chef des délégués a lu, d'une voix aiguë et chantante de psaumes, un document contenant l'exposé des agents sur le cas en cause, leurs plaintes et leurs revendications. , ces derniers n'étaient pas remarquables par leur modération.

On lui demanda ensuite de se retirer pendant quelques minutes, avec ses collègues délégués, dans une autre salle, pendant que les maîtres réfléchissaient à ce que devrait être leur réponse définitive.

Lorsque les hommes eurent quitté la salle, une consultation sérieuse et murmurée eut lieu, chacun répétant ses anciens arguments. Les concédants l'emportèrent, mais seulement à la majorité d'un seul. La minorité a exprimé avec hauteur et audace son désaccord sur les mesures à adopter, même après le retour des délégués dans la salle ; leurs paroles et leurs regards ne sont pas passés inaperçus auprès des agents à l'œil vif ; leurs noms étaient inscrits dans les cœurs amers.

Les maîtres ne purent consentir à l'avance réclamée par les ouvriers. Ils accepteraient de donner un shilling par semaine de plus que ce qu'ils avaient proposé auparavant. Les délégués étaient-ils habilités à accepter une telle offre ?

Ils avaient le pouvoir d'accepter ou de refuser toute offre faite ce jour-là par les maîtres.

Il serait alors peut-être préférable qu'ils se consultent entre eux sur la décision à prendre. Ils se retirèrent à nouveau.

Ce n'était pas pour longtemps. Ils revinrent et refusèrent catégoriquement tout compromis sur leurs revendications.

Alors se leva M. Henry Carson, le chef et la voix du parti violent parmi les maîtres, et s'adressant au président, avant même les agents renfrognés, il proposa quelques résolutions que lui et ceux qui étaient d'accord avec lui avaient concoctées pendant tout le temps. cette dernière absence de la députation.

Ils retiraient d'abord la proposition qui venait d'être faite et déclaraient terminée toute communication entre les maîtres et ce syndicat particulier ; deuxièmement, déclarant qu'aucun maître n'emploierait aucun ouvrier à l'avenir, à moins qu'il ne signe une déclaration selon laquelle il n'appartenait à aucun syndicat et ne s'engageait à ne pas assister ou souscrire à une société ayant pour objet d'entraver les pouvoirs du maître ; et troisièmement, que les maîtres s'engagent à protéger et à encourager tous les ouvriers disposés à accepter un emploi à ces conditions et au taux du salaire initialement proposé. Considérant que les hommes qui écoutaient maintenant avec des sourcils baissés et provocants étaient tous des membres dirigeants de l'Union, de telles résolutions étaient en elles-mêmes suffisamment provocatrices d'animosité : mais non content de les énoncer simplement, Harry Carson a ensuite caractérisé la conduite de les ouvriers en termes non mesurés ; chaque mot qu'il prononçait rendait leurs regards plus livides, leurs yeux brillants plus féroces. L'un d'eux aurait parlé, mais il s'est retenu, obéissant au regard sévère et à la pression sur son bras reçus du chef. M. Carson s'est assis et un ami s'est immédiatement levé pour appuyer la motion. Elle a été adoptée, mais loin de faire l'unanimité. Le président l'annonça aux délégués (qui avaient été une fois de plus expulsés de la salle pour procéder à un vote). Ils l'accueillirent dans un profond silence maussade, mais ne prononcèrent jamais un mot et quittèrent la pièce sans même s'incliner.

Or, il y avait eu quelques incidents lors de cette rencontre, non rapportés dans les journaux de Manchester, qui rendaient compte de la partie la plus régulière de la transaction.

Tandis que les hommes étaient groupés près de la porte, lors de leur première entrée, M. Harry Carson avait sorti son crayon d'argent et en avait dessiné une admirable caricature, dégingandés, en haillons, découragés et frappés par la famine. En dessous, il écrivit une citation hâtive du célèbre discours du gros chevalier dans *Henri IV* . Il le passa à l'un de ses voisins, qui reconnut immédiatement la ressemblance, et par lui il l'envoya à d'autres, qui tous sourirent et hochèrent la tête. Lorsqu'elle revint à son propriétaire, celui-ci déchira en deux le verso de la lettre sur laquelle il était dessiné, les tordit et les jeta dans la cheminée ; mais, peu soucieux qu'ils atteignent ou non leur but, il ne regarda pas pour voir s'ils manquaient de cendres dévorantes.

Ce processus a été observé de près par l'un des hommes.

Il regarda les maîtres qui quittaient l'hôtel (riant, certains d'entre eux riaient, aux plaisanteries qui passaient), et quand tout fut parti, il rentra. Il se dirigea vers le serveur qui le reconnut.

« Il y a un morceau sur une photo là-haut, comme l'un des messieurs l'a jeté ; J'ai un petit garçon à la maison qui aime beaucoup les tableaux ; avec votre permission, je monterai le chercher.

Le garçon, bon enfant et sympathique, l'accompagna à l'étage ; Il vit le papier ramassé et détordu, puis, convaincu par un rapide coup d'œil à son contenu que ce n'était que ce que l'homme l'avait appelé, « un bout d'image », il le laissa emporter son prix.

Vers sept heures du soir, de nombreux ouvriers commencèrent à se rassembler dans une pièce du pub Weavers' Arms, une pièce réservée aux « occasions de fête », comme l'avait décrit le propriétaire, dans sa circulaire d'ouverture des locaux. Mais hélas! ce n'était pas pour une occasion de fête qu'ils s'y retrouvaient cette nuit. Hommes affamés, irrités, désespérés, ils s'assemblaient pour entendre ce matin-là la réponse donnée par leurs maîtres aux délégués ; après quoi, comme il était indiqué dans l'avis, un gentleman de Londres aurait l'honneur de s'adresser à l'assemblée sur l'état actuel des choses entre les employeurs et les employés, ou (comme il a choisi de les appeler) les classes oisives et industrieuses. . La pièce n'était pas grande, mais le manque de mobilier la faisait paraître telle. Du gaz non ombragé s'abattait sur les artisans maigres et non lavés à leur entrée, leurs yeux clignotant devant l'excès de lumière.

Ils prirent place sur des bancs et attendirent la députation. Ceux-ci, sombres et féroces, délivrèrent l'ultimatum des maîtres, sans y ajouter un seul mot ; et cela s'enfonça d'autant plus profondément dans le cœur endoloris des auditeurs en raison de leur patience.

Puis le « gentleman de Londres » (qui avait été préalablement informé de la décision des maîtres) entra. Vous auriez été perplexe de définir sa position exacte, ou quel était son état d'esprit en matière d'éducation. Il avait l'air si gêné, si loin d'être sérieux, parmi le groupe d'hommes enthousiastes, féroces et absorbés, parmi lesquels il se trouvait maintenant. Il aurait pu être un étudiant en médecine en disgrâce de la classe de Bob Sawyer, ou un acteur raté, ou un commerçant tape-à-l'œil. L'impression qu'il vous aurait donnée aurait été défavorable, et pourtant il y avait beaucoup de choses chez lui qui ne pouvaient être qualifiées que de douteuses.

Il sourit en reconnaissance de leurs salutations grossières et s'assit ; puis, jetant un coup d'œil autour de lui, il demanda s'il ne serait pas agréable aux messieurs présents de se faire distribuer des pipes et de l'alcool, ajoutant qu'il accepterait une friandise.

De même que l'homme dont le goût a été éduqué à aimer la lecture se jette dévorant sur les livres après une longue abstinence, de même ces pauvres gens, dont les goûts avaient été laissés à s'éduquer pour aimer le tabac, la bière et d'autres gratifications similaires, brillaient à la vue de la lecture. proposition du délégué de Londres. Le tabac et la boisson atténuent les affres de la faim et font oublier le foyer misérable, l'avenir désolé.

Ils étaient désormais prêts à l'écouter avec approbation. Il l'a senti; et se levant comme un grand orateur, le bras droit tendu, le gauche dans la poitrine de son gilet, il se mit à déclamer d'une voix théâtrale forcée.

Après un éclat d'éloquence, dans lequel il mêlait les actes de l'aîné et du jeune Brutus, et magnifiait la puissance irrésistible des « millions de Manchester », le Londonien s'adonna aux affaires concrètes, et en sa qualité de cette façon il ne démentait pas le bon jugement de ceux qui l'avaient envoyé comme délégué. Les masses de gens, lorsqu'elles sont laissées à leur libre choix, semblent avoir le pouvoir discrétionnaire de distinguer les hommes doués de talent naturel ; c'est dommage qu'ils fassent si peu de cas de l'humeur et des principes. Il dicte rapidement des résolutions et propose des mesures. Il a écrit une pancarte émouvante à afficher sur les murs. Il proposa d'envoyer des délégués demander l'aide d'autres syndicats dans d'autres villes. Il était en tête de la liste des unions adhérentes grâce à une donation libérale provenant de celle avec laquelle il était particulièrement lié à Londres ; et qui plus est, et ce qui est plus rare, il remboursait l'argent en véritables souverains d'or, tintants et clignotants ! L'argent, hélas ! était absolument nécessaire ; mais avant de pourvoir le lendemain à toutes nécessités privées, de petites sommes furent remises à chacun des délégués, qui devaient dans un jour ou deux partir pour leurs expéditions à Glasgow, Newcastle, Nottingham, etc. Ces hommes étaient pour la plupart membres de la députation qui avait ce matin-là servi les maîtres. Après avoir rédigé quelques lettres et prononcé quelques paroles encore émouvantes, le gentleman de Londres se retira, après avoir serré la main de tout le monde ; et beaucoup le suivirent rapidement hors de la pièce et hors de la maison.

Les délégués nouvellement nommés et un ou deux autres restèrent sur place pour discuter de leurs missions respectives et pour donner et échanger des opinions dans un langage plus simple et plus naturel qu'ils n'osaient employer devant l'orateur de Londres.

« C'est un type rare, hein », commença l'un d'eux en désignant le délégué parti d'un coup de pouce vers la porte. « De toute façon, il a le don du bavardage !

« Oui ! ouais! il sait de quoi il s'agit. Voyez comme il nous en a parlé, Brutus. Il a également été assez difficile de tuer son propre fils ! »

« Je pourrais tuer le mien s'il prenait part aux maîtres ; certes, ce n'est qu'un beau-fils, mais cela ne fait aucun doute », a déclaré un autre.

Mais maintenant les langues se taisaient et tous les regards étaient tournés vers le membre de la députation qui était revenu ce matin-là à l'hôtel pour prendre possession de la caricature astucieuse des agents de Harry Carson.

Les têtes se regroupèrent pour contempler et détecter les ressemblances.

« C'est John Slater ! Je l'aurais reconnu n'importe où, à son gros nez. Seigneur! comme ça; c'est moi, par D.ieu, c'est justement comme ça que je suis obligé d'épingler mon gilet, pour cacher que je n'ai pas de chemise. C'est dommage et je ne le supporterai pas.

"Bien!" » dit John Slater, après avoir reconnu son nez et son image ; "Je pourrais rire d'une plaisanterie aussi bien que de tous les meilleurs, même si cela me le dirait à moi-même, si je n'étais pas clément" (ses yeux se remplissaient de larmes; c'était un homme pauvre, pincé, aux traits acérés.) , avec une expression de visage douce et mélancolique), « et si je pouvais m'empêcher de penser à eux à la maison comme c'est le cas pour Clemming ; mais avec leurs cris de nourriture qui résonnaient dans mes oreilles et me faisaient craindre de rentrer chez moi et de me demander si je les entendrais gémir dehors, si je restais froid et me noyais au fond du canal, là-bas ; eh bien, mec, je ne peux pas rire de rien. Cela semble me rendre triste qu'il y ait quelqu'un qui puisse jouer avec ce qu'il n'a jamais connu ; comme cela peut donner des images aussi risibles sur des hommes dont le cœur même est si cru et douloureux comme le nôtre l'était et est toujours Dieu nous aide.

John Barton commença à parler ; ils se tournèrent vers lui avec une grande attention. « Cela me rend plus que triste, cela me brûle le cœur de voir que les gens peuvent se moquer des hommes qui luttent ; des gars qui venaient demander un peu de feu pour la vieille mamie comme des frissons dans le froid ; pour un peu de literie et des vêtements chauds à la pauvre femme qui travaille sur les drapeaux humides ; et des vivres pour les enfants, dont les petites voix deviennent trop faibles et trop faibles pour crier de faim. Car, mes frères, n'est-ce pas là ce que nous demandons lorsque nous demandons un salaire plus élevé ? Nous ne voulons pas de friandises, nous voulons des plats pleins de ventre ; nous ne voulons pas de manteaux ni de gilets fantaisistes, nous voulons des vêtements chauds ; et pour que nous les ayons, nous ne nous disputerons pas sur leur base. Nous ne voulons pas de leurs grandes maisons, nous voulons un toit qui nous protège de la pluie, de la neige et de la tempête ; oui, et pas seuls pour nous couvrir, mais aussi les impuissants qui s'accrochent à nous dans le vent vif et nous demandent des yeux pourquoi nous les avons mis au monde pour souffrir ? Il baissa sa voix grave presque jusqu'à un murmure :

« J'ai vu un père qui avait tué son enfant plutôt que de le laisser se dérouler sous ses yeux ; et c'était un homme au cœur tendre.

Il reprit sur son ton habituel : « Nous venons chez les maîtres le cœur plein pour leur demander les choses que j'ai nommées ci-dessus. Nous savons qu'ils ont reçu de l'argent, comme nous l'avons gagné pour eux ; nous savons que le commerce s'améliore et qu'ils ont de grosses commandes pour lesquelles ils seront bien payés ; nous demandons notre part du paiement ; car, disons-nous, si les maîtres reçoivent notre part du paiement, cela ne servira qu'à entretenir les domestiques et les chevaux, à plus de tenue et de faste. Eh bien, tant mieux, si vous choisissez d'être idiot, nous ne vous en empêcherons pas, tant que vous êtes juste ; mais nous devons et nous aurons notre part ; nous ne serons pas trompés. *Nous* le voulons pour notre pain quotidien, pour la vie elle-même ; et non pas pour nos propres vies non plus (car il y en a ici beaucoup, je le sais par moi-même, qui seraient heureux et reconnaissants de se coucher et de mourir dans ce monde fatigué), mais pour la vie de ces petits, qui ne le font pas. Je ne sais pas encore ce qu'est la vie et j'ai peur de la mort. Eh bien, nous venons devant les maîtres pour déclarer ce que nous voulons et ce que nous devons avoir, avant de nous mettre à leur œuvre ; et ils disent "Non". On pourrait penser que cela suffirait à faire preuve de dureté de cœur, mais ce n'est pas le cas. Ils vont faire des photos pour plaisanter sur nous ! Je pourrais rire de moi-même, ainsi que du pauvre John Slater là-bas ; mais alors je dois être tranquille dans mon esprit pour rire. Maintenant, je sais seulement que je donnerais la dernière goutte de mon sang pour nous venger de ce type, qui avait si peu de sensibilité en lui qu'il se moquait d'hommes sérieux et souffrants !

Un faible murmure de colère se fit entendre parmi les hommes, mais il n'avait pas encore pris de forme ni de mots. Jean continua :

« Vous vous demanderez, les gars, comment j'ai pu manquer l'heure ce matin ; Je vais juste vous dire ce que je faisais. L'aumônier du New Bailey m'a envoyé et m'a donné l'ordre de voir Jonas Higginbotham ; lui comme cela a été repris la semaine dernière pour avoir jeté du vitriol au visage d'un bâton. Eh bien, je n'ai pas pu m'empêcher d'y aller ; et je ne pensais pas que cela m'aurait retenu si tard. Jonas était comme un fou quand je suis arrivé vers lui ; il a dit qu'il ne pouvait pas se reposer nuit ou jour pour le visage du pauvre garçon qu'il avait endommagé ; puis il pensa à son air faible et soigné, alors qu'il marchait d'un pas lourd vers la ville, souffrant de plaies aux pieds ; et Jonas pensait, peut-être, qu'il les avait laissés à la maison pour chercher des nouvelles, espérer et n'en obtenir aucune, mais peut-être la nouvelle de sa mort. Eh bien, Jonas avait réfléchi à ces choses jusqu'à ce qu'il ne puisse plus se reposer, mais il marchait continuellement de long en large comme une bête sauvage dans sa cage. Enfin, il réfléchit à un moyen de l'aider un peu, et il fit que l'aumônier me fasse venir ; et il m'a dit ceci ; et que cet homme gisait à l'infirmerie, et il m'a dit d'y aller (aujourd'hui est le jour où les gens peuvent être admis à l'infirmerie) et de prendre sa montre en argent, comme celle de sa mère, et de la vendre aussi bien que moi. il pouvait prendre l'argent et demander au pauvre bâton de l'envoyer à ses amis au-delà de Burnley ; et je devais lui apporter les bienveillantes salutations de Jonas, et il lui a humblement donné la parole pour lui pardonner. J'ai donc fait ce que Jonas souhaitait. Mais, que votre vie soit bénie, aucun de nous ne lancerait plus jamais de vitriol (au moins sur un bouton) s'il pouvait voir le spectacle que j'ai vu aujourd'hui. L'homme gisait, le visage tout enveloppé dans des linges, donc je n'ai pas vu *ça* ; mais pas un membre, ni un morceau de membre ne pouvait s'empêcher de frémir de douleur. Il se serait mordu les mains pour réprimer ses gémissements, mais il n'y était pas parvenu, son visage lui faisait mal, donc s'il le bougeait si peu. Il ne pouvait guère s'en soucier lorsque je lui parlais de Jonas ; il m'a serré la main lorsque j'ai fait sonner l'argent, mais lorsque j'ai supprimé le nom de sa femme, il a crié : « Mary, Mary, ne te reverrai-je plus jamais ? Mary, ma chérie, ils m'ont rendu aveugle parce que je voulais travailler pour toi et notre propre bébé ; Ô Marie, Marie ! Puis l'infirmière est venue et a dit qu'il était en délire et que je l'avais aggravé. Et j'ai peur que ce soit vrai ; pourtant, j'étais réticent à y aller sans savoir où envoyer l'argent... Cela m'a donc retenu au-delà de mon temps, les gars.

« Avez-vous enfin su où habitait votre femme ? demandèrent de nombreuses voix anxieuses.

"Non! il a continué à lui parler, jusqu'à ce que ses paroles me coupent le cœur comme un couteau. J'ai éliminé l'infirmière pour découvrir qui elle était et où elle habitait. Mais ce pour quoi je le nomme plus particulièrement maintenant, c'est pour ceci : d'une part, je voulais que vous sachiez tous pourquoi je n'étais pas à mon poste ce matin ; d'autre part, je tiens à dire que, pour ma part, j'ai assez vu ce qu'il advient des attaques à coups de bâton, et je n'aurai plus rien à voir avec cela.

Il y eut quelques expressions de désapprobation, mais John n'y prêta pas attention.

"Non! Je ne suis pas un lâche, répondit-il, et je suis fidèle jusqu'au bout. Ce que je voudrais et ce que je ferais, ce serait combattre les maîtres. Il y en a un parmi vous qui m'a traité de lâche. Bien! tout homme a droit à son opinion ; mais depuis que j'y ai réfléchi aujourd'hui, j'ai pensé que nous avions tous été plutôt lâches en attaquant les pauvres comme nous ; eux qui n'ont personne pour les aider, mais nous devons choisir entre le vitriol et la famine. Je dis que nous sommes plus lâches en faisant cela que de les laisser tranquilles. Non! ce que je ferais, c'est ceci : Avoir chez les maîtres ! Il cria de nouveau : « Chez les maîtres ! Il parlait plus bas ; tous écoutaient à voix basse :

« Ce sont les maîtres qui ont causé ce malheur ; ce sont les maîtres qui devraient payer pour cela. Lui qui m'a traité de lâche tout à l'heure, peut essayer si j'en suis un ou non. Demandez-moi de servir les maîtres et voyez s'il y a quelque chose auquel je vais m'en tenir.

"Cela donnerait un peu peur aux maîtres si l'un d'eux était battu à quelques centimètres de sa vie", a déclaré l'un d'entre eux.

« Oui ! ou battu jusqu'à ce qu'il ne reste plus aucune vie en lui », grogna un autre.

Et ainsi, avec des mots, ou des regards qui en disaient plus que des mots, ils ont élaboré un plan mortel. La portée de leurs discours augmentait de plus en plus profondément et de plus en plus sombre, alors qu'ils marmonnaient d'une voix rauque ce qu'ils voulaient dire et regardaient, avec des yeux qui disaient la terreur que leurs propres pensées étaient pour eux, sur leurs voisins. Leurs poings serrés, leurs dents serrées, leurs regards livides, tout disait la souffrance que leur esprit souffrait volontairement en contemplant le crime et en se familiarisant avec ses détails.

Puis vint un de ces serments féroces et terribles qui lient les membres des syndicats à un objectif donné. Puis, sous la lueur du gaz, ils se sont réunis pour poursuivre leurs consultations. Avec la méfiance de la culpabilité, chacun se méfiait de son prochain ; chacun redoutait la trahison de l'autre. Plusieurs morceaux de papier (la lettre identique sur laquelle la caricature avait été dessinée le matin même) ont été déchirés et *un a été marqué* . Puis tous furent repliés, se ressemblant exactement. Ils étaient mélangés dans un chapeau. Le gaz s'éteignit ; chacun sortit un papier. Le gaz a été rallumé. Alors chacun s'éloigna le plus possible de ses camarades et examina le papier qu'il avait dessiné sans dire un mot et avec un visage aussi pierreux et immobile qu'il pouvait le faire.

Puis, toujours rigidement silencieux, ils prirent chacun leur chapeau et suivirent chacun leur chemin.

Celui qui avait tiré le papier marqué avait tiré le sort de l'assassin ! et il avait juré d'agir selon son dessin ! Mais personne, sauf Dieu et sa propre conscience, ne savait qui était le meurtrier désigné.

John Barton rejoint les chartistes

De *Mary Barton* , 1848

IL faut revenir à John Barton. Pauvre Jean ! Il ne s'est jamais remis de son voyage décevant à Londres. La profonde mortification qu'il éprouva alors (avec peut-être aussi peu d'égoïsme pour sa cause que la mortification n'en eut jamais eu) n'était pas de nature temporaire ; en fait, peu de ses sentiments l'étaient.

Puis vint une longue période de privation corporelle ; de la faim quotidienne après la nourriture ; et bien qu'il essayât de se persuader qu'il pouvait lui-même supporter le besoin avec une indifférence stoïque, et qu'il s'en souciait aussi peu que la plupart des hommes, le corps se vengeait néanmoins de ses sentiments d'inquiétude. L'esprit est devenu aigri et morose, et a perdu une grande partie de son équilibre. Elle n'était plus élastique, comme au temps de la jeunesse ou dans les temps de bonheur relatif ; il a cessé d'espérer. Et il est difficile de vivre quand on ne peut plus espérer.

Le même état de sentiment que John Barton entretenait, s'il appartenait à quelqu'un qui avait eu le loisir de penser à de telles choses et aux médecins de leur donner des noms, aurait été appelé monomanie, tant les pensées qui le pressaient étaient obsédantes et incessantes. . J'ai lu quelque part parmi les Italiens un châtiment décrit avec force, digne d'un Borgia. Le criminel présumé ou réel était enfermé dans une chambre dotée de tout le confort et du luxe ; et au début, il pleura peu son emprisonnement. Mais de jour en jour, il s'est rendu compte que l'espace entre les murs de son appartement se rétrécissait, et alors il a compris la fin. Ces murs peints s'approcheraient d'une proximité hideuse et finiraient par lui arracher la vie.

Et ainsi, de jour en jour, de plus en plus proches, les pensées maladives de John Barton apparaissaient. Ils excluaient la lumière du ciel, les sons encourageants de la terre. On préparait sa mort.

Il est vrai qu'une grande partie de leur pouvoir morbide pourrait être attribuée à l'usage de l'opium. Mais avant de blâmer trop durement cet usage, ou plutôt cet abus, essayez une vie désespérée, avec des envies quotidiennes de nourriture du corps. Essayez, non seulement d'être vous-même sans espoir, mais de voir tout autour de vous réduit au même désespoir, issu des mêmes circonstances ; tout autour de vous raconte (bien qu'ils n'utilisent ni mots ni langage), par leurs regards et leurs faibles actions, qu'ils souffrent et sombrent sous la pression du besoin. Ne seriez-vous pas heureux d'oublier la vie et ses fardeaux ? Et l'opium donne l'oubli pour un temps.

Il est vrai que ceux qui l'achètent ainsi paient cher leur oubli ; mais peut-on s'attendre à ce que des gens sans instruction évaluent le prix de leur sifflet ? Pauvres misérables ! Ils paient un lourd tribut. Des jours de lassitude et de langueur oppressantes, dont les réalités ont la faible maladie des rêves ; des nuits dont les rêves sont de féroces réalités d'agonie ; Santé dégradée, santé chancelante, folie naissante et, pire encore, *conscience* d'une folie naissante : tel est le prix de leur sifflet. Mais leur avez-vous enseigné la science des conséquences ?

La pensée dominante de John Barton, qui était de déterminer son destin sur terre, était : les riches et les pauvres. Pourquoi sont-ils si séparés, si distincts, alors que Dieu les a tous créés ? Ce n'est pas sa volonté que leurs intérêts soient si éloignés. C'est l'œuvre de qui ?

Et ainsi de suite dans les problèmes et les mystères de la vie, jusqu'à ce que, désorienté et perdu, malheureux et souffrant, le seul sentiment qui restait clair et imperturbable dans le tumulte de son cœur était la haine envers les uns et une vive sympathie pour les autres.

Mais à quoi sert sa sympathie ? Aucune éducation ne lui avait donné la sagesse ; et sans sagesse, même l'amour, avec tous ses effets, ne produit trop souvent que du mal. Il a agi au mieux de son jugement, mais c'était un jugement largement erroné.

Les actions des incultes me semblent typiques de celles de Frankenstein, ce monstre aux nombreuses qualités humaines, dépourvu d'âme, de connaissance de la différence entre le bien et le mal.

Le peuple prend vie ; ils nous irritent, ils nous terrifient et nous devenons leurs ennemis. Puis, dans le moment douloureux de notre pouvoir triomphant, leurs yeux nous regardent avec un reproche muet. Pourquoi en avons-nous fait ce qu'ils sont ? un monstre puissant, mais sans les moyens intérieurs pour la paix et le bonheur ?

John Barton est devenu un chartiste, un communiste, tout ce qu'on appelle communément un sauvage et un visionnaire. Ouais ! mais être visionnaire, c'est quelque chose. Il montre une âme, un être pas tout à fait sensuel ; une créature qui attend avec impatience les autres, sinon elle-même.

Et, malgré toute sa faiblesse, il avait une sorte de pouvoir pratique qui le rendait utile aux corps des hommes auxquels il appartenait. Il avait une sorte d'éloquence rude du Lancashire, née de la plénitude de son cœur, qui était très émouvante pour les hommes dans une situation similaire, qui aimaient entendre leurs sentiments exprimés en mots. Il avait parfois l'esprit assez clair en matière de méthode et d'arrangement, un talent nécessaire aux grandes combinaisons d'hommes. Et ce qui le faisait peut-être plus que tout compter sur lui et le valoriser, c'était la conscience qu'avaient tous ceux qui entraient en contact avec lui, qu'il n'était animé par aucun motif égoïste ; que sa classe, son ordre, étaient ce qu'il défendait, et non les droits de son propre moi dérisoire. Car même chez les hommes grands et nobles, dès que le moi apparaît au premier plan, il devient une chose mesquine et mesquine.

Peu de temps auparavant, s'était produite une de ces occasions de délibération entre les employés, qui intéressaient profondément John Barton, et dont les discussions avaient causé ses fréquentes absences de chez lui ces derniers temps.

Je ne suis pas sûr de pouvoir m'exprimer dans les termes techniques soit des maîtres, soit des ouvriers, mais j'essaierai simplement d'exposer le cas sur lequel ces derniers ont délibéré.

Une commande de produits grossiers arrivait d'un nouveau marché étranger. C'était une commande importante, qui donnait de l'emploi à toutes les usines occupées à ce genre de fabrication ; mais il fallait l'exécuter promptement et à des prix aussi bas que possible, car les maîtres avaient des raisons de croire qu'une double commande avait été envoyée à l'une des villes manufacturières du continent, où il n'y avait aucune restriction sur les denrées alimentaires, aucune taxe sur les marchandises. des bâtiments ou des machines, et où, par conséquent, ils redoutaient que les marchandises puissent être fabriquées à un prix bien inférieur à celui pour lequel ils pouvaient se les permettre ; et qu'en agissant ainsi et en facturant, les fabricants concurrents obtiendraient la possession indivise du marché. Leur intérêt était clairement d'acheter le coton au meilleur prix et de faire baisser les salaires le plus bas possible. Et à long terme, les intérêts des ouvriers en auraient bénéficié. Même s'ils se méfient les uns des autres, les employeurs et les salariés doivent s'élever ou s'effondrer ensemble. Il peut y avoir quelques différences quant à la chronologie, mais aucune quant aux faits.

Mais les maîtres n'ont pas choisi de faire connaître toutes ces circonstances. Ils pensaient qu'ils étaient les maîtres et qu'ils avaient le droit de commander des travaux à leurs propres prix, et ils croyaient que dans la dépression actuelle du commerce et le chômage des travailleurs, il n'y aurait pas de grandes difficultés à les exécuter.

Passons maintenant au point de vue des ouvriers sur la question. Les maîtres (dont ils ignoraient les fondements chancelants de la prospérité) semblaient se porter bien et, comme les gentilshommes, « vivaient chez eux dans l'aisance », alors qu'ils mouraient de faim, haletant de jour en jour ; et il y avait un ordre étranger à exécuter, dont l'étendue, si grande qu'elle fût, était grandement exagérée ; et cela devait être fait rapidement. Pourquoi les maîtres offraient-ils des salaires si bas dans ces circonstances ? Honte à eux ! C'était profiter du fait que leurs ouvriers étaient presque affamés ; mais ils préféreraient mourir de faim plutôt que de se retrouver dans de telles conditions. C'était déjà assez pénible d'être pauvre, alors que par le travail de leurs mains maigres, la sueur de leur front, les maîtres devenaient riches ; mais ils ne seraient pas complètement réduits en poussière. Non! ils joignaient les mains, restaient les bras croisés et souriaient aux maîtres, qu'ils pouvaient même dans la mort ils pouvaient dérouter. Avec une endurance spartiate, ils décidèrent de faire connaître leur pouvoir aux patrons en refusant de travailler.

Ainsi la classe se méfiait de la classe, et leur manque de confiance mutuelle causait du chagrin aux deux. Les maîtres ne seraient pas intimidés et obligés de révéler pourquoi ils estimaient qu'il était plus sage et préférable de n'offrir que des salaires aussi bas ; on ne leur ferait pas dire qu'ils sacrifiaient même du capital pour obtenir une victoire décisive sur les constructeurs continentaux. Et les ouvriers restaient silencieux et sévères, les mains jointes, refusant de travailler pour un tel salaire. Il y a eu une grève à Manchester.

Bien sûr, cela a entraîné les conséquences habituelles. De nombreux autres syndicats, liés à différentes branches d'activité, soutenaient par de l'argent, de l'apparence et des encouragements de toutes sortes la position que les tisserands sur métiers mécaniques de Manchester prenaient contre leurs maîtres. Des délégués de Glasgow, de Nottingham et d'autres villes furent envoyés à Manchester pour entretenir l'esprit de résistance ; un comité fut formé et tous les officiers requis furent élus : président, trésorier, secrétaire honoraire ; parmi eux se trouvait John Barton.

Pendant ce temps, les maîtres prenaient leurs mesures. Ils ont placardé sur les murs des publicités pour les tisserands utilisant des métiers mécaniques. Les ouvriers répondirent par une pancarte en lettres encore plus grosses, exposant leurs doléances. Les maîtres se réunissaient quotidiennement en ville, pour pleurer au fil du temps (si vite s'écoulant) l'exécution des commandes étrangères ; et à se renforcer mutuellement dans leur résolution de ne pas céder. S'ils abandonnaient maintenant, ils pourraient abandonner toujours. Cela ne suffirait jamais. Et parmi les maîtres les plus énergiques, les Carson, père et fils, prirent place. Il est bien connu qu'il n'y a pas de religieux plus zélé qu'un converti ; Il n'y a pas de maîtres aussi sévères et aussi indifférents aux intérêts de leurs ouvriers que ceux qui sont eux-mêmes sortis d'un tel rang. Cela expliquerait la détermination de M. Carson aîné à ne pas se laisser intimider et à céder ; pas même de se laisser forcer à donner des raisons pour agir comme le faisaient les maîtres. C'est la volonté de l'employeur, et cela devrait suffire aux salariés. Harry Carson ne s'est pas beaucoup préoccupé des motifs de sa conduite. Il aimait l'excitation de cette affaire. Il aimait l'attitude de résistance. Il était courageux et aimait l'idée de danger personnel, avec laquelle certains, parmi les plus prudents, essayaient d'intimider les violents parmi les maîtres.

Pendant ce temps, les tisserands sur métiers mécaniques vivant dans les régions les plus reculées du Lancashire et des comtés voisins entendirent parler des annonces d'ouvriers des maîtres ; et, dans leurs demeures solitaires, se lassèrent de la faim et résolurent de venir à Manchester. C'étaient des hommes aux pieds douloureux, épuisés, à moitié affamés, alors qu'ils tentaient de se faufiler en ville au petit matin, avant que les gens ne soient debout, ou au crépuscule du soir. Et c'est alors que commençaient les véritables méfaits des syndicats. Quant à leur décision de travailler ou non à un tel taux de salaire, c'était soit sage, soit imprudent ; une erreur de jugement, au pire. Mais ils n'avaient pas le droit de tyranniser les autres et de les attacher à leur propre lit de Procuste. Détestant ce qu'ils considéraient comme une oppression chez leurs maîtres, pourquoi opprimaient-ils les autres ? Parce que quand les hommes s'excitent, ils ne savent pas ce qu'ils font. Jugez donc avec un peu de la miséricorde du Saint, que nous aimons tous.

Malgré les policiers, chargés de veiller à la sécurité des pauvres tisserands de la campagne – malgré les magistrats, les prisons et les punitions sévères – les pauvres hommes déprimés venant de Burnley, Padiham et d'autres endroits pour travailler aux condamnés « Prix de famine » », ont été assaillis, battus et laissés au bord de la route presque pour morts. La police a dispersé tous les groupes d'hommes qui se prélassaient : ils se sont séparés tranquillement pour se réunir à 800 mètres de la ville.

Bien sûr, les sentiments entre les maîtres et les ouvriers ne s'améliorèrent pas dans ces circonstances.

La combinaison est un pouvoir terrible. C'est comme l'agent tout aussi puissant de la vapeur ; capable de faire du bien ou du mal presque illimité. Mais pour obtenir une bénédiction sur ses travaux, il faut qu'il travaille sous la direction d'une volonté haute et intelligente, sans se laisser tromper par la passion ou l'excitation. La volonté des agents n'a pas été guidée vers le calme de la sagesse.

Voilà pour les généralités.

Le procès pour meurtre amène Mary Barton à avouer son amour pour le prisonnier au bar

De *Mary Barton* , 1848

DÈS qu'il put concentrer ses pensées distraites sur la scène présente, il comprit que le procès de James Wilson pour le meurtre d'Henry Carson commençait tout juste. Le greffier bavardait sur l'acte d'accusation, et au bout d'une minute ou deux, la question habituelle fut posée : « Comment dites-vous, coupable ou non coupable ?

Même si l'on n'attendait qu'une seule réponse – c'était la coutume dans tous les cas – il y eut une pause de silence de mort, un intervalle de solennité même dans cette partie éculée de la procédure ; tandis que le prisonnier au bar se tenait debout, les lèvres serrées, regardant le juge avec ses yeux extérieurs, mais avec des scènes bien autres et différentes présentées à sa vision mentale ; une sorte de récapitulation rapide de sa vie – des souvenirs de son enfance – de son père (si fier de lui, de son premier-né) – de sa douce petite compagne de jeu, Mary – de ses espoirs, de son amour – de son désespoir, pourtant toujours, toujours et toujours, son amour – le monde vide et vaste qu'il avait été sans son amour – sa mère – sa mère sans enfant – mais pas longtemps pour le rester – pas longtemps pour être loin de tout ce qu'elle aimait – ni pendant ce temps pour être opprimée par doute sur son innocence, sûr et assuré du cœur de son chéri ; — il sursauta de sa pause instantanée, et dit d'une voix basse et ferme :

"Non coupable, monseigneur."

Les circonstances du meurtre, la découverte du corps, les raisons des soupçons contre Jem étaient aussi bien connues de la plupart des spectateurs que de vous. Il y avait donc un petit buzz de conversation parmi les gens tandis que le présentateur principal l'avocat de l'accusation a prononcé un discours très efficace.

"C'est M. Carson, le père, assis derrière le sergent Wilkinson !"

« Quel vieil homme à l'air noble ! si sévère et inflexible, avec des traits si classiques ! Ne vous rappelle-t-il pas certains bustes de Jupiter ?

« Je suis plus intéressé par l'observation du prisonnier. Les criminels m'intéressent toujours. J'essaie de retrouver dans les traits communs à l'humanité quelque expression des crimes par lesquels ils se sont distingués de leur espèce. J'ai vu un bon nombre de meurtriers dans mon époque, mais j'en ai rarement vu un avec de telles marques de Caïn sur le visage que l'homme au bar.

« Eh bien, je ne suis pas physionomiste, mais je ne pense pas que son visage me paraisse aussi mauvais. C'est certainement sombre et déprimé, et ce n'est pas anormal, compte tenu de sa situation.

« Regardez seulement son front bas et résolu, son œil baissé, ses lèvres blanches et comprimées. Il ne lève jamais les yeux, il suffit de le regarder.

« Son front n'est pas si bas si on lui avait enlevé cette masse de cheveux noirs, et il est très carré, ce qui, selon certains, est un bon signe. Si d'autres devaient être influencés par des bagatelles comme vous, il aurait été bien préférable que le barbier de la prison lui coupe les cheveux un peu avant le procès ; et quant à l'œil baissé et à la lèvre comprimée, tout cela fait partie intégrante de son agitation intérieure en ce moment ; rien à voir avec le caractère, mon bon ami.

Pauvre Jem ! Ses cheveux corbeau (la fierté de sa mère, et si souvent caressés avec tendresse par ses doigts), devaient-ils aussi avoir une influence contre lui ?

Les témoins ont été appelés. Au début, il s'agissait principalement de policiers qui, très habitués à témoigner, savaient quels étaient les points matériels qu'ils étaient appelés à prouver, et ne perdaient pas le temps du tribunal à écouter des choses inutiles.

« Clairement comme le jour contre le prisonnier », murmura un clerc à un autre.

« Noir comme la nuit, tu veux dire », répondit son ami ; et ils sourirent tous les deux.

« Jane Wilson ! qui est-elle? Il y a un lien, je suppose, avec le nom.

"La mère, c'est elle qui doit prouver que l'arme est en cause dans l'affaire."

« Oh, oui, je m'en souviens ! C'est plutôt dur pour elle aussi, je pense.

Ils gardèrent tous deux le silence tandis qu'un des officiers du tribunal faisait entrer Mme Wilson à la barre des témoins. Je l'ai souvent appelée la « vieille femme » et « une vieille femme », parce qu'en vérité, son apparence dépassait de beaucoup son âge, qui ne pouvait pas dépasser cinquante ans. Mais en partie à cause de son accident de jeunesse, qui a laissé une marque de douleur sur son visage, en partie à cause de son caractère anxieux, en partie à cause de ses chagrins et en partie à cause de sa démarche boiteuse, elle m'a toujours donné l'idée de l'âge. Mais maintenant, elle aurait pu paraître avoir plus de soixante-dix ans ; ses traits étaient si fermes et profonds, ses traits si aiguisés et sa démarche si faible. Elle essayait de contenir ses sanglots et (inconsciemment) s'efforçait de se comporter comme elle pensait que cela plairait le mieux à son pauvre garçon, qu'elle savait avoir souvent affligé par son impatience incontrôlée. Il avait enfoui son visage dans ses bras, qui reposaient sur le devant du banc des accusés (attitude qu'il conserva pendant la plus grande partie de son procès, et qui préjugea beaucoup contre lui).

L'avocat a commencé l'interrogatoire.

« Votre nom est Jane Wilson, je crois ? »

"Oui Monsieur."

« La mère du prisonnier au bar ? »

"Oui, monsieur", d'une voix tremblante, prête à éclater en larmes, mais gagnant le respect par le fort effort de maîtrise de soi, motivé, comme je l'ai déjà dit, par son désir sincère de plaire à son fils par son comportement.

L'avocat passa maintenant à la partie importante de l'interrogatoire, tendant à prouver que l'arme trouvée sur les lieux du meurtre était celle du prisonnier. Elle s'était tellement engagée envers le policier qu'elle ne pouvait pas se rétracter ; ainsi, sans trop tarder pour amener la question au point souhaité, l'arme fut présentée au tribunal et l'enquête fut faite :

« Cette arme appartient à votre fils, n'est-ce pas ?

Elle serrait les côtés de la barre des témoins dans ses efforts pour faire prononcer des mots de sa langue desséchée. Enfin, elle gémit :

"Oh! Jem, Jem ! qu'est-ce que je dis ?

Tout le monde se penchait pour entendre la réponse du prisonnier ; même si, en réalité, cela n'avait que peu d'importance pour l'issue du procès. Il releva la tête ; et avec un visage plein de pitié pour sa mère, mais résolu à endurer, il dit :

« Dis la vérité, maman ! »

Et c'est ce qu'elle fit, et avec la fidélité d'un petit enfant. Tout le monde sentait qu'elle le savait ; et le petit colloque entre la mère et le fils leur rendit quelque service, aux yeux de l'assistance. Mais l'horrible juge restait impassible ; et les jurés ne changèrent pas un muscle de leur visage ; tandis que l'avocat de l'accusation examinait triomphalement cette partie de l'affaire, y compris le fait de l'absence de Jem de chez lui la nuit du meurtre, et opposait tous les aveux au prisonnier.

C'était fini. On lui a dit de descendre. Mais elle ne pouvait plus contraindre le cœur de sa mère à se taire, et se tournant tout à coup vers le juge (sur lequel

elle imaginait que le verdict reposait), elle lui adressa ainsi de sa voix étouffée
:

« Et maintenant, monsieur, je vous ai dit toute la vérité, comme *il* me l'a dit ;
mais ne laissez pas ce que j'ai dit servir à le pendre ; oh, monseigneur le juge,
croyez-moi sur parole, il est aussi innocent que l'enfant qui n'est pas encore
né. Assurément, moi qui suis sa mère, qui l'ai nourri sur mes genoux et qui
depuis lors suis réjouie de sa vue chaque jour, je devrais le connaître mieux
que cette bande de camarades. son cœur pour rendre ses paroles distinctes et
claires pour le bien de son cher fils), « qui, je vais le cautionner, ne l'a jamais
vu avant ce matin de tous ses jours de naissance. Monseigneur le juge, il est
si bon que je me suis souvent demandé quel mal il y avait en lui ; Il arrive
souvent que je sois inquiet (car je suis assez frabbit parfois), que je ne me
gronde pas moi-même et que je dis : « Espèce d'ingrat, le Seigneur Dieu t'a
donné Jem, et il ne t'est pas donné. cette bénédiction vous suffit-elle ? Mais
il a jugé bon de me punir. Si Jem m'est – si Jem m'est – enlevé, je serai une
femme sans enfant ; et très pauvre, n'ayant plus rien à aimer sur terre, et je
ne peux pas dire : « Sa volonté soit faite ». Je ne peux pas, mon seigneur juge,
oh, je ne peux pas !

Tout en sanglotant ces paroles, elle fut emmenée par les officiers de la cour,
mais avec tendresse et révérence, avec le respect qu'exige une grande douleur.

Le flot de preuves ne cessait de s'écouler, rassemblant une force nouvelle
auprès de chaque témoin interrogé et menaçant d'accabler le pauvre Jem.
Déjà, ils avaient prouvé que l'arme était la sienne, qu'il avait été entendu peu
de jours avant la commission de l'acte de menace contre le défunt ; en fait, la
police avait été obligée, à cette époque, d'intervenir pour empêcher quelque
probable acte de violence. Il ne restait plus qu'à avancer un motif suffisant
pour la menace et le meurtre. L'indice avait été fourni par le policier, qui avait
entendu le langage colérique de Jem à M. Carson ; et son rapport en première
instance avait donné lieu à l'assignation à Mary.

Et maintenant, elle allait être appelée à témoigner. La cour était alors presque
pleine à craquer ; mais de nouvelles tentatives étaient faites pour se faufiler à
toutes les entrées, car beaucoup étaient impatients de voir et d'entendre cette
partie du procès.

Le vieux M. Carson sentit un battement supplémentaire dans son cœur à la
pensée de voir la fatale Hélène, la cause de tout — une sorte d'intérêt et
pourtant de répugnance, car n'était-elle pas aimée des morts ; bien plus, peut-
être à sa manière, aimer et pleurer le même être dont lui-même pleurait si
amèrement ? Et pourtant, il avait l'impression qu'il la détestait, elle et sa
beauté supposée, comme si elle était une malédiction contre lui ; et il devint
jaloux de l'amour qu'elle avait inspiré à son fils, et aurait voulu la priver même
de son droit naturel de s'affliger de la fin prématurée de son amant ; car,

voyez-vous, c'était une idée fixe dans l'esprit de tous que le jeune homme beau, brillant, gai et riche devait être aimé de préférence au forgeron sérieux, à l'air presque sévère, qui devait travailler dur pour gagner son pain quotidien.
.

Jusqu'ici, l'effet du procès avait égalé les espérances les plus optimistes de M. Carson, et un air sévère de satisfaction apparut sur le visage du vengeur, sur ce visage d'où un sourire s'était éloigné pour ne plus jamais revenir.

Tous les regards étaient tournés vers la porte par laquelle les témoins sont entrés. Même Jem leva les yeux pour avoir un aperçu, avant de cacher son visage devant son air d'aversion. L'officier était allé la chercher.

Elle était exactement dans la même attitude que lorsque Job Legh l'avait aperçue deux heures auparavant par la porte entrouverte. Pas un doigt n'avait bougé. L'officier l'a convoquée, mais elle n'a pas bougé. Elle était si immobile qu'il crut qu'elle s'était endormie, alors il s'avança et la toucha. Elle se leva aussitôt et le suivit d'un mouvement précipité et rapide dans le prétoire, dans la barre des témoins.

Et au milieu de toute cette mer de visages brumeux et flottant devant ses yeux, elle ne voyait que deux points clairs, distincts et fixes : le juge, qui aurait peut-être à condamner ; et le prisonnier, qui pourrait devoir mourir.

Le doux soleil coulait par cette haute fenêtre sur sa tête et tombait sur le riche trésor de ses cheveux d'or, rangés en masse sous son petit bonnet ; et dans ces rayons chauds, les particules continuaient de danser de haut en bas. Le vent avait changé – avait changé presque aussitôt qu'elle avait renoncé à veiller ; le vent avait tourné, et elle n'y prêtait pas attention.

Beaucoup de ceux qui recherchaient une simple beauté de chair et de sang, de simples couleurs, furent déçus ; car son visage était d'une blancheur mortelle et presque figé dans son expression, tandis qu'une âme triste et déconcertée regardait au fond de ces yeux gris doux et profonds. Mais d'autres reconnurent une beauté plus élevée et plus étrange ; celui qui garderait son emprise sur la mémoire pendant de nombreuses années.

Je n'étais pas là moi-même ; mais quelqu'un qui l'était m'a dit que son regard, et même tout son visage, ressemblait plus à la célèbre gravure du tableau de Guido de « Béatrice Cenci » qu'à tout ce dont il pouvait me donner une idée. Il ajouta que son visage le hantait, comme le souvenir d'une mélodie sauvage et triste, entendue dans son enfance ; qu'il reviendrait perpétuellement avec sa muette agonie implorante.

Alors que toute la cour était sous le choc (sauf toujours et à l'exception de ces deux horribles), elle entendit une voix parler et répondit machinalement à la simple question (quelque chose sur son nom), comme dans un rêve. Alors elle posa encore deux ou trois questions avec un étrange émerveillement dans le cerveau, devant la réalité des terribles circonstances dans lesquelles elle se trouvait placée.

Soudain, elle fut réveillée, elle ne savait comment ni par quoi. Elle était consciente que tout était réel, que des centaines de personnes la regardaient, que des mots véridiques lui étaient arrachés ; que cette silhouette si courbée, avec le visage caché des deux mains, était bien Jem. Son visage devint écarlate, puis plus pâle qu'avant. Mais, effrayée par elle-même et par l'énorme secret emprisonné en elle, elle a exercé tous les pouvoirs dont elle disposait pour rester dans la pleine compréhension de ce qui se passait, de ce qu'on lui demandait et de ce qu'elle répondait. Avec toutes ses facultés surnaturellement vivantes et sensibles, elle entendit la question suivante du jeune avocat impertinent, qui était ravi d'avoir l'interrogatoire de ce témoin.

« Et je vous prie, puis-je demander quel était l'amant préféré ? Vous dites que vous connaissiez ces deux jeunes hommes. Quel était l'amant préféré ? Lequel as-tu préféré ?

Et qui était-il, celui qui posait la question, pour oser interroger avec tant de légèreté les secrets de son cœur ? Qu'il oserait lui demander de dire, devant cette multitude rassemblée là, quelle femme murmure habituellement avec des rougeurs, des larmes et beaucoup d'hésitations, à une seule oreille ?

Ainsi, l'espace d'un instant, un air d'indignation contracta le front de Mary, alors qu'elle rencontrait fermement le regard du conseiller impertinent. Mais, à cet instant, elle vit les mains retirées d'un visage au-delà, derrière ; et un visage révélant un amour et un malheur si intenses — une peur si dépréciante de sa réponse ; et soudain sa résolution fut prise. Le présent était tout ; l'avenir, ce vaste linceul, c'était exaspérant d'y penser ; mais *maintenant* elle pourrait reconnaître sa faute, mais *maintenant* elle pourrait même reconnaître son amour. Or, lorsque la bien-aimée se trouverait ainsi, abhorrée des hommes, aucune honte féminine ne s'interposerait entre elle et son aveu. Elle se tourna donc aussi vers le juge, en partie pour marquer que sa réponse n'était pas donnée à l'homme singe qui l'interrogeait, et aussi pour que son visage puisse être détourné et ses yeux ne pas fixer la forme qui se contractait avec la peur de les mots qu'il anticipait.

« Il me demande lequel des deux je préférais. Peut-être ai-je aimé M. Harry Carson autrefois — je ne sais pas —, j'ai oublié ; mais j'ai aimé James Wilson, qui est maintenant en procès, au-delà de ce que la langue peut dire — par-dessus tout le reste sur terre réuni ; et je l'aime maintenant plus que jamais, bien qu'il n'en ait jamais su un mot jusqu'à cette minute. Car, voyez-vous, monsieur, ma mère est morte avant que j'avais treize ans, avant que je puisse distinguer le bien du mal dans certaines choses ; et j'étais étourdi et vaniteux, et prêt à écouter n'importe quel éloge de ma beauté ; et ce pauvre jeune M. Carson est tombé avec moi et m'a dit qu'il m'aimait ; et j'ai été assez stupide pour penser qu'il parlait de mon mariage : une mère est une perte pitoyable pour une fille, monsieur ; et ainsi j'avais l'habitude de m'imaginer que je pourrais aimer être une dame et riche, et ne plus jamais avoir besoin. Je n'ai jamais su à quel point j'en aimais un autre jusqu'au jour où James Wilson m'a demandé de l'épouser, et j'ai été très dur et très tranchant dans ma réponse - car, en effet, monsieur, j'avais un marché à supporter à ce moment-là - et il m'a pris au mot et m'a quitté ; et depuis ce jour jusqu'à aujourd'hui, je ne lui ai jamais dit un mot, ni posé les yeux sur lui ; bien que j'aurais aimé le faire, pour essayer de lui montrer que nous avions tous deux été trop pressés ; car il n'avait pas disparu de ma vue plus d'une minute avant que je sache que j'aimais, bien au-dessus de ma vie, dit-elle en baissant la voix en arrivant à ce second aveu de la force de son attachement. « Mais si le gentleman me demande ce que j'ai aimé le plus, je réponds que j'ai été flatté par M. Carson et satisfait de sa flatterie ; mais James Wilson, je... »

Elle se couvrit le visage de ses mains pour cacher les rougeurs écarlates brûlantes qui teignaient même ses doigts.

La confession de John Barton sur le meurtre du jeune M. Carson

De *Mary Barton* , 1848

" ET est-ce que je t'ai bien entendu?" commença M. Carson de sa voix grave et tremblante. "Homme! est-ce que je t'ai bien entendu ? Est-ce donc vous qui avez tué mon garçon ? mon fils unique ? » — (il prononça ces derniers mots presque comme pour faire appel à la pitié, puis il changea de ton pour devenir plus véhément et féroce). « N'ose pas penser que je serai miséricordieux et que je t'épargnerai, parce que tu es venu pour t'accuser. Je vous le dis, je ne vous épargnerai pas la moindre douleur que la loi puisse vous infliger : vous, qui n'avez pas eu pitié de mon garçon, n'en aurez aucune de moi.

«Je n'en ai pas demandé», dit John Barton à voix basse.

« Demander ou ne pas demander, qu'importe ? Tu seras pendu... pendu... mec ! dit-il en avançant son visage et en répétant le mot avec une lente accentuation, comme pour y insuffler un peu de l'amertume de son âme.

John Barton haleta, mais pas de peur. C'était seulement qu'il se sentait terrible d'avoir inspiré une telle haine qui se concentrait dans chaque mot, chaque geste de M. Carson.

« Quant à être pendu, monsieur, je sais que c'est très bien et convenable. J'ose dire que c'est déjà assez grave ; mais je vous dis, monsieur, » parlant avec éclat, « si vous m'aviez pendu le lendemain de mon acte, je me serais mis à genoux et je vous aurais béni. La mort! Seigneur, qu'est-ce que la vie ? À la vie que je mène depuis quinze jours. Au mieux, la vie n'est pas une grande chose ; mais une vie comme celle que j'ai vécue depuis cette nuit-là, frémit-il à cette pensée. « Eh bien, monsieur, j'ai été sur le point de me suicider à maintes reprises pour échapper à mes propres pensées. Je ne l'ai pas fait ! et je vais vous dire pourquoi. Je ne savais pas que je serais plus hanté que jamais par le souvenir de mon péché. Oh! Dieu seul peut dire l'agonie avec laquelle je m'en suis repenti, et peut-être en partie parce que je craignais qu'il ne pense que j'étais impatient de la misère qu'il m'a envoyée en guise de punition – une misère bien, bien pire que n'importe quelle pendaison, monsieur. Il cessa par excès d'émotion.

Puis il recommença.

"Péché ce jour-là (c'est peut-être très méchant, monsieur, mais c'est la vérité), j'ai continué à penser et à penser que si j'étais mais dans ce monde où on dit que Dieu est, Il m'apprendrait peut-être le bien du mal, même si c'était avec de nombreuses rayures. J'ai été très perplexe ici. Je traverserais le feu de l'enfer si je pouvais, mais je me libérerais enfin du péché, c'est une chose horrible. Quant à la pendaison, ce n'est rien du tout.

Son épuisement l'obligea à s'asseoir. Marie se précipita vers lui. Il semblait jusque-là qu'il ignorait sa présence.

« Oui, oui, jeune fille ! » dit-il faiblement, est-ce toi ? Où est Jem Wilson ?

Jem s'est avancé. John Barton reprit la parole, avec de nombreuses pauses et pauses haletantes :

"Garçon! tu as supporté un marché pour moi. C'est la chose la plus méchante que j'ai jamais faite de te laisser supporter le poids. Toi, qui étais aussi innocent de toute connaissance de cela que le bébé à naître. Je ne te bénirai pas pour ça. La bénédiction de quelqu'un comme moi ne t'apporterait aucun bien. Tu aimeras Mary, même si elle est mon enfant.

Il s'arrêta et il y eut une pause de quelques secondes.

Puis M. Carson s'est retourné pour partir. Quand sa main fut sur le loquet de la porte, il hésita un instant.

« Vous ne pouvez douter du but dans lequel je pars. Directement au commissariat pour envoyer des hommes s'occuper de toi, misérable, et de ton complice. Demain matin, votre histoire sera répétée à ceux qui peuvent vous mettre en prison, et d'ici peu vous aurez l'occasion de constater à quel point la pendaison est désirable.

« Ô monsieur ! » » dit Mary, s'élançant en avant et attrapant le bras de M. Carson, « mon père est en train de mourir. Regardez-le, monsieur. Si vous voulez la Mort pour la Mort, vous l'avez. Ne me l'enlève pas ces dernières heures. Il doit traverser la mort seul, mais laissez-moi être avec lui aussi longtemps que possible. Ô monsieur ! si vous avez quelque pitié en vous, laissez-le mourir ici.

John lui-même se leva, raide et rigide, et répondit :

« Marie, fille ! Je lui dois tout. J'irai mourir où et comme il me voudra. Tu as dit vrai, je me tiens aux côtés de la Mort ; et peu importe où je passe le peu de temps qui me reste à vivre. Cette fois-là, je dois lutter avec mon âme pour trouver un personnage à emmener dans l'autre monde. J'irai où bon vous semble, monsieur. Il est innocent », désignant faiblement Jem alors qu'il tombait sur sa chaise.

"Jamais peur! Ils ne peuvent pas le toucher », a déclaré Job Legh à voix basse.

Mais comme M. Carson était sur le point de quitter la maison sans aucun signe de relâchement chez lui, il fut de nouveau arrêté par John Barton, qui s'était levé une fois de plus de sa chaise et s'appuyait sur Jem pendant qu'il parlait.

« Monsieur, un mot ! Mes cheveux sont gris de souffrance, et les vôtres de années… »

"Et n'ai-je pas souffert ?" » a demandé M. Carson, comme pour faire appel à la sympathie, même envers le meurtrier de son enfant.

Et l'assassin de son enfant répondit à l'appel et gémit en esprit de l'angoisse qu'il avait causée.

« N'ai-je éprouvé aucune souffrance intérieure pour blanchir ces poils ? N'ai-je pas travaillé et lutté même pendant ces années avec des espoirs dans mon cœur qui étaient tous centrés sur mon garçon ! Je n'en ai pas parlé, mais n'étaient-ils pas là ? J'avais l'air dur et froid ; et ainsi je pourrais l'être pour les autres, mais pas pour lui ! — qui imaginera jamais l'amour que je lui portais ? Même lui n'avait jamais imaginé à quel point mon cœur bondissait au bruit de ses pas et combien il était précieux pour son pauvre vieux père. Et il est parti, tué, hors de portée de toutes les paroles d'amour, hors de ma vue pour toujours. Il était mon rayon de soleil, et maintenant il fait nuit ! Oh mon Dieu! réconforte-moi, réconforte-moi ! s'écria le vieillard à haute voix.

Les yeux de John Barton s'assombrirent de larmes. Riches et pauvres, maîtres et hommes, étaient alors frères dans la profonde souffrance du cœur ; car n'était-ce pas là l'angoisse même qu'il avait éprouvée pour le petit Tom, dans des années si lointaines qu'elles semblaient être une autre vie !

La personne en deuil devant lui n'était plus l'employeur ; un être d'une autre race, éternellement placé dans une attitude antagoniste ; parcourir le monde scintillant comme l'or, avec un cœur de pierre à l'intérieur, qui ne connaissait de chagrin que par les accidents du commerce ; non plus l'ennemi, l'oppresseur, mais un vieillard très pauvre et désolé.

La sympathie pour la souffrance, un sentiment autrefois si répandu chez lui, remplit de nouveau le cœur de John Barton et le poussa presque à adresser (du mieux qu'il pouvait) quelques paroles tendres et sincères à l'homme sévère, tremblant dans son agonie.

Mais qui était-il pour exprimer sa sympathie ou sa consolation ? La cause de tout ce malheur.

Oh, pensée explosive ! Oh, misérable souvenir ! Il avait perdu le droit de panser les blessures de son frère.

Abasourdi par cette pensée, il se laissa tomber sur le siège, presque écrasé par la connaissance des conséquences de son propre acte ; car il ne s'était pas plus imaginé la maison dévastée et les parents misérables, que le soldat qui décharge son fusil ne se représente la désolation de la femme et les cris pitoyables des petits sans défense qui sont dans un état d'angoisse. instant pour devenir veuve et orpheline de père.

Intimider une classe d'hommes, connue seulement de ceux qui sont en dessous d'eux comme désireux d'obtenir la plus grande quantité de travail pour les salaires les plus bas - tout au plus, pour éloigner d'une entreprise odieuse un associé autoritaire, qui faisait obstacle à ceux qui luttaient comme eux. ainsi qu'ils étaient capables d'obtenir leurs droits - c'était la lumière dans laquelle John Barton avait considéré son acte ; et malgré cela, après que l'excitation fut passée, le Vengeur, le Vengeur sûr, l'avait découvert.

Mais maintenant il savait qu'il avait tué un homme et un frère – maintenant il savait que rien de bon ne pouvait sortir de ce mal, même pour les malades dont il avait si aveuglément épousé la cause.

Il était allongé en face de la table, le cœur brisé. Chaque nouveau sanglot frémissant de M. Carson le poignardait jusqu'à l'âme.

Il se sentait exécré de tous ; et comme s'il ne pouvait jamais mettre à nu les raisonnements pervers qui avaient fait apparaître comme un devoir l'accomplissement d'un péché incontestable. Le désir de plaider une légère excuse devenait de plus en plus fort. Il releva faiblement la tête et, regardant Job Legh, il murmura :

« Je ne savais pas ce que je faisais, Job Legh ; Dieu sait que non ! Ô monsieur ! » dit-il sauvagement, se jetant presque aux pieds de M. Carson, « dites-moi, pardonnez-moi l'angoisse que je vois maintenant que je vous ai causée. Je ne me soucie pas de la douleur ou de la mort ; tu sais que non ; mais oh, mec ! pardonne-moi l'offense que j'ai commise !

« Pardonnez-nous nos offenses comme nous pardonnons à ceux qui nous ont offensés », dit Job solennellement et bas, comme dans une prière : comme si les mots étaient suggérés par ceux que John Barton avait utilisés.

M. Carson a retiré ses mains de son visage. Je préférerais voir la mort plutôt que l'horrible obscurité qui assombrissait ce visage.

« Que mes offenses ne soient pas pardonnées, afin que je puisse me venger du meurtre de mon fils. »

Il y a des actions blasphématoires ainsi que des paroles blasphématoires : tous les actes cruels et sans amour sont des blasphèmes.

M. Carson a quitté la maison. Et John Barton gisait sur le sol comme mort.

Ils le soulevèrent et, espérant presque que cette transe profonde pourrait être pour lui la fin de toutes les choses terrestres, ils le portèrent jusqu'à son lit.

Pendant un certain temps, ils écoutèrent avec une attention partagée ses faibles respirations ; car à chaque pas précipité qui résonnait dans la rue, ils croyaient entendre l'approche des officiers de justice.

Lorsque M. Carson quitta la maison, il était étourdi par l'agitation ; le sang chaud parcourut son corps. Il ne pouvait pas voir le bleu profond du ciel nocturne à cause des pulsations féroces qui palpitaient dans sa tête. Et en partie pour se stabiliser et se calmer, il s'appuya contre une balustrade et leva les yeux vers ces profondeurs calmes et majestueuses avec leurs mille étoiles.

Et peu à peu sa propre voix revint sur lui, comme si les dernières paroles qu'il avait prononcées étaient prononcées à travers tout cet espace infini ; mais dans leurs échos il y avait un ton de tristesse inexprimable.

« Que mes offenses ne soient pas pardonnées, afin que je puisse me venger du meurtre de mon fils. »

Il essaya de se débarrasser de l'impression spirituelle produite par cette imagination. Il était fiévreux et malade – ce n'était pas étonnant.

Alors il se retourna pour rentrer chez lui ; pas, comme il l'avait menacé, au commissariat. Après tout (se dit-il), cela suffirait le matin. Aucune crainte que l'homme ne s'échappe, à moins qu'il ne s'échappe vers la tombe.

Il essaya donc de bannir les voix et les formes fantômes qui lui venaient spontanément au cerveau, et de retrouver son équilibre mental en marchant calmement et lentement, et en remarquant tout ce qui frappait ses sens.

C'était une douce soirée de printemps et il y avait beaucoup de monde dans les rues. Entre autres, une nourrice ayant sous sa garde une petite fille, la ramenant chez elle après une gaieté d'enfant — une danse très probablement, car la charmante petite créature était délicatement parée de mousseline douce et neigeuse ; et ses pieds de fée trébuchaient aux côtés de sa nourrice comme pour mesurer un air dont elle avait récemment gardé le temps.

Soudain, derrière elle arriva un garçon de courses rude et grossier, âgé de neuf ou dix ans ; il regardait un géant à côté de l'enfant-fée alors qu'elle flottait. Je ne sais pas comment cela s'est passé, mais d'une manière maladroite, il a renversé la pauvre petite fille sur le trottoir dur alors qu'il la frôlait brutalement, sans se soucier beaucoup de qui il blessait pour s'entendre.

L'enfant se leva en sanglotant de douleur ; et ce n'était pas sans raison, car il y a une minute encore, du sang coulait de son visage, si beau et si brillant, et coulait sur la jolie robe, rendant ces marques écarlates si terribles pour les petits enfants.

L'infirmière, une femme puissante, avait saisi le garçon au moment même où M. Carson (qui avait assisté à toute la transaction) arrivait.

« Espèce de vilain petit coquin ! Je vais te confier à un policier, c'est ce que je ferai ! Voyez-vous combien vous avez blessé la petite fille ? Est-ce que tu?" accompagnant chaque phrase d'un violent sursaut de colère passionnée.

Le garçon avait l'air dur et provocant ; mais aussi terrifié par la menace du policier, cet ogre de nos rues pour tous les gamins malchanceux. L'infirmière s'en aperçut et commença à l'entraîner, dans le but de lui faire ce qu'elle appelait « une saine impression ».

Sa terreur augmentait, et avec elle son irritation ; quand la petite frimousse, étouffant ses sanglots, baissa la tête de la nourrice et dit :

« S'il vous plaît, chère infirmière, je ne suis pas très blessé ; c'était très idiot de pleurer, tu sais. Il n'avait pas l'intention de le faire. *Il ne savait pas ce qu'il faisait* , n'est-ce pas, petit garçon ? L'infirmière n'appellera pas de policier, alors n'ayez pas peur. Et elle a levé sa petite bouche pour se laisser embrasser par son agresseur, comme on lui avait appris à le faire à la maison pour « faire la paix ».

"Ce garçon s'en souciera et sera plus doux pour le moment à venir, je serai lié, grâce à cette petite dame", dit un passant, moitié pour lui-même et moitié pour M. Carson, qu'il avait observé remarquer. la scène.

Ce dernier ne prêta apparemment pas attention à la remarque, mais passa son chemin. Mais les supplications de l'enfant lui rappelaient la voix basse et brisée qu'il avait entendue si récemment, réclamant avec humilité et repentance la même atténuation de sa grande culpabilité.

"Je ne savais pas ce que je faisais."

Il avait une certaine association avec ces mots ; il avait déjà entendu ou lu ce plaidoyer quelque part. Où était-il?

Est-ce que ça pourrait être--?

Il regarderait en rentrant à la maison. Ainsi, lorsqu'il entra chez lui, il monta directement et silencieusement à l'étage de sa bibliothèque et décrocha la grande et belle Bible, toute grande et dorée, avec ses feuilles collées ensemble provenant de la presse du relieur, tant elle avait été peu utilisée.

Sur la première page (qui était ouverte au point de vue de M. Carson) étaient écrits les noms de ses enfants et les siens.

«Henry John, fils de John ci-dessus
et d'Elizabeth CarsonNé le 29 septembre 1815.»

Pour que l'entrée soit complète, il convient maintenant d'ajouter sa mort. Mais la page fut cachée par la brume des larmes qui s'accumulait.

Pensées sur pensées, et souvenirs sur souvenirs, se pressaient, du souvenir du jour fier où il avait acheté le livre coûteux pour écrire la naissance du petit bébé d'un jour.

Il posa la tête sur la page ouverte et laissa les larmes couler lentement sur les feuilles immaculées.

Le meurtrier de son fils a été découvert ; avait avoué sa culpabilité; et pourtant (étrange à dire) il ne pouvait pas le haïr avec la véhémence de haine qu'il avait ressentie lorsqu'il l'avait imaginé un jeune homme, plein d'une vie vigoureuse défiant toutes les lois, humaines et divines. Malgré son désir de conserver le sentiment de vengeance qu'il considérait comme un devoir envers son fils mort, un peu de pitié s'infiltrait pour le pauvre squelette d'homme dévasté, la créature frappée, qui lui avait raconté son péché et imploré son pardon cette nuit-là.

Durant son enfance et sa jeunesse, M. Carson avait été habitué à la pauvreté, mais c'était une pauvreté honnête et décente ; pas la misère grinçante et sordide qu'il avait remarquée dans chaque partie de la maison de John Barton, et qui contrastait étrangement avec la somptuosité pompeuse de la pièce dans laquelle il était maintenant assis. Un émerveillement inhabituel emplit son esprit devant le reflet des différents sorts des frères de l'humanité.

Puis il sortit de sa rêverie et se tourna vers l'objet de sa recherche, l'Évangile, où il s'attendait à moitié à trouver la tendre plaidoirie : « Ils ne savent pas ce qu'ils font.

Il était minuit sombre à cette heure-là et la maison était calme et silencieuse. Rien ne pouvait interrompre le vieil homme dans son étude inhabituelle.

Il y a des années, l'Évangile avait été son guide pour apprendre à lire. Il y a tellement d'années qu'il s'était familiarisé avec les événements avant de pouvoir comprendre l'Esprit qui avait créé la Vie.

Il recommença à raconter le récit, avec tout l'intérêt d'un petit enfant. Il commença par le début et continua sa lecture presque avidement, comprenant pour la première fois tout le sens de l'histoire. Il est arrivé au bout ; la terrible fin. Et il y avait les mots obsédants de supplication.

Il ferma le livre et réfléchit profondément.

Toute la nuit, l'Archange combattit le Démon.

Toute la nuit, d'autres ont veillé près du lit de la Mort. John Barton avait ravivé une intelligence intermittente. Il parlait parfois avec même un peu de son ancienne énergie, et dans le dialecte racé du Lancashire qu'il avait toujours utilisé lorsqu'il parlait librement.

« Vous voyez, j'ai si souvent désiré la bonne voie ; et c'est difficile à trouver pour un homme pauvre. Du moins, ça l'a été pour moi. Personne ne m'a appris et personne ne me l'a dit. Quand j'étais petit, ils m'ont appris à lire, et puis ils ne m'ont jamais donné de livres ; seulement j'ai entendu dire que la Bible était un bon livre. Alors, quand je suis devenu réfléchi et perplexe, je me suis mis au travail. Mais vous ne croiriez jamais que le noir était noir, ou que la nuit était la nuit, quand vous vous voyiez agir comme si le noir était blanc et que la nuit était le jour. Ce n'est pas grand-chose que je puisse dire pour moi-même dans l'autre monde, Dieu me pardonne ; mais je peux dire ceci : j'aurais volontiers suivi les règles bibliques si j'avais vu des gens y croire ; ils ont tous pris position en faveur de cela et sont allés faire le contraire. A cette époque, j'allais partout avec ma Bible, comme un petit enfant, le doigt à la place, et je demandais le sens de tel ou tel texte, et personne ne me le disait. Ensuite, j'ai sorti deux ou trois textes clairs comme du verre et j'ai essayé de faire ce qu'ils me demandaient. Mais je ne sais pas comment c'était, maîtres et hommes, tous ne se souciaient pas plus de s'occuper de ces textes que je ne m'en souciais du lord-maire de Londres ; alors j'en suis venu à penser que ce devait être une imposture imposée aux pauvres gens ignorants, aux femmes et autres.

« Cela n'a pas duré longtemps que j'ai essayé de vivre selon l'Évangile, mais c'était plus comme le paradis que n'importe quel autre morceau de terre.

J'aurais la vieille Alice pour me fortifier ; mais tous les autres disaient : « Défends tes droits, sinon tu ne les obtiendras jamais » ; ma femme et mes enfants ne parlaient jamais, mais leur impuissance criait à haute voix, et j'étais poussé à faire comme les autres – et puis Tom est mort. Vous savez tout cela : je suis à bout de souffle et je suis presque aveugle. »

Puis il reprit la parole, après quelques minutes de silence feutré.

« Depuis le début, il est devenu naturel d'aimer les gens, même si maintenant je suis ce que je suis. Je pense qu'à une époque j'aurais pu aimer les maîtres s'ils m'avaient laissé faire ; c'était à l'époque de l'Évangile, avant que mon enfant ne meure de faim. J'ai souvent été déchiré entre mon chagrin pour les pauvres et les gens qui souffrent et mon effort de les aimer comme la cause de leurs souffrances (à mon avis).

« Finalement, j'ai abandonné, désespéré, en essayant de mettre les actions des gens en accord avec la Bible ; et je pensais que je ne m'efforcerais plus de suivre la Bible moi-même. J'ai déjà dit tout cela, peut-être. Mais à partir de ce moment-là, je suis tombé, toujours plus bas.»

Après cela, il n'a parlé que par phrases brisées.

"Je ne pensais pas qu'il avait été un si vieil homme... oh, qu'il m'avait simplement pardonné !" puis vinrent des paroles de prière sincères, passionnées et brisées.

Job Legh était rentré chez lui comme frappé par un choc inattendu. Mary et Jem attendaient ensemble l'approche de la mort ; mais alors que la lutte finale avançait et que le matin se levait, Jem suggéra un soulagement à sa respiration haletante, pour l'acheter il quitta la maison à la recherche d'une pharmacie qui devrait être ouverte à cette heure matinale.

Pendant son absence, Barton a empiré ; il était tombé sur le lit et sa respiration semblait presque arrêtée ; en vain Marie s'efforçait-elle de l'élever, son chagrin et son épuisement l'avaient rendue trop faible.

Ainsi, en entendant quelqu'un entrer dans la maison en contrebas, elle cria à Jem de venir à son aide.

Une marche, qui n'était pas celle de Jem, montait les escaliers.

M. Carson se tenait sur le pas de la porte. En un instant, il comprit le cas.

Il releva le corps impuissant ; et l'âme qui s'en allait regardait avec gratitude. Il tenait le mourant dans ses bras. John Barton croisa les mains comme pour prier.

« Priez pour nous », dit Mary en s'agenouillant et en oubliant, en cette heure solennelle, tout ce qui avait divisé son père et M. Carson.

Aucun autre mot ne s'imposerait que certains de ceux qu'il avait lus quelques heures auparavant :

« Que Dieu soit miséricordieux envers nous, pécheurs. Pardonnez-nous nos offenses comme nous pardonnons à ceux qui nous ont offensés. »

Et lorsque ces mots furent prononcés, John Barton déposa un cadavre dans les bras de M. Carson.

Ainsi se termina la tragédie de la vie d'un pauvre homme.

Job Legh défend John Barton

De *Mary Barton* , 1848

« JOHN BARTON n'était pas homme à prendre conseil avec les gens ; il n'a pas non plus dit beaucoup de mots sur ses actes. Je ne peux donc que juger d'après sa manière de penser et de parler en général, ne l'ayant jamais entendu souffler une seule syllabe sur ce sujet en particulier. Vous voyez, il a été malheureusement mis sur le point de mettre de grandes richesses et une grande pauvreté en accord avec l'Évangile du Christ. »—Job fit une pause pour essayer d'exprimer ce qui était assez clair dans son esprit quant à l'effet produit sur John Barton par le grand et moqueur contrastes présentés par les variétés de la condition humaine. Avant de pouvoir trouver les mots appropriés pour expliquer ce qu'il voulait dire, M. Carson parla.

« Vous voulez dire qu'il était un Owenite ; tout cela pour l'égalité et la communauté des biens, et ce genre d'absurdité.

"Non non! John Barton n'était pas idiot. Inutile de lui dire que si tous les hommes étaient égaux ce soir, certains prendraient le départ en se levant demain une heure plus tôt. Il ne se souciait pas non plus des biens, ni de la richesse ; aucun homme de moins, afin qu'il puisse obtenir du pain quotidien pour lui et les siens ; mais ce qui l'a blessé profondément et qui l'a irrité aussi longtemps que je l'ai connu (et, monsieur, cela dérange bien plus le cœur de beaucoup de pauvres hommes que le manque de confort d'une créature et qui pique la faim elle-même), c'est que ceux qui portaient de plus beaux vêtements, mangeaient mieux et avaient plus d'argent dans leurs poches, le tenaient à bout de bras et ne se souciaient pas de savoir si son cœur était désolé ou heureux ; s'il a vécu ou est mort, s'il était destiné au paradis ou à l'enfer. Il lui semblait difficile qu'un tas d'or puisse le séparer à ce point, lui et son frère. Car il était un homme aimant avant de devenir fou de voir ceux qui lui étaient méprisés, comme si le Christ lui-même n'avait pas été pauvre.

À une certaine époque, je l'ai entendu dire qu'il se sentait bienveillant envers tout homme, riche ou pauvre, parce qu'il pensait qu'ils étaient tous pareils. Mais dernièrement, il s'est agacé des chagrins et des souffrances qu'il a vus et qu'il pensait que les maîtres pourraient aider s'ils le voulaient.

«C'est l'idée que vous avez tous», a déclaré M. Carson. « Maintenant, comment pouvons-nous l'aider ? Nous ne pouvons pas réguler la demande de main-d'œuvre. Aucun homme ni groupe d'hommes ne peut le faire. Cela dépend d'événements que Dieu seul peut contrôler. Lorsqu'il n'y a pas de marché pour nos produits, nous souffrons autant que vous. »

« Pas autant, j'en suis sûr, monsieur ; même si je ne suis pas doué pour l'économie politique, j'en sais beaucoup. Je manque d'apprentissage, j'en suis conscient; mais je peux utiliser mes yeux. Je ne vois jamais les maîtres maigrir et hagards faute de nourriture ; Je ne les vois presque jamais apporter de grands changements à leur mode de vie, même si je ne doute pas qu'ils doivent le faire dans les moments difficiles. Mais c'est dans les choses qu'on les coupe court pour le spectacle ; alors que pour moi, c'est dans les choses de la vie qu'il faut s'attarder. Bien sûr, monsieur, vous admettrez qu'il est arrivé à un moment difficile lorsqu'un homme donne tout au monde pour travailler afin d'empêcher ses enfants de mourir de faim, et ne peut pas en obtenir un peu, s'il est toujours disposé à travailler. Je ne suis pas prêt à parler comme l'aurait fait John Barton, mais en tout cas, c'est clair pour moi.»

« Mon brave homme, écoutez-moi. Deux hommes vivent dans la solitude ; l'un produit des miches de pain, l'autre des manteaux – ou ce que vous voudrez. Or, ne serait-il pas difficile si le producteur de pain était obligé de donner du pain pour les manteaux, qu'il le veuille ou non, afin de fournir du travail à l'autre : c'est la forme simple du cas ; il suffit de multiplier les nombres. Il y aura des temps de grands changements dans l'occupation de milliers de personnes lorsque des améliorations seront apportées aux industries manufacturières et aux machines. Ce sont des absurdités, il doit en être ainsi ! »

Job Legh réfléchit quelques instants.

« Il est vrai que l'arrivée des métiers à tisser mécaniques a été une période difficile pour les tisserands manuels ; ces choses nouvelles font de la vie d'un homme une sorte de loterie ; et pourtant je ne douterai jamais que les métiers à tisser mécaniques, les chemins de fer et toutes les inventions similaires sont des dons de Dieu. J'ai vécu assez longtemps, moi aussi, pour voir que cela fait partie de son plan d'envoyer de la souffrance pour faire émerger un bien supérieur ; mais cela fait sûrement aussi partie de son plan qu'une grande partie du fardeau de la souffrance soit allégée par ceux qu'il lui plaît de rendre heureux et satisfaits dans leur propre situation. Bien sûr, il faudrait beaucoup plus de réflexion et de sagesse que moi ou tout autre homme pour décider d'emblée comment cela devrait être fait. Mais je suis clair à ce sujet : lorsque Dieu donne une bénédiction dont il faut jouir, Il la donne avec un devoir à accomplir ; et le devoir des heureux est d'aider ceux qui souffrent à supporter leur malheur.

« Pourtant, les faits ont prouvé, et prouvent chaque jour, à quel point il est préférable pour chaque homme d'être indépendant de toute aide et de compter sur lui-même », a déclaré M. Carson d'un ton pensif.

« Vous ne pouvez jamais travailler sur des faits comme vous le feriez sur des quantités fixes, et dire, étant donné deux faits, et le produit est tel ou tel. Dieu a donné aux hommes des sentiments et des passions qui ne peuvent pas être intégrés au problème, car ils sont toujours changeants et incertains. Dieu a aussi rendu certains faibles ; pas d'une manière ou d'une autre, mais de toutes. L'un est faible de corps, un autre d'esprit, un autre de détermination, un quatrième ne peut pas distinguer le bien du mal, et ainsi de suite ; ou s'il peut dire le bien, il veut avoir la force de s'y tenir. Maintenant, à mon avis, ceux qui sont forts dans l'un des dons de Dieu sont censés aider les faibles — soyez pendus aux faits ! Je vous demande pardon, monsieur ; Je ne peux pas expliquer correctement le sens qui est en moi. Je suis comme un robinet qui ne coule pas, mais qui le laisse couler goutte à goutte, de sorte qu'on n'a aucune idée de la force de ce qu'il y a dedans.

Job regarda et se sentit très attristé par le manque de puissance de ses paroles, alors que le sentiment en lui était si fort et clair.

« Ce que vous dites est très vrai, sans aucun doute, » répondit M. Carson ; mais comment compteriez-vous que cela s'applique à la conduite des maîtres, à mon cas particulier ? ajouta-t-il gravement.

« Je ne suis pas assez instruit pour argumenter. Des pensées me viennent à l'esprit et j'en suis sûr qu'elles sont aussi vraies que l'Évangile, même si peut-être qu'elles ne se suivent pas comme le QED d'une proposition. Les maîtres ont sur leur propre conscience — vous avez sur la vôtre, monsieur, de répondre devant Dieu si vous avez fait et si vous faites tout ce qui est en votre pouvoir pour alléger les maux qui semblent toujours pendre dans les métiers par lesquels vous faites fortune. Ce ne sont pas mes affaires, Dieu merci. John Barton a pris la question en main, et sa réponse a été NON ! Puis il devint amer, en colère et fou ; et dans sa folie, il a commis un grand péché et causé un grand malheur ; et je me suis repenti avec des larmes de sang, et je ferai sa pénitence humblement et docilement dans un autre endroit, je serai lié. Je n'ai jamais semé un repentir aussi amer que le sien hier soir.

Il y eut un silence de plusieurs minutes. M. Carson s'était couvert le visage et semblait complètement oublier leur présence ; et pourtant ils n'aimaient pas le déranger en se levant pour quitter la pièce.

Il dit enfin, sans croiser leurs regards compatissants :

« Merci à vous deux d'être venus et de m'avoir parlé franchement. Je crains, Legh, que ni vous ni moi ne nous soyons convaincus du pouvoir ou du manque de pouvoir des maîtres pour remédier aux maux dont se plaignent les hommes.

« Je suis réticent à vous contrarier, monsieur, pour le moment ; mais ce n'était pas du manque de puissance dont je parlais ; ce que nous ressentons tous le plus vivement, c'est le manque d'inclination à essayer d'aider les maux qui s'abattent parfois comme des fléaux sur les lieux de fabrication, alors que nous voyons que les maîtres peuvent arrêter le travail et ne pas souffrir. Si nous voyions les maîtres essayer pour nous de trouver un remède, même s'ils y mettaient beaucoup de temps, même s'ils ne trouvaient aucune aide, et qu'à la fin ils ne pouvaient que dire : « Pauvres gens, nous avons le cœur blessé à cause de vous. ; nous avons fait tout ce que nous pouvions et nous ne parvenons pas à trouver un remède » – nous supporterions comme des hommes les moments difficiles. Personne ne sait jusqu'à ce qu'ils aient essayé quelle puissance de support réside en eux, s'ils croient une fois que les hommes prennent soin de leurs chagrins et les aideront s'ils le peuvent. Si nos semblables ne peuvent donner que des larmes et des paroles courageuses, nous prenons nos épreuves directement de Dieu, et nous connaissons suffisamment son amour pour nous remettre aveuglement entre ses mains. Vous dites que nos discussions n'ont servi à rien. Je dis que oui. Je vois la vision que vous avez des choses depuis l'endroit où vous vous situez. Je m'en souviens lorsque vient le temps de vous juger ; Je ne réfléchirai plus : agit-il correctement selon mon point de vue sur les choses, mais agit-il correctement par lui-même ? Cela m'a fait du bien de cette façon. Je suis un vieil homme et je ne vous reverrai peut-être jamais ; mais je prierai pour vous et je penserai à vous et à vos épreuves, à la fois à votre grande richesse et à la mort cruelle de votre fils, bien des jours à venir ; et je demanderai à Dieu de vous bénir maintenant et pour toujours. Amen. Adieu!"

Jem avait maintenu une réserve virile et digne depuis qu'il avait déclaré ouvertement tout ce qu'il savait. Alors les deux hommes se levèrent et s'inclinèrent profondément, regardant M. Carson avec le profond intérêt humain qu'ils ne pouvaient manquer de prendre pour quelqu'un qui avait enduré et pardonné une blessure profonde ; et qui a lutté durement, comme il était évident qu'il l'a fait, pour supporter comme un homme sous son affliction.

Il s'inclina profondément en leur retour. Puis il s'avança brusquement et leur serra la main ; et ainsi, sans un mot de plus, ils se séparèrent.

Il y a des étapes dans la contemplation et l'endurance d'une grande tristesse qui confèrent aux hommes le même sérieux et la même clarté de pensée qui, dans certains temps, prenaient la forme de la prophétie. Pour ceux qui ont une grande capacité d'aimer et de souffrir, unis à une grande puissance de ferme endurance, il arrive un moment dans leur malheur où ils sont sortis de la contemplation de leur cas individuel pour une enquête approfondie sur la nature de leur calamité, et le remède (si remède il y a) qui peut empêcher que cela ne se reproduise aux autres aussi bien qu'à eux-mêmes.

De là les beaux et nobles efforts qui sont de temps en temps mis en lumière, comme étant continuellement déployés par ceux qui ont été autrefois pendus sur la croix de l'agonie, afin que d'autres ne souffrent pas comme eux ; l'une des fins les plus grandioses que le chagrin puisse accomplir ; le souffrant lutte avec le messager de Dieu jusqu'à ce qu'une bénédiction soit laissée derrière lui, non pas pour un seul mais pour des générations.

Il fallut du temps avant que la nature sévère de M. Carson fut obligée de reconnaître ce secret de confort, et cette même sévérité l'empêcha de récolter le moindre bénéfice dans l'estime du public des actions qu'il accomplit ; car le caractère se change plus facilement que les habitudes et les manières formées à l'origine par ce personnage, et jusqu'à son dernier jour, M. Carson était considéré comme dur et froid par ceux qui ne le voyaient que par hasard, ou le connaissaient superficiellement. Mais ceux qui étaient admis dans sa confiance savaient que le souhait le plus proche de son cœur était que personne ne puisse souffrir de la cause dont il avait souffert ; qu'une entente parfaite, une confiance et un amour complets puissent exister entre les maîtres et les hommes ; qu'on pouvait reconnaître la vérité que les intérêts de l'un étaient les intérêts de tous, et qu'en tant que tels exigeaient la considération et la délibération de tous, qu'il était donc très souhaitable d'avoir des travailleurs instruits, capables de juger, et non de simples machines d'hommes ignorants ; et de les lier à leurs employeurs par des liens de respect et d'affection, et non par de simples négociations d'argent ; en bref, reconnaître l'Esprit du Christ comme la loi régulatrice entre les deux parties.

Bon nombre des améliorations actuellement mises en pratique dans le système d'emploi à Manchester doivent leur origine aux phrases courtes et sérieuses prononcées par M. Carson. Beaucoup et beaucoup d'autres qui doivent encore être exécutés naissent de cet esprit sévère et réfléchi qui s'est soumis à l'enseignement de la souffrance.

Une grève à Manchester dans les « Hungry Forties »

Du *Nord et du Sud*, 1855

L'écriture du *Nord et du Sud* Mme Gaskell a déclaré : « J'ai essayé de rendre l'histoire et l'écriture aussi silencieuses que possible, afin que les gens ne puissent pas dire qu'ils ne pouvaient pas voir ce que l'écrivain considérait comme une vérité claire et sérieuse. pour un incident romantique ou un écrit exagéré. Les premiers chapitres de *Nord et Sud* contiennent certains des meilleurs travaux de Mme Gaskell.

ELLE voulait que je m'excuse auprès de vous comme ça. Peut-être savez-vous que mon frère a importé de la main d'œuvre d'Irlande, ce qui a irrité excessivement les gens de Milton, comme s'il n'avait pas le droit de trouver de la main-d'œuvre là où il le peut ; et les stupides misérables d'ici ne travailleraient pas pour lui ; et maintenant, ils ont tellement effrayé ces pauvres Irlandais affamés avec leurs menaces que nous n'osons pas les laisser sortir. Vous les verrez peut-être entassés dans la pièce supérieure du moulin, et ils doivent y dormir, pour les protéger de ces brutes qui ne veulent ni les laisser travailler ni les laisser travailler.

« Ils sont aux portes ! Appelle John, Fanny, appelle-le du moulin ! Ils sont aux portes ! Ils vont les écraser ! Appelle John, dis-je ! »

Et simultanément, le bruit rassemblé – qu'elle avait écouté, au lieu de prêter attention aux paroles de Margaret – se fit entendre juste à l'extérieur du mur, et un vacarme croissant de voix en colère faisait rage derrière la barrière en bois, qui tremblait comme si la foule invisible et en colère faisait rage. ils battaient leurs corps, et reculaient pendant un court espace pour ensuite venir contre lui avec un élan plus constant et plus uni, jusqu'à ce que leurs grands battements faisaient trembler les fortes portes comme des roseaux devant le vent.

Les femmes se rassemblaient autour des fenêtres, fascinées par la scène qui les terrifiait. Mme Thornton, les servantes, Margaret, toutes étaient là. Fanny était revenue en criant à l'étage, comme poursuivie à chaque pas, et s'était jetée en sanglots hystériques sur le canapé. Mme Thornton surveillait son fils, qui était toujours au moulin. Il sortit, leva les yeux vers eux – le groupe pâle de visages – et leur sourit de bon courage avant de verrouiller la porte de l'usine. Puis il appela une des femmes à descendre et à ouvrir sa propre porte, que Fanny avait fermée derrière elle dans sa fuite folle. Mme Thornton elle-même y est allée. Et le son de sa voix bien connue et autoritaire semblait avoir été comme le goût du sang pour la multitude furieuse à l'extérieur. Jusqu'alors, ils étaient restés sans voix, sans paroles, ayant besoin de tout leur souffle pour s'efforcer de forcer les portes. Mais maintenant, l'entendant parler à l'intérieur, ils poussèrent un gémissement surnaturel si féroce que même Mme Thornton était blanche de peur alors qu'elle le précédait dans la pièce. Il entra un peu rouge, mais ses yeux brillaient, comme en réponse à l'appel de la trompette du danger, et avec un air de défi fier sur son visage, qui faisait de lui un homme noble, sinon un bel homme. Margaret avait toujours redouté que son courage ne lui fasse défaut en cas d'urgence, et qu'il soit prouvé qu'elle était ce qu'elle redoutait d'être : une lâche. Mais maintenant, dans cette grande période de peur raisonnable et de proximité de la terreur, elle s'oubliait et ne ressentait qu'une intense sympathie – intense jusqu'à la douleur – pour l'intérêt du moment.

M. Thornton s'est exprimé franchement :

« Je suis désolé, Miss Hale, vous nous avez rendu visite à ce moment malheureux où, je le crains, vous pourriez être impliquée dans le risque que nous devons supporter. Mère! tu ne ferais pas mieux d'aller dans les pièces du fond ? Je ne suis pas sûr qu'ils ne soient pas passés de Pinner's Lane à l'écurie ; sinon, vous y serez plus en sécurité qu'ici. Vas-y, Jane ! » continua-t-il en s'adressant au haut serviteur. Et elle partit, suivie des autres.

"Je m'arrête ici!" dit sa mère. "Là où tu es, je reste là." Et en effet, se retirer dans les arrière-salles ne servait à rien ; la foule avait encerclé les dépendances à l'arrière et poussait derrière elle son terrible rugissement menaçant. Les domestiques se retirèrent dans les mansardes, avec de nombreux cris et hurlements. M. Thornton sourit avec mépris en les entendant. Il jeta un coup d'œil à Margaret, debout toute seule devant la fenêtre la plus proche de l'usine. Ses yeux brillaient, sa couleur était plus foncée sur les joues et les lèvres. Comme si elle sentait son regard, elle se tourna vers lui et lui posa une question qui lui trottait dans la tête depuis un certain temps :

« Où sont les pauvres travailleurs importés ? Dans l'usine là-bas ?

"Oui! Je les ai laissés recroquevillés dans une petite pièce, en haut d'un escalier arrière ; leur disant de courir tous les risques et de s'enfuir là-bas, s'ils entendaient une attaque contre les portes du moulin. Mais ce n'est pas eux, c'est moi qu'ils veulent.

« Quand les soldats peuvent-ils être là ? demanda sa mère d'une voix basse mais non incertaine.

Il sortit sa montre avec le même sang-froid mesuré avec lequel il faisait tout. Il fit un petit calcul :

« Supposons que Williams s'en aille immédiatement quand je le lui ai dit, et qu'il n'ait pas à esquiver parmi eux, cela doit déjà faire vingt minutes. »

"Vingt minutes!" dit sa mère, montrant pour la première fois sa terreur dans le ton de sa voix.

« Fermez les fenêtres sur-le-champ, maman, s'écria-t-il ; les portes ne supporteront plus un tel choc. Fermez cette fenêtre, Miss Hale.

Margaret ferma sa fenêtre, puis alla aider les doigts tremblants de Mme Thornton.

Pour une raison ou une autre, il y eut une pause de plusieurs minutes dans la rue invisible. Mme Thornton regarda avec une folle anxiété le visage de son fils, comme pour obtenir de lui l'interprétation de son soudain silence. Son visage était marqué de lignes rigides de défi méprisant ; on ne pouvait y lire ni espoir ni peur. Fanny se releva :

« Sont-ils partis ? » demanda-t-elle à voix basse.

"Disparu!" répondit-il. "Écouter!"

Elle a écouté ; ils pouvaient tous entendre la grande respiration tendue ; le craquement du bois qui cède lentement ; la clé de fer ; la puissante chute des lourdes portes. Fanny se releva en chancelant, fit un pas ou deux vers sa mère et tomba dans ses bras, évanouie. Mme Thornton la souleva avec une force qui était autant celle de la volonté que celle du corps, et l'emporta.

"Dieu merci!" dit M. Thornton en la regardant dehors. « Ne feriez-vous pas mieux de monter à l'étage, Miss Hale ?

Les lèvres de Margaret formèrent un « non » ! Mais il ne pouvait pas l'entendre parler, à cause du piétinement d'innombrables pas juste sous le mur même de la maison et du grondement féroce de voix basses, graves et colériques qui avaient un féroce murmure de satisfaction. en eux, plus terribles que leurs cris déconcertés quelques minutes auparavant.

"Pas grave!" dit-il en pensant l'encourager. « Je suis vraiment désolé que vous ayez été pris au piège de toute cette alarme ; mais cela ne peut pas durer longtemps maintenant ; encore quelques minutes, et les soldats seront là.

"Oh mon Dieu!" s'écria soudain Margaret ; « Il y a Boucher. Je connais son visage, même s'il est livide de rage – il se bat pour passer devant – regardez ! regarder!"

«Qui est Boucher?» » demanda froidement M. Thornton, et s'approchant de la fenêtre pour découvrir l'homme auquel Margaret prenait tant d'intérêt. Dès qu'ils aperçurent M. Thornton, ils poussèrent un cri – dire que ce n'était pas humain n'est rien – c'était comme le désir démoniaque d'une terrible bête sauvage de réclamer la nourriture qui lui est refusée. Même lui recula un instant, consterné par l'intensité de la haine qu'il avait provoquée.

"Laissez-les crier!" a-t-il dit. « Dans cinq minutes encore…. J'espère seulement que mes pauvres Irlandais ne sont pas terrifiés par un bruit aussi démoniaque. Gardez votre courage pendant cinq minutes, Miss Hale.

« N'ayez pas peur pour moi », dit-elle précipitamment. « Mais et en cinq minutes ? Ne pouvez-vous rien faire pour apaiser ces pauvres créatures ? C'est horrible de les voir.

"Les soldats seront là directement, et cela les ramènera à la raison."

"Raisonner!" » dit rapidement Margaret. « Quel genre de raison ? »

« La seule raison qui concerne les hommes qui se transforment en bêtes sauvages. Par le Ciel ! ils se sont tournés vers la porte du moulin !

"M. Thornton, dit Margaret toute tremblante de passion, descendez tout de suite, si vous n'êtes pas un lâche. Descendez et affrontez-les comme un homme. Sauvez ces pauvres étrangers que vous avez séduits ici. Parlez à vos ouvriers comme s'ils étaient des êtres humains. Parlez-leur gentiment. Ne laissez pas les soldats venir abattre de pauvres créatures devenues folles. J'en vois un là qui l'est. Si vous avez du courage ou de la noblesse en vous, sortez et parlez-leur d'homme à homme.

Il se tourna et la regarda pendant qu'elle parlait. Un nuage sombre apparut sur son visage pendant qu'il écoutait. Il serra les dents en entendant ses paroles.

"Je vais aller. Peut-être puis-je vous demander de m'accompagner en bas et de barrer la porte derrière moi ; ma mère et ma sœur auront besoin de cette protection.

"Oh! M. Thornton! Je ne sais pas… je peux me tromper… seulement… »

Mais il était parti ; il était en bas, dans le couloir ; il avait ouvert la porte d'entrée ; tout ce qu'elle pouvait faire, c'était de le suivre rapidement, de l'attacher derrière lui, et de remonter l'escalier le cœur malade et la tête étourdie. Elle reprit place près de la fenêtre la plus éloignée. Il était sur les marches en contrebas ; elle le vit sous la direction de mille yeux en colère ; mais elle ne pouvait ni voir ni entendre autre chose que la satisfaction sauvage du murmure colérique. Elle ouvrit grande la fenêtre. Beaucoup dans la foule étaient de simples garçons ; cruels et irréfléchis – cruels parce qu'ils étaient irréfléchis ; certains étaient des hommes, décharnés comme des loups et avides de proies. Elle savait comment c'était ; ils étaient comme Boucher – avec des enfants affamés à la maison – comptant sur le succès ultime dans leurs efforts pour obtenir des salaires plus élevés, et furieux au-delà de toute mesure en découvrant que des Irlandais allaient être amenés pour voler du pain à leurs petits. Margaret savait tout ; elle le lut sur le visage de Boucher, désespéré et livide de rage. Si seulement M. Thornton leur disait quelque chose – qu'ils n'entendent que sa voix – cela semblait être mieux que ces coups sauvages et cette rage contre le silence de pierre qui ne leur accordait aucun mot, même de colère ou de reproche. Mais peut-être parlait-il maintenant ; il y eut un silence momentané de leur bruit, inarticulé comme celui d'un groupe d'animaux. Elle a arraché son bonnet ; et se pencha en avant pour entendre. Elle ne pouvait que voir ; car si M. Thornton avait effectivement tenté de parler, l'instinct momentané de l'écouter avait disparu, et les gens étaient plus en colère que jamais. Il se tenait debout, les bras croisés ; toujours comme une statue ; son visage pâle d'excitation réprimée. Ils essayaient de l'intimider, de le faire tressaillir ; chacun poussait l'autre à un acte immédiat de violence personnelle. Margaret sentit intuitivement que dans un instant tout serait un tumulte ; le premier contact provoquerait une explosion dans laquelle, parmi ces centaines d'hommes furieux et de garçons imprudents, même la vie de M. Thornton serait en danger – qu'en un instant les passions orageuses auraient dépassé leurs limites et balayé toutes les barrières de la raison. ou l'appréhension des conséquences. Tandis qu'elle regardait, elle aperçut à l'arrière-plan des garçons se baissant pour enlever leurs lourds sabots de bois – le missile le plus efficace qu'ils puissent trouver ; elle vit que c'était l'étincelle de la poudre, et, avec un cri que personne n'entendit, elle se précipita hors de la chambre, en bas - elle avait soulevé la grande barre de fer de la porte avec une force impérieuse - avait ouvert la porte en grand. large - et était là, face à cette mer d'hommes en colère, ses yeux les frappant de flèches enflammées de reproche. Les sabots étaient arrêtés dans les mains qui les tenaient ; les visages, si tombés à peine un instant auparavant, semblaient maintenant indécis et comme s'ils se demandaient ce que cela signifiait. Car elle se tenait entre eux et leur ennemi. Elle ne pouvait pas parler, mais tendit les bras vers eux jusqu'à ce qu'elle puisse reprendre son souffle.

« Oh, n'utilisez pas la violence ! Il est un seul homme, et vous êtes plusieurs » mais ses paroles s'éteignirent, car il n'y avait aucun ton dans sa voix ; ce n'était qu'un murmure rauque. M. Thornton se tenait un peu à l'écart ; il s'était éloigné de derrière elle, comme s'il était jaloux de tout ce qui pourrait s'interposer entre lui et le danger.

"Aller !" dit-elle encore une fois (et maintenant sa voix était comme un cri). « Les soldats sont appelés… ils arrivent. Partez en paix. S'en aller. Vous serez soulagé de vos plaintes, quelles qu'elles soient.

« Est-ce que ces canailles irlandaises doivent être renvoyées à nouveau ? » a demandé quelqu'un parmi la foule, avec une voix féroce et menaçante.

"Jamais, à votre demande !" s'exclama M. Thornton. Et aussitôt la tempête éclata. Les huées montaient et remplissaient l'air, mais Margaret ne les entendait pas. Son regard était tourné vers le groupe de gars qui s'étaient armés de leurs sabots quelque temps auparavant. Elle voyait leur geste, elle en connaissait le sens, elle lut leur objectif. Encore un moment, et M. Thornton pourrait être frappé, lui qu'elle avait poussé et incité à venir dans cet endroit périlleux. Elle pensait seulement à comment elle pourrait le sauver. Elle jeta ses bras autour de lui ; elle a fait de son corps un bouclier contre les gens féroces d'au-delà. Pourtant, les bras croisés, il la repoussa.

«Va-t'en», dit-il de sa voix grave. "Ce n'est pas un endroit pour vous."

"C'est!" dit-elle. "Vous n'avez pas vu ce que j'ai vu." Si elle pensait que son sexe serait une protection, si, les yeux plissés, elle s'était détournée de la terrible colère de ces hommes, dans l'espoir qu'avant de regarder de nouveau, ils se seraient arrêtés, auraient réfléchi, se seraient enfuis et auraient disparu... elle avait tort. Leur passion inconsidérée les avait poussés trop loin pour s'arrêter – du moins, certains d'entre eux avaient été poussés trop loin ; car ce sont toujours les jeunes sauvages, avec leur amour des excitations cruelles, qui mènent l'émeute, sans se soucier des effusions de sang qu'elle peut conduire. Un sabot sifflait dans les airs. Les yeux fascinés de Margaret observaient sa progression ; il manqua son objectif, et elle devint malade d'effroi, mais ne changea pas de position, cachant seulement son visage sur le bras de M. Thornton. Puis elle se tourna et reprit la parole :

"Pour l'amour de Dieu! ne portez pas atteinte à votre cause par cette violence. Vous ne savez pas ce que vous faites. Elle s'efforçait de rendre ses mots distincts.

Un caillou pointu passa près d'elle, effleurant le front et la joue, dessinant une nappe de lumière aveuglante devant ses yeux. Elle gisait comme une morte sur l'épaule de M. Thornton. Puis il déplia les bras et la tint un instant encerclée :

"Vous faites bien!" a-t-il dit. « Vous venez évincer l'innocent étranger. Vous tombez, par centaines, sur un seul homme ; et quand une femme vient devant vous pour vous demander, pour votre propre bien, d'être des créatures raisonnables, votre lâche colère s'abat sur elle ! Vous faites bien!" Ils restèrent silencieux pendant qu'il parlait. Ils regardaient, les yeux ouverts et la bouche ouverte, le filet de sang rouge foncé qui les tirait de leur transe de passion. Ceux qui étaient les plus proches de la porte s'enfuirent honteux ; il y eut un mouvement dans toute la foule, un mouvement de retraite. Une seule voix criait :

« Cette pierre était destinée à toi ; mais tu étais abrité derrière une femme !

M. Thornton frémit de rage. Le sang qui coulait avait rendu Margaret consciente – vaguement, vaguement consciente. Il la plaça doucement sur le seuil de la porte, la tête appuyée contre le cadre.

"Pouvez-vous vous reposer là-bas?" Il a demandé. Mais sans attendre sa réponse, il descendit lentement les marches jusqu'au milieu de la foule. « Maintenant, tue-moi, si telle est ta volonté brutale. Il n'y a aucune femme pour me protéger ici. Vous pouvez me battre à mort – vous ne m'éloignerez jamais de ce que j'ai déterminé – pas vous ! Il se tenait parmi eux, les bras croisés, exactement dans la même attitude qu'il avait eue sur les marches.

Mais le mouvement rétrograde vers la porte avait commencé – aussi irraisonné, peut-être aussi aveuglément, que la colère simultanée. Ou peut-être l'idée de l'approche des soldats, et la vue de ce visage pâle, tourné vers le haut, aux yeux fermés, immobile et triste comme du marbre, bien que les larmes jaillissent du long enchevêtrement des cils et tombent ; et, un claquement plus lourd et plus lent que même des larmes, jaillit une goutte de sang de sa blessure. Même les plus désespérés, Boucher lui-même, reculaient, hésitaient, se renfrognaient et finissaient par s'en aller en murmurant des injures au maître, qui restait dans son attitude immuable, surveillant leur retraite avec des yeux de défi. Au moment où cette retraite se fut transformée en fuite (comme cela était sûr de par son caractère même), il monta les marches en toute hâte vers Margaret.

Elle essaya de se relever sans son aide.

«Ce n'est rien», dit-elle avec un sourire maladif. « La peau est écorchée et j'étais abasourdi sur le moment. Oh, je suis tellement reconnaissant qu'ils soient partis ! Et elle a pleuré sans retenue.

Nord *contre* Sud

Du *Nord et du Sud* .

Mme Gaskell était indécise quant au titre de son roman, lorsque Charles Dickens, lisant ce qui suit, parvint à la conclusion que *le Nord et le Sud* seraient les plus appropriés. Mme Gaskell était encline à donner le nom de l'héroïne, Margaret Hale, comme titre.

MARGARET aimait ce sourire ; c'était la première chose qu'elle admirait chez ce nouvel ami de son père ; et l'opposition de caractère, qui se manifestait dans tous ces détails d'apparence qu'elle venait de remarquer, semblait expliquer l'attirance qu'ils éprouvaient évidemment l'un pour l'autre.

Elle arrangea le travail de sa mère et retomba dans ses propres pensées, aussi complètement oubliées par M. Thornton que si elle n'avait pas été dans la pièce, tant il était occupé à expliquer à M. Hale le pouvoir magnifique, mais délicat. réglage de la puissance du marteau à vapeur, qui rappelait à M. Hale quelques-unes des merveilleuses histoires de génies serviles des *Mille et Une Nuits* - tantôt s'étendant de la terre au ciel et remplissant toute la largeur de l'horizon, tantôt docilement comprimé dans un vase suffisamment petit pour être porté dans la main d'un enfant.

« Et cette imagination de pouvoir, cette réalisation pratique d'une pensée gigantesque, est sortie du cerveau d'un homme de notre bonne ville. Cet homme-là a en lui la force de monter, pas à pas, de chaque merveille qu'il réalise vers des merveilles encore plus élevées. Et je dois dire que nous en avons beaucoup parmi nous qui, s'il était parti, pourraient sauter sur la brèche et poursuivre la guerre qui oblige et obligera toute puissance matérielle à céder à la science.

« Votre vantardise me rappelle les vieilles lignes :

«J'ai une centaine de capitaines en Angleterre», dit-il,

«Il était toujours aussi bon.»

À la citation de son père, Margaret leva soudain la tête, avec un émerveillement interrogateur dans les yeux. Comment diable étaient-ils passés des roues dentées à la Chevrolet Chace ?

« Ce n'est pas une vantardise de ma part, » répondit M. Thornton ; « C'est tout à fait évident. Je ne nierai pas que je suis fier d'appartenir à une ville — ou plutôt devrais-je dire à un quartier — dont les nécessités donnent naissance à une telle grandeur de conception. Je préférerais être un homme qui travaille dur, qui souffre – voire qui échoue et qui ne réussit pas – ici, plutôt que de mener une vie terne et prospère dans les vieux sillons usés de ce que vous appelez la société plus aristocratique du Sud, avec ses jours lents et insouciants. On peut être obstrué par le miel et incapable de se lever et de voler.

« Vous vous trompez », dit Margaret, poussée par les calomnies contre son Sud bien-aimé à une véhémence affectueuse de défense, qui lui fit rougir les joues et faire monter les larmes de colère dans ses yeux. « Vous ne savez rien du Sud. S'il y a moins d'aventure ou moins de progrès – je suppose que je ne dois pas dire moins d'excitation – grâce à l'esprit de jeu du commerce, qui semble nécessaire pour imposer ces merveilleuses inventions, il y a aussi moins de souffrance. Je vois ici des hommes qui se promènent dans les rues et qui semblent écrasés par un chagrin ou un souci déchirant – qui ne sont pas seulement des victimes, mais des haineux. Or, dans le Sud, nous avons nos pauvres, mais il n'y a pas sur leurs visages cette expression terrible d'un sentiment maussade d'injustice que je vois ici. Vous ne connaissez pas le Sud, M. Thornton, conclut-elle en s'effondrant dans un silence déterminé et en colère contre elle-même d'avoir tant dit.

« Et puis-je dire que vous ne connaissez pas le Nord ? demanda-t-il avec une douceur inexprimable dans le ton, en voyant qu'il lui avait vraiment fait du mal. Elle resta résolument silencieuse ; elle regrettait les charmants lieux qu'elle avait laissés au loin dans le Hampshire, avec un désir passionné qui lui faisait sentir que sa voix serait instable et tremblante si elle parlait.

« Quoi qu'il en soit, monsieur Thornton, dit Mme Hale, vous admettrez que Milton est une ville bien plus enfumée et plus sale que vous n'en rencontrerez jamais dans le Sud.

"J'ai bien peur de devoir renoncer à sa propreté", a déclaré M. Thornton avec un sourire rapide et brillant. « Mais le Parlement nous ordonne de brûler notre propre fumée ; je suppose donc qu'en bons petits enfants, nous ferons ce qu'on nous demande... un jour.

Nicholas Higgins discute de religion avec un pasteur à la retraite

Du *Nord et du Sud* .

Le révérend William Gaskell, qui, avec sa talentueuse épouse, a tant fait pendant les « années 40 de la faim » en tant qu'artisan de la paix entre les maîtres et les hommes, se trouvait souvent dans les maisons des pauvres de Manchester, écoutant leur récit de malheur, et comme M. Hale, il traitait toujours les pauvres avec une courtoisie et une gentillesse marquées.

ELLE se demandait comment son père et Higgins s'entendaient.

En premier lieu, le monsieur convenable, bon cœur, simple et démodé avait inconsciemment souligné, par son propre raffinement et sa courtoisie dans ses manières, toute la courtoisie latente chez l'autre.

M. Hale traitait tous ses semblables de la même manière ; il ne lui est jamais venu à l'esprit de faire une différence en raison de leur rang. Il plaça une chaise pour Nicholas : se leva jusqu'à ce que, à la demande de M. Hale, il s'assoie ; et l'appelait invariablement : « M. Higgins », au lieu du brusque « Nicholas » ou « Higgins », auquel le « tisserand infidèle ivre » était habitué. Mais Nicolas n'était ni un ivrogne habituel ni un véritable infidèle. Il buvait pour se noyer, comme il aurait lui-même exprimé ; et il était infidèle dans la mesure où il n'avait encore trouvé aucune forme de foi à laquelle il pût s'attacher, cœur et âme.

Margaret fut un peu surprise et très heureuse lorsqu'elle trouva son père et Higgins en pleine conversation, chacun s'adressant avec une douce politesse, même si leurs opinions pouvaient s'opposer. Nicholas – propre, bien rangé (ne serait-ce qu'au niveau de la pompe) et parlant doucement – était une créature nouvelle pour elle, qui ne l'avait vu que dans la rude indépendance de son propre foyer. Il s'était « lissé » les cheveux avec de l'eau fraîche ; il avait ajusté son mouchoir et emprunté un étrange bout de bougie pour polir ses sabots ; et il était assis là, imposant une certaine opinion à son père, avec un fort accent du Comté Noir, il est vrai, mais avec une voix plus basse et un visage calme et sérieux. Son père aussi était intéressé par ce que disait son compagnon. Il regarda autour de lui quand elle entra, sourit et lui donna doucement sa chaise, puis se rassit aussi vite que possible et avec un petit salut d'excuse à son invité pour l'interruption. Higgins lui fit un signe de tête en signe de salutation ; et elle ajusta doucement son matériel de travail sur la table et se prépara à écouter.

« Comme je le disais, monsieur, je pense que vous n'auriez pas beaucoup confiance en vous si vous viviez ici, si vous aviez été élevé ici. Je supprime votre pardon si j'utilise de mauvais mots ; mais ce que j'entends par croyance tout à l'heure, c'est une réflexion sur des paroles, des maximes et des promesses faites par des gens que vous n'avez jamais vus, sur des choses et sur la vie que vous n'avez jamais vues, ni personne d'autre. Maintenant, vous dites que ce sont des choses vraies, de vraies paroles et une vraie vie. Je dis juste, où est la preuve ? Il y a bien des gens plus sages et bien plus instruits que moi autour de moi, des gens qui ont eu le temps de réfléchir à ces choses, tandis que mon temps a dû être consacré à gagner mon pain. Eh bien, je vois ces gens. Leur vie m'est à peu près ouverte. Ce sont de vrais gens. Ils ne croient pas à la Bible, pas eux. Ils peuvent dire oui, pour la forme ; mais Seigneur, monsieur, pensez-vous que leur premier cri le matin est : « Que dois-je faire pour obtenir la vie éternelle ? ou « Que dois-je faire pour remplir ma bourse en ce jour béni ? Où dois-je aller ? Quels marchés dois-je conclure ? La bourse, l'or et les billets sont des choses réelles ; des choses qui peuvent être ressenties et touchées ; ce sont des réalités ; et la vie éternelle n'est qu'un discours tout à fait digne de… Je supprime votre pardon, monsieur ; tu es un pasteur en congé de travail, je crois. Bien! Je ne parlerai jamais de manière irrespectueuse envers un homme dans la même situation que moi. Mais je vais juste vous poser une autre question, monsieur, et je ne veux pas que vous y répondiez, seulement pour mettre votre pipe et la fumer, avant de partir nous déposer, nous qui croyons seulement en ce que nous voyons, comme des imbéciles et des hochements de tête. Si le salut, et la vie à venir, et ainsi de suite, étaient vrais – non pas dans les mots des hommes, mais dans le cœur des hommes – ne pensez-vous pas qu'ils nous en mangeraient comme ils le font avec l'économie politique ? Ils ont très hâte de venir nous voir avec ce morceau de sagesse ; mais l'autre serait une plus grande controverse, si c'était vrai.

« Mais les maîtres n'ont rien à voir avec votre religion. Tout ce qui les concerne, c'est le commerce, pensent-ils, et tout ce qui les concerne, par conséquent, de rectifier vos opinions, c'est la science du commerce.

« Je suis heureux, monsieur, » dit Higgins avec un curieux clin d'œil, « que vous ayez dit « c'est ce qu'ils pensent ». Je vous aurais pris pour un hypocrite, j'en ai peur, si vous ne l'aviez pas fait, parce que vous êtes pasteur, ou plutôt parce que vous êtes pasteur. Vous voyez, si vous aviez parlé de religion comme d'une chose qui, si c'était vrai, n'intéressait pas tous les hommes d'attirer l'attention de tous, par-dessus tout dans cette « terre varsale », j'aurais dû penser tu es un fripon pour être pasteur ; et je préfère penser que tu es un imbécile plutôt qu'un fripon. Sans vouloir vous offenser, j'espère, monsieur.

"Pas du tout. Vous me considérez comme dans une erreur, et je vous considère comme une erreur bien plus fatale. Je ne m'attends pas à vous convaincre en un jour, pas en une seule conversation ; mais connaissons-nous les uns les autres et parlons-en librement de ces choses, et la vérité prévaudra. Je ne devrais pas croire en Dieu si je n'y croyais pas. Monsieur Higgins, j'espère que quoi que vous ayez renoncé, vous croyez » (la voix de M. Hale baissa en signe de révérence) – « vous croyez en Lui. »

Nicholas Higgins se redressa soudain, raidi. Margaret se leva brusquement, car elle crut, à en juger par l'expression de son visage, qu'il allait avoir des convulsions. M. Hale la regarda consterné. Higgins trouva enfin les mots :

"Homme! Je pourrais te faire tomber par terre pour m'avoir tenté. Pourquoi avez-vous affaire à m'essayer avec vos doutes ? Pensez à elle allongée là, après que la vie ait été menée ; et imaginez alors que vous me refuseriez le seul réconfort qui me reste : que Dieu existe et qu'Il lui a donné sa vie. Je ne crois pas qu'elle revivra un jour, dit-il en s'asseyant et en continuant tristement son chemin, comme s'il s'adressait au feu antipathique. « Je ne crois pas à une autre vie que celle-ci, dans laquelle elle a causé tant de problèmes et a eu de tels soins sans fin ; et je ne peux pas supporter de penser que tout cela n'était qu'un ensemble de hasards, qui auraient pu être modifiés par un souffle de vent. Il m'est souvent arrivé de penser que je ne croyais pas en Dieu, mais je ne l'ai jamais exprimé en mots, comme le font beaucoup d'hommes. J'ai peut-être ri de ceux qui l'ont fait, pour braver la situation, mais j'ai regardé autour de moi après, pour voir s'il m'avait entendu, si oui, il y avait un Lui ; mais aujourd'hui, quand je suis désolé, je ne veux pas vous écouter avec vos questions et vos doutes. Il y a quelque chose de stable et de calme dans tout ce monde chancelant, et, avec ou sans raison, je m'y accrocherai.

Humoristique

La nouvelle maman : Mme. Gibson

Extrait d' *Épouses et filles* , 1866

Écrivant sur *Wives and Daughters* , Madame Mohl a déclaré : « Les Hamley sont charmants, et Mme Gibson ! oh, les trucs sont délicieux ; mais je ne suis pas encore à la hauteur de Cynthia. Molly est la meilleure héroïne que vous ayez jamais eue. Tout le monde dit que c'est la meilleure chose que vous ayez jamais faite.

LE mardi après-midi, Molly rentra chez elle – dans une maison qui lui était déjà étrange et que les habitants du Warwickshire appelleraient pour elle

« unked ». Nouveau papier, nouvelles couleurs ; des serviteurs sinistres, vêtus de leurs plus beaux atours, et s'opposant à tout changement – depuis le mariage de leur maître jusqu'à la nouvelle toile cirée dans le hall, « qui les faisait trébucher et les jetait à terre, et avait froid aux pieds et sentait tout simplement abominable. » Toutes ces plaintes, Molly devait les écouter, et ce n'était pas une joyeuse préparation à la réception qu'elle sentait déjà si formidable.

Le bruit des roues de leur voiture se fit enfin entendre et Molly se dirigea vers la porte d'entrée pour les rencontrer. Son père sortit le premier, lui prit la main et la tint pendant qu'il aidait sa fiancée à descendre. Puis il l'embrassa tendrement et la passa à sa femme ; mais son voile était si solidement (et si convenablement) attaché, qu'il fallut un certain temps avant que Mme Gibson puisse avoir les lèvres claires pour saluer sa nouvelle fille. Ensuite, il y avait des bagages à voir; et les deux voyageurs étaient occupés à cela, tandis que Molly restait là, tremblante d'excitation, incapable d'aider, et seulement consciente des regards plutôt méchants de Betty, tandis que de lourdes caisses après de lourdes caisses encombraient le passage.

"Molly, ma chérie, montre ta maman dans sa chambre!"

M. Gibson avait hésité, car la question du nom par lequel Molly devait appeler son nouveau parent ne lui était jamais venue à l'esprit auparavant. La couleur apparut sur le visage de Molly. Doit-elle l'appeler « maman » ? – le nom longtemps approprié dans son esprit à quelqu'un d'autre – à sa propre mère décédée. Le cœur rebelle s'y opposa, mais elle ne dit rien. Elle montra le chemin à l'étage, Mme Gibson se retournant de temps en temps pour lui donner de nouvelles indications quant au sac ou à la malle dont elle avait le plus besoin. Elle parla à peine à Molly jusqu'à ce qu'ils soient tous les deux dans la chambre nouvellement meublée, où un petit feu avait été allumé sur ordre de Molly.

« Maintenant, mon amour, nous pouvons nous embrasser en paix. Ô mon Dieu, comme je suis fatigué ! » – (après que l'étreinte fut accomplie). « Mon esprit est si facilement affecté par la fatigue ; mais votre cher papa a été la bonté même. Cher! quel lit démodé ! Et quel… Mais cela ne signifie rien. Bientôt, nous rénoverons la maison, n'est-ce pas, ma chère ? Et tu seras ma petite servante ce soir et tu m'aideras à arranger quelques affaires, car je suis épuisée par le voyage de la journée.

"J'ai commandé une sorte de thé-dîner pour que vous soyez prêt", dit Molly. « Dois-je aller leur dire de l'envoyer ? »

« Je ne suis pas sûr de pouvoir redescendre ce soir. Ce serait très confortable de faire venir ici une petite table et de m'asseoir en robe de chambre près de ce feu joyeux. Mais, bien sûr, il y a ton cher papa ! Je ne pense vraiment pas qu'il mangerait quoi que ce soit si je n'étais pas là. Il ne faut pas penser à soi, tu sais. Oui, je descendrai dans un quart d'heure.

Mais M. Gibson avait trouvé un billet qui l'attendait, avec une convocation immédiate auprès d'un vieux patient dangereusement malade ; et, prenant une bouchée de nourriture pendant qu'on sellait son cheval, il dut reprendre aussitôt ses vieilles habitudes d'attention à son métier avant tout.

Dès que Mme Gibson s'est rendu compte qu'il ne manquerait probablement pas sa présence (il avait mangé un déjeuner très supportable composé de pain et de viande froide dans la solitude, ses craintes quant à son appétit en son absence n'étaient donc pas fondées), elle a souhaité avoir son repas à l'étage dans sa propre chambre ; et la pauvre Molly, n'osant pas raconter ce caprice aux domestiques, dut d'abord porter une table qui, si petite soit-elle, était trop lourde pour elle ; et ensuite toutes les portions de choix du repas, qu'elle avait pris grand soin de disposer sur la table, comme elle avait vu de telles choses se faire à Hamley, entremêlées de fruits et de fleurs qui avaient été envoyées ce matin-là de diverses grandes maisons où M. . Gibson était respecté et apprécié. Comme Molly avait trouvé son travail joli une heure ou deux auparavant ! Comme cela semblait morne alors que, enfin libérée de la conversation de Mme Gibson, elle s'asseyait seule devant du thé froid et des pilons de poulet ! Personne pour regarder ses préparations et admirer sa dextérité et son goût ! Elle avait pensé que son père en serait satisfait, mais il ne l'avait jamais vu. Elle avait considéré ses soucis comme une offrande de bonne volonté à sa belle-mère, qui, en ce moment même, sonnait pour qu'on lui enlève le plateau et que Miss Gibson soit convoquée dans sa chambre.

Molly termina précipitamment son repas et remonta à l'étage.

« Je me sens si seule, chérie, dans cette étrange maison ; viens et sois avec moi et aide-moi à déballer mes bagages. Je pense que votre cher papa aurait peut-être reporté sa visite à M. Craven Smith à ce soir-là.

"M. Craven Smith ne pouvait pas retarder sa mort », a déclaré Molly sans détour.

"Espèce de fille drôle!" dit Mme Gibson avec un léger rire. « Mais si ce M. Smith est mourant, comme vous le dites, à quoi bon que votre père s'en aille vers lui si précipitamment ? Attend-il un héritage, ou quelque chose de ce genre ?

Molly se mordit les lèvres pour s'empêcher de dire quelque chose de désagréable. Elle répondit seulement :

«Je ne sais pas vraiment s'il est en train de mourir. L'homme l'a dit ; et papa peut parfois faire quelque chose pour faciliter la dernière lutte. En tout cas, c'est toujours un réconfort pour la famille de l'avoir.

« Quelle triste connaissance de la mort vous avez apprise pour une fille de votre âge ! Vraiment, si j'avais entendu tous ces détails sur la profession de votre père, je doute que j'aurais pu me résoudre à l'avoir !

« Il ne fait pas la maladie ni la mort ; il fait de son mieux contre eux. J'appelle cela une très belle chose de penser à ce qu'il fait ou essaie de faire. Et vous le penserez aussi quand vous verrez comment il est surveillé et comment les gens l'accueillent !

« Eh bien, ne parlons plus de choses aussi sombres, ce soir ! Je pense que je vais me coucher tout de suite, je suis si fatiguée, si seulement tu veux bien t'asseoir à côté de moi jusqu'à ce que j'aie sommeil, chérie. Si tu me parles, le son de ta voix me fera bientôt partir.

Molly a pris un livre et a lu sa belle-mère pour l'endormir, préférant cela à la tâche plus difficile consistant à entretenir un murmure continu de paroles.

Puis elle se glissa et entra dans la salle à manger, où le feu était éteint ; volontairement négligé par les domestiques, pour marquer leur mécontentement de ce que leur nouvelle maîtresse ait pris son thé dans sa propre chambre. Molly a cependant réussi à l'allumer avant que son père ne rentre à la maison et a rassemblé et réorganisé de la nourriture confortable pour lui. Puis elle s'agenouilla de nouveau sur le tapis de l'âtre, regardant le feu dans une rêverie rêveuse, qui avait assez de tristesse pour que la larme coulât inaperçue de ses yeux. Mais elle se releva d'un bond et se secoua en éclat au bruit des pas de son père.

« Comment va M. Craven Smith ? dit-elle.

"Mort. Il vient de me reconnaître. Il a été l'un de mes premiers patients en arrivant à Hollingford.

M. Gibson s'assit dans le fauteuil préparé pour lui et se réchauffa les mains près du feu, semblant n'avoir ni besoin de nourriture ni de conversation, tandis qu'il parcourait une série de souvenirs. Puis il se réveilla de sa tristesse, et regardant autour de lui, il dit assez vivement :

« Et où est la nouvelle maman ?

« Elle était fatiguée et s'est couchée tôt. Oh, papa ! dois-je l'appeler « maman » ? »

– Cela me plairait, répondit-il en fronçant légèrement les sourcils.

Molly restait silencieuse. Elle posa une tasse de thé près de lui ; il l'a remué et l'a siroté, puis il est revenu sur le sujet.

« Pourquoi ne devrais-tu pas l'appeler « maman » ? Je suis sûr qu'elle veut faire le devoir de mère envers toi. Nous pouvons tous commettre des erreurs, et ses voies ne sont peut-être pas tout à fait les nôtres ; mais commençons en tout cas par un lien de famille entre nous.

Qu'est-ce que Roger dirait être vrai ? C'était la question qui vint à l'esprit de Molly. Elle avait toujours parlé de la nouvelle épouse de son père comme de Mme Gibson, et avait un jour éclaté chez Miss Brownings en protestant qu'elle ne l'appellerait jamais « maman ». Elle ne se sentait pas attirée vers son nouveau parent par leurs rapports sexuels ce soir-là. Elle garda le silence, même si elle savait que son père attendait une réponse. Finalement, il abandonna son attente et se tourna vers un autre sujet ; lui raconta leur voyage, l'interrogea sur les Hamley, les Browning, Lady Harriet et l'après-midi qu'ils avaient passé ensemble au Manoir. Mais il y avait une certaine dureté et contrainte dans ses manières, et dans les siennes une lourdeur et une absence d'esprit. Tout à coup, elle dit :

"Papa, je l'appellerai 'maman'!"

Il lui prit la main et la serra fort ; mais pendant un instant ou deux il ne parla pas. Il a ensuite dit:

"Tu ne le regretteras pas, Molly, quand tu mentiras comme le pauvre Craven Smith l'a fait ce soir."

Veau-Amour

Des épouses et des filles .

Lady Ritchie dit : « Pour les personnes d'une génération plus âgée qui relisent *Wives and Daughters* , maintenant, fortes, douces et pleines de plaisir et de sagesse, toute la jeunesse semble être dedans ; c'est le repos de revivre dans les pages joyeuses et touchantes » (*Blackstick Papers* , 1908).

UN jour, pour une raison ou une autre, M. Gibson est rentré à l'improviste. Il traversait le hall, étant entré par la porte du jardin, qui communiquait avec la cour de l'écurie où il avait laissé son cheval, lorsque la porte de la cuisine s'ouvrit, et la jeune fille qui était sous-employée dans l'établissement entra précipitamment dans le hall. avec un billet à la main, et comme si elle le montait à l'étage ; mais en apercevant son maître, elle sursauta un peu et se retourna comme pour se cacher dans la cuisine. Si elle n'avait pas fait ce mouvement, si consciente de sa culpabilité, M. Gibson, qui était tout sauf méfiant, n'aurait jamais prêté attention à elle. Ce faisant, il s'avança rapidement, ouvrit la porte de la cuisine et cria « Bethia » si brusquement qu'elle ne put tarder à s'avancer.

"Donnez-moi cette note", dit-il. Elle hésita un peu.

"C'est pour Miss Molly", balbutia-t-elle.

"Donne le moi!" répéta-t-il plus rapidement qu'auparavant. Elle avait l'air d'être sur le point de pleurer ; mais elle gardait toujours la note serrée derrière son dos.

« Il a dit que je devais le remettre entre ses mains ; et j'ai promis ce que je ferais, fidèle.

« Cuisine, va trouver Miss Molly. Dites-lui de venir ici immédiatement.

Il fixa Bethia des yeux. Il ne servait à rien d'essayer de s'échapper : elle aurait pu le jeter au feu, mais elle n'avait pas assez de présence d'esprit. Elle restait immobile, seuls ses yeux regardaient ailleurs plutôt que de rencontrer le regard constant de son maître. "Molly, ma chérie!"

"Papa! Je ne savais pas que tu étais à la maison," dit l'innocente, se demandant Molly.

« Bethia, tiens parole. Voici Miss Molly ; donne-lui le mot.

"En effet, mademoiselle, je n'ai pas pu m'en empêcher !"

Molly a pris le message, mais avant qu'elle ait pu l'ouvrir, son père a dit : « C'est tout, ma chérie ; vous n'avez pas besoin de le lire. Donne le moi. Dites à ceux qui vous ont envoyé, Bethia, que toutes les lettres destinées à Miss Molly doivent passer par mes mains. Maintenant, va-t'en, mon chou, et retourne d'où tu viens.

"Papa, je te ferai dire qui est mon correspondant."

"Nous verrons cela bientôt."

Elle monta, un peu à contrecœur, avec une curiosité insatisfaite, chez Miss Eyre, qui était encore sa compagne quotidienne, sinon sa gouvernante. Il entra dans la salle à manger vide, ferma la porte, brisa le sceau du billet et commença à le lire. C'était une lettre d'amour enflammée de M. Coxe ; qui se déclarait incapable de continuer à la voir jour après jour sans lui parler de la passion qu'elle lui inspirait, une « passion éternelle », disait-il ; à la lecture de laquelle M. Gibson rit un peu. Ne le regarderait-elle pas avec gentillesse ? ne penserait-elle pas à celui qui ne pensait qu'à elle ? et ainsi de suite, avec un mélange très approprié de violents compliments sur sa beauté. Elle était blonde, pas pâle ; ses yeux étaient des étoiles filantes, ses fossettes étaient des marques des doigts de Cupidon, etc.

M. Gibson a fini de le lire ; et commença à y réfléchir dans son esprit. « Qui aurait cru que ce garçon était si poétique ? mais, bien sûr, il y a un *Shakespeare* dans la bibliothèque de chirurgie : je vais l'enlever et mettre à la place *le Dictionnaire de Johnson*. Un réconfort est la conviction de sa parfaite innocence – de son ignorance, devrais-je plutôt dire – car il est facile de voir qu'il s'agit de la première « confession de son amour », comme il l'appelle. Mais c'est une terrible inquiétude que de commencer si tôt avec les amants. Eh bien, elle n'a que dix-sept ans – pas dix-sept, en fait, avant juillet ; pas encore depuis six semaines. Seize et trois quarts ! Eh bien, c'est un sacré bébé. Certes, la pauvre Jeanie n'était pas si vieille, et comme je l'aimais ! (Le nom de Mme Gibson était Mary, il devait donc faire référence à quelqu'un d'autre). Puis ses pensées revinrent à d'autres jours, même s'il tenait toujours le message ouvert dans sa main. Peu à peu, ses yeux y revinrent, et son esprit revint se concentrer sur le temps présent. « Je ne serai pas dur avec lui. Je vais lui donner un indice ; il est assez vif pour le prendre. Pauvre garçon ! si je le renvoie, ce qui serait la solution la plus sage, je crois qu'il n'a pas de maison où aller.

Après un peu plus de réflexion dans le même sens, M. Gibson alla s'asseoir à la table d'écriture et écrivit la formule suivante :

Maître Coxe

(« Ce « maître » le touchera jusqu'au vif », se disait M. Gibson en écrivant le mot).

R .   Verecundiae ℥ j.

             Fidelitatis Domesticae ℥ j.

             Réticentiae gr. ii.

M.   Capiat hanc dosim ter die in aquâ purâ.

M. Gibson sourit un peu tristement en relisant ses mots. "Pauvre Jeanie," dit-il à voix haute. Et puis il choisit une enveloppe, y joignit la fervente lettre d'amour et l'ordonnance ci-dessus ; Il le scella avec son propre anneau de sceau bien découpé, RG, en vieilles lettres anglaises, puis il s'arrêta sur l'adresse.

« Il n'aimera pas *Maître* Coxe dehors ; pas besoin de lui faire honte inutilement. La direction sur l'enveloppe était donc :

Edward Coxe, esq.

Ensuite, M. Gibson s'appliqua aux affaires professionnelles qui l'avaient ramené chez lui si opportunément et de manière inattendue, et ensuite il retourna aux écuries par le jardin ; et au moment où il montait à cheval, il dit au palefrenier : « Oh ! au fait, voici une lettre pour M. Coxe. Ne l'envoyez pas par l'intermédiaire des femmes ; apportez-le vous-même à la porte du cabinet et faites-le immédiatement.

Le léger sourire sur son visage, alors qu'il franchissait les portes, s'éteignit dès qu'il se retrouva dans la solitude des ruelles. Il ralentit sa vitesse et commença à réfléchir. Il considérait qu'il était très gênant d'avoir une fille sans mère grandissant dans la même maison avec deux jeunes hommes, même si elle ne les rencontrait qu'à l'heure des repas, et que tous leurs rapports sexuels n'étaient que des paroles. de mots tels que « Puis-je vous aider à préparer des pommes de terre ? » ou, comme M. Wynne persistait à dire : « Puis-je vous aider à manger des pommes de terre ? » — une forme de discours qui irritait chaque jour de plus en plus les oreilles de M. Gibson. Pourtant M. Coxe, l'auteur de cette affaire qui venait de se produire, dut rester encore trois ans comme élève dans la famille de M. Gibson. Il devrait être le tout dernier de la course. Il restait encore trois années à parcourir ; et si son stupide amour passionné de veau durait, que fallait-il faire ? Tôt ou tard, Molly s'en rendrait compte. Les éventualités de l'affaire étaient si excessivement désagréables à envisager, que M. Gibson résolut de chasser le sujet de son esprit par un effort énergique. Il mit son cheval au galop et constata que le violent tremblement des ruelles, pavées de pierres rondes et disloquées par l'usure de cent ans, était la meilleure chose pour les esprits, si pas pour les os. Il fit une longue tournée cet après-midi-là et revint chez lui en imaginant que le pire était passé et que M. Coxe aurait compris l'allusion contenue dans l'ordonnance. Il suffirait de trouver un lieu sûr pour la malheureuse Bethia, qui avait fait preuve d'une si audacieuse aptitude à l'intrigue. Mais M. Gibson comptait sans son hôte. C'était l'habitude des jeunes hommes de venir prendre le thé en famille dans la salle à manger, d'avaler deux tasses, de mâcher leur pain et leurs toasts, puis de disparaître. Cette nuit-là, M. Gibson observa furtivement leurs visages sous ses longs cils, tandis qu'il s'efforçait contre son habitude de maintenir une attitude *dégagée* et une conversation animée sur des sujets généraux. Il vit que M. Wynne était sur le point d'éclater de rire, et que M. Coxe, aux cheveux roux et au visage rouge, était plus rouge et plus féroce que jamais, tandis que tout son aspect et ses manières trahissaient l'indignation et la colère.

« Il l'aura, n'est-ce pas ? pensa M. Gibson pour lui-même ; et il ceint ses reins pour le combat. Il ne suivit pas Molly et Miss Eyre dans le salon comme il le faisait habituellement. Il resta là où il était, faisant semblant de lire le journal, tandis que Bethia, le visage gonflé par les pleurs, et d'un air offensé et offensé, enlevait les choses à thé. Cinq minutes seulement après que la pièce ait été libérée, on frappa à la porte comme prévu. « Puis-je vous parler, monsieur ? dit l'invisible M. Coxe, de l'extérieur.

"Être sûr. Entrez, M. Coxe. Je voulais plutôt vous parler de ce projet de loi de Corbyn. Je vous en prie, asseyez-vous.

— Il ne s'agit de rien de tout cela, monsieur, que je voulais… que je souhaitais… Non, merci… j'aimerais mieux ne pas m'asseoir. Il se tenait donc avec une dignité offensée. « Il s'agit de cette lettre, monsieur… de cette lettre avec l'ordonnance insultante, monsieur.

« Ordonnance insultante ! Je suis surpris qu'un tel mot soit appliqué à l'une de mes prescriptions – même si, bien sûr, les patients sont parfois offensés lorsqu'on leur explique la nature de leur maladie ; et, j'ose le dire, ils peuvent s'offusquer des médicaments que leur cas requiert.

"Je ne vous ai pas demandé de me prescrire."

"Oh non! Alors vous êtes le Maître Coxe qui a envoyé la note via Bethia ! Laissez-moi vous dire que cela lui a coûté sa place et que, par-dessus le marché, c'était une lettre très stupide.

"Ce n'était pas la conduite d'un gentleman, monsieur, de l'intercepter, de l'ouvrir et de lire des mots qui ne vous ont jamais été adressés, monsieur."

"Non!" » dit M. Gibson, avec un léger scintillement dans les yeux et une torsion sur les lèvres, ce qui n'a pas échappé à M. Coxe indigné. « Je crois que j'étais autrefois considéré comme assez beau, et j'ose dire que j'étais aussi gros que n'importe qui à vingt ans ; mais je ne crois pas que, même alors, j'aurais vraiment dû croire que tous ces jolis compliments s'adressaient à moi-même.

« Ce n'était pas la conduite d'un gentleman, monsieur », répéta M. Coxe en balbutiant ses paroles ; il allait ajouter quelque chose de plus, lorsque M. Gibson intervint.

"Et laissez-moi vous dire, jeune homme", répondit M. Gibson avec une soudaine sévérité dans la voix, "que ce que vous avez fait n'est excusable qu'en considération de votre jeunesse et de votre extrême ignorance de ce qui est considéré comme les lois de l'honneur domestique. . Je vous reçois dans ma maison en tant que membre de la famille. Vous avez amené un de mes serviteurs et vous l'avez corrompu avec un pot-de-vin, je n'en doute pas… »

« En effet, monsieur ! Je ne lui ai jamais donné un centime.

« Alors tu aurais dû le faire. Vous devriez toujours payer ceux qui font votre sale boulot.

«Tout à l'heure, monsieur, vous avez appelé cela de la corruption avec un pot-de-vin», marmonna M. Coxe.

M. Gibson ne prêta aucune attention à ce discours, mais continua : « Incitant une de mes domestiques à risquer sa place, sans lui offrir le moindre équivalent, en la priant de transmettre clandestinement une lettre à ma fille, une simple enfant.

« Miss Gibson, monsieur, a presque dix-sept ans ! Je vous ai entendu le dire l'autre jour seulement », a déclaré M. Coxe, âgé de vingt ans. Encore une fois, M. Gibson a ignoré la remarque.

« Une lettre que vous n'avez pas voulu voir à son père, qui s'était tacitement confié à votre honneur, en vous recevant comme habitant de cette maison. Le fils de votre père — je connais bien le major Coxe — aurait dû venir me voir et me dire ouvertement : « M. Gibson, j'aime — ou j'ai l'impression d'aimer — votre fille ; Je ne crois pas qu'il soit juste de vous cacher cela, bien que je ne puisse gagner un sou ; et n'ayant aucune perspective de gagner ma vie sans aide, même pour moi-même, pendant plusieurs années, je ne dirai pas un mot de mes sentiments – ou de mes sentiments imaginaires – à la très jeune dame elle-même. C'est ce qu'aurait dû dire le fils de votre père ; si, en effet, quelques grains de silence réticent n'auraient pas été encore mieux.

« Et si je l'avais dit, monsieur, j'aurais peut-être dû le dire, » dit M. Coxe, pressé d'anxiété, « quelle aurait été votre réponse ? Auriez-vous sanctionné ma passion, monsieur ?

« J'aurais probablement dit – je ne serai pas sûr de mes mots exacts dans un cas supposé – que vous étiez un jeune imbécile, mais pas un jeune imbécile déshonorant, et j'aurais dû vous dire de ne pas laisser vos pensées se précipiter sur vous. un amour de veau jusqu'à ce que vous l'ayez magnifié en passion. Et j'ose dire que, pour compenser la mortification que j'aurais dû vous donner, j'aurais dû vous prescrire d'adhérer au Hollingford Cricket Club et vous mettre en liberté aussi souvent que possible, le samedi après-midi. Dans l'état actuel des choses, je dois écrire à l'agent de votre père à Londres et lui demander de vous retirer de ma maison, en remboursant bien sûr la prime, ce qui vous permettra de recommencer dans le cabinet d'un autre médecin.

"Cela va tellement chagriner mon père", a déclaré M. Coxe, surpris par la consternation, voire le repentir.

«Je ne vois aucun autre cours ouvert. Cela causera quelques ennuis au major Coxe (je veillerai à ce qu'il n'ait pas de dépenses supplémentaires), mais ce qui, je pense, le chagrinera le plus, c'est la trahison de sa confiance ; car je t'ai fait confiance, Edward, comme à mon propre fils ! Il y avait quelque chose dans la voix de M. Gibson lorsqu'il parlait sérieusement, surtout lorsqu'il évoquait ses propres sentiments – lui qui trahissait si rarement ce qui se passait dans son cœur – qui était irrésistible pour la plupart des gens : le passage de la plaisanterie et du sarcasme à la tendre gravité.

M. Coxe baissa un peu la tête et médita.

«J'aime Miss Gibson», dit-il enfin. "Qui pourrait l'aider?"

"M. Wynne, j'espère ! dit M. Gibson.

"Son cœur est pré-engagé", a répondu M. Coxe. "La mienne était libre comme l'air jusqu'à ce que je la voie."

« Cela aurait-il tendance à guérir votre… eh bien ! passion, dirons-nous, si elle portait des lunettes bleues aux heures des repas ? Je vois que vous insistez beaucoup sur la beauté de ses yeux.

« Vous ridiculisez mes sentiments, M. Gibson. Oublies-tu que tu étais toi-même jeune autrefois ?

« Pauvre Jeanie » se leva devant les yeux de M. Gibson ; et il se sentit un peu réprimandé.

« Venez, M. Coxe, voyons si nous ne pouvons pas conclure un marché », dit-il après environ une minute de silence. « Vous avez fait une chose vraiment mauvaise, et j'espère que vous en êtes convaincu dans votre cœur, ou que vous le serez lorsque le feu de cette discussion sera passé, et que vous en viendrez à y réfléchir un peu. Mais je ne perdrai pas tout respect pour le fils de ton père. Si vous me donnez votre parole que, tant que vous resterez membre de ma famille – élève, apprenti, ce que vous voudrez – vous ne tenterez plus de révéler votre passion – vous voyez que je prends soin de suivre votre point de vue sur ce que je fais. Je devrais appeler ma fille une simple fantaisie, par des paroles ou des écrits, des regards ou des actes, de quelque manière que ce soit, ou pour parler de vos sentiments à quelqu'un d'autre, vous resterez ici. Si vous ne pouvez pas me donner votre parole, je dois suivre la voie que j'ai indiquée et écrire à l'agent de votre père.

M. Coxe resta indécis.

"M. Wynne sait tout ce que je ressens pour Miss Gibson, monsieur. Lui et moi n'avons aucun secret l'un pour l'autre.

« Eh bien, je suppose qu'il doit représenter les roseaux. Vous connaissez l'histoire du barbier du roi Midas, qui découvrit que son royal maître avait des oreilles d'âne sous ses boucles jacinthes. Alors le barbier, à défaut d'un M. Wynne, se rendit aux roseaux qui poussaient sur les rives d'un lac voisin et leur murmura : « Le roi Midas a des oreilles d'âne. Mais il le répétait si souvent que les roseaux apprirent les mots et continuèrent à les répéter tout le jour, jusqu'à ce qu'à la fin le secret ne soit plus un secret du tout. Si vous continuez à raconter votre histoire à M. Wynne, êtes-vous sûr qu'il ne la répétera pas à son tour ?

"Si je promets ma parole en tant que gentleman, monsieur, je la promets également pour M. Wynne."

« Je suppose que je dois courir le risque. Mais rappelez-vous combien de temps le nom d'une jeune fille peut être insufflé et souillé. Molly n'a pas de mère, et c'est précisément pour cette raison qu'elle devrait se déplacer parmi vous tous aussi indemne qu'Una elle-même.

"M. Gibson, si tu le souhaites, je le jurerai sur la Bible », s'écria le jeune homme excité.

"Absurdité. Comme si votre parole, si elle vaut quelque chose, ne suffisait pas ! Nous vous serrerons la main, si vous le souhaitez.

M. Coxe s'avança avec empressement et faillit serrer la bague de M. Gibson à son doigt.

Alors qu'il quittait la pièce, il dit avec un peu d'inquiétude : « Puis-je donner une pièce de couronne à Bethia ?

"Non en effet! Laissez-moi Bethia. J'espère que vous ne lui direz plus un mot pendant qu'elle est là. Je veillerai à ce qu'elle obtienne une place respectable lorsqu'elle partira.

Troubles cardiaques

Extrait des Confessions de M. Harrison, *The Ladies' Companion* , 1851

MISS CAROLINE me recevait toujours et me faisait parler avec son style délavé, après avoir vu ma malade. Un jour, elle m'a dit qu'elle pensait avoir une faiblesse au niveau du cœur et qu'elle serait heureuse si j'apportais mon stéthoscope la prochaine fois, ce que j'ai donc fait ! et, tandis que j'étais à quatre pattes, écoutant les pulsations, une des jeunes dames entra. Elle dit :

"Oh cher! Jamais je! Je vous demande pardon, madame », et il s'est enfui. Il n'y avait pas grand-chose dans le cœur de Miss Caroline : un peu faible dans ses actions, une simple question de faiblesse et de langueur générale. Quand je suis descendu, j'ai vu deux ou trois filles regarder par la porte à moitié fermée de la salle de classe, mais elles l'ont immédiatement fermée et je les ai entendues rire. La prochaine fois que j'ai appelé, Miss Tomkinson était assise en état pour me recevoir.

« La gorge de Miss Tyrrell ne semble pas avoir beaucoup progressé. Comprenez-vous le cas, M. Harrison, ou devrions-nous avoir des conseils supplémentaires. Je pense que M. Morgan en saura probablement plus à ce sujet.

Je lui ai assuré que c'était la chose la plus simple au monde ; que cela impliquait toujours un peu de torpeur dans la constitution, et que nous préférions travailler à travers le système, ce qui était bien sûr un processus lent ; et que le médicament que prenait la jeune dame (iodure de fer) était sûr de réussir, même si les progrès ne seraient pas rapides. Elle baissa la tête et dit : « C'est peut-être vrai ; mais elle a avoué qu'elle avait davantage confiance dans les médicaments qui avaient un certain effet.

Elle semblait s'attendre à ce que je lui dise quelque chose ; mais je n'avais rien à dire, et en conséquence je lui dis au revoir. D'une manière ou d'une autre, Miss Tomkinson réussissait toujours à me faire sentir très petit, par une succession de snobismes ; et chaque fois que je la quittais, je devais toujours me consoler de ses contradictions en me disant : « Ce n'est pas parce qu'elle dit que c'est ainsi qu'il en est ainsi. » Ou bien j'inventais de bonnes répliques que j'aurais pu faire à ses discours brusques, si j'y avais pensé à propos. Mais c'était provocant de ne pas avoir eu la présence d'esprit de m'en souvenir au moment où on en avait besoin.

Le dilemme du jeune médecin

Extrait des Confessions de M. Harrison, *The Ladies' Companion* .

QUELQUES jours après la vente, j'étais au cabinet de consultation. Le domestique a dû laisser les portes pliantes un peu entrouvertes, je pense. Mme Munton est venue rendre visite à Mme Rose ; et la première étant sourde, j'entendais tous les discours de la seconde dame, puisqu'elle était obligée de parler très haut pour être entendue. Elle a commencé:

"C'est un grand plaisir, Mme Munton, si rarement que vous êtes assez bien pour sortir."

Marmonnons, marmonnons, marmonnons, à travers la porte.

"Oh, très bien, merci. Prenez place, et vous pourrez alors admirer ma nouvelle table de travail, madame ; un cadeau de M. Harrison.

Marmonne, marmonne.

« Qui aurait pu vous le dire, madame ? Mlle Horsman ? Oh, oui, je l'ai montré, Miss Horsman.

Marmonne, marmonne.

"Je ne vous comprends pas très bien, madame."

Marmonne, marmonne.

"Je ne rougis pas, je crois, je ne comprends vraiment pas ce que tu veux dire."

Marmonne, marmonne.

"Oh, oui, M. Harrison et moi sommes plus à l'aise ensemble. Il me rappelle mon cher M. Rose, tout aussi agité et anxieux dans son métier.

Marmonne, marmonne.

"Je suis sûr que vous plaisantez maintenant, madame." Puis j'ai entendu un bruit assez fort :

"Oh non;" marmonner, marmonner, marmonner, pendant longtemps.

« Vraiment ? Eh bien, je suis sûr que je ne le sais pas, je serais désolé de penser qu'il était voué à être malheureux dans une affaire aussi grave ; mais vous connaissez mon respect éternel pour feu M. Rose.

Un autre long marmonnement.

« Vous êtes très gentil, j'en suis sûr. M. Rose a toujours pensé plus à mon bonheur qu'au sien » – en pleurant un peu – « mais la tourterelle a toujours été mon idéal, madame.

Marmonne, marmonne.

"Personne n'aurait pu être plus heureux que moi. Comme vous le dites, c'est un compliment au mariage."

Marmonner.

« Oh, il ne faut pas répéter une chose pareille ! Cela ne plairait pas à M. Harrison. Il ne supporte pas qu'on parle de ses affaires.

Puis il y eut un changement de sujet ; une enquête sur une pauvre personne, j'imagine. J'ai entendu Mme Rose dire :

"Elle a une muqueuse, j'en ai peur, madame."

Un marmonnement compatissant.

« Pas toujours fatal. Je crois que M. Rose connaissait certains cas qui ont survécu des années après qu'on ait découvert qu'ils avaient une membrane muqueuse. Une pause. Puis Mme Rose parla sur un ton différent.

"Etes-vous sûre, madame, qu'il n'y a aucune erreur dans ce qu'il a dit ?"

Marmonner.

« Je vous prie de ne pas être si observatrice, Mme Munton ; tu en découvres trop. On ne peut pas avoir de petits secrets.

L'appel fut interrompu ; et j'ai entendu Mme Munton dire dans le passage : « Je vous souhaite de la joie, madame, de tout mon cœur. Il ne sert à rien de le nier ; car j'ai toujours vu ce qui arriverait.

Quand je suis allé dîner, j'ai dit à Mme Rose :

« Vous avez eu Mme Munton ici, je pense. A-t-elle apporté des nouvelles ? À ma grande surprise, elle s'est bridée et a minaudé, et a répondu : « Oh, vous ne devez pas demander, M. Harrison ; des rapports si stupides ! »

Je n'ai pas demandé, car elle semblait ne pas me le souhaiter, et je savais qu'il y avait toujours des rapports stupides. Ensuite, je pense qu'elle était vexée que je ne lui ai pas demandé. En tout, elle parlait si étrangement que je ne pus m'empêcher de la regarder ; puis elle a pris un écran à main et l'a tenu entre elle et moi. Je me sentais vraiment plutôt anxieux.

"Vous ne vous sentez pas bien?" dis-je innocemment.

« Oh, merci, je crois que je vais très bien ; seulement, la pièce est plutôt chaude, n'est-ce pas ?

« Laisse-moi baisser les stores pour toi ? Le soleil commence à avoir une grande puissance. J'ai baissé les stores.

« Vous êtes si attentif, M. Harrison. M. Rose lui-même n'a jamais fait plus que vous pour mes petits souhaits.

« J'aimerais pouvoir faire plus – j'aimerais pouvoir vous montrer tout ce que je ressens » – sa gentillesse envers John Brouncker, j'allais dire ; mais c'est à ce moment-là que j'ai été appelé chez un patient. Avant de partir, je me suis retourné et j'ai dit :

« Prenez soin de vous, ma chère Mme Rose ; tu ferais mieux de te reposer un peu.

"Pour toi, je le ferai", dit-elle tendrement.

Je me fichais de savoir pour qui elle faisait cela. Seulement, je pensais vraiment qu'elle n'allait pas très bien et qu'elle avait besoin de repos. Je pensais qu'elle était plus émue que d'habitude à l'heure du thé ; et j'aurais pu être en colère contre ses manières absurdes une ou deux fois, mais je connaissais la vraie bonté de son cœur. Elle a dit qu'elle aurait aimé avoir le pouvoir d'adoucir ma vie comme elle le pouvait avec mon thé. Je lui ai dit quel réconfort elle avait été pendant ma dernière période d'anxiété ; et puis je me suis enfui pour essayer d'entendre le soir chanter au presbytère, en me tenant près du mur du jardin.

« Oh, M. Harrison, » dit-elle, « si vous avez vraiment aimé Caroline, ne laissez pas un peu d'argent dérisoire vous faire l'abandonner pour une autre.

J'ai été frappé de stupeur. J'ai adoré Miss Caroline ! J'aimais beaucoup mieux Miss Tomkinson, et pourtant je ne l'aimais pas. Elle poursuivit :

«J'ai économisé près de trois mille livres. Si vous pensez que vous êtes trop pauvre pour vous marier sans argent, je donnerai tout à Caroline. Je suis fort et je peux continuer à travailler ; mais elle est faible, et cette déception la tuera. Elle s'assit brusquement et se couvrit le visage de ses mains. Puis elle leva les yeux.

« Vous ne voulez pas, je vois. Ne pensez pas que je vous aurais exhorté si cela n'avait été que pour moi ; mais elle a eu tant de chagrin. Et maintenant, elle a pleuré à haute voix. J'ai essayé d'expliquer; mais elle ne voulait pas écouter, et elle répétait : « Quittez la maison, monsieur ! quitter la maison!" Mais je serais entendu.

«Je n'ai jamais ressenti de sentiment plus chaleureux que le respect pour Miss Caroline, et je n'ai jamais montré de sentiment différent. Je n'ai jamais pensé un seul instant à en faire ma femme, et elle n'a eu aucune raison, dans mon comportement, de croire que j'avais une telle intention.

"Cela ajoute l'insulte à l'injure", a-t-elle déclaré. « Quittez la maison, monsieur, à l'instant ! »

J'y suis allé, et c'est assez triste. Dans une petite ville, un tel événement est sûr de faire parler de lui et de causer beaucoup de mal. Quand je rentrai dîner chez moi, j'étais si plein d'émotion et je prévoyais si clairement que j'aurais bientôt besoin d'un avocat pour présenter l'affaire sous son vrai jour, que j'ai décidé de me faire une confidente de la bonne Mme Rose. Je ne pouvais pas manger. Elle me regardait tendrement et soupirait en voyant mon manque d'appétit.

«Je suis sûr que vous avez quelque chose en tête, M. Harrison. Serait-ce – ne serait-ce pas – un soulagement de le confier à un ami sympathisant ?

C'était exactement ce que je voulais faire.

"Ma chère et aimable Mme Rose," dis-je, "je dois vous le dire, si vous voulez bien m'écouter."

Elle prit l'écran et le tint comme hier entre elle et moi.

« Le malentendu le plus malheureux a eu lieu. Miss Tomkinson pense que j'ai prêté attention à Miss Caroline ; alors qu'en fait – puis-je vous le dire, Mme Rose ? – mes affections sont placées ailleurs. Peut-être l'avez-vous déjà découvert ? car en effet, je pensais que j'avais été trop amoureux pour cacher mon attachement pour Sophie à quiconque connaissait mes mouvements aussi bien qu'à Mme Rose.

Elle baissa la tête et dit qu'elle croyait avoir découvert mon secret.

« Alors pensez seulement à quel point je me trouve dans une situation misérable. Si j'ai un espoir… oh, Mme Rose, pensez-vous que j'ai un espoir… ?

Elle a mis encore plus l'écran devant son visage et, après quelques hésitations, elle a dit qu'elle pensait : « Si je persévérais – avec le temps – j'aurais peut-être de l'espoir. Et puis, brusquement, elle se leva et quitta la pièce.

Cet après-midi-là, j'ai rencontré M. Bullock dans la rue. Mon esprit était si plein de l'affaire avec Miss Tomkinson que je l'aurais croisé sans le remarquer, s'il ne m'avait pas arrêté net et m'avait dit qu'il devait me parler ; à propos de mes merveilleux cinq cents livres, je suppose. Mais cela ne m'intéressait pas maintenant.

" Qu'est-ce que j'entends, " dit-il sévèrement, " à propos de vos fiançailles avec Mme Rose ? "

"Avec Mme Rose!" dis-je en riant presque, quoique mon cœur fût assez lourd.

"Oui! avec Mme Rose ! dit-il sévèrement.

"Je ne suis pas fiancé à Mme Rose," répondis-je. "Il y a une erreur."

«Je suis heureux de l'entendre, monsieur», répondit-il, «très heureux. Cela nécessite cependant quelques explications. Mme Rose a été félicitée et a reconnu la véracité du rapport. Cela est confirmé par de nombreux faits. La table de travail que vous avez achetée, en avouant votre intention de la donner à votre future épouse, lui est offerte. Comment expliquez-vous ces choses, monsieur ?

J'ai dit que je n'avais pas la prétention d'en rendre compte. À l'heure actuelle, beaucoup de choses étaient inexplicables ; et, quand je pouvais donner une explication, je ne pensais pas que je devrais me sentir obligé de la lui donner.…

Il avait l'air d'avoir envie de me fouetter.

« Une fois pour toutes, je ne suis fiancée à personne. Jusqu'à ce que vous ayez vu votre fille et appris d'elle la vérité, je vous souhaiterai adieu.

Je me suis incliné d'une manière raide et hautaine et je suis rentré chez moi. Mais quand je suis arrivé à ma porte, je me suis souvenu de Mme Rose et de tout ce que M. Bullock avait dit à son sujet, reconnaissant la véracité du rapport sur mes fiançailles avec elle. Où puis-je aller pour être en sécurité ? Mme Rose, Miss Bullock, Miss Caroline, elles vivaient, pour ainsi dire, aux trois pointes d'un triangle équilatéral ; me voilà au centre. J'allais chez M. Morgan et je buvais du thé avec lui. Là, en tout cas, j'étais à l'abri de quiconque voulait m'épouser ; et je pourrais être aussi fade professionnellement que je le souhaitais, sans être mal compris. Mais là aussi, un contretemps m'attendait.

M. Morgan avait l'air grave. Après une minute ou deux de bourdonnement et de hauglement, il dit :

« J'ai été envoyé chercher chez Miss Caroline Tomkinson. M. Harrison, je suis désolé d'apprendre cela. Je suis désolé de constater qu'il semble y avoir eu des plaisanteries avec les affections d'une très digne dame. Miss Tomkinson, qui est dans une triste détresse, me dit qu'ils avaient toutes les raisons de croire que vous étiez attaché à sa sœur. Puis-je vous demander si vous n'avez pas l'intention de l'épouser ?

J'ai dit que rien n'était plus éloigné de mes pensées.

« Mon cher monsieur, dit M. Morgan plutôt agité, ne vous exprimez pas avec autant de force et de véhémence. C'est désobligeant pour le sexe de parler ainsi. Il est plus respectueux de dire, dans ces cas-là, qu'on n'ose nourrir aucune espérance ; une telle manière est généralement comprise et ne ressemble pas à une telle objection positive.

« Je n'y peux rien, monsieur ; Je dois parler à ma manière naturelle. Je ne parlerais de manière irrespectueuse d'aucune femme ; mais rien ne devrait me décider à épouser miss Caroline Tomkinson ; pas si elle était Vénus elle-même, et reine d'Angleterre par-dessus le marché. Je ne comprends pas ce qui a donné naissance à cette idée.

« En effet, monsieur ; Je pense que c'est très clair. Vous avez une affaire insignifiante à régler dans la maison, et vous en faites invariablement un prétexte pour voir et causer avec la dame.

"C'était elle qui l'avait fait, pas la mienne !" dis-je avec véhémence.

« Mais, mon cher monsieur, je ne pensais pas que vous le feriez avec de telles conséquences. « Filandation », l'a appelé Miss Tomkinson. C'est un mot dur, monsieur. Mes manières ont toujours été tendres et sympathiques, mais je ne crois pas avoir jamais excité aucun espoir ; il n'y a jamais eu de rapport sur moi. Je crois qu'aucune femme n'a jamais été attachée à moi. Vous devez rechercher ce juste milieu, monsieur.

J'étais toujours en détresse. M. Morgan n'en avait entendu parler qu'une seule, mais trois dames (dont Miss Bullock) espéraient m'épouser. Il a vu mon agacement.

« Ne vous en affligez pas trop, mon cher monsieur ; J'étais sûr que tu étais un homme trop honorable dès le début. Avec une conscience comme la vôtre, je défierais le monde.

J'étais très lâche. Je n'osais absolument pas rentrer chez moi ; mais enfin j'y fus obligé. J'avais fait tout ce que je pouvais pour consoler M. Morgan, mais il refusait d'être réconforté. J'y suis enfin allé. J'ai sonné. Je ne sais pas qui a ouvert la porte, mais je pense que c'était Mme Rose. J'ai gardé un mouchoir sur mon visage et, marmonnant quelque chose à propos d'un terrible mal de dents, je me suis envolé vers ma chambre et j'ai verrouillé la porte. Je n'avais pas de bougie ; mais qu'est-ce que cela signifiait. J'étais en sécurité. Je ne pouvais pas dormir; et quand je tombais dans une sorte de somnolence, c'était dix fois pire au réveil. Je ne me souvenais pas si j'étais fiancé ou non. Si j'étais fiancé, qui était cette dame ? Je m'étais toujours considéré comme plutôt simple qu'autrement ; mais j'avais sûrement commis une erreur. Fascinant, je dois certainement l'être ; mais peut-être que j'étais beau. Dès le jour, je me levai pour constater le fait au miroir. Même avec la meilleure disposition à être convaincu, je ne voyais aucune beauté frappante dans mon visage rond, avec une barbe mal rasée et un bonnet de nuit comme un bonnet de fou au sommet. Non! Je dois me contenter d'être clair, mais agréable. Tout cela, je vous le dis en toute confiance. Je ne voudrais que mon peu de vanité soit connue pour rien au monde.

Prière familiale à Hope Farm

De *Cousin Phillis* , 1865

DÈS que le souper fut terminé, la maisonnée se rassembla pour la prière. C'était une longue prière du soir impromptue ; et cela m'aurait semblé assez décousu si je n'avais pas eu un aperçu du genre de journée qui l'a précédé, et si j'avais ainsi pu trouver un indice sur les pensées qui ont précédé ces déclarations décousues ; car il restait là, agenouillé au centre d'un cercle, les yeux fermés, les mains tendues pressées paume contre paume, avec parfois une longue pause de silence, comme s'il attendait de voir s'il y avait autre chose qu'il souhaitait « présenter devant le Seigneur » (pour reprendre sa propre expression) avant de conclure par la bénédiction. Il a prié pour le bétail et les créatures vivantes, à ma grande surprise ; car mon attention avait commencé à s'égarer, jusqu'à ce qu'elle soit rappelée par les mots familiers.

Et ici, je ne dois pas oublier de citer un incident étrange à la fin de la prière, et avant que nous soyons levés de nos genoux (en fait, avant que Betty ne soit bien réveillée, car elle avait l'habitude tous les soirs de faire une bonne sieste, sa tête fatiguée allongée sur ses bras vaillants); le ministre, toujours agenouillé au milieu de nous, les yeux grands ouverts et les bras baissés, parla au vieillard, qui se retourna à genoux pour assister. « John, as-tu vu que Daisy avait sa purée chaude ce soir ? car il ne faut pas négliger les moyens, John : deux litres de bouillie, une cuillerée de gingembre et une branchie de bière ; la pauvre bête en a besoin, et je crains que l'idée ne m'ait échappé de te le dire ; et voilà que je demandais une bénédiction et négligeais les moyens, ce qui est une moquerie, dit-il en baissant la voix.

Avant de se coucher, il m'a dit qu'il ne me verrait plus ou peu pendant ma visite, qui devait se terminer le dimanche soir, car il consacrait toujours le samedi et le sabbat à son travail dans le ministère. Je me souvenais que le propriétaire de l'auberge m'avait dit cela le jour où je m'étais renseigné pour la première fois sur mes nouveaux parents ; et je n'aimais pas l'occasion qui, je le voyais, me serait offerte de faire davantage connaissance avec le cousin Holman et Phillis, même si j'espérais sincèrement que ce dernier ne m'attaquerait pas au sujet des langues mortes.

Miss Galindo devient presque auteur

De *Ma Dame Ludlow*, 1859

NE sait à quel point ce fut une épreuve pour elle lorsqu'elle pensait à Sally, sans contrôle ni réprimande pendant trois heures chaque matin. Mais tout ce qu'elle a dit, c'est :

« 'Sally, va au Deuce.' Je vous demande pardon, ma dame, si je parlais à moi-même ; c'est une habitude que j'ai prise de garder ma langue dans la pratique, et je ne suis pas vraiment conscient du moment où je le fais. Trois heures chaque matin ! Je ne serai que trop fier de faire ce que je peux pour Votre Seigneurie ; et j'espère que M. Horner ne sera pas trop impatient avec moi au début. Vous savez peut-être qu'autrefois, j'étais presque auteur, et il semble que j'étais destinée à « consacrer mon temps à écrire ».

"Non en effet; il faudra revenir ensuite sur le sujet du stage, s'il vous plaît. Une auteure, Miss Galindo ! Tu me surprends!"

« Mais effectivement, je l'étais. Tout était tout à fait prêt. Le docteur Burney m'enseignait la musique ; non pas que je puisse jamais apprendre, mais c'était une fantaisie de mon pauvre père. Et sa fille a écrit un livre, et on a dit qu'elle n'était qu'une très jeune femme et rien d'autre que la fille d'un maître de musique ; alors pourquoi ne devrais-je pas essayer ?

"Bien?"

"Bien! J'ai du papier et une demi-centaine de bonnes plumes, une bouteille d'encre, tout est prêt.

"Et puis--"

« Oh, je n'avais plus rien à dire lorsque je me suis assis pour écrire. Mais parfois, quand je mets la main sur un livre, je me demande pourquoi je me laisse arrêter par une si mauvaise raison. Ce n'est pas le cas des autres.

"Mais je pense que c'est très bien, Miss Galindo", a déclaré Madame. « Je suis extrêmement opposée aux femmes qui usurpent les emplois des hommes, comme elles ont très tendance à le faire. Mais peut-être qu'après tout, l'idée d'écrire un livre vous a amélioré la main. C'est l'un des plus lisibles que j'ai jamais vu.

"Je méprise les z sans queue", dit Miss Galindo, avec beaucoup de fierté satisfaite des éloges de ma dame. Bientôt, milady l'emmena voir un curieux vieux cabinet que lord Ludlow avait récupéré à la Haye ; et, pendant qu'ils étaient hors de la chambre pour faire cette commission, je suppose que la question de la rémunération fut réglée, car je n'en ai plus entendu parler.

Et le travail le plus délicat et le plus délicat de tous fut réalisé par Miss Galindo, comme Lady Ludlow le savait très bien. Pourtant, malgré leur qualité de couture, il arrivait parfois que les modèles de Miss Galindo soient d'un genre démodé ; et la douzaine de bonnets de nuit, peut-être, pour lesquels elle avait dépensé de l'argent *de bonne foi* et pour le maquillage, avec beaucoup de temps et de vue, resteraient pendant des mois dans un tas jaune et négligé ; et dans de tels moments, disait-on, Miss Galindo était plus amusante que d'habitude, plus pleine de drôlerie sèche et d'humour ; tout comme parfois, lorsqu'une commande arrivait à X (l'initiale qu'elle avait choisie) pour un stock d'objets bien rémunérés, elle s'asseyait et s'en prenait à sa servante pendant qu'elle cousait. Elle-même explique ainsi sa pratique :

« Quand tout va mal, on cesserait de respirer si l'on ne pouvait alléger son cœur par une plaisanterie. Mais quand je dois rester assis du matin au soir, il me faut de quoi me remuer le sang, sinon je tomberais dans l'apoplexie ; alors je me suis mis à me disputer avec Sally.

Tels étaient les moyens et la manière de vivre de Miss Galindo dans sa propre maison. À l'extérieur comme au village, elle n'était pas populaire, même si elle aurait beaucoup manqué si elle avait quitté les lieux. Mais elle posait trop de questions domestiques (pour ne pas dire impertinentes) sur l'économie nationale (car même les plus pauvres aimaient dépenser leur peu d'argent à leur manière), ouvrait les placards pour découvrir les extravagances cachées, et posait des questions sur le respect de l'économie domestique. la quantité hebdomadaire de beurre ; jusqu'au jour où elle rencontra ce qui aurait été une rebuffade pour toute autre personne, mais qui fut pour elle plutôt appréciée qu'autrement.

Elle entrait dans une chaumière et rencontra sur le seuil la bonne femme chassant un canard et apparemment inconsciente de son visiteur.

"Sortez, Miss Galindo!" s'écria-t-elle en s'adressant au canard. "Sortir! Oh, je vous demande pardon, continua-t-elle comme si elle voyait la dame pour la première fois. "C'est seulement ce canard fatigué qui entrera. Sortez, Miss Gal——" (au canard).

"Et donc tu lui donnes mon nom, n'est-ce pas ?" demanda son visiteur.

« Oh, oui, madame ; mon maître le veut ainsi ; car, dit-il, en effet, l'oiseau malchanceux se fourrait toujours là où on ne voulait pas d'elle.

« Ha, ha ! très bien! Et donc votre maître est un esprit, n'est-ce pas ? Bien! dis-lui de venir me parler ce soir de la cheminée de mon salon ; car il n'y a personne comme lui pour réparer les cheminées.

Et le maître monta, et fut tellement conquis par les manières joyeuses de Miss Galindo et sa perspicacité dans les mystères de ses diverses sortes d'affaires (il était maçon, ramoneur et attrape-rats), qu'il rentra chez lui et insulta sa femme la fois suivante, elle appela le canard du nom par lequel il l'avait lui-même baptisée.

Londres telle que John Barton l'a vu

De *Mary Barton* , 1848

« PARLEZ -nous de Londres, cher père », demanda Mary, qui était assise à son ancien poste près des genoux de son père.

« Comment puis-je vous en parler alors que je n'en ai jamais vu un dixième. C'est gros comme six Manchester, m'ont-ils dit. Un sixième peut être constitué de grands palais, et les trois sixièmes d'objets de taille moyenne, et le reste de trous d'iniquité et de saletés, tels que Manchester n'en sait rien, je suis heureux de le dire.

"Eh bien, mon père, mais as-tu vu la reine ?"

«Je crois que non, même si un jour, j'ai cru l'avoir vue plusieurs fois. Vous voyez, dit-il en se tournant vers Job Legh, il y avait un jour fixé pour nous pour aller au Parlement. Nous étions surtout en train d'attendre dans un pub à Holborn, où ils nous ont très bien servis. Le matin où nous avons reçu notre pétition, nous avions pour le petit-déjeuner un plat tel que la reine elle-même aurait pu s'asseoir. Je suppose qu'ils pensaient que nous voulions y mettre du cœur. Il y avait des rognons de mouton, des saucisses, du jambon grillé, du bœuf et des oignons frits ; plus comme un dîner ni un petit-déjeuner. Cependant, je voyais que beaucoup de nos jambières ne pouvaient manger que peu. La nourriture leur restait à la gorge quand ils pensaient à eux à la maison, à leurs femmes et à leurs petits, car, peut-être à ce moment-là, ils n'avaient rien à manger. Eh bien, après le petit déjeuner, nous étions tous prêts à marcher en procession, et il fallut un certain temps pour nous mettre en ordre, deux par deux, et la pétition, longue de plusieurs mètres, était portée par les paires les plus en avant. Les hommes avaient l'air assez graves, vous pouvez en être sûr ; et quel ensemble de types maigres, pâles et misérables comme ils étaient !

"Vous n'avez personne dont vous puissiez vous vanter."

« Oui, mais j'étais gros et rose pour beaucoup. Eh bien, nous avons marché encore et encore dans de nombreuses rues, un peu comme Deansgate. Nous devions marcher lentement, lentement, à cause des voitures et des fiacres qui se pressaient dans les rues. Je pensais qu'au fil du temps, nous devrions peut-être nous en débarrasser, mais à mesure que les rues s'élargissaient, elles se sont aggravées, et finalement nous avons été assez bloqués à Oxford Street. Mais on s'en rend compte au bout d'un moment, et mes yeux ! les grandes rues dans lesquelles nous étions alors ! Ils se demandent malheureusement comment construire des maisons à Londres ; il y aurait là-bas une place pour un bon maître d'œuvre stable, connaissant son métier. Car vous voyez, il y a beaucoup de maisons construites sans aucune forme appropriée pour qu'un corps puisse y vivre ; Certains d'entre eux ont pensé qu'ils tomberaient après coup, alors ils ont placé de grands et laids piliers devant eux. Et certains d'entre eux (nous pensions que ce devait être l'enseigne des tailleurs) avaient reçu des hommes et des femmes en pierre car ils voulaient des vêtements collés dessus. J'étais comme un enfant, j'oubliais une chose en regardant autour de moi. C'était l'heure du dîner, ou mieux, comme nous pouvions le constater au soleil, juste au-dessus de nos têtes, et nous étions poussiéreux et fatigués, faisant un pas de temps en temps et un pas de temps en temps. Eh bien, enfin, nous arrivâmes dans une rue plus grande que toutes, menant au palais de la reine, et là, je crus voir la reine. Tu as vu les corbillards avec des panaches blancs, Job ?

Job acquiesça.

« Eh bien, ces gens des pompes funèbres font un joli métier à Londres. Presque toutes les dames que nous avons vues dans une voiture avaient loué un de ces plumes pour la journée et l'avaient légèrement penché sur la tête. C'était le salon de la reine, disaient-ils, et les voitures se dirigeaient vers sa maison, certaines avec des messieurs habillés comme des gens de cirque dans elles, et des dames dans d'autres. Les voitures elles-mêmes étaient également très secouées. Certains des messieurs qui ne pouvaient pas entrer s'accrochaient derrière, avec des bouquets pour sentir et des bâtons pour éloigner les gens qui pourraient éclabousser leurs bas de soie. Je me demande pourquoi ils n'ont pas loué un taxi plutôt que de s'accrocher comme un garçon fouetté ; mais je suppose qu'ils souhaitaient rester avec leurs femmes, comme Darby et Joan. Les cochers étaient de petits hommes trapus, avec des perruques comme celles des pasteurs du passé. Eh bien, nous ne pouvions pas monter dans ces voitures, même si nous attendions et attendions. Les chevaux étaient trop gros pour avancer vite ; ils n'ont jamais eu besoin de nourriture, on pourrait le dire à leur pelage élégant ; et la police nous a repoussés lorsque nous essayions de traverser. Un ou deux d'entre eux frappaient avec leurs bâtons, et les cochers riaient, et quelques officiers qui se trouvaient à proximité mettaient leurs jumelles dans leurs yeux et les laissaient là comme des saltimbanques. Un des policiers m'a frappé. « Qu'est-ce que tu as à faire ça ? » dis-je.

« Vous effrayez ces chevaux, » dit-il d'un ton haché (car les Londoniens sont pour la plupart muets et ne peuvent pas dire correctement leurs a et leurs i), « et c'est notre affaire de vous empêcher de molester les chevaux. mesdames et messieurs allant au salon de Sa Majesté.

« Et pourquoi devrions-nous être agressés », ai-je demandé, « en vaquant décemment à nos affaires, qui sont pour nous la vie ou la mort, et pour beaucoup de petits enfants qui restent chez nous dans le Lancashire ? Quelle affaire est la plus importante aux yeux de Dieu, pensez-vous, vous, nos ou ces grands dames et messieurs, auxquels vous pensez tant ?

"Mais j'aurais aussi bien pu me taire, car il n'a fait que rire."

John cessa. Après avoir attendu un peu, pour voir s'il continuerait lui-même, Job dit :

"Eh bien, mais ce n'est pas ton histoire, mec. Racontez-nous ce qui s'est passé lorsque vous êtes arrivé au Parlement.

Après une petite pause, John répondit :

« S'il vous plaît, voisin, je préfère ne rien dire à ce sujet. Cela ne doit pas être oublié ni pardonné, ni par moi ni par beaucoup d'autres ; mais je ne peux pas raconter notre déprime simplement comme une actualité londonienne. Aussi longtemps que je vivrai, notre rejet de ce jour demeurera dans mon cœur ; et aussi longtemps que je vivrai, je les maudirai pour avoir si cruellement refusé de nous entendre ; mais je n'en parlerai plus.

Le major Jenkyns visite Cranford

De *Cranford*, 1853

LE MAJOR JENKYNS écrivit pour proposer que lui et sa femme passaient une nuit à Cranford, sur son chemin vers l'Écosse, à l'auberge, s'il ne convenait pas à Miss Matilda de les recevoir dans sa maison ; auquel cas ils devraient espérer être avec elle autant que possible pendant la journée. Bien sûr, cela *doit* lui convenir, comme elle le disait ; car tout ce que Cranford savait, c'est qu'elle avait la liberté de la chambre de sa sœur ; mais je suis sûr qu'elle aurait souhaité que le major s'arrête en Inde et oublie complètement ses cousins.

"Oh! comment dois-je me débrouiller ? » demanda-t-elle, impuissante. « Si Deborah avait été en vie, elle aurait su quoi faire du gentleman-visiteur. Dois-je mettre des rasoirs dans son dressing ? Cher! cher! et je n'en ai aucun. Deborah les aurait eus. Et des pantoufles et des brosses à manteaux ? J'ai suggéré qu'il apporterait probablement toutes ces choses avec lui. « Et après le dîner, comment puis-je savoir quand me lever et le laisser boire son vin ? Deborah l'aurait si bien fait ; elle aurait été tout à fait dans son élément. Voudra-t-il du café, à votre avis ? Je me chargeai de la gestion du café et lui dis que j'enseignerais à Martha l'art de servir, dans lequel il faut avouer qu'elle manquait terriblement ; et que je n'avais aucun doute que le major et Mme Jenkyns comprendraient le mode tranquille dans lequel une dame vivait seule dans une ville de campagne. Mais elle était tristement troublée. Je lui ai fait vider ses carafes et apporter deux bouteilles de vin fraîches. J'aurais aimé pouvoir l'empêcher d'être présente à mes instructions à Martha ; car elle intervenait souvent avec une direction nouvelle, brouillant l'esprit de la pauvre fille, qui restait bouche bée, nous écoutant tous les deux.

« Distribuez les légumes », dis-je (bêtement, je le vois maintenant, car cela visait plus que ce que nous pouvions accomplir avec calme et simplicité) ; puis, la voyant paraître abasourdie, j'ai ajouté : " Portez les légumes aux gens. , et laissez-les se servir eux-mêmes.

"Et attention, allez d'abord vers les dames", ajouta Miss Matilda. "Allez toujours vers les dames avant les messieurs, lorsque vous attendez."

«Je ferai ce que vous me direz, madame», dit Martha; "Mais je préfère les gars."

Nous nous sommes sentis très mal à l'aise et choqués par ce discours de Martha ; pourtant je ne pense pas qu'elle ait voulu faire du mal ; et, dans l'ensemble, elle obéit très bien à nos instructions, sauf qu'elle « poussa » le major, qui ne se servait pas aussitôt qu'elle s'y attendait, vers les pommes de terre, pendant qu'elle les distribuait.

Le major et sa femme étaient des gens calmes et sans prétention lorsqu'ils venaient ; languissant, comme le sont tous les Indiens de l'Est, je suppose. Nous étions plutôt consternés de voir qu'ils emmenaient avec eux deux domestiques, un domestique hindou pour le major et une vieille servante stable pour sa femme ; mais ils couchaient à l'auberge et se déchargeaient d'une grande partie de leurs responsabilités en veillant soigneusement au confort de leur maître et de leur maîtresse. Martha, bien sûr, n'avait jamais cessé de regarder le turban blanc et le teint brun de l'Indien, et je vis que Miss Matilda s'éloignait un peu de lui pendant qu'il attendait au dîner. En effet, elle m'a demandé, quand ils étaient partis, s'il ne me faisait pas penser à Barbe Bleue ? Dans l'ensemble, la visite a été très satisfaisante et fait encore aujourd'hui l'objet de conversations avec Miss Matilda ; à l'époque, cela a beaucoup excité Cranford, et a même incité l'apathique et honorable Mme Jamieson à manifester son intérêt, lorsque je suis allé l'appeler et la remercier pour les aimables réponses qu'elle avait données aux demandes de Miss Matilda quant à l'arrangement de une loge d'homme – réponses que je dois avouer qu'elle avait données avec la manière lasse de la prophétesse scandinave :

« Laissez-moi, laissez-moi me reposer. »

Mme Gibson rend visite à Lady Cumnor

Extrait d' *Épouses et filles* , 1866

Il a été suggéré qu'une statue pourrait être érigée à Hollingford [Knutsford] à Mme Gibson si toutes les personnes qui ont été amusées par elle s'abonneaient.

PUIS, finalement, Mme Gibson devait se rendre aux Tours le lendemain pour déjeuner ; Lady Cumnor avait écrit une petite note de Lady Harriet pour la prier de venir ; si Mme Gibson parvenait à retrouver son chemin jusqu'aux Tours, l'une des voitures en service devrait la ramener chez elle dans le courant de l'après-midi.

« La chère comtesse ! » dit Mme Gibson avec une douce affection. C'était un soliloque, prononcé après une minute de pause, à la fin de toutes ces informations.

Et tout le reste de la journée, sa conversation avait un parfum aristocratique. L'un des rares livres qu'elle avait apportés avec elle dans la maison de M. Gibson était relié en rose, et elle y étudiait « Menteith, duc de, Adolphus George », etc. connexions et intérêts probables. M. Gibson faisait de sa bouche un sifflement drôle quand il rentrait chez lui le soir et se retrouvait dans une atmosphère de Towers. Molly a vu l'ombre de l'agacement à travers la drôlerie ; elle commençait à le voir plus souvent qu'elle ne le souhaitait, non pas qu'elle raisonnait là-dessus, ni qu'elle remontait consciemment l'ennui jusqu'à sa source ; mais elle ne pouvait s'empêcher de se sentir mal à l'aise en sachant que son père était le moins du monde contrarié.

Bien sûr, une mouche a été commandée pour Mme Gibson. En début d'après-midi, elle rentra à la maison. Si elle avait été déçue lors de son entretien avec la comtesse, elle n'a jamais raconté son malheur, ni révélé le fait que lorsqu'elle est arrivée aux Tours, elle a dû attendre une heure dans la salle du matin de Lady Cumnor, sans aucune compagnie autre que celle de sa vieille amie, Mme Bradley, jusqu'à ce que soudain, Lady Harriet entrant, elle s'exclame : « Pourquoi, Clare ! toi, chère femme ! es-tu ici tout seul ? Est-ce que maman est au courant ? Et, après une conversation un peu plus affectueuse, elle se précipita vers Madame, qui en était parfaitement consciente, mais trop soucieuse de faire profiter à la duchesse de sa sagesse et de son expérience en matière de trousseaux pour se soucier de la durée du temps. Mme Gibson était décédée dans une patiente solitude. Au déjeuner, Mme Gibson fut secrètement blessée par le fait que milord supposait que c'était son dîner et criait son hospitalité urgente du bas de la table, donnant pour raison qu'elle devait se rappeler que c'était son dîner. En vain, elle dit de sa voix douce et aiguë : « Oh, mon seigneur ! Je ne mange jamais de viande en milieu de journée ; Je peux à peine manger quoi que ce soit au déjeuner. Sa voix était perdue, et la duchesse pouvait repartir avec l'idée que la femme du docteur de Hollingford dînait tôt ; c'est-à-dire, si sa Grâce a jamais daigné avoir la moindre idée à ce sujet ; ce qui présuppose qu'elle savait qu'il y avait un médecin à Hollingford et qu'il avait une femme, et que sa femme était une jolie femme fanée et élégante, renvoyant son assiette de nourriture insipide - de la nourriture qu'elle elle avait vraiment envie de manger, car elle avait vraiment désespérément faim après son voyage et sa solitude.

Et puis, après le déjeuner, il y eut un *tête-à-tête* avec Lady Cumnor, qui se déroula de la manière suivante :

« Eh bien, Claire ! Je suis vraiment content de vous voir. Un jour, j'ai pensé que je ne devrais jamais retourner dans les Tours, mais me voici ! Il y avait un homme tellement intelligent à Bath – un docteur Rogue – il m'a finalement guéri – et m'a vraiment piégé. Je pense vraiment que si jamais je suis de nouveau malade, je l'enverrai chercher : c'est une telle chose de trouver un médecin vraiment intelligent. Oh, au fait, j'oublie toujours que vous avez épousé M. Gibson – bien sûr, il est très intelligent, et tout ça. (La voiture jusqu'à la porte dans dix minutes, Brown, et je demande à Bradley de descendre mes affaires.) Qu'est-ce que je te demandais ? Oh! comment tu t'entends avec la belle-fille ? Elle me semblait être une jeune femme avec une volonté assez têtue. J'ai déposé une lettre pour la poste quelque part, et je ne sais plus où ; aide-moi à le chercher, c'est une bonne femme. Courez dans ma chambre et voyez si Brown peut le trouver, car cela a de grandes conséquences.

Mme Gibson s'en alla, plutôt à contrecœur ; car il y avait plusieurs choses dont elle voulait parler, et elle n'avait pas entendu la moitié de ce qu'elle espérait apprendre des ragots de famille. Mais toute chance avait disparu ; car, quand elle revint de sa vaine course, lady Cumnor et la duchesse étaient en pleine conversation, la première avec la lettre manquante à la main, et elle utilisait quelque chose comme un bâton pour imposer ses paroles.

« Chaque iota de Paris ! Chaque io-ta ! »

Lady Cumnor était trop dame pour ne pas s'excuser d'une peine inutile, mais ce furent presque les derniers mots qu'elle dit à Mme Gibson, car elle devait sortir et conduire avec la duchesse ; et le coupé pour ramener « Clare » (comme elle persistait à appeler Mme Gibson) à Hollingford suivit la voiture jusqu'à la porte. Lady Harriet s'est éloignée de son entourage de jeunes hommes et de jeunes femmes, tous préparés pour une expédition à pied, pour souhaiter au revoir à Mme Gibson.

« Nous vous reverrons au bal », dit-elle. « Vous serez là avec vos deux filles, bien sûr, et je dois y avoir une petite conversation avec vous ; avec tous ces visiteurs dans la maison, il a été impossible de vous voir aujourd'hui, vous savez.

Tels étaient les faits, mais la couleur rose était le moyen par lequel ils étaient vus par les auditeurs de la maison de Mme Gibson à son retour.

« Il y a beaucoup de visiteurs qui séjournent aux Tours – oh, oui ! un grand nombre : la duchesse et Lady Alice, et M. et Mme Grey, et Lord Albert Monson et sa sœur, et mon vieil ami le capitaine James du Blues – bien plus encore, en fait. Mais bien sûr, je préférais aller dans la chambre de Lady Cumnor, où je pouvais la voir tranquillement, ainsi que Lady Harriet, et où nous n'étions pas dérangés par l'agitation en bas. Bien sûr, nous avons été obligés de descendre déjeuner, puis j'ai revu mes anciens amis et renoué avec d'agréables connaissances. Mais je parvenais à peine à avoir une conversation connectée avec qui que ce soit. Lord Cumnor semblait si ravi de m'y revoir : bien que nous fussions six ou sept entre nous, il m'interrompait toujours par quelque discours courtois ou aimable qui m'était spécialement adressé. Et après le déjeuner, Lady Cumnor m'a posé toutes sortes de questions sur ma nouvelle vie avec autant d'intérêt que si j'avais été sa fille. Certes, lorsque la duchesse est entrée, nous avons dû nous arrêter et parler du trousseau qu'elle prépare pour Lady Alice. Lady Harriet a tellement insisté sur notre rencontre au bal ; c'est une créature si bonne et si affectueuse, c'est Lady Harriet !

Ce dernier fut dit sur un ton d'appréciation méditative.

Le petit dîner de Mme Gibson

Des épouses et des filles .

MME Gibson avait l'intention que les Hamley trouvent ce dîner agréable ; et ils l'ont fait. M. Gibson aimait les deux jeunes hommes, tant pour le bien de leurs parents que pour le leur, car il les connaissait depuis leur enfance ; et envers ceux qu'il aimait, M. Gibson pouvait se montrer remarquablement agréable. Mme Gibson leur a vraiment réservé un bon accueil – et la cordialité chez une hôtesse est un manteau très convenable pour tout autre défaut qui pourrait exister. Cynthia et Molly étaient à leur meilleur, ce qui était tout le devoir que Mme Gibson exigeait absolument d'elles, car elle était suffisamment disposée à prendre pleinement part à la conversation. Osborne tomba dans son sort, bien sûr, et pendant quelque temps, lui et elle bavardèrent avec toute l'aisance des manières et la banalité du sens qui vont si loin dans « l'art de la conversation polie ». Roger, qui aurait dû se rendre agréable à l'une ou l'autre des jeunes dames, était extrêmement intéressé par ce que lui disait M. Gibson à propos d'un article sur l'ostéologie comparée dans quelque revue scientifique étrangère, que Lord Hollingford avait l'habitude de lire. de l'envoyer à son ami le chirurgien de campagne. Pourtant, de temps en temps, pendant qu'il écoutait, son attention se tournait vers le visage de Cynthia, qui était placée entre son frère et M. Gibson. Elle n'était pas particulièrement occupée à s'occuper de ce qui se passait ; ses paupières étaient négligemment baissées tandis qu'elle émiettait son pain sur la nappe, et ses beaux et longs cils se dessinaient sur la teinte claire de sa joue ovale. Elle pensait à autre chose ; Molly essayait de comprendre de toutes ses forces. Soudain, Cynthia leva les yeux et capta le regard d'admiration intense de Roger pour qu'elle ignore qu'il la regardait. Elle rougit un peu ; mais, après le premier moment de confusion rose devant son admiration évidente pour elle, elle se précipita à l'attaque, détournant sa confusion d'être ainsi surprise, pour se défendre de son accusation.

"C'est tout à fait vrai !" lui dit-elle. « Je n'étais pas présent : voyez-vous, je ne connais même pas l'ABC de la science. Mais, s'il vous plaît, ne me regardez pas si sévèrement, même si je suis un cancre !

"Je ne savais pas, je n'avais pas l'intention de paraître sévère, j'en suis sûr", répondit-il, ne sachant pas trop quoi dire.

"Cynthia n'est pas non plus un cancre", a déclaré Mme Gibson, craignant que l'opinion de sa fille sur elle-même ne soit prise au sérieux. « Mais j'ai toujours observé que certaines personnes ont un talent pour une chose et d'autres pour une autre. Désormais, les talents de Cynthia ne sont pas destinés aux sciences et aux études plus poussées. Te souviens-tu, mon amour, de la peine que j'ai eue pour t'apprendre l'usage des globes ?

"Oui; et je ne connais pas la longitude par rapport à la latitude maintenant ; et je suis toujours perplexe quant à savoir ce qui est perpendiculaire et ce qui est horizontal.

« Pourtant, je vous assure, » continua sa mère en s'adressant plutôt à Osborne, « que sa mémoire poétique est prodigieuse. Je l'ai entendue répéter la Prisonnière de Chillon du début à la fin.

"Ce serait plutôt ennuyeux de devoir l'entendre, je pense", dit M. Gibson en souriant à Cynthia, qui lui rendit un de ses regards brillants de compréhension mutuelle.

« Ah, M. Gibson, j'ai déjà découvert que vous n'avez pas d'âme pour la poésie ; et Molly, il y a votre propre enfant. Elle lit des livres tellement approfondis — tous sur des faits et des chiffres : elle deviendra un bas bleu d'ici peu.

« Maman, » dit Molly en rougissant, « tu penses que c'était un livre profond parce qu'il y avait les formes des différentes cellules d'abeilles dedans ! mais ce n'était pas du tout profond. C'était très intéressant."

"Peu importe, Molly", dit Osborne. «Je défends les bas bleus.»

"Et je m'oppose à la distinction impliquée dans ce que vous dites", a déclaré Roger. « Ce n'était pas profond, *donc* c'était très intéressant. Désormais, un livre peut être à la fois profond et intéressant.

"Oh, si vous voulez abandonner la logique et utiliser des mots latins, je pense qu'il est temps pour nous de quitter la pièce", a déclaré Mme Gibson.

"Ne nous laisse pas nous enfuir comme si nous étions battus, maman", dit Cynthia. « Même si cela semble logique, pour ma part, je peux comprendre ce que M. Roger Hamley vient de dire ; et j'ai lu certains des livres de Molly ; et qu'il soit profond ou non, je l'ai trouvé très intéressant — plus encore que je ne devrais le penser aujourd'hui du « Prisonnier de Chillon ». J'ai déplacé le Prisonnier pour faire de la place à Johnnie Gilpin comme mon poème préféré.

« Comment as-tu pu dire de telles bêtises, Cynthia ! » » dit Mme Gibson, tandis que les filles la suivaient à l'étage. « Tu sais que tu n'es pas un cancre. C'est très bien de ne pas être bas bleu, parce que les gens doux n'aiment pas ce genre de femme ; mais vous dénigrez et contredisez tout ce que j'ai dit sur votre goût pour Byron, les poètes et la poésie – pour Osborne Hamley entre tous les hommes aussi !

Mme Gibson a parlé d'elle de manière assez irritable.

"Mais, maman," répondit Cynthia, "soit je suis un cancre, soit je ne le suis pas. Si c'est le cas, j'ai eu raison de le posséder ; si je ne le suis pas, c'est un cancre s'il ne découvre pas que je plaisantais.

"Eh bien", dit Mme Gibson, un peu intriguée par ce discours, et désireuse d'ajouter quelques éclaircissements.

« Seulement, si c'est un cancre, son opinion sur moi ne vaut rien. Donc, de toute façon, cela ne signifie rien.

« Tu me déconcertes vraiment avec tes bêtises, mon enfant. Molly en vaut vingt comme vous.

"Je suis tout à fait d'accord avec toi, maman," dit Cynthia en se retournant pour prendre la main de Molly.

"Oui; mais elle ne devrait pas l'être, dit Mme Gibson toujours irritée. "Pensez aux avantages dont vous avez bénéficié."

« J'ai bien peur de préférer être un cancre plutôt qu'un bas bleu », dit Molly ; car ce terme l'avait un peu ennuyée, et la contrariété était encore vive.

"Faire taire; les voilà qui arrivent : j'entends la porte de la salle à manger ! Je n'ai jamais voulu dire que tu étais un bas bleu, ma chérie, alors n'aie pas l'air vexée – Cynthia, mon amour, où as-tu trouvé ces jolies fleurs – des anémones, n'est-ce pas ? Ils conviennent si parfaitement à votre teint.

"Allez, Molly, n'aie pas l'air si grave et réfléchie", s'exclama Cynthia. "Tu ne vois pas que maman veut que nous soyons souriants et aimables ?"

Une visite à un vieux célibataire

De Cranford , 1853

QUELQUES jours plus tard, une note est arrivée de M. Holbrook, nous demandant – nous demandant impartialement à tous les deux – dans un style formel et démodé, de passer une journée chez lui – une longue journée de juin – car c'était juin maintenant. Il précisa qu'il avait également invité sa cousine, Miss Pole ; afin que nous puissions participer à une mouche qui pourrait être installée chez lui.

Je m'attendais à ce que Miss Matty saute sur cette invitation ; mais non! Miss Pole et moi avons eu le plus grand mal à la persuader de partir. Elle pensait que c'était inapproprié ; et elle était même à moitié ennuyée lorsque nous ignorions complètement l'idée qu'elle aille avec deux autres dames voir son ancien amant. Puis vint une difficulté plus sérieuse. Elle ne pensait pas que Deborah aurait aimé qu'elle parte. Cela nous a pris une demi-journée de bonnes discussions pour nous en remettre ; mais, à la première phrase de cédant, j'ai saisi l'occasion, j'ai écrit et envoyé une acceptation en son nom, fixant le jour et l'heure, afin que tout puisse être décidé et terminé.

Le lendemain matin, elle m'a demandé si je voulais bien l'accompagner au magasin ; et là, après beaucoup d'hésitations, nous choisissions trois casquettes à renvoyer chez nous et à essayer, afin que la plus convenable puisse être choisie pour être emportée avec nous jeudi.

Elle était dans un état d'agitation silencieuse jusqu'à Woodley. Elle n'y était visiblement jamais allée auparavant ; et, même si elle rêvait peu que je connaisse quelque chose de sa première histoire, je pouvais percevoir qu'elle était tremblante à la pensée de voir l'endroit qui aurait pu être sa maison, et autour duquel il est probable que beaucoup de ses innocentes imaginations de jeune fille s'étaient déroulées. regroupés. Le trajet fut long, à travers des ruelles pavées et cahoteuses. Miss Matilda se redressa et regarda avec mélancolie par la fenêtre alors que nous approchions de la fin de notre voyage. L'aspect du pays était calme et pastoral. Woodley se tenait au milieu des champs ; et il y avait un jardin à l'ancienne, où les roses et les groseilliers se touchaient, et où les asperges plumeuses formaient un joli fond aux roses et aux giroflées ; il n'y avait pas de voiture jusqu'à la porte : nous sommes sortis par une petite porte et avons emprunté un chemin droit en bordure de buis.

« Mon cousin pourrait faire un tour en voiture, je pense », dit Miss Pole, qui avait peur des maux d'oreilles et qui ne portait que sa casquette.

«Je pense que c'est très joli», dit Miss Matty avec une douce plainte dans la voix et presque à voix basse ; car à ce moment-là, M. Holbrook apparut à la porte, se frottant les mains dans une effervescence d'hospitalité. Il ressemblait plus que jamais à mon idée de Don Quichotte, et pourtant la ressemblance n'était qu'extérieure. Sa respectable gouvernante se tenait modestement à la porte pour nous souhaiter la bienvenue ; et tandis qu'elle conduisait les dames aînées à l'étage jusqu'à une chambre, je la priai de jeter un coup d'œil dans le jardin. Ma demande plaisait évidemment au vieux monsieur ; qui m'a fait faire le tour des lieux et m'a montré ses vingt-six vaches, nommées d'après les différentes lettres de l'alphabet. Au fur et à mesure que nous avancions, il me surprenait parfois en répétant de belles et belles citations de poètes, allant facilement de Shakespeare et George Herbert à celles de notre époque. Il faisait cela aussi naturellement que s'il pensait à voix haute, et leurs paroles vraies et belles étaient la meilleure expression qu'il pouvait trouver pour ce qu'il pensait ou ressentait. Certes, il appelait Byron « my Lord Byrron » et prononçait le nom de Goethe strictement en accord avec le son anglais des lettres : « Comme le dit Goëthe, 'Ye ever-verdant palaces' », etc. J'ai rencontré un homme, avant ou après, qui avait passé si longtemps sa vie dans un pays isolé et peu impressionnant, avec une joie toujours croissante devant le changement quotidien et annuel de saison et de beauté.

Quand lui et moi sommes entrés, nous avons constaté que le dîner était presque prêt dans la cuisine – car je suppose que c'est ainsi que la pièce devrait s'appeler, car il y avait des commodes et des armoires en chêne tout autour, partout à côté de la cheminée, et seulement un petit tapis de Turquie au milieu du pavement. La pièce aurait facilement pu être transformée en une belle salle à manger en chêne foncé, en enlevant le four et quelques autres accessoires de cuisine, qui n'étaient évidemment jamais utilisés ; le vrai lieu de cuisine étant à une certaine distance. La pièce dans laquelle nous devions nous asseoir était un appartement laid et meublé de manière rigide ; mais celui dans lequel nous étions assis était ce que M. Holbrook appelait le comptoir, lorsqu'il payait à ses ouvriers leur salaire hebdomadaire, à un grand bureau près de la porte. Le reste du joli salon, donnant sur le verger et entièrement couvert d'ombres dansantes d'arbres, était rempli de livres. Ils s'étendaient par terre, ils couvraient les murs, ils jonchaient la table. Il était visiblement à moitié honteux et à moitié fier de son extravagance à cet égard. Il y en avait de toutes sortes, la poésie et les contes étranges et sauvages prédominants. Il choisissait évidemment ses livres en fonction de ses propres goûts, et non pas parce que tels ou tels étaient des classiques ou des favoris établis.

"Ah!" il a dit : « Nous, les agriculteurs, ne devrions pas avoir beaucoup de temps pour lire ; et pourtant, d'une manière ou d'une autre, on n'y peut rien.

"Quelle jolie chambre!" dit Miss Matty, *à voix basse* .

« Quel endroit agréable ! » dis-je à voix haute, presque simultanément.

"Non! si cela vous plaît, répondit-il ; mais pouvez-vous vous asseoir sur ces grands fauteuils à trois angles en cuir noir ? Je l'aime mieux que le meilleur salon ; mais je pensais que les dames prendraient ça pour un endroit plus intelligent.

C'était l'endroit le plus intelligent ; mais, comme la plupart des choses intelligentes, pas du tout jolies, ni agréables, ni familiales ; ainsi, pendant que nous dînions, la servante époussetait et récurait les chaises du comptoir, et nous restions assis là tout le reste de la journée.

Nous avons mangé du pudding avant la viande ; et je pensais que M. Holbrook allait présenter quelques excuses pour ses manières démodées, car il commença :

"Je ne sais pas si vous aimez les méthodes nouvelles."

"Oh! pas du tout!" » dit Miss Matty.

«Moi non plus», dit-il. « Ma gouvernante les *aura* à sa nouvelle mode ; ou bien je lui dis que lorsque j'étais jeune homme, nous appliquions strictement la règle de mon père : « Pas de bouillon, pas de bal ; pas de balle, pas de boeuf'; et commençait toujours le dîner avec du bouillon. Ensuite, nous avons eu des puddings au suif, bouillis dans le bouillon avec le bœuf, puis avec la viande elle-même. Si nous ne soupesions pas notre bouillon, nous n'avions pas de boule, ce que nous préférions beaucoup ; et le bœuf venait en dernier, et n'en avait que ceux qui avaient rendu justice au bouillon et au bal. Maintenant, les gens commencent par des choses sucrées et mettent leurs dîners à l'envers.

Quand les canards et les pois verts arrivèrent, nous nous regardâmes avec consternation ; nous n'avions que des fourchettes à deux dents et à manche noir. Il est vrai que l'acier était brillant comme de l'argent ; mais que devions-nous faire ? Miss Matty ramassait ses petits pois, un à un, sur la pointe des dents, un peu comme Aminé mangeait ses grains de riz après son précédent festin avec la Goule. Miss Pole soupira devant ses jeunes pois délicats en les laissant sans goût sur un côté de son assiette ; car ils *tomberaient* entre les dents. Je regardais mon hôte : les petits pois entraient en bloc dans sa grande bouche, pelletés par son grand couteau à bout rond. J'ai vu, j'ai imité, j'ai survécu ! Mes amis, malgré mon précédent, n'ont pas pu rassembler assez de courage pour faire une chose peu distinguée ; et, si M. Holbrook n'avait pas eu une si grande faim, il aurait probablement vu que les petits pois étaient repartis presque intacts.

Après le dîner, on apporta une pipe en terre et un crachoir ; et, nous demandant de nous retirer dans une autre pièce, où il nous rejoindrait bientôt, si nous n'aimions pas la fumée du tabac, il présenta sa pipe à Miss Matty et lui demanda de remplir le bol. C'était un compliment adressé à une dame dans sa jeunesse ; mais il était plutôt inapproprié de le proposer comme un honneur à Miss Matty, qui avait été entraînée par sa sœur à fumer de toutes sortes avec une totale horreur. Mais si c'était un choc pour son raffinement, c'était aussi une satisfaction pour ses sentiments d'être ainsi choisi ; alors elle fourra délicatement le tabac fort dans la pipe ; puis nous nous sommes retirés.

«C'est très agréable de dîner avec un célibataire», dit doucement Miss Matty, tandis que nous nous installions dans le comptoir. « J'espère seulement que ce n'est pas inapproprié ; il y a tant de choses agréables !

Mariage

De *Cranford*.

MAIS après son départ, Miss Pole commença à féliciter longuement Miss Matty de ce que jusqu'à présent ils avaient échappé au mariage, ce qui, selon elle, rendait toujours les gens crédules au dernier degré ; en fait, elle pensait que cela démontrait une grande crédulité naturelle chez une femme si elle ne pouvait s'empêcher de se marier ; et dans ce que Lady Glenmire avait dit du vol de M. Hoggins, nous avions un échantillon de ce à quoi les gens arrivaient s'ils cédaient à une telle faiblesse ; évidemment, Lady Glenmire avalerait n'importe quoi, si elle pouvait croire la pauvre histoire vampirique d'un cou de mouton et d'une chatte, avec laquelle il avait essayé d'imposer à Miss Pole, seulement elle avait toujours été sur ses gardes pour ne pas trop y croire. de ce que disaient les hommes.

Nous étions reconnaissants, comme Miss Pole le souhaitait, de n'avoir jamais été mariés ; mais je pense que des deux, nous étions encore plus reconnaissants que les voleurs aient quitté Cranford ; du moins j'en juge ainsi d'après un discours de Miss Matty ce soir-là, alors que nous étions assis autour du feu, dans lequel elle considérait évidemment un mari comme un grand protecteur contre les voleurs, les cambrioleurs et les fantômes ; et dit qu'elle ne pensait pas qu'elle devrait oser toujours mettre en garde les jeunes contre le mariage, comme Miss Pole le faisait continuellement ; — certes, le mariage était un risque, comme elle le voyait maintenant qu'elle avait eu une certaine expérience ; mais elle se souvenait de l'époque où elle avait autant hâte que quiconque de se marier.

« Pas à personne en particulier, ma chère », dit-elle en se vérifiant précipitamment comme si elle craignait d'en avoir trop avoué ; « seulement la vieille histoire, vous savez, de dames disant toujours : « *Quand* je me marierai » et de messieurs : « *Si* je me marie ». » C'était une plaisanterie prononcée sur un ton plutôt triste, et je doute que l'un de nous sourie ; mais je ne pouvais pas voir le visage de Miss Matty à la lueur vacillante du feu. Peu après, elle continua :

« Mais après tout, je ne vous ai pas dit la vérité. C'était il y a si longtemps, et personne n'a jamais su à quel point j'y pensais à l'époque, à moins que ma chère mère ne l'ait deviné ; mais je peux dire qu'il fut un temps où je ne pensais pas que j'aurais dû être seulement Miss Matty Jenkyns toute ma vie ; car même si je rencontrais quelqu'un qui souhaite m'épouser maintenant (et, comme le dit Miss Pole, on n'est jamais trop en sécurité), je ne pourrais pas l'accepter - j'espère qu'il ne le prendrait pas trop à cœur, mais je ne pourrais *pas* prends-le - ou n'importe qui d'autre que la personne avec qui je pensais autrefois que je devrais être mariée, et il est mort et parti, et il n'a jamais su comment tout cela s'est produit pour que j'aie dit "Non", alors que j'y avais pensé à maintes reprises. ——Eh bien, peu importe ce que je pensais. Dieu ordonne tout et je suis très heureuse, ma chère. Personne n'a d'aussi bons amis que moi, continua-t-elle en me prenant la main et en la tenant dans la sienne.

Si je n'avais jamais connu M. Holbrook, j'aurais pu dire quelque chose pendant cette pause, mais comme je l'avais fait, je ne pouvais penser à rien qui viendrait naturellement, et nous gardâmes donc tous les deux le silence pendant un petit moment.

« Mon père nous a fait autrefois, commença-t-elle, de tenir un journal sur deux colonnes ; d'un côté, nous devions écrire le matin ce que nous pensions être le déroulement et les événements de la journée à venir, et le soir, nous devions écrire de l'autre côté ce qui s'était réellement passé. Ce serait pour certaines personnes une façon plutôt triste de raconter leur vie. »—(une larme coula sur ma main à ces mots)—« Je ne veux pas dire que la mienne a été triste, seulement si différente de ce à quoi je m'attendais. Je me souviens d'un soir d'hiver, assis devant le feu de notre chambre avec Deborah - je m'en souviens comme si c'était hier - et nous planifiions notre vie future - nous planifiions tous les deux, même si elle seule en parlait. Elle dit qu'elle aimerait épouser un archidiacre et écrire ses accusations ; et vous savez, ma chère, elle n'a jamais été mariée, et, pour autant que je sache, elle n'a jamais parlé à un archidiacre célibataire de sa vie. Je n'ai jamais été ambitieux et je n'ai jamais pu écrire de charges, mais je pensais pouvoir gérer une maison (ma mère m'appelait son bras droit) et j'ai toujours aimé les petits enfants - les bébés les plus timides étendaient leurs petits des bras pour venir à moi ; quand j'étais petite, je passais la moitié de mon temps libre à soigner dans les chaumières voisines - mais je ne sais pas comment c'était, quand je devenais triste et grave - ce que je faisais un an ou deux après cette période - les petites choses m'attiraient. je reviens loin de moi, et j'ai peur d'avoir perdu le talent, même si j'aime toujours autant les enfants et que j'ai un étrange désir dans mon cœur chaque fois que je vois une mère avec un bébé dans ses bras. Non, ma chère » (et par une soudaine flamme qui jaillit de la chute des braises non agitées, je vis que ses yeux étaient pleins de larmes — regardant attentivement une vision de ce qui aurait pu se passer) - « savez-vous, Je rêve parfois que j'ai un petit enfant, toujours le même, une petite fille d'environ deux ans ; elle ne vieillit jamais, même si je rêve d'elle depuis de nombreuses années. Je ne pense pas avoir jamais rêvé des mots ou des sons qu'elle émet ; elle est très silencieuse et tranquille, mais elle vient à moi quand elle est très désolée ou très heureuse, et je me suis réveillé avec l'attache de ses chers petits bras autour de mon cou. Hier soir encore, peut-être parce que je m'étais endormi en pensant à ce bal pour Phoebe, ma petite chérie est venue dans mon rêve et a levé la bouche pour être embrassée, tout comme j'ai vu de vrais bébés faire à de vraies mères avant d'aller au lit. . Mais tout cela n'a aucun sens, ma chérie ! mais ne soyez pas effrayé par le fait que Miss Pole soit mariée. Je peux imaginer que cela peut être un état très heureux, et qu'un peu de crédulité aide à traverser la vie avec beaucoup de douceur — mieux que de toujours douter et douter, et de voir des difficultés et des désagréments en toute chose.

Une histoire d'amour d'il y a longtemps

De *Cranford*.

ET *maintenant* j'en viens à l'histoire d'amour.

Il semble que Miss Pole avait un cousin, une ou deux fois éloigné, qui avait proposé à Miss Matty il y a longtemps. Or, ce cousin vivait à quatre ou cinq milles de Cranford sur son propre domaine ; mais sa propriété n'était pas assez grande pour lui donner droit à un rang plus élevé que celui d'un yeoman ; ou plutôt, avec un peu de « l'orgueil qui singe l'humilité », il avait refusé de se lancer, comme tant de membres de sa classe l'avaient fait, dans les rangs des écuyers. Il ne se permettait pas d'être appelé Thomas Holbrook, *Esq.* : il a même renvoyé des lettres avec cette adresse, disant à la maîtresse de poste de Cranford qu'il s'appelait *M.* Thomas Holbrook, yeoman.

Il méprisait tout raffinement qui n'avait pas sa racine au plus profond de l'humanité. Si les gens n'étaient pas malades, il ne voyait pas la nécessité de modérer sa voix. Il parlait parfaitement le dialecte du pays et l'utilisait constamment dans la conversation ; bien que Miss Pole (qui m'a donné ces détails) ait ajouté qu'il lisait à haute voix avec plus de beauté et avec plus d'émotion que quiconque qu'elle avait jamais entendu, à l'exception du défunt recteur.

"Et comment se fait-il que Miss Matilda ne l'ait pas épousé ?" ai-je demandé.

« Ah, je ne sais pas. Elle était assez disposée, je pense ; mais vous savez que le cousin Thomas n'aurait pas été assez gentleman pour le recteur et miss Jenkyns.

"Bien! mais ils ne devaient pas l'épouser, dis-je avec impatience.

"Non; mais ils n'aimaient pas que Miss Matty se marie en dessous de son rang. Vous savez qu'elle était la fille du recteur et, d'une manière ou d'une autre, ils sont apparentés à Sir Peter Arley : Miss Jenkyns y a beaucoup réfléchi.

"Pauvre Miss Matty!" dis-je.

« Non, maintenant, je ne sais rien de plus que ce qu'il a proposé et qui a été refusé. Il se peut que Miss Matty ne l'aime pas — et Miss Jenkyns n'ait peut-être jamais dit un mot — ce n'est qu'une hypothèse de ma part.

"Ne l'a-t-elle jamais revu depuis?"

"Non, je ne pense pas. Vous voyez, Woodley, la maison du cousin Thomas, se trouve à mi-chemin entre Cranford et Misselton ; et je sais qu'il a fait de Misselton son bourg très peu de temps après l'avoir proposé à Miss Matty ; et je ne pense pas qu'il soit venu à Cranford plus d'une ou deux fois depuis — une fois, alors que je me promenais avec Miss Matty, dans High Street ; et soudain, elle s'est éloignée de moi et a remonté Shire Lane. Quelques minutes plus tard, j'ai été surpris en rencontrant le cousin Thomas.

"Quel âge a-t-il?" Ai-je demandé après une pause pendant la construction du château.

« Il doit avoir environ soixante-dix ans, je pense, ma chère », dit Miss Pole en faisant exploser mon château, comme avec de la poudre à canon, en petits fragments.

Très peu de temps après, du moins pendant ma longue visite à Miss Matilda, j'ai eu l'occasion de voir M. Holbrook ; voir aussi sa première rencontre avec son ancien amour, après trente ou quarante ans de séparation. J'étais en train de décider si l'une des nouvelles soies colorées qu'ils venaient de recevoir au magasin s'accorderait avec une mousseline de laine grise et noire qui voulait une nouvelle ampleur, quand un Don Quichotte grand et mince - un vieil homme à l'air âgé est entré dans le magasin pour chercher des gants en laine. Je n'avais jamais vu cette personne (qui était plutôt frappante) auparavant, et je l'observais assez attentivement, tandis que Miss Matty écoutait le commerçant. L'étranger portait un habit bleu avec des boutons de cuivre, une culotte terne et des guêtres, et tambourinait avec ses doigts sur le comptoir jusqu'à ce qu'on s'occupe de lui. Lorsqu'il répondit à la question du garçon de magasin : « Que puis-je avoir le plaisir de vous montrer aujourd'hui, Monsieur ? J'ai vu Miss Matilda sursauter, puis s'asseoir tout à coup ; et instantanément j'ai deviné de qui il s'agissait. Elle avait fait une demande qui devait être transmise à l'autre commerçant.

« Miss Jenkyns veut du sarsenet noir à deux pence le mètre » ; et M. Holbrook avait compris le nom et traversa le magasin en deux enjambées.

« Matty… Miss Matilda… Miss Jenkyns ! Que Dieu bénisse mon âme ! Je n'aurais pas dû te connaître. Comment vas-tu? comment vas-tu?" Il lui serrait la main d'une manière qui prouvait la chaleur de son amitié ; mais il répétait si souvent, comme pour lui-même : « Je n'aurais pas dû vous connaître ! que tout roman sentimental que je pourrais être enclin à construire était complètement anéanti par ses manières.

Cependant, il n'arrêtait pas de nous parler tout le temps que nous étions dans le magasin ; puis agitant le commerçant avec les gants non achetés d'un côté, en disant : « Une autre fois, monsieur ! une autre fois!" il est rentré chez nous avec nous. Je suis heureux de dire que ma cliente, Miss Matilda, a également quitté la boutique dans un état tout aussi perplexe, n'ayant acheté ni soie verte ni rouge. M. Holbrook était évidemment plein d'une joie honnête et exprimée à haute voix à l'idée de retrouver son ancien amour ; il a évoqué les changements survenus ; il a même parlé de Miss Jenkyns comme de « Votre pauvre sœur ! Bien bien! nous avons tous nos défauts » ; et nous a dit au revoir avec beaucoup d'espoir qu'il reverrait bientôt Miss Matty. Elle est allée directement dans sa chambre ; et je ne suis jamais revenue avant notre heure du thé, quand j'ai pensé qu'elle avait l'air d'avoir pleuré.

Le chat et la dentelle

De *Cranford*.

MME FORRESTER raconta un petit fait curieux à Lady Glenmire, une anecdote connue du cercle de ses amis intimes, mais dont même Mme Jamieson n'était pas au courant. Il s'agissait d'une vieille dentelle fine, unique relique de jours meilleurs, que Lady Glenmire admirait sur le col de Mme Forrester.

« Oui, » dit cette dame, « une telle dentelle ne peut s'obtenir maintenant ni pour l'amour ni pour l'argent ; faites par les religieuses à l'étranger, me disent-elles. Ils disent qu'ils ne peuvent pas venir maintenant, même là-bas. Mais peut-être qu'ils le peuvent maintenant qu'ils ont adopté le projet de loi d'émancipation des catholiques. Je ne devrais pas me le demander. Mais en attendant, je chéris beaucoup ma dentelle. Je n'ose même pas confier le lavage à ma servante » (la petite écolière de charité que j'ai déjà nommée, mais qui sonnait bien comme « ma servante »). «Je le lave toujours moi-même. Et une fois, il a réussi à s'en sortir de justesse. Bien entendu, Votre Seigneurie sait qu'une telle dentelle ne doit jamais être amidonnée ni repassée. Certaines personnes le lavent avec du sucre et de l'eau ; et un peu dans le café, pour lui donner la bonne couleur jaune ; mais j'ai moi-même une très bonne recette pour le laver dans du lait, qui le raidit assez et lui donne une très bonne couleur crémeuse. Eh bien, madame, je l'avais cloué ensemble (et la beauté de cette fine dentelle, c'est que lorsqu'elle est mouillée, elle rentre dans un très petit espace), et je l'avais mis à tremper dans du lait, quand, malheureusement, je suis parti la chambre; à mon retour, j'ai trouvé une chatte sur la table, ressemblant beaucoup à un voleur, mais avalant très inconfortablement, comme si elle était à moitié étouffée par quelque chose qu'elle voulait avaler et ne pouvait pas. Et le croiriez-vous ? Au début, j'ai eu pitié d'elle et j'ai dit : « Pauvre chatte ! pauvre chatte !' jusqu'à ce que, tout d'un coup, j'ai regardé et j'ai vu la tasse de lait vide – nettoyée ! « Espèce de vilain chat ! » dis-je ; et je crois que j'ai été assez provoqué pour lui donner une gifle, qui n'a servi à rien, mais a seulement aidé le lacet à tomber, tout comme on gifle dans le dos un enfant qui s'étouffe. J'aurais pu pleurer, j'étais tellement vexé ; mais j'ai décidé que je n'abandonnerais pas les lacets sans me battre pour les obtenir. J'espérais que la dentelle ne lui conviendrait pas de toute façon ; mais cela aurait été trop pour Job, s'il avait vu, comme moi, ce chat entrer, tout à fait placide et ronronnant, pas un quart d'heure après, et s'attendant presque à être caressé. « Non, chatte ! » dis-je ; « Si vous avez une conscience, vous ne devriez pas vous attendre à cela ! Et puis une pensée m'a frappé ; et j'ai sonné pour appeler ma femme de chambre, et je l'ai envoyée chez M. Hoggins, avec mes compliments, et aurait-il la gentillesse de me prêter une de ses bottes pendant une heure ? Je ne pensais pas qu'il y avait quoi que ce soit d'étrange dans le message ; mais Jenny a dit, les jeunes hommes du cabinet ont ri comme s'ils allaient être malades, parce que je voulais une botte haut de gamme. Quand cela est arrivé, Jenny et moi avons mis la chatte dedans, avec ses pieds antérieurs vers le bas, de manière à ce qu'ils soient attachés et ne puissent pas se gratter, et nous lui avons donné une cuillère à café de gelée de groseilles, dans laquelle (Votre Seigneurie doit m'excuser) J'avais mélangé du tartre émétique. Je n'oublierai jamais à quel point j'étais anxieux pendant la demi-heure suivante. J'ai emmené la chatte dans ma propre chambre et j'ai étalé une serviette propre sur le sol. J'aurais pu l'embrasser lorsqu'elle avait rendu le lacet à la vue, tout comme il était tombé. Jenny avait de l'eau bouillante prête, et nous l'avons trempée et trempée, et l'avons étalée sur un buisson de lavande au soleil, avant que je puisse la toucher à nouveau, même pour la mettre dans du lait. Mais maintenant, Votre Seigneurie ne devinerait jamais que c'était dans la chatte.

Petites économies

De *Cranford*

J'AI souvent remarqué que presque chacun a ses propres petites économies – des habitudes prudentes consistant à épargner des fractions de centimes dans une direction particulière – dont toute perturbation l'ennuie plus que de dépenser des shillings ou des livres sterling pour une véritable extravagance. Un vieux monsieur de ma connaissance, qui apprit avec une douceur stoïque la faillite d'une banque par actions dans laquelle une partie de son argent était placée, inquiéta sa famille tout au long d'une longue journée d'été, parce que l'un d'eux avait déchiré (au lieu de découper) les feuilles écrites de son livret de banque désormais inutile ; bien sûr, les pages correspondantes à l'autre bout sont également sorties ; et ce petit gaspillage inutile de papier (son économie privée) l'irritait plus que toute la perte de son argent. Les enveloppes lui inquiétaient terriblement l'âme dès qu'elles arrivaient ; la seule façon pour lui de se réconcilier avec un tel gaspillage de son article précieux, était de retourner patiemment tout ce qu'on lui envoyait, et de les faire ainsi servir à nouveau. Même maintenant, bien qu'apprivoisé par l'âge, je le vois jeter des regards mélancoliques à ses filles lorsqu'elles envoient un intérieur entier d'une demi-feuille de papier, avec les trois lignes d'acceptation d'une invitation écrites sur un seul côté. Je n'hésite pas à admettre que j'ai moi-même cette faiblesse humaine. String est mon point faible. Mes poches se remplissent de petits morceaux, ramassés et tordus ensemble, prêts pour des utilisations qui ne viennent jamais. Je suis sérieusement ennuyé si quelqu'un coupe le fil d'un colis, au lieu de le défaire patiemment et fidèlement pli par pli. Comment les gens peuvent-ils se résoudre à utiliser des anneaux en caoutchouc indien, qui sont une sorte de déification de la corde, aussi légèrement qu'ils le font, je ne peux pas l'imaginer. Pour moi, une bague en caoutchouc indien est un trésor précieux. J'en ai un qui n'est pas nouveau ; celui que j'ai ramassé par terre, il y a près de six ans. J'ai vraiment essayé de l'utiliser ; mais mon cœur m'a fait défaut et je n'ai pas pu commettre cette extravagance.

Les petits morceaux de beurre chagrinent les autres. Ils ne peuvent assister à la conversation, à cause de l'ennui occasionné par l'habitude qu'ont certains gens de prendre invariablement plus de beurre qu'ils n'en veulent. N'avez-vous pas vu le regard anxieux (presque hypnotique) que de telles personnes fixent sur l'article ? Ils ressentiraient un soulagement s'ils pouvaient l'enterrer hors de leur vue en le mettant dans leur propre bouche et en l'avalant ; et ils sont vraiment heureux si celui dans l'assiette duquel il reste inutilisé casse tout à coup un morceau de pain grillé (dont il ne veut pas du tout) et mange son beurre. Ils pensent que ce n'est pas du gaspillage.

Désormais, Miss Matty Jenkyns se méfiait des bougies. Nous disposions de nombreux appareils pour en utiliser le moins possible. Les après-midi d'hiver, elle restait assise à tricoter pendant deux ou trois heures ; elle pourrait le faire dans l'obscurité ou à la lueur du feu ; et quand je lui ai demandé si je ne pouvais pas sonner des bougies pour finir de coudre mes bracelets, elle m'a dit de « garder les vacances des aveugles ». Ils étaient généralement apportés avec du thé ; mais nous n'en avons brûlé qu'un à la fois. Comme nous vivions en constante préparation pour un ami qui pouvait venir n'importe quel soir (mais qui ne venait jamais), il fallait un artifice pour garder nos deux bougies de même longueur, prêtes à être allumées, et avoir l'air d'en brûler deux toujours. . Les bougies se relayaient ; et, quoi que nous parlions ou fassions, les yeux de Miss Matty étaient habituellement fixés sur la bougie, prêts à sauter et à l'éteindre, et à allumer l'autre avant qu'ils ne soient devenus trop inégaux en longueur pour être rétablis à l'égalité dans le cours. de la soirée.

Une nuit, je m'en souviens, cette économie de bougies m'a particulièrement ennuyé. J'étais très fatigué de mes « vacances d'aveugle » obligatoires, d'autant plus que Miss Matty s'était endormie et que je n'aimais pas attiser le feu et courir le risque de la réveiller ; je ne pouvais donc même pas m'asseoir sur le tapis et me brûler en cousant à la lueur du feu, selon mon habitude habituelle. Je pensais que Miss Matty devait rêver de sa jeunesse ; car elle prononça quelques mots, dans son sommeil inquiet, faisant référence à des personnes mortes depuis longtemps. Lorsque Martha apporta la bougie allumée et le thé, Miss Matty commença à se réveiller, avec un étrange regard perplexe autour d'elle, comme si nous n'étions pas les personnes qu'elle s'attendait à voir autour d'elle. Il y avait une petite expression triste qui assombrissait son visage lorsqu'elle me reconnut ; mais aussitôt après, elle essaya de me faire son sourire habituel.

Économie élégante

De *Cranford*

J'IMAGINE que quelques-uns des gentilshommes de Cranford étaient pauvres et avaient quelques difficultés à joindre les deux bouts ; mais ils ressemblaient aux Spartiates et cachaient leur intelligence sous un visage souriant. Aucun de nous ne parla d'argent, parce que ce sujet avait un goût de commerce et, même si certains pouvaient être pauvres, nous étions tous aristocratiques. Les Cranfordiens avaient cet *esprit de corps bienveillant* qui leur faisait négliger toutes les lacunes du succès lorsque certains d'entre eux essayaient de cacher leur pauvreté. Lorsque Mme Forrester, par exemple, organisait une fête dans la petite maison de son habitation et que la petite fille dérangait les dames assises sur le canapé en leur demandant de retirer le plateau à thé par-dessous, tout le monde prenait ce roman en procédant ainsi. comme la chose la plus naturelle au monde ; et nous parlions des cérémonies et des cérémonies du ménage, comme si nous croyions tous que notre hôtesse avait une salle de service régulière, une deuxième table, avec une gouvernante et un intendant, au lieu de l'unique petite fille de l'école de charité, dont les bras courts et roux n'auraient jamais pu être vus. assez forte pour porter le plateau à l'étage, si elle n'avait pas été aidée en privé par sa maîtresse, qui était maintenant assise en grande pompe, faisant semblant de ne pas savoir quels gâteaux on lui envoyait ; Même si elle savait, et nous savions, et elle savait que nous savions, elle avait été occupée toute la matinée à préparer du thé, du pain et des génoises.

Il y avait une ou deux conséquences découlant de cette pauvreté générale mais non reconnue, et de cette noblesse très reconnue, qui n'étaient pas mauvaises et qui pourraient être introduites dans de nombreux cercles de la société pour leur grand progrès. Par exemple, les habitants de Cranford se levaient de bonne heure et rentraient chez eux dans leurs foyers, sous la conduite d'un porteur de lanterne, vers neuf heures du soir ; et à dix heures et demie, toute la ville était couchée et endormie. De plus, il était considéré comme « vulgaire » (un mot formidable à Cranford) de donner quelque chose de cher, sous forme de nourriture ou de boisson, lors des divertissements du soir. Des gaufrettes au beurre et des biscuits éponges étaient tout ce que l'honorable Mme Jamieson a donné ; et elle était la belle-sœur du regretté comte de Glenmire, même si elle pratiquait une telle « économie élégante ».

«Économie élégante!» Comme on retombe naturellement dans la phraséologie de Cranford ! Là-bas, l'économie a toujours été « élégante », et la dépense d'argent toujours « vulgaire et ostentatoire » ; une sorte de raisin aigre qui nous rendait très paisibles et satisfaits. Je n'oublierai jamais la consternation ressentie lorsqu'un certain capitaine Brown vint vivre à

Cranford et parla ouvertement de sa pauvreté - non pas à voix basse à un ami intime, les portes et les fenêtres étant préalablement fermées ; mais, sur la voie publique ! d'une voix militaire forte ! alléguant sa pauvreté comme raison pour ne pas prendre une maison en particulier. Les dames de Cranford se plaignaient déjà de l'invasion de leurs territoires par un homme et un gentleman. Il était capitaine à demi-solde et avait obtenu une place sur un chemin de fer voisin, contre laquelle la petite ville avait véhémentement adressé une pétition ; et si, en plus de son genre masculin et de ses liens avec l'odieux chemin de fer, il avait l'audace de parler de pauvreté – pourquoi ! alors, en effet, il faudra l'envoyer à Coventry. La mort était aussi vraie et aussi courante que la pauvreté ; Pourtant, les gens n'en parlaient jamais à haute voix dans les rues. C'était un mot à ne pas prononcer à des oreilles polies. Nous avions tacitement convenu d'ignorer que quiconque avec qui nous nous associions dans des conditions d'égalité en visite pourrait jamais être empêché par la pauvreté de faire tout ce qu'il souhaitait. Si nous allions à pied à une fête ou en revenions, c'était parce que la nuit était si belle ou l'air *si* rafraîchissant ; non pas parce que les chaises à porteurs étaient chères. Si nous portions des imprimés plutôt que des soies d'été, c'est parce que nous préférions une matière lavante ; et ainsi de suite, jusqu'à ce que nous nous aveuglions sur le fait vulgaire que nous étions tous des gens aux moyens très modestes.

Sally parle de ses amoureux

De *Ruth* , 1853

Mme Gaskell était connue comme une gentille maîtresse et ses serviteurs restaient avec elle pendant des années ; l'un d'entre eux a établi un record et a été au service de Mme Gaskell pendant plus de cinquante ans.

MAIS Ruth a déclaré qu'elle préférerait entendre parler des amoureux de Sally, à la grande déception de cette dernière, qui considérait le dîner de loin comme la plus grande réussite.

«Eh bien, voyez-vous, je ne sais pas comment je devrais les appeler chéris; car, à l'exception de John Rawson, qui fut enfermé dans la maison de fous la semaine suivante, je n'ai jamais reçu ce qu'on peut appeler une véritable offre de mariage, mais une seule fois. Mais je l'ai eu une fois ; et ainsi je peux dire que j'avais une chérie. Mais je commençais à avoir peur, car on aime être licencié ; ce n'est que de la courtoisie ; et je me souviens, après avoir eu quarante ans, et avant que Jeremiah Dickson ait parlé, j'ai commencé à penser que John Rawson n'était peut-être pas si fou, et que j'avais mal fait de prendre à la légère son offre, en tant que fou, si c'était le cas. être le seul que je devais jamais avoir; Je ne veux pas dire que je l'aurais eu, mais je pensais que si cela devait se reproduire, je parlerais de lui avec respect aux gens et leur dirais que c'était seulement sa façon de se déplacer à quatre pattes. , mais qu'il était un homme sensé dans la plupart des choses. Cependant, j'avais ri, et d'autres aussi, de mon amant fou, et il était tard maintenant pour l'ériger en Salomon. Cependant, j'ai pensé que ce ne serait pas une mauvaise chose d'être réessayé ; mais je ne pensais pas que le procès viendrait quand il arriverait. Voyez-vous, le samedi soir est une soirée de loisirs dans les comptoirs et autres lieux semblables, tandis que c'est la nuit la plus occupée de toutes pour les domestiques. Bien! c'était un samedi soir, et j'avais mon tablier en feutre et les pans de ma robe de chambre épinglés derrière, à genoux, en train de recouvrir la cuisine, quand on frappe à la porte de derrière. 'Entrez!' dis-je; mais il frappa encore, comme s'il était trop majestueux pour s'ouvrir la porte ; alors je me suis levé, plutôt en colère, et j'ai ouvert la porte ; et là se tenait Jerry Dixon, le chef de bureau de M. Holt ; seulement il n'était pas alors chef de bureau. Alors je me levai, bouchant la porte, pensant qu'il voulait parler au maître ; mais il m'a en quelque sorte bousculé et m'a parlé du temps qu'il faisait (comme si je ne pouvais pas le voir par moi-même), il a pris une chaise et s'est assis près du four. « Cool et facile ! » pensais-je; c'est-à-dire lui-même, pas chez lui, qui, je le savais, devait être plutôt chaud. Bien! il ne semblait pas utile d'attendre le départ de mon gentleman ; non pas qu'il ait grand-chose à dire non plus ; mais il continuait à faire tournoyer son chapeau et à lisser le poil du revers de la main. Alors, finalement, je me suis accroupi pour mon travail et je pense que je serai à genoux tout prêt s'il fait une prière, car je savais qu'il était un méthodiste de par son éducation, et je ne m'étais que récemment tourné vers la manière de faire du maître. pensée; et ces Méthodistes sont de terribles mains pour les prières inattendues, quand on les cherche le moins. Je ne peux pas dire que j'aime leur façon de surprendre, pour ainsi dire ; mais ensuite, je suis la fille d'un clerc de paroisse, et je ne pourrais jamais m'abaisser à des modes discordantes, sauf toujours et sauf celle de maître Thurstan, bénissez-le. Cependant, j'avais été pris une ou deux fois par surprise, alors cette fois j'ai pensé que j'étais à la hauteur, et j'ai déplacé un plumeau sec partout où j'allais, pour m'agenouiller au cas où il commencerait quand j'étais dans un endroit humide. Peu à peu, je pensais que si cet homme priait, ce serait une bénédiction, car cela l'empêcherait de me suivre des yeux partout où j'allais ; car quand ils se mettent à prier, ils ferment les yeux et frémissent les paupières d'une manière étrange – c'est le cas de ces dissidents. Je peux vous parler assez clairement, car vous êtes né dans l'Église comme moi, et vous devez trouver aussi étrange que moi d'être parmi des gens dissidents. Cependant, à Dieu ne plaise, je devrais parler de manière irrespectueuse à l'égard de Maître Thurstan et de Miss Faith ; Je ne les considère jamais comme des Églises ou des dissidents, mais simplement comme des chrétiens. Mais revenons à Jerry. Premièrement, j'ai essayé de toujours nettoyer son dos ; mais quand il se retourna, comme toujours pour me faire face, j'eus envie d'essayer un autre jeu. Alors, dis-je, « Maître Dixon, je supprime votre pardon, mais je dois mettre de l'argile sous votre chaise. Voudriez-vous s'il vous plaît déménager ? Eh bien, il a déménagé ; et peu à peu je lui ai adressé les mêmes paroles ; et ensuite, encore et encore, jusqu'à ce qu'il se déplace toujours avec sa chaise derrière lui, comme un escargot qui porte sa maison sur son dos. Et le grand gaupus n'a jamais compris que je posais deux fois des canalisations aux mêmes endroits. Finalement, je me suis senti désespéré, il était tellement sur mon chemin ; j'ai donc fait deux grosses croix sur les pans de son manteau marron ; car, voyez-vous, chaque fois qu'il montait ou descendait, il retirait les pans de son habit de dessous lui et les passait à travers les barreaux de la chaise ; et la chair et le sang ne purent résister à l'envie de les faire couler pour lui ; et il lui faudrait un joli brossage, je pense, pour l'enlever à nouveau. Bien! enfin, il s'éclaircit la gorge avec une voix inhabituellement forte ; alors j'étends mon plumeau et ferme les yeux tout prêt ; mais comme rien ne se passait, j'ouvris un peu les yeux pour voir de quoi il s'agissait. Ma parole! s'il n'était pas là, à genoux, face à moi, me regardant aussi fort qu'il le pouvait. Bien! Je pensais que ce serait dur de supporter cela, s'il faisait un long bruit ; alors je fermai de nouveau les yeux et essayai de penser sérieusement, comme cela convenait à ce que je pensais arriver ; mais pardonnez-moi ! mais je me suis demandé pourquoi cet homme ne pouvait-il pas entrer et prier avec maître Thurstan, comme c'était toujours un esprit calme et prêt à prier, à la place de moi, qui avais ma commode à récurer, sans parler d'un tablier à repasser. Enfin, il dit, dit-il : « Sally ! Veux-tu m'obliger de ta main ? Alors j'ai pensé que c'était peut-être la mode des Méthodes de prier main dans la main ; et je ne le nierai pas, mais j'aurais aimé mieux le laver après avoir éteint le feu de la cuisine. J'ai pensé que je ferais mieux de lui dire qu'ils n'étaient pas aussi propres que je pourrais le souhaiter, alors je dis : « Maître Dixon, vous l'aurez, et bienvenue, si je peux juste aller les laver d'abord. Mais, dit-il, « Ma chère Sally, sale ou propre, cela m'est égal, puisque je ne parle que d'une manière figurative. Ce que je vous demande, à genoux, c'est que vous vouliez avoir la bonté d'être ma femme mariée ; la semaine suivante me conviendra, si cela vous convient ! Ma parole! J'étais debout en un instant ! C'était étrange maintenant, n'est-ce pas ? Je n'ai jamais songé à prendre cet homme et à me marier ; pour autant, je ne le nierai pas, je pensais que ce serait agréable d'être licencié. Mais tout à coup, je ne pouvais plus supporter ce type. "Monsieur", dis-je en essayant d'avoir l'air honteux comme l'occasion s'y prêtait, mais malgré cela, je sentais dans ma bouche un gazouillis dont je craignais qu'il ne se termine par un rire. "Maître Dixon, je vous suis reconnaissant pour le compliment, et merci quand même, mais je crois que je préférerais vivre seule. Il avait l'air très surpris; mais en une minute, il s'éclaircit et était toujours aussi doux. Il restait toujours à genoux et j'aurais souhaité qu'il se relève ; mais, je pense, il pensait que cela donnerait de la force à ses paroles ; dit-il, « Détrompez-vous, ma chère Sally. J'ai une maison de quatre pièces et des meubles conformes ; et quatre-vingts livres par an. Vous n'aurez peut-être plus jamais une telle chance. Il y avait là assez de vérité, mais ce n'était pas joli de la part d'un homme de le dire ; et ça m'a un peu dérangé. « Quant à cela, ni vous ni moi ne pouvons le dire, maître Dixon. Tu n'es pas le premier type que j'ai mis à genoux avant moi, me poussant à l'épouser (tu vois, je pensais à John Rawson, seulement je pensais qu'il n'était pas nécessaire de dire qu'il était à quatre pattes - ça si en vérité il était à genoux, tu sais), et peut-être que tu ne seras pas le dernier. De toute façon, je n'ai pas envie de changer mon état pour le moment. «J'attendrai Noël», dit-il. « J'ai un cochon qui sera prêt à être tué à ce moment-là, donc je dois me marier avant cela. » Bien maintenant! le croirais-tu ? le cochon était une tentation. J'avais une recette pour saler les jambons, car Miss Faith ne me laissait jamais essayer, disant que les anciennes méthodes étaient assez bonnes. Cependant, j'ai résisté. Je dis, très sévèrement, parce que j'avais l'impression d'avoir hésité : « Maître Dixon, une fois pour toutes, cochon ou pas cochon, je ne vous épouserai pas. Et si vous suivez mon conseil, vous vous relèverez. Les drapeaux sont encore humides, et ce serait une chose gênante d'avoir des rhumatismes juste avant l'hiver. Sur ce, il se releva, assez raide. Il avait l'air aussi boudeur que jamais. Et comme il était si noir et colérique, j'ai pensé que j'avais bien fait (quoi qu'il arrive au cochon) de lui dire « Non ». « Vous pouvez vivre pour vous en repentir », dit-il, très rouge. "Mais je ne serai pas trop dur avec vous, je vais vous donner une autre chance. Je vous laisserai la nuit pour y réfléchir, et je passerai juste pour avoir votre avis, demain après la chapelle. Bien maintenant! as-tu déjà entendu quelque chose comme ça ? Mais il en est ainsi de tous ces hommes, qui pensent tellement à eux-mêmes, et qui ne font que demander et avoir. Mais ils ne m'ont jamais eu ; et j'aurai soixante et un ans à la Saint-Martin, donc il ne leur reste pas beaucoup de temps pour m'essayer, je pense. Bien! Quand Jérémie a dit cela, il m'a hébergé plus que jamais, et je dis : « Mes premières pensées, mes deuxièmes pensées et mes troisièmes pensées sont toutes une seule et même chose ; tu ne m'as tenté qu'une fois, et c'est à ce moment-là que tu as parlé de ton cochon. Mais de vous-même, vous n'avez pas de quoi vous vanter, alors je vous souhaite une bonne nuit et je garderai mes bonnes manières, sinon, si je disais la vérité, je dirais que cela a été une grande perte de du temps à t'écouter. Mais je serai courtois… alors bonsoir. Il ne dit jamais un mot, mais s'en alla noir comme le tonnerre, claquant la porte derrière lui. Le maître m'a appelé aux prières, mais je ne peux pas dire que je pourrais y penser, car mon cœur battait tellement. Cependant, c'était un réconfort d'avoir reçu une offre de mariage sacré ; et même si cela m'a troublé, cela m'a fait penser davantage à moi-même.

Sally fait son testament

De *Ruth* .

Dans l'une de ses lettres, George Eliot mentionne « le riche humour de Sally » et poursuit en disant « Mme. Gaskell a certainement un esprit charmant, et on ne peut s'empêcher de l'aimer en lisant ses livres.

SALLY était, comme d'habitude, la causeuse ; et, comme d'habitude, il s'agissait de la famille dont elle faisait partie depuis tant d'années.

"Toujours! les choses étaient différentes quand j'étais une fille, dit-elle. « Les œufs coûtaient trente shillings et le beurre seulement six pence la livre. Mon salaire quand je suis arrivé ici n'était que de trois livres, et je l'ai touché, et il était toujours propre et bien rangé, ce qui est plus que ce que beaucoup de jeunes filles peuvent dire maintenant, qui gagnent sept ou huit livres par an ; et le thé était réservé à l'apéritif de l'après-midi, et le pudding était mangé avant la viande à cette époque-là, et le résultat était que les gens payaient mieux leurs dettes ; Aye Aye! nous avons reculé et nous pensons avoir fait des progrès.

Après avoir un peu secoué la tête face à la dégénérescence des temps, Sally revint sur une partie du sujet sur laquelle elle pensait avoir donné une fausse idée à Ruth.

« Vous n'allez pas penser maintenant que je n'ai pas plus de trois livres par an. J'ai un accord au-dessus maintenant. Tout d'abord, ma vieille dame m'a donné quatre livres, car elle disait que j'en valais la peine, et je pensais dans mon cœur que c'était le cas ; alors je l'ai pris sans plus attendre ; mais après sa mort, Maître Thurstan et Miss Faith prirent une crise de dépenses et me dirent, un jour, alors que j'apportais du thé : « Sally, nous pensons que votre salaire devrait être augmenté. « Qu'importe ce que vous pensez ! » dis-je d'un ton assez vif, car je pensais qu'ils auraient montré plus de respect à notre femme s'ils avaient laissé les choses telles qu'elles étaient à son époque ; et ils étaient allés déplacer le canapé du mur là où il se trouve maintenant, déjà le jour même. Alors je parle haut et je dis : "Tant que je suis content, je pense que ce n'est pas à vous de vous mêler de moi et que mon argent compte." "Mais", dit Miss Faith (c'est toujours elle qui parle en premier si vous le remarquez, même si c'est le maître qui entre et conclut l'affaire avec une raison à laquelle elle n'aurait jamais pensé - il a toujours été un garçon sensé). " Sally, tous les domestiques de la ville ont six livres et mieux, et tu as une place aussi dure que n'importe lequel d'entre eux. " « M'avez-vous déjà entendu me plaindre de mon travail parce que vous en parliez de cette façon ? Attends que je grogne, dis-je, mais ne te mêle pas de moi d'ici là. Alors je me suis lancé en colère; mais au cours de la soirée, maître Thurstan entra et s'assit dans la cuisine, et il est tellement avenant qu'il se prête à tout ; et en plus, une idée m'était venue à l'esprit... maintenant, vous ne le direz pas, dit-elle en jetant un coup d'œil autour de la pièce et en rapprochant sa chaise de Ruth d'une manière confidentielle ; Ruth a promis, et Sally a poursuivi :

« J'ai pensé que j'aimerais être une héritière avec de l'argent et laisser tout cela à Maître et Miss Faith ; et je pensais que si j'avais six livres par an, je pourrais peut-être devenir héritière ; tout ce qui me faisait peur, c'était qu'un type ou un autre ne m'épouse pour mon argent, mais j'ai réussi à éloigner ces gars-là ; alors j'ai l'air maussade et reconnaissant, et je remercie Maître Thurstan pour son offre, et je prends le salaire ; et que penses-tu que j'ai fait ? demanda Sally d'un air exultant.

"Qu'avez-vous fait?" demanda Ruth.

"Pourquoi," répondit Sally lentement et avec insistance, "J'ai économisé trente livres ! Mais ce n'est pas ça. J'ai demandé à un avocat de me faire un testament ; c'est ça, fille ! dit-elle en donnant une tape dans le dos de Ruth.

« Comment avez-vous géré cela ? » demanda Ruth.

"Oui, c'était ça", dit Sally; « J'y ai pensé plusieurs nuits avant de trouver le bon chemin. J'avais peur que l'argent ne soit jeté à la chancellerie si je ne faisais pas tout en sécurité, et pourtant je ne pouvais pas demander à maître Thurstan. Finalement, John Jackson, l'épicier, fit venir un neveu passer une semaine chez lui, ainsi qu'un apprenti chez un avocat de Liverpool ; alors c'était mon tour, et voici mon avocat. Attends une minute! Je pourrais mieux vous raconter mon histoire si j'avais mon testament en main ; et je te moquerai si jamais tu veux le dire.

Elle leva la main et menaça Ruth alors qu'elle quittait la cuisine pour aller chercher le testament.

Quand elle revint, elle apporta un paquet ficelé dans un mouchoir bleu ; elle s'assit, redressa les genoux, dénoua le mouchoir et montra un petit morceau de parchemin.

"Maintenant, tu sais ce que c'est?" dit-elle en le levant. « C'est du parchemin, et c'est l'étoffe idéale pour faire un testament. Les gens entrent à la Chancellerie s'ils ne les font pas avec ce genre de choses, et je pense que Tom Jackson pensait qu'il aurait un nouveau travail là-dessus s'il pouvait le faire entrer à la Chancellerie ; car le coquin est allé d'abord l'écrire sur un morceau de papier, et est venu me le lire à haute voix sur un morceau de papier pas meilleur que celui sur lequel on écrit des lettres. J'étais à lui; et, je pense, viens, viens, mon garçon, je ne suis pas un imbécile, même si tu le penses ; Je sais qu'un journal ne tiendra pas, mais je te laisse gérer ton appareil. Alors je m'assois et j'écoute. Et me croiriez-vous, il l'a lu comme s'il s'agissait d'une affaire aussi claire que de me donner ce dé à coudre - plus de bruit, même s'il coûtait trente livres ! Je pouvais le comprendre moi-même – ce n'était pas une loi pour moi. Je voulais que tout y réfléchisse et que le sens soit enveloppé alors que j'emballe ma plus belle robe. Alors je dis : « Tom ! ce n'est pas sur parchemin. Je dois l'avoir sur parchemin. « Cela fera aussi l'affaire », dit-il. « Nous aurons un témoin et cela restera bon. » Bien! J'ai aimé l'idée d'en avoir un témoin, et pendant un moment, cela m'a apaisé ; mais après un moment, j'ai senti que j'aimerais que cela soit fait conformément à la loi, et non clairement comme n'importe qui aurait pu le faire ; Moi-même, si j'avais pu écrire. Alors je dis : « Tom ! Je dois l'avoir sur parchemin. « Le parchemin coûte de l'argent », dit-il très gravement. « Oh, oh, mon garçon ! es-tu là ? je pense. C'est pour cela que je suis en dehors de la loi. Alors je dis : « Tom ! Je dois l'avoir sur parchemin. Je vais payer l'argent et vous souhaiter la bienvenue. C'est trente livres, et ce que je peux en dire. Je vais le sécuriser. Ce sera sur parchemin, et je vais te dire quoi, mon garçon ! Je vous donnerai six pence pour chaque bon mot de loi que vous y insérerez, ayant l'air de, et pour ne pas vous laisser prendre par une personne qui court. Votre maître devait avoir honte de vous en tant qu'« apprenti si vous ne pouvez pas faire quelque chose de plus commerçant que cela ! Bien! il a ri un peu, mais j'ai été ferme et j'ai tenu bon. Alors il l'a fait sur parchemin. Maintenant, femme, essaie de le lire ! » dit-elle en le donnant à Ruth.

Ruth sourit et commença à lire, Sally écoutant avec une attention soutenue. Lorsque Ruth entendit le mot « testatrice », Sally l'arrêta.

«C'était le premier six pence», dit-elle. « Je pensais qu'il allait me refiler encore une fois en langage clair ; mais quand ce mot est venu, j'ai sorti mes six pence et je les lui ai donnés sur-le-champ. Maintenant, continue.

Bientôt, Ruth lut « en cours ».

«C'était le deuxième six pence. Cela faisait quatre six pence en tout, sans compter six et huit pence comme nous l'avions négocié au début, et trois et quatre pence de parchemin. Là! c'est ce que j'appelle un testament ; témoigné selon la loi, et tout. Maître Thurstan sera joliment hébergé quand je mourrai, et il se verra rendre tout son surplus de salaire. Mais cela lui apprendra qu'il n'est pas aussi facile qu'il le pense de faire renoncer une femme à ses voies.

Les conseils de Betty à Phillis

De *Cousin Phillis* , 1865

PHILLIS fut transporté en bas et resta des heures et des heures tout à fait silencieux sur le grand canapé placé sous les fenêtres de la maison. Elle semblait toujours la même, douce, calme et triste. Son énergie n'est pas revenue avec sa force corporelle. Il était parfois pitoyable de voir les vains efforts de ses parents pour l'intéresser. Un jour, le ministre lui apporta une paire de rubans bleus, lui rappelant avec un tendre sourire une conversation antérieure dans laquelle elle avait avoué aimer ces vanités féminines. Elle lui parla avec reconnaissance, mais quand il fut parti, elle les posa de côté et ferma les yeux langoureusement. Une autre fois, je vis sa mère lui apporter les livres latins et italiens qu'elle aimait tant avant sa maladie – ou plutôt avant le départ de Holdsworth. C'était le pire de tout. Elle tourna son visage vers le mur et pleura dès que sa mère lui tourna le dos. Betty était en train de préparer le linge pour le dîner matinal. Ses yeux perçants virent l'état de l'affaire.

"Maintenant, Phillis!" dit-elle en s'approchant du canapé ; "Nous avons fait tout ce que nous pouvions pour vous, et les médecins ont fait tout ce qu'ils pouvaient pour vous, et je pense que le Seigneur a fait tout ce qu'il peut pour vous, et plus que vous ne le méritez aussi, si vous ne le faites pas. ne fais rien pour toi. Si j'étais vous, je me lèverais et étoufferais la lune, plutôt que de briser le cœur de votre père et de votre mère en les regardant et en attendant qu'il vous plaise de vous frayer un chemin pour retrouver la gaieté. Là-bas, je n'ai jamais favorisé les longues prédications et j'ai dit mon mot.

Un jour ou deux après, Phillis m'a demandé, alors que nous étions seuls, si je pensais que mon père et ma mère lui permettraient de rester avec eux pendant quelques mois. Elle rougit un peu alors qu'elle hésitait à changer de pensée et de scène.

« Seulement pour une courte période, Paul. Ensuite, nous retrouverons la paix d'antan. Je sais que nous le ferons; Je peux et je veux!"

Christianisme pratique

De *Ma Dame Ludlow* , 1859

« M. Gray est VENU deux fois chez moi, alors que j'étais absent le matin, parlant à Sally de l'état de son âme et de ce genre de choses. Mais quand j'ai trouvé la viande entièrement rôtie, j'ai dit : « Viens, Sally, ne prions plus quand le bœuf est au feu. Priez à six heures du matin et à neuf heures du soir, et je ne vous gênerai pas. Alors elle m'a mis en sauce et a dit quelque chose à propos de Martha et Mary, sous-entendant que, parce qu'elle avait laissé le bœuf être tellement exagéré que je déclare que j'avais du mal à en trouver un morceau pour le petit-enfant malade de Nancy Pole, elle avait choisi la meilleure partie. J'ai été très contrarié, je l'avoue, et peut-être serez-vous choqué par ce que j'ai dit - en fait, je ne sais pas si c'était vrai moi-même - mais je lui ai dit que j'avais une âme aussi bien qu'elle, et , si je devais être sauvé en restant assis et en pensant au salut et en ne faisant jamais mon devoir, je pensais que j'avais autant de droit qu'elle d'être Marie et de sauver mon âme. Alors, cet après-midi-là, je me suis assis tranquillement, et c'était vraiment un réconfort, car je suis souvent trop occupé, je le sais, pour prier comme je le devrais. Il y a d'abord une personne qui veut de moi, puis une autre, et la maison, la nourriture et les voisins à surveiller. Ainsi, quand vient l'heure du thé, entre ma servante avec sa bosse sur le dos et son âme à sauver. « S'il vous plaît, madame, avez-vous commandé la livre de beurre ? « Non, Sally, dis-je en secouant la tête, ce matin, je ne suis pas passé par la ferme de Hale, et cet après-midi, j'ai été employé à des choses spirituelles.

« Maintenant, notre Sally aime par-dessus tout le thé et le pain et le beurre, et le pain sec n'était pas à son goût.

« 'Je suis reconnaissante', dit l'impudente coquine, 'que vous ayez pris un virage vers la piété. Ce seront mes prières, j'espère, qui vous l'auront donné.

«J'étais déterminé à ne pas lui donner d'ouverture vers le sujet charnel du beurre; alors elle s'attarda encore, impatiente de demander la permission de courir. Mais je ne lui en ai pas donné et j'ai mâché moi-même mon pain sec, pensant quel fameux gâteau je pourrais faire pour le petit Ben Pole avec un peu de beurre que nous gardions ; et, quand Sally eut bu son thé sans beurre et qu'elle n'était pas de très bonne humeur parce que Martha n'avait pas pensé au beurre, je dis simplement doucement :

« Maintenant, Sally, demain nous essaierons de bien hacher ce bœuf, de nous souvenir du beurre et de travailler à notre salut en même temps, car je ne vois pas pourquoi tout cela ne pourrait pas être possible. fait, comme Dieu nous a demandé de tout faire. Mais je l'ai encore entendu parler de Mary et Martha, et je suis convaincu que M. Gray lui apprendra à me considérer comme une brebis perdue.

Betty donne une conférence à Paul Manning

De Cousin Phillis , 1865

JE ME SOUVIENS encore d'une chose : d'une attaque que Betty, la servante, m'a lancée un jour alors que j'entrais par la cuisine où elle barattait et que je m'arrêtais pour lui demander à boire du babeurre.

« Je dis, cousin Paul » (elle avait adopté l'habitude familiale de m'appeler généralement Cousin Paul et de toujours parler de moi sous cette forme), « quelque chose ne va pas avec notre Phillis, et je pense que vous avez une bonne idée de ce que c'est. est. Elle n'est pas du genre à s'entendre avec des gens comme vous (ce n'est pas élogieux, mais Betty ne l'a jamais été, même envers ceux pour qui elle éprouvait le plus grand respect), mais j'aurais cru que Holdsworth ne s'était jamais approché de nous. Alors voilà, vous avez un peu perdu la tête.

Et ce fut un peu très insatisfaisant. Je ne savais que répondre à l'aperçu de l'état réel de la situation qu'impliquait le discours de la femme astucieuse ; alors j'ai essayé de la rebuter en prenant l'air surpris par sa première affirmation.

« Ça ne va pas avec Phillis ! J'aimerais savoir pourquoi vous pensez que quelque chose ne va pas chez elle. Elle a l'air aussi épanouie que n'importe qui peut l'être.

« Pauvre garçon ! tu n'es qu'un grand enfant après tout ; et vous n'avez probablement jamais entendu parler de bouffées de fièvre. Mais tu n'en sais rien non plus, mon brave garçon ! Alors ne pensez pas à me rebuter avec les fleurs et les discussions de ce genre. Qu'est-ce qui la fait marcher pendant des heures et des heures la nuit alors qu'elle était couchée et endormie ? Je dors dans la chambre à côté d'elle et je l'entends aussi clairement que possible. Qu'est-ce qui la fait entrer, haletante et prête à se laisser tomber sur cette chaise » – en désignant celle qui se trouve près de la porte – « et c'est « Oh ! Betty, un peu d'eau, s'il te plaît ? C'est comme ça qu'elle entre maintenant, quand elle revenait aussi fraîche et lumineuse qu'elle sortait. Si votre ami l'a trompée, c'est une bonne affaire pour lui ; c'est une fille aussi douce et saine qu'une noix, et la prunelle même des yeux de son père et de sa mère aussi, seulement avec elle, elle se classe au deuxième rang après le ministre. Vous devrez prendre soin de votre type, car pour ma part, je n'aurai aucun tort à faire à notre Phillis.

Que devais-je faire ou dire ? Je voulais justifier Holdsworth, garder le secret de Phillis et apaiser la femme dans le même souffle. Je n'ai pas suivi le meilleur cours, j'en ai peur.

« Je ne crois pas que Holdsworth lui ait jamais dit un mot d'amour de toute sa vie. Je suis sûr qu'il ne l'a pas fait.

"Aïe aïe! mais il y a des yeux, et il y a des mains, ainsi que des langues ; et un homme en a deux sur un et un sur l'autre.

« Et elle est si jeune ; pensez-vous que ses parents ne l'auraient pas vu ?

"Bien! si vous me supprimez cela, je dirai hardiment : « Non ». Ils l'ont appelée « l'enfant » depuis si longtemps – « l'enfant » est toujours leur nom lorsqu'ils parlent d'elle entre eux, comme si personne d'autre n'avait jamais eu de brebis devant eux – qu'elle est devenue une femme sous leurs yeux, et ils la regardent toujours comme si elle était dans ses longs vêtements. Et vous n'avez jamais entendu parler d'un homme tombant amoureux d'un bébé en vêtements longs.

"Non!" dis-je en riant à moitié. Mais elle resta aussi grave qu'un juge.

« Oui ! vous voyez, vous rirez à la simple pensée de cela - et je serai obligé que le ministre, même s'il n'est pas un homme riant, aurait ricané à l'idée de tomber amoureux de l'enfant. Où va Holdsworth ?

« Canada », dis-je brièvement.

« Le Canada ici, le Canada là-bas », a-t-elle répondu avec humeur. « Dis-moi à quelle distance il est, au lieu de me raconter ton charabia. Est-il à deux jours, à trois ou à une semaine ?

« Il est très loin… trois semaines au moins », m'écriai-je désespéré. « Et soit il est marié, soit il va juste l'être. Donc là!" Je m'attendais à un nouvel accès de colère. Mais non; l'affaire était trop grave. Betty s'assit et garda le silence pendant une minute ou deux. Elle avait l'air si misérable et si abattue que je ne pus m'empêcher de continuer et de la mettre un peu en confiance.

«C'est tout à fait vrai ce que j'ai dit. Je sais qu'il ne lui a jamais dit un mot. Je pense qu'il l'aimait bien, mais c'est fini maintenant. La meilleure chose que nous puissions faire – la meilleure et la plus gentille pour elle – et je sais que tu l'aimes, Betty… »

«Je l'ai soignée dans mes bras; J'ai donné à son petit frère son dernier goût de nourriture terrestre », a déclaré Betty en mettant son tablier jusqu'à ses yeux.

"Bien! ne lui montrons pas que nous devinons qu'elle est en deuil ; elle s'en remettra plus tôt. Son père et sa mère ne s'en rendent même pas compte, et nous devons faire comme si ce n'était pas le cas. Il est maintenant trop tard pour faire autre chose.

« Je ne le laisserai jamais paraître ; Je n'en sais rien. J'ai moi-même connu le véritable amour, à mon époque. Mais j'aurais aimé qu'il soit accompagné avant de s'approcher de cette maison, avec ses « S'il te plaît Betty » par ci, et ses « S'il te plaît Betty » par là, et qu'il boive notre nouveau lait comme s'il avait été un chat. Je déteste ces manières séduisantes.

Je pensais qu'il valait mieux la laisser s'épuiser à insulter Holdsworth absent ; si j'étais mesquin et traître, j'étais directement puni.

«C'est une mise en garde pour un homme sur la façon dont il s'y prend pour séduire. Certains hommes le font aussi facilement et innocemment que des colombes roucoulantes. Ne fais pas partie d'eux, mon garçon. Non pas que vous ayez les dons pour le faire non plus ; vous n'êtes pas remarquable à regarder, ni pour votre silhouette, ni pour votre visage, et il faudrait être une vipère sourde pour se laisser prendre à vos paroles, même s'il n'y a pas grand mal à y faire face. Un garçon de dix-neuf ou vingt ans n'est pas flatté par une opinion aussi franche, même de la part de l'aîné et du plus laid de son sexe ; et j'étais trop heureux de changer de sujet par mes injonctions répétées de garder le secret de Phillis. La fin de notre conversation fut ce discours :

« Espèce de grand gaupus, bien qu'on vous appelle tous les cousins du ministre – beaucoup de gens sont maudits avec des imbéciles pour cousins – pensez-vous que je ne puisse voir de sens qu'à travers vos lunettes ? Je vous autorise à me couper la langue et à la clouer sur la porte de la grange, pour avertir les pies, si je laisse échapper cette pauvre fille, soit à elle-même, soit à quelqu'un qui lui appartient, comme le dit la Bible. Maintenant que vous m'avez entendu parler le langage de l'Écriture, peut-être serez-vous content et laissez-moi ma cuisine seule.

Descriptif

Champs verts Heys

De *Mary Barton* , 1848

Il s'agit d'une description du quartier proche de la maison de Mme Gaskell au moment de la rédaction *de Mary Barton* , et c'est la précision avec laquelle elle a décrit Manchester et ses environs qui a conduit ses lecteurs à la conclusion que « Cotton Malther Mills, Esq. » le *nom de guerre* sous lequel elle cachait son identité n'était autre que Mme Gaskell. Écrivant à propos de *Mary Barton* quelques semaines après sa publication, Miss Winkworth a déclaré: «Je savais dès les premiers mots que c'était le sien (ceux de Mme Gaskell) - à propos de Green Heys Fields et du style qu'elle me décrivait.»

IL Y a quelques champs près de Manchester, bien connus des habitants sous le nom de « Green Heys Fields », à travers lesquels passe un sentier public menant à un petit village distant d'environ deux milles. Bien que ces champs soient plats et bas, et même malgré le manque de bois (la grande et habituelle recommandation des étendues de terre plates), il y a en eux un charme qui frappe même l'habitant d'une région montagneuse, qui voit et ressent l'effet de contraste entre ces champs banals mais profondément ruraux, avec la ville industrielle animée et animée qu'il a quittée il y a à peine une demi-heure. Çà et là, une vieille ferme noire et blanche, avec ses dépendances décousues, parle d'autres époques et d'autres occupations que celles qui absorbent désormais la population du quartier. Ici, selon les saisons, on peut voir les affaires de la campagne comme la fenaison, le labourage, etc., qui sont des mystères si agréables à observer pour les citadins ; et ici l'artisan, assourdi par le bruit des langues et des machines, peut venir écouter un moment les bruits délicieux de la vie rurale : le meuglement du bétail, l'appel de la laitière, le cliquetis et le caquet des volailles dans les vieilles cours. On ne peut donc pas s'étonner que ces champs soient des lieux de villégiature populaires à chaque période de vacances ; et vous ne seriez pas étonné, si vous pouviez voir, ou si je décrivais correctement, le charme d'un bâtiment particulier, qu'il soit, en de telles occasions, une halte bondée. A proximité se trouve un étang profond et clair, reflétant dans ses profondeurs vert foncé les arbres ombragés qui se penchent dessus pour exclure le soleil. Le seul endroit où ses berges s'étendent se trouve du côté d'une cour de ferme décousue, appartenant à l'une de ces vieilles maisons à pignons noirs et blancs que j'ai nommées plus haut, dominant le champ à travers lequel mène le sentier public. Le porche de cette ferme est couvert d'un rosier ; et le petit jardin qui l'entoure est rempli d'un mélange d'herbes et de fleurs à l'ancienne mode, plantées il y a longtemps, lorsque le jardin était la seule pharmacie à portée de main, et qu'on laissait pousser en brouillage et dans une luxuriance sauvage : des roses, de la lavande, de la sauge, baume (pour le thé), romarin, roses et giroflées, oignons et jasmin, dans l'ordre le plus républicain et le plus aveugle. Cette ferme et ce jardin sont à moins de cent mètres du montant dont j'ai parlé, menant du grand champ de pâturage à un plus petit, divisé par une haie d'aubépines et de prunelliers ; et près de ce montant, de l'autre côté, on raconte qu'on trouve souvent des primevères, et parfois des violettes bleues douces sur les talus herbeux.

Je ne sais si c'était un jour férié accordé par les maîtres, ou un jour férié saisi au nom de la nature et de son beau printemps par les ouvriers, mais un après-midi (il y a dix ou douze ans maintenant) ces champs étaient très fréquentés. . C'était un début de soirée de mai, l'avril des poètes ; car de fortes averses étaient tombées toute la matinée, et les nuages ronds, doux et blancs que le vent d'ouest soufflait sur le ciel bleu foncé étaient parfois variés par un nuage plus noir et plus menaçant. La douceur du jour tentait les jeunes feuilles vertes, qui s'animaient presque visiblement ; et les saules, qui ce matin-là n'avaient eu qu'un reflet brun dans l'eau en contrebas, étaient maintenant de ce tendre gris-vert qui se marie si délicatement à l'harmonie printanière des couleurs.

Des groupes de jeunes filles joyeuses et parlant un peu fort, dont l'âge pouvait varier de douze à vingt ans, arrivaient d'un pas vif. C'étaient pour la plupart des filles d'usine et portaient la tenue habituelle de plein air de cette classe particulière de jeunes filles : à savoir, un châle qui, à midi ou par beau temps, pouvait n'être qu'un châle, mais vers le soir, ou par beau temps. si la journée était fraîche, elle devenait une sorte de mantille espagnole ou de plaid écossais, et était portée sur la tête et pendait lâchement, ou était épinglée sous le menton d'une manière assez pittoresque.

Leurs visages n'étaient pas remarquables par leur beauté ; en fait, ils étaient inférieurs à la moyenne, à une ou deux exceptions près ; ils avaient des cheveux noirs, bien rangés et classiquement disposés, des yeux sombres, mais un teint jaunâtre et des traits irréguliers. La seule chose qui frappait le passant, c'était l'acuité et l'intelligence du visage, qu'on a souvent remarquées dans une population manufacturière.

Il y avait aussi beaucoup de garçons, ou plutôt de jeunes hommes, qui se promenaient dans ces champs, prêts à plaisanter avec n'importe qui, et particulièrement prêts à engager la conversation avec les filles, qui cependant se tenaient à l'écart, non pas timides, mais d'un air timide. plutôt d'une manière indépendante, en prenant une attitude indifférente, à l'esprit bruyant ou aux compliments tapageurs des garçons. Çà et là arrivaient un couple sobre et tranquille, soit des amants chuchotant, soit un mari et une femme, selon le cas ; et dans ces derniers, ils étaient rarement libérés d'un enfant, porté pour la plupart par le père, tandis que parfois même trois ou quatre petits bambins avaient été portés ou traînés jusqu'ici, afin que toute la famille puisse profiter du délicieux après-midi de mai. ensemble.

Un goûter dans le Lancashire au début des années 40

De *Mary Barton* .

MME BARTON sortit de sa poche la clé de la porte ; et en entrant dans la maison, il leur sembla qu'ils se trouvaient dans l'obscurité totale, à l'exception d'un point lumineux, qui pouvait être un œil de chat, ou, ce que c'était, un feu ardent, couvant sous un gros morceau de charbon. , que John Barton s'est immédiatement appliqué à briser, et l'effet produit instantanément fut une lumière chaude et rougeoyante dans tous les coins de la pièce. Pour ajouter à cela (bien que l'éclat jaune grossier semblait perdu dans la lueur rougeoyante du feu), Mme Barton alluma une trempette en la mettant dans le feu, et l'ayant placée de manière satisfaisante dans un chandelier en étain, commença à regarder plus loin autour d'elle. , sur une intention de pensées hospitalières. La pièce était assez grande et possédait de nombreuses commodités. À droite de la porte, en entrant, se trouvait une fenêtre assez longue, avec un large rebord. De chaque côté étaient suspendus des rideaux à carreaux bleus et blancs, désormais tirés, pour enfermer les amis réunis pour s'amuser. Deux géraniums, non taillés et feuillus, qui se dressaient sur le rebord, constituaient une défense supplémentaire contre les indiscrets extérieurs. Dans le coin entre la fenêtre et le coin du feu se trouvait une armoire, apparemment pleine d'assiettes et de plats, de tasses et de soucoupes, et d'autres objets indéfinissables, pour lesquels on aurait cru que leurs propriétaires ne pouvaient trouver aucune utilité, tels que des morceaux de verre triangulaires pour évitez aux couteaux et fourchettes à découper de salir les nappes. Cependant, il était évident que Mme Barton était fière de sa vaisselle et de son verre, car elle laissait la porte de son placard ouverte, avec un regard rond de satisfaction et de plaisir. De l'autre côté de la porte et de la fenêtre se trouvaient l'escalier et deux portes, dont l'une (la plus proche du feu) donnait sur une sorte de petite arrière-cuisine, où l'on pouvait faire de sales travaux, comme faire la vaisselle, et dont les étagères servaient de garde-manger, de garde-manger et de débarras et tout. L'autre porte, beaucoup plus basse, ouvrait sur le trou à charbon, le placard incliné sous l'escalier, d'où partait, jusqu'à la cheminée, un morceau de toile cirée aux couleurs gaies. L'endroit semblait presque rempli de meubles (signe certain des bons moments passés parmi les moulins). Sous la fenêtre se trouvait une commode avec trois tiroirs profonds. En face de la cheminée se trouvait une table que j'appellerais une Pembroke, seulement parce qu'elle était faite de bois de sapin, et je ne peux pas dire dans quelle mesure un tel nom peut être appliqué à un matériau aussi humble. Sur celui-ci, appuyé contre le mur, se trouvait un plateau à thé vert vif, avec deux amants écarlates s'embrassant au milieu. La lumière du feu dansait joyeusement là-dessus, et vraiment (en mettant de côté tout goût sauf celui d'un enfant) elle donnait une richesse de couleurs à ce côté de la pièce. Il était en quelque sorte soutenu par une boîte à thé cramoisie, également en porcelaine japonaise. Une table ronde sur un pied ramifié, réellement destinée à l'usage, se trouvait dans le coin correspondant à l'armoire ; et, si vous pouvez imaginer tout cela, avec un motif au pochoir délavé mais propre sur les murs, vous pouvez vous faire une idée de la maison de John Barton.

Le plateau fut bientôt descendu, et avant que le joyeux fracas des tasses et des soucoupes ne commence, les femmes se déchargeèrent de leurs affaires extérieures et envoyèrent Mary à l'étage avec elles. Puis vint un long chuchotement et un tintement d'argent auquel M. et Mme Wilson étaient trop polis pour y prêter attention ; sachant, et ils le faisaient très bien, que tout cela concernait les préparatifs de l'hospitalité : hospitalité qu'à leur tour ils devraient avoir tant de plaisir à offrir. Ils essayèrent donc de s'occuper activement des enfants et de ne pas entendre les instructions de Mme Barton à Mary.

" Courez, Mary chérie, au coin de la rue, allez chercher des œufs frais chez Tipping (vous pouvez en avoir un chacun, cela coûtera cinq pence), et voyez s'il a un bon jambon coupé, il nous laisserait une livre de .»

"Dites deux livres, mademoiselle, et ne soyez pas avare", intervint le mari.

"Eh bien, une livre et demie, Mary. Et prends-le du jambon de Cumberland, car Wilson vient de là-bas, et il aura avec lui une sorte de goût de chez lui qui lui plaira... et Mary (voyant la jeune fille désireuse de s'en aller), vous devez vous procurer un sou. du lait et une miche de pain – attention, prends-le frais et neuf – et, et… c'est tout, Mary.

« Non, ce n'est pas tout », dit son mari. « Il te faudra six penny de rhum pour réchauffer le thé ; tu l'auras au « Raisins ». Et tu vas voir Alice Wilson ; il dit qu'elle habite juste au coin, au 14, Barber Street » (cela était adressé à sa femme) ; « et dis-lui de venir prendre son thé avec nous ; elle aimera voir son frère, je serai lié, sans parler de Jane et des jumeaux.

"Si elle vient, elle doit apporter une tasse de thé et une soucoupe, car nous n'en avons qu'une demi-douzaine, et nous sommes ici six", a déclaré Mme Barton.

« Caca, caca ! Jem et Mary peuvent sûrement en boire un.

Mais Mary était secrètement déterminée à veiller à ce qu'Alice lui apporte sa tasse de thé et sa soucoupe, si l'alternative était qu'elle partage quelque chose avec Jem.

Alice Wilson venait tout juste d'arriver. Elle avait passé toute la journée dans les champs, cueillant des herbes sauvages pour en faire des boissons et des médicaments, car, outre ses qualités inestimables d'infirmière malade et ses occupations mondaines de blanchisseuse, elle ajoutait un talent considérable. connaissance des simples haies et champs; et, aux beaux jours, quand aucune occupation plus profitable ne s'offrait, elle se promenait dans les chemins et les prairies aussi loin que ses jambes pouvaient la porter. Ce soir, elle était revenue chargée d'orties, et son premier objet fut d'allumer une bougie et de veiller à les accrocher en bouquets partout où elle pouvait se trouver dans sa cave. C'était la perfection de la propreté ; dans un coin se trouvait le lit d'apparence modeste, avec un rideau à carreaux à la tête, le mur blanchi à la chaux remplissant la place où aurait dû se trouver celui correspondant. Le sol était en brique et scrupuleusement propre, bien que si humide qu'il semblait que le dernier linge ne sécherait jamais. Comme la fenêtre de la cave donnait sur un endroit de la rue où les garçons pouvaient jeter des pierres, elle était protégée par un volet extérieur et était curieusement ornée de toutes sortes de plantes de haies, de fossés et de champs, que nous avons l'habitude de qualifier de sans valeur. , mais qui ont un effet puissant soit en bien, soit en mal, et sont par conséquent très utilisés parmi les pauvres. La chambre était jonchée, tendue et obscurcie de ces bottes, qui ne dégageaient pas d'odeur bien parfumée en séchant. Dans un coin se trouvait une sorte de large étagère suspendue, faite de vieilles planches, où étaient conservés quelques vieux trésors d'Alice. Sa petite vaisselle était rangée sur la cheminée, où se trouvaient également son chandelier et sa boîte d'allumettes. Une petite armoire renfermait en bas des charbons, et en haut son pain et sa bassine de flocons d'avoine, sa poêle à frire, sa théière et une petite casserole en fer blanc, qui servait de bouilloire, ainsi que pour cuire les délicats petits dégâts de bouillon. qu'Alice était parfois capable de fabriquer pour un voisin malade.

Après sa promenade, elle avait froid et était fatiguée, et elle était occupée à essayer d'allumer son feu avec des charbons humides et des bâtons à moitié verts, lorsque Mary frappa.

«Entrez», dit Alice, se rappelant cependant qu'elle avait barré la porte pour la nuit, et se hâtant de permettre à quiconque d'entrer.

« Est-ce vous, Mary Barton ? » s'exclama-t-elle tandis que la lumière de la bougie éclairait le visage de la jeune fille. « Comme tu as grandi depuis que je te voyais chez mon frère ! Entrez, ma fille, entrez.

"S'il te plaît," dit Mary, presque essoufflée, "maman dit que tu dois venir prendre le thé et apporter ta tasse et ta soucoupe, car George et Jane Wilson sont avec nous, ainsi que les jumeaux et Jem. Et vous devez vous dépêcher, s'il vous plaît.

« Je suis sûr que ta mère est très amicale et gentille, et je viendrai avec un grand merci. Reste, Marie ; est-ce que ta mère a des orties pour la boisson du printemps ? Si ce n'est pas le cas, je lui en prendrai.

"Non, je ne pense pas qu'elle l'ait fait."

Mary s'est enfuie comme un lièvre pour accomplir ce qui, pour une fille de treize ans, friande de pouvoir, était la partie la plus intéressante de sa mission : dépenser de l'argent. Et elle fit bien et habilement ses affaires, rentrant chez elle avec une petite bouteille de rhum et les œufs dans une main, tandis que l'autre était remplie d'un excellent jambon de Cumberland rouge et blanc, parfumé à la fumée, enveloppé dans du papier. .

Elle était à la maison et faisait frire du jambon, avant qu'Alice ait choisi ses orties, éteint sa bougie, verrouillé la porte et marché d'une manière très douloureuse jusqu'à chez John Barton. Quel aspect de confort présentait sa maison, après son humble cave ! Elle ne songea pas à comparer ; mais elle sentait malgré tout la délicieuse lueur du feu, la lumière vive qui se délectait dans tous les coins de la pièce, les odeurs savoureuses, les bruits confortables d'une bouilloire bouillante et le sifflement et le crépitement du jambon. Avec une petite révérence démodée, elle ferma la porte et répondit avec un cœur aimant au salut bruyant et surpris de son frère.

Et maintenant, tous les préparatifs étant faits, le groupe s'assit ; Mme Wilson au poste d'honneur, le rocking-chair, à droite du feu, allaitant son bébé, tandis que son père, dans un fauteuil opposé, tentait vainement d'apaiser l'autre avec du pain imbibé de lait. .

Mme Barton connaissait trop bien les bonnes manières pour faire autre chose que de s'asseoir à la table à thé et de préparer le thé, même si dans son cœur elle aspirait ardemment à pouvoir superviser la friture du jambon et jetait de nombreux regards anxieux à Mary tandis qu'elle cassait le des œufs et retourné le jambon, avec une part très confortable de confiance en ses propres pouvoirs culinaires. Jem se tenait maladroitement appuyé contre la commode, répondant d'une manière plutôt bourrue aux discours de sa tante, qui lui donnaient, pensait-il, l'air d'un petit garçon ; tandis qu'il se considérait comme un jeune homme, et pas si jeune non plus que dans deux mois il aurait dix-huit ans. Barton vibrait entre le feu et la table à thé, son seul inconvénient étant l'impression que de temps en temps le visage de sa femme rougissait et se contractait comme si elle souffrait.

Enfin, les affaires commencèrent réellement. Les couteaux et les fourchettes, les tasses et les soucoupes faisaient du bruit, mais les voix humaines étaient silencieuses, car les êtres humains avaient faim et n'avaient pas le temps de parler. Alice rompit d'abord le silence ; tenant la tasse de thé à la manière de quelqu'un qui propose un toast, elle dit : « À mes amis absents. Les amis peuvent se rencontrer, mais jamais les montagnes.

C'était un toast ou un sentiment de malchance, comme elle le ressentit instantanément. Tout le monde pensait à Esther, à l'Esther absente ; et Mme Barton déposa sa nourriture et ne put cacher ses larmes qui coulaient rapidement. Alice aurait pu se mordre la langue.

C'était une couverture mouillée jusqu'au soir ; car bien que tout ait été dit et suggéré dans les domaines qui pouvaient être dit ou suggéré, chacun avait le désir de dire quelque chose pour réconforter la pauvre Mme Barton, et une répugnance à parler de quoi que ce soit d'autre, tandis que ses larmes coulaient rapidement. et des brûlures. Ainsi George Wilson, sa femme et ses enfants repartirent tôt chez eux, pas avant (malgré des discours *mal à propos*) d'avoir exprimé le souhait que de telles réunions aient souvent lieu, et pas avant que John Barton ait donné son chaleureux consentement. , et déclara que dès que sa femme se rétablirait, ils passeraient une autre soirée semblable.

« Je me garderai bien de venir le gâcher », pensa la pauvre Alice ; et s'approchant de Mme Barton, elle lui prit la main presque humblement et dit : « Vous ne savez pas à quel point je suis désolée de l'avoir dit.

À sa grande surprise, une surprise qui lui fit monter des larmes de joie, Mary Barton passa ses bras autour de son cou et embrassa Alice qui se faisait des reproches. « Vous ne vouliez aucun mal, et c'était moi qui était stupide ; seulement ce travail sur Esther, et le fait de ne pas savoir où elle est, me pèse si lourd sur le cœur. Bonne nuit, et n'y pense plus. Que Dieu te bénisse, Alice.

De nombreuses fois, comme Alice l'a relaté ce soir-là dans son après-vie, a-t-elle béni Mary Barton pour ces paroles aimables et réfléchies. Mais à ce moment-là, tout ce qu'elle pouvait dire était : « Bonne nuit, Mary, et que Dieu *vous bénisse* . »

Le voyage de Babby de Londres à Manchester

De *Mary Barton* .

« ENSUITE, nous ramènerions le gros petit bébé à la maison. Il ne nous restait plus beaucoup d'argent ; mais il faisait beau temps, et nous pensions prendre la voiture pour Brummagem et continuer notre route. C'était un beau matin de mai lorsque j'ai vu la ville de Londres pour la dernière fois, regardant en arrière depuis une grande colline située à un kilomètre ou deux de là. Et dans cette grande masse d'endroit, je laissais mon enfant béni endormi – dans son dernier sommeil. Eh bien, la volonté de Dieu sera faite ! Elle est arrivée au paradis avant moi ; mais j'y arriverai enfin, s'il vous plaît à Dieu, même si c'est long d'abord.

« Le bébé avait été nourri avant notre départ, et le car en mouvement l'a gardé endormi, bénisse son petit cœur ! Mais quand la voiture s'arrêta pour dîner, elle était réveillée et pleurait pour ses pobbies. Nous avons donc demandé du pain et du lait, et Jennings les a pris en premier pour le nourrir ; mais il faisait sa bouche comme un carré, et la laissait déborder à chacun des quatre coins. « Secouez-le, Jennings », dis-je ; c'est ainsi qu'on fait couler l'eau dans un entonnoir, quand il est trop plein ; et la bouche d'un enfant est l'extrémité large de l'entonnoir, et le gosier est l'extrémité étroite. Alors il l'a secoué, mais il n'a fait que pleurer davantage. « Laissez-moi le prendre », dis-je, pensant qu'il était un type de oud maladroit. Mais c'était tout aussi mauvais pour moi. En secouant le bébé, nous nous sommes améliorés, pas une branchie dans sa bouche, mais plus ni cela n'est revenu, mouillant les beaux vêtements secs que la propriétaire avait mis. Eh bien, juste au moment où nous étions arrivés à table, nous sommes servis et avons mangé deux bouchées, la garde est arrivée, et un bel homme avec un échantillon de calicot florissant dans sa main. « L'entraîneur est prêt ! » dit l'un; « Une demi-couronne pour votre dîner ! » dit l'autre. Eh bien, nous avons pensé que c'était une bonne affaire pour nos deux dîners, alors que nous les avions à peine goûtés ; mais, bénissez votre vie, c'était une demi-couronne pièce et un shilling pour le pain et le lait qui étaient partout sur les vêtements de bébé. Nous en avons reparlé; mais tout le monde disait que c'était la règle, alors que pourraient faire deux pauvres types de oud comme nous ? Eh bien, le pauvre bébé a pleuré sans s'arrêter pour reprendre son souffle, jusqu'à ce que nous arrivions à Brummagem pour la nuit. Mon cœur me faisait mal pour cette petite chose. Il s'est accroché avec sa petite gueule aux manches de notre manteau et à nos bouches, lorsque nous avons essayé de le réconforter en lui parlant. Pauvre petite fille ; il voulait sa maman, comme ils gisaient froids dans la tombe. «Eh bien, dis-je, il sera condamné à mort s'il laisse échapper son souper comme il a fait son dîner. Trouvons une femme pour le nourrir ; il est naturel pour les femmes de faire des choses pour les bébés. Nous avons donc demandé la femme de chambre de l'auberge, et elle l'a accepté avec beaucoup de bonté ; et nous avons eu un bon souper, et nous sommes devenus rares et somnolents, avec la chaleur et avec notre longue promenade en plein air. La femme de chambre a dit qu'elle aimerait pouvoir coucher avec elle, seules les demoiselles le gronderaient ; mais il avait l'air si calme et souriant, lorsqu'il était dans ses bras, que nous avons pensé que cela ne poserait aucun problème de l'avoir avec nous. Je dis : « Voyez, Jennings, comment les femmes font taire les bébés ; c'est exactement comme je l'ai dit. Il avait l'air grave ; il avait toujours l'air pensif, même si je ne l'ai jamais entendu dire quelque chose de très profond. Il dit enfin :

"'Jeune femme! as-tu un dernier verre de rechange ?

« 'Missis garde toujours des bonnets de nuit pour les messieurs et n'aime pas les déballer', dit-elle assez rapidement.

« Oui, mais, jeune femme, c'est un de vos derniers verres que je veux. Le bébé semble avoir pensé à toi ; et peut-être que dans le noir, ça me prendrait pour toi si je prenais ton dernier verre.

« La femme de chambre a souri et est allée chercher une casquette, mais j'ai carrément ri du vieux type barbu en pensant qu'il se ferait passer pour une femme rien qu'en mettant une casquette de femme. Cependant, on ne se moquerait pas de lui, alors j'ai tenu le bébé jusqu'à ce qu'il soit au lit. Quelle nuit nous avons passée là-dessus ! Babby a commencé à crier à la mode, et nous l'avons fait tour à tour pour nous asseoir et le bercer. J'avais très mal au cœur pour le petit, car il tâtonnait avec sa bouche ; mais pour un moment, je pouvais à peine continuer à sourire en pensant à nous deux vieux gars, l'un avec un bonnet de nuit de femme assis sur nos fesses pendant la moitié de la nuit, élevant un bébé comme il ne l'aurait pas été. marié. Vers le matin, pauvre petite fille ! il s'est endormi, assez fatigué de pleurer, mais même dans son sommeil il a poussé des sanglots si pitoyables, frémissant jusqu'au fond de son petit cœur, qu'une ou deux fois j'ai presque souhaité qu'il repose sur le sein de sa mère, en paix. pour toujours. Jennings s'est endormi aussi ; mais je commençai à compter notre argent. Il ne nous restait que peu de choses, tant notre dîner de la veille avait été très chargé. Je ne savais pas quel serait notre calcul pour cette nuit, ce dîner et ce petit-déjeuner. Faire une somme m'a toujours endormi depuis que j'étais un garçon ; je me sentis donc rétabli en peu de temps, et je ne fus réveillé que par une femme de chambre qui frappait à la porte, pour me dire qu'elle habillerait le bébé avant que sa demoiselle ne soit levée si nous le voulions. Mais bénis, nous n'avions jamais pensé à le déshabiller la nuit précédente, et maintenant il dormait si profondément, et nous étions si heureux de la paix et de la tranquillité, que nous avons pensé que ce n'était pas bon de le réveiller pour crier. encore.

"Bien! (voilà Mary qui dort pour un bon auditeur !) Je suppose que vous commencez à vous lasser de mon histoire, alors je ne tarderai pas à y mettre fin. Le calcul nous a laissés très nus, et nous avons pensé que nous ferions mieux de rentrer chez nous à pied, car nous n'étions qu'à soixante milles, nous ont-ils dit, et de ne plus nous arrêter pour rien d'autre que des victuailles. Nous avons donc quitté Brummagem (qui est un endroit aussi noir que Manchester, sans pour autant ressembler à notre maison), et nous avons marché toute la journée, portant bébé tour à tour. Nous avons été bien nourris par la femme de chambre avant notre départ, et la journée s'est bien passée, et les gens ont commencé à avoir une certaine connaissance de la bonne façon de parler, et nous étions plus joyeux en pensant à la maison (bien que la mienne, Dieu sait , étaient assez seuls). Nous n'en arrêtâmes aucun pour le dîner, mais à l'heure du départ, nous prenions un bon repas dans un pub et nourrissions le bébé du mieux que nous pouvions, mais ce n'était que mal. Nous aussi, nous avons eu une croûte pour que ça soit nul — la femme de chambre nous a mis en place pour ça. Cette nuit-là, si nous étions fatigués ou quoi, je ne sais pas, mais c'était trois travaux, et la pauvre petite fille avait dormi pendant son sommeil et avait commencé à crier qui m'avait encore épuisé le cœur. Jennings dit :

"'Nous n'aurions pas dû partir comme des gentlemen en haut du carrosse hier.'

« Non, mon garçon ! Nous aurions dû marcher davantage si nous n'avions pas roulé, et je suis sûr que vous et moi sommes fatigués de marcher.

« Alors il était un peu silencieux. Mais il était l'un d'entre eux qui était sûr de découvrir que quelque chose avait été mal fait alors qu'il n'y avait aucun retour en arrière pour l'annuler. Alors tout à coup il tousse, comme s'il allait parler, et je me dis : « Ça recommence, mon garçon. Il dit :

« Je demande pardon, voisin, mais il me semble qu'il aurait été préférable pour mon fils s'il n'avait jamais commencé à tenir compagnie à votre fille. »

"Bien! cela m'a mis debout, et mon cœur s'est rempli, et si je n'avais pas porté *son* bébé, je pense que j'aurais dû le frapper. Finalement, je ne pus plus retenir et je dis :

« Mieux vaut dire tout de suite qu'il aurait été préférable que Dieu n'ait jamais créé le monde, car alors nous n'y aurions jamais été, si nous avions le cœur fatigué que nous avons maintenant. »

"Bien! il a dit que c'était un pur blasphème ; mais je pensais que sa façon de restituer les événements que Dieu avait voulu envoyer était un pire blasphème. Cependant, je n'ai rien dit de plus fâché, à cause du petit bébé, comme l'étaient l'enfant de son fils mort, ainsi que celui de ma fille décédée.

« La ruelle la plus longue aura un tournant, et cette nuit a enfin pris fin ; et nous avions assez mal aux pieds et étions assez fatigués, et à mon avis, le bébé devenait de plus en plus faible, et cela me serrait le cœur d'entendre son petit gémissement ! J'aurais donné ma main droite pour un des cris chaleureux d'hier. Nous voulions nos petits déjeuners, et c'était aussi le cas, bébé sans mère ! Nous ne pouvions voir aucun pub, alors vers six heures (seulement nous pensions que c'était plus tard) nous nous arrêtâmes devant une chaumière où une femme se déplaçait près de la porte ouverte. Je dis : « Bonne femme, pouvons-nous nous reposer un peu ? «Entrez», dit-elle en essuyant une chaise, comme elle avait l'air assez brillante auparavant, avec son tablier. C'était une pièce joyeuse et propre ; et nous étions heureux de nous rasseoir, même si je pensais que mes jambes ne fléchiraient jamais au niveau des genoux. En une minute, elle remarqua le bébé, le prit dans ses bras et l'embrassa encore et encore. « Mademoiselle, dis-je, nous ne sommes pas sans argent, et si vous nous donniez un peu pour le petit-déjeuner, nous vous paierions honnêtement, et si vous vouliez laver et habiller ce pauvre bébé et lui faire avaler quelques pobbs. ma gorge, car elle est presque guérie, je prierais pour toi jusqu'à mon dernier jour. Alors elle n'a rien dit, mais m'a rendu le bébé, et avant qu'on puisse dire Jack Robinson, elle a mis une poêle sur le feu et du pain et du fromage sur la table. Lorsqu'elle se retournait, son visage était rouge et ses lèvres étaient serrées l'une contre l'autre. Bien! nous étions vraiment ravis de notre petit-déjeuner, et que Dieu bénisse et récompense cette femme pour sa gentillesse ce jour-là ! Elle nourrissait le pauvre bébé avec autant de douceur et de douceur, et lui parlait aussi tendrement que sa propre pauvre mère aurait pu le faire. Il semblait que cet étranger et lui s'étaient déjà connus, peut-être au paradis, d'où viennent les esprits des gens, dit-on ; Le bébé levait des yeux si affectueux et faisait de petits bruits qui ressemblaient plus à ceux d'une colombe qu'à autre chose. Puis elle le déshabilla (pauvre chérie ! il était temps), le touchant si doucement, et le lava de la tête aux pieds ; et comme beaucoup de ses vêtements étaient sales, et que les morceaux de choses que sa mère avait préparés pour lui avaient été envoyés par le transporteur depuis Londres, elle les mit de côté ; et enveloppant le petit bébé nu dans son tablier, elle sortit une clé attachée à un ruban noir, pendit sa poitrine et ouvrit un tiroir de la commode. J'étais désolé d'être indiscret, mais je ne pouvais m'empêcher de voir dans ce tiroir des vêtements de petit enfant, tous parsemés de lavande, et à côté d'eux un petit fouet et un hochet cassé. J'ai alors commencé à avoir un aperçu du cœur de cette femme. Elle sortit une chose ou deux, ferma le tiroir et continua à habiller bébé. À peu près alors, son mari descendit, un très grand gaillard qui n'avait pas l'air à moitié éveillé, même s'il se faisait tard ; mais il avait entendu tout ce qui avait été dit en bas, comme cela se voyait clairement ; mais c'était un type bourru. Nous avions fini notre petit-déjeuner et Jennings regardait attentivement la femme pendant qu'elle endormait le bébé en le berçant. Il dit enfin : « J'ai appris le chemin maintenant ; c'est deux jiggits et un shake, deux jiggits et un shake. Je peux endormir ce bébé maintenant moi-même.

« L'homme nous avait fait un signe de tête assez mécontent, s'était dirigé vers la porte et restait là à siffler, les mains dans les poches de sa culotte, regardant à l'étranger. Mais finalement il se retourne et dit très brusquement :

« Je dis, mademoiselle, je ne dois pas prendre de petit-déjeuner aujourd'hui, je suppose. »

« C'est ainsi qu'elle a embrassé l'enfant, un long et doux baiser ; et, me regardant en face pour voir si je pouvais comprendre ce qu'elle voulait dire, m'a donné le bébé sans un mot. J'étais réticent à bouger, mais j'ai compris qu'il valait mieux y aller. Alors en donnant un coup de coude à Jennings (car il s'était endormi), je dis : « Mademoiselle, qu'est-ce qu'il y a à payer ? j'ai sorti mon argent avec un jingle pour qu'elle ne devine pas que nous étions à court d'argent. Elle regarde donc son mari, qui n'a jamais dit un mot, mais qui écoutait néanmoins de toutes ses oreilles ; et quand elle vit qu'il ne dirait rien, elle dit avec hésitation, comme si elle était tiraillée dans deux directions, par sa peur : « Devriez-vous penser à six pence de plus ? C'était tellement différent des comptes rendus dans un pub, car nous avions mangé une bonne affaire avant que le type ne descende. Alors je dis : « Et, mademoiselle, que devrions-nous vous donner en échange du pain et du lait du bébé ? (J'ai eu l'idée une fois de dire « et pour votre problème », mais mon cœur ne me laissait pas le dire, car je pouvais lire dans ses manières à quel point cela avait été une œuvre d'amour.) Alors dit-elle très vite et en jetant un coup d'œil au dos de son mari, comme si jamais un dos le faisait, "Oh, nous ne pourrions rien prendre pour la nourriture du petit bébé, s'il avait mangé deux fois plus, bénis-le." ' Wi' qu'il l'a regardée; un regard tellement renfrogné ! Elle comprit ce qu'il voulait dire et traversa doucement le sol vers lui et posa sa main sur son bras. Il semblait qu'il allait s'en débarrasser d'un coup de coude, mais elle dit tout bas : « Pour l'amour du pauvre petit Johnnie, Richard. Il ne bougea plus ni ne parla, et après l'avoir regardé en face pendant une minute, elle se détourna, déglutissant au fond de sa gorge. Elle a embrassé le bébé endormi en passant, quand je l'ai payée. Pour calmer ce bourru de mari et l'arrêter s'il la jugeait, je ne pouvais m'empêcher de glisser encore six pence sous le pain, puis nous repartions. Le dernier regard que j'ai eu sur cette femme, elle s'essuyait tranquillement les yeux avec le coin de son tablier, pendant qu'elle s'occupait du petit-déjeuner de son mari. Mais je la connaîtrai au ciel.

Une maison de ministre dissidente

De *Ruth* , 1853

George Eliot, écrivant à propos de *Ruth* juste après sa publication, a déclaré : « Bien sûr, vous avez déjà lu *Ruth* . Son style m'a été un grand rafraîchissement par sa finition et son ampleur. Comme les touches de description sont jolies et graphiques.… Ce petit grenier de la sacristie du ministre, par exemple, qui, avec ses rideaux de lit d'un blanc pur, ses murs d'un vert vif et le riche brun de son sol teinté, m'a rappelé un perce-neige jaillissant du sol. » – *Vie de George Eliot.*

APRÈS le thé, Miss Benson l'emmena dans sa chambre. Le lit blanc et les murs teintés de vert avaient quelque chose de la couleur et de la pureté de l'effet d'un perce-neige ; tandis que le sol, frotté avec un mélange qui le transformait en un riche brun foncé, suggérait l'idée de la moisissure du jardin à partir de laquelle pousse le perce-neige. Tandis que Miss Benson aidait la pâle Ruth à se déshabiller, sa voix devenait moins pleine et moins pressée ; le silence de la nuit qui approchait la soumettait à une sorte de tendresse adoucie et solennelle, et la bénédiction murmurée sonnait comme une prière exaucée.

Dans la maison des Benson, il y avait la même inconscience du mérite individuel, la même absence d'introspection et d'analyse des motivations, que chez sa mère ; mais il semblait que leur vie était pure et bonne, non seulement à cause d'une nature charmante et belle, mais à cause d'une loi dont l'obéissance était, en elle-même, une paix harmonieuse, et qui les gouvernait presque implicitement, et avec aussi peu de questions sur elle. leur part, comme les étoiles glorieuses qui ne se hâtent pas, ne se reposent pas, dans leur obéissance éternelle. Cette maison avait de nombreux défauts : ils n'étaient que des êtres humains et, malgré tout leur désir aimant de mettre leur vie en harmonie avec la volonté de Dieu, ils se trompaient souvent et échouaient ; mais, d'une manière ou d'une autre, les erreurs et les défauts mêmes d'un individu servaient à susciter des excellences plus élevées chez un autre, et ainsi ils réagissaient les uns sur les autres, et le résultat de courtes discordes était une harmonie et une paix excessives. Mais ils n'avaient eux-mêmes aucune idée de l'état réel des choses ; ils ne se souciaient pas de marquer leurs progrès par un auto-examen ; si M. Benson se tournait parfois vers l'intérieur, pendant les heures d'incapacité d'effort malade, c'était pour crier à haute voix avec un désespoir presque morbide : « Que Dieu ait pitié de moi, pécheur ! Mais il s'efforçait de remettre sa vie entre les mains de Dieu et de s'oublier.

Ruth est restée immobile et silencieuse pendant toute la longue première journée. Elle était languissante et fatiguée du voyage ; elle ne savait pas quelle aide elle pourrait offrir pour les tâches ménagères, ou non. Et, dans sa langueur et dans son incertitude, il était agréable d'observer les mœurs nouvelles des gens parmi lesquels elle était placée. Après le petit déjeuner, M. Benson se retira dans son bureau, Miss Benson emporta les tasses et les soucoupes et, laissant la porte de la cuisine ouverte, parlait tantôt à Ruth, tantôt à Sally, pendant qu'elle les lavait. Sally avait des tâches à accomplir à l'étage, ce pour quoi Ruth était reconnaissante, car elle recevait des regards plutôt fâchés pour son manque de ponctualité tant que Sally restait en bas. Miss Benson aida à la préparation du dîner matinal et apporta quelques haricots rouges à râper dans une bassine d'eau de source claire et pure, qui captait et dansait dans les rayons du soleil alors qu'elle était assise près de la fenêtre ouverte du salon, parlant à Ruth des choses et des gens que ces derniers ne comprenaient pas encore, et ne pouvaient pas arranger et comprendre. Elle était comme un enfant qui prend quelques morceaux d'une carte disséquée et reste confus jusqu'à ce qu'un aperçu de l'unité entière lui soit montré.

La chapelle d'Eccleston

De *Ruth* .

C'est une belle description de l'ancienne chapelle unitarienne de Knutsford telle qu'elle est aujourd'hui. Dans le cimetière se trouve la tombe de Mme Gaskell.

La chapelle se trouvait dans une rue étroite, ou plutôt *dans une impasse* , à proximité. Il se trouvait à la périphérie de la ville, presque au milieu des champs. Il a été construit à l'époque de Matthieu et Philippe Henry, lorsque les dissidents avaient peur d'attirer l'attention ou l'observation et cachaient leurs lieux de culte dans des parties obscures et isolées des villes dans lesquelles ils étaient construits. C'est pourquoi il arrivait souvent, comme dans le cas présent, que les bâtiments qui l'entouraient immédiatement, ainsi que les chapelles elles-mêmes, semblaient vous transporter à une époque d'il y a cent cinquante ans. La chapelle avait un aspect pittoresque et suranné, car heureusement la congrégation était trop pauvre pour la reconstruire, ou lui donner un nouveau visage à l'époque de George III. Les escaliers qui menaient aux galeries se trouvaient à l'extérieur, à chaque extrémité du bâtiment, et le toit irrégulier et les marches de pierre usées semblaient gris et tachés par le temps et les intempéries. Les collines herbeuses, chacune avec une petite pierre tombale dressée, étaient ombragées par un grand et vieil orme wych. Un ou deux buissons de lilas, un rosier blanc et quelques cytises, tous assez vieux et assez noueux, étaient plantés autour de la cour de la chapelle ; et les fenêtres à battants de la chapelle étaient faites de gros carreaux de plomb en forme de losange, presque recouverts de lierre, produisant à l'intérieur une obscurité verte, non sans solennité. Ce lierre abritait un nombre infini de petits oiseaux, qui gazouillaient et gazouillaient, au point qu'on aurait pu penser qu'ils émulaient le pouvoir de louange que possédaient les créatures humaines à l'intérieur, avec des accents si sérieux et si longs. une foule de chanteurs ailés se réjouit et se réjouit de leur beau cadeau de la vie. L'intérieur du bâtiment était aussi clair et simple que possible. Lorsqu'il a été aménagé, le bois de chêne était beaucoup moins cher qu'il ne l'est aujourd'hui, donc les boiseries correspondaient à cette description ; mais grossièrement taillée, car les premiers bâtisseurs n'avaient pas beaucoup de richesses à revendre. Les murs étaient blanchis à la chaux et recevaient les ombres de la beauté extérieure ; sur leurs « plaines blanches », on voyait les traces de lierre, tantôt immobiles, tantôt agitées par le vol soudain de quelque petit oiseau. La congrégation se composait ici et là d'un fermier et de ses ouvriers, qui descendaient des hauteurs au-delà de la ville pour adorer là où leurs pères adoraient, et qui aimaient l'endroit parce qu'ils savaient combien ces pères avaient souffert pour cela, bien qu'ils ne se soient jamais inquiétés. eux-mêmes avec la raison pour laquelle ils ont quitté l'église paroissiale ; de quelques commerçants, bien plus réfléchis et plus raisonnés, qui étaient des dissidents par conviction, sans mélange de vieilles associations ancestrales ; et d'une ou deux familles de rang mondain encore plus élevé. Avec de nombreux pauvres, attirés là par amour pour le caractère de M. Benson et par le sentiment que la foi qui a fait de lui ce qu'il était ne pouvait pas être très erronée, pour la base de la pyramide, et avec M. Bradshaw pour son sommet. , la congrégation était au complet.

Les gens de la campagne entraient, les cheveux lissés, et avançaient avec sérieux et légèreté sur le sol de l'allée ; et peu à peu, quand tout le monde fut rassemblé, M. Benson suivit sans surveillance et sans surveillance. Après avoir fermé la porte de la chaire et s'être agenouillé en prière pendant un instant ou deux, il a chanté un psaume tiré de la chère vieille paraphrase écossaise, avec son inversion primitive des mots simples et parfaits de la Bible ; et une sorte de chantre se leva et, après avoir fait retentir la note sur une flûte, chanta quelques vers pour indiquer l'air ; alors toute l'assemblée se leva et chanta à haute voix.

L'aube d'une journée de gala

Extrait d' *Épouses et filles* , 1866

A commencer par le vieux charabia de l'enfance. Dans un pays il y avait un comté, et dans ce comté il y avait une ville, et dans cette ville il y avait une maison, et dans cette maison il y avait une chambre, et dans cette chambre il y avait un lit, et dans ce lit il y avait une petite fille; bien éveillée et désireuse de se lever, mais n'osant pas le faire par peur de la puissance invisible dans la pièce voisine - une certaine Betty, dont le sommeil ne devait pas être troublé avant six heures, lorsqu'elle se réveilla d'elle-même « aussi sûrement comme sur des roulettes », et a ensuite laissé très peu de paix à la maison. C'était un matin de juin et, aussi tôt soit-il, la pièce était pleine de chaleur et de lumière ensoleillées.

Sur les tiroirs en face du petit lit blanc dans lequel reposait Molly Gibson, se trouvait une sorte de support à bonnet primitif, sur lequel était suspendu un bonnet, soigneusement recouvert, pour éviter toute chance de poussière, d'un grand mouchoir de coton ; d'une texture si lourde et si pratique que, si la chose en dessous avait été un tissu fragile de gaze, de dentelle et de fleurs, elle aurait été complètement « escroquée » (encore une fois pour citer le vocabulaire de Betty). Mais le bonnet était fait de paille solide, et sa seule garniture était un simple ruban blanc posé sur la couronne et formant les ficelles. Pourtant, il y avait à l'intérieur un joli petit quilling, dont Molly connaissait chaque tresse, car ne l'avait-elle pas faite elle-même la veille, avec des douleurs infinies ? et n'y avait-il pas un petit nœud bleu dans ce quilling, le tout premier morceau d'une telle parure que Molly avait jamais eu la perspective de porter ?

Six heures maintenant ! la sonnerie agréable et vive des cloches de l'église le disait ; appeler chacun à son travail quotidien, comme ils le faisaient depuis des centaines d'années. Molly se leva d'un bond et courut avec ses petits pieds nus à travers la pièce, enleva le mouchoir et revit le bonnet - le gage du jour joyeux et lumineux à venir. Puis elle se dirigea vers la fenêtre, et après quelques tiraillements, elle ouvrit le battant et laissa entrer l'air doux du matin. La rosée coulait déjà sur les fleurs du jardin en contrebas, mais elle montait toujours des longues herbes à foin dans les prairies juste au-delà. D'un côté se trouvait la petite ville de Hollingford, dans une rue de laquelle ouvrait la porte d'entrée de M. Gibson ; et de délicates colonnes et de petites bouffées de fumée commençaient déjà à s'élever de nombreuses cheminées de chalets, où une ménagère était déjà debout et préparait le petit-déjeuner pour le soutien de famille de la famille.

Molly Gibson a vu tout cela, mais tout ce qu'elle y a pensé, c'est : « Oh ! ce sera une belle journée ! J'avais peur que cela n'arrive jamais, jamais ; ou que, si jamais cela arrivait, ce serait un jour de pluie ! Il y a quarante-cinq ans, les plaisirs des enfants dans une ville de campagne étaient très simples, et Molly avait vécu douze longues années sans qu'un événement aussi grave ne se produise comme celui qui était maintenant imminent. Pauvre enfant! il est vrai qu'elle avait perdu sa mère, ce qui bouleversait toute sa vie ; mais ce n'était guère un événement au sens indiqué ; et d'ailleurs, elle était trop jeune pour en avoir conscience à l'époque. Le plaisir qu'elle attendait avec impatience aujourd'hui était sa première participation à une sorte de festival annuel à Hollingford.

La petite ville dispersée s'estompait dans la campagne d'un côté, près du pavillon d'entrée d'un grand parc, où vivaient milord et lady Cumnor : « le comte » et « la comtesse », comme les appelaient toujours les habitants de la ville, où persistait encore un très joli sentiment féodal et se manifestait de nombreuses manières simples, assez drôles pour qu'on y repense, mais des questions sérieuses et importantes à l'époque. C'était avant l'adoption du Reform Bill, mais de nombreuses discussions libérales avaient lieu occasionnellement entre deux ou trois des propriétaires fonciers les plus éclairés vivant à Hollingford ; et il y avait une grande famille whig dans le comté qui, de temps en temps, se manifestait et contestait les élections avec la famille rivale tory de Cumnor. On aurait pu penser que les habitants de

Hollingford aux discours libéraux mentionnés ci-dessus auraient, au moins, admis la possibilité de voter pour Hely-Harrison qui représentait leurs propres opinions. Mais rien de tel. « Le comte » était seigneur du manoir et propriétaire d'une grande partie du terrain sur lequel Hollingford était construit ; lui et sa maison étaient nourris, soignés et, dans une certaine mesure, habillés par les bonnes gens de la ville ; les grands-pères de leurs pères avaient toujours voté pour le fils aîné de Cumnor Towers, et suivant la tradition ancestrale, chaque homme-jack de l'endroit donnait son vote au seigneur lige, sans aucune considération de chimères telles que l'opinion politique.

Ce n'était pas un exemple inhabituel de l'influence des grands propriétaires terriens sur leurs voisins plus humbles à l'époque où les chemins de fer existaient, et c'était bien pour un endroit où la famille puissante, qui l'éclipsait ainsi, avait un caractère aussi respectable que les Cumnor. Ils s'attendaient à être soumis et obéis ; le simple culte des citadins était accepté par le comte et la comtesse comme un droit ; et ils seraient restés immobiles, stupéfaits et avec un horrible souvenir des sans-culottes français qui étaient les épouvantails de leur jeunesse, si un habitant de Hollingford avait osé opposer sa volonté ou ses opinions à celles du comte. Mais, ayant rendu toute cette obéissance, ils firent beaucoup pour la ville et se montrèrent généralement condescendants, et souvent attentionnés et gentils, dans leur traitement envers leurs vassaux. Lord Cumnor était un propriétaire indulgent, mettant parfois son intendant un peu de côté et prenant les rênes en main de temps en temps, au grand dam de l'agent, qui était, en fait, trop riche et indépendant pour s'en soucier grandement. pour avoir conservé un poste où ses décisions pourraient un jour être annulées par l'envie de mon seigneur d'aller « faire de la poterie » (comme l'agent l'exprimait de manière irrévérencieuse dans le sanctuaire de sa propre maison), ce qui, interprété, signifiait que de temps en temps le comte demandait ses propres questions sur ses propres locataires, et a utilisé ses propres yeux et oreilles dans la gestion des plus petits détails de sa propriété. Mais ses locataires aimaient d'autant plus mon seigneur à cause de cette habitude qu'il avait. Lord Cumnor avait certainement un peu de temps pour les commérages, qu'il parvint à combiner avec l'échec de l'intervention personnelle entre le vieil intendant des terres et le fermier. Mais alors, la comtesse compensait par sa dignité inaccessible la faiblesse du comte. Une fois par an, elle était condescendante. Elle et les dames, ses filles, avaient fondé une école ; il n'y a pas d'école à la manière des écoles d'aujourd'hui, où un enseignement intellectuel bien meilleur est donné aux garçons et aux filles des ouvriers et des ouvriers que celui qui est souvent réservé à leurs supérieurs dans le monde ; mais une école du genre que nous devrions appeler « industrielle », où l'on apprend aux filles à coudre magnifiquement, à être de bonnes bonnes de maison, de jolies cuisinières et, surtout, à s'habiller proprement dans une sorte d'uniforme de charité imaginé par les dames de Cumnor Towers : casquettes blanches, jupes blanches, tabliers à carreaux, robes bleues et révérences prêtes, et « s'il vous plaît madame » étant *de rigueur*.

Or, comme la comtesse était absente des Tours pendant une bonne partie de l'année, elle était heureuse de s'attirer la sympathie des dames de Hollingford de cette école, en vue d'obtenir leur aide en tant que visiteurs pendant les nombreux mois qu'elle et son les filles étaient absentes. Et les différentes dames inoccupées de la ville répondirent à l'appel de leur suzeraine et lui rendirent leur service selon les besoins ; et avec cela, beaucoup d'admiration murmurée et tatillonne. « Comme c'est bon de la part de la comtesse ! Ainsi, comme la chère comtesse, je pense toujours aux autres ! et ainsi de suite; tandis qu'on a toujours supposé qu'aucun étranger n'avait vu Hollingford correctement, à moins d'avoir été emmené à l'école de la comtesse et d'avoir été dûment impressionné par les petits élèves soignés et par les travaux d'aiguille encore plus soignés qui y étaient inspectés. En retour, un jour d'honneur était réservé chaque été, au cours duquel, avec une hospitalité gracieuse et majestueuse, Lady Cumnor et ses filles recevaient tous les visiteurs de l'école aux Towers, le grand manoir familial situé dans une retraite aristocratique au centre du pays. grand parc, dont un des pavillons était voisin de la petite ville. L'ordre de cette fête annuelle était le suivant. Vers dix heures, une des voitures des Tours traversa la loge et se dirigea vers différentes maisons, où habitait une femme à honorer ; les ramassant par un ou par deux, jusqu'à ce que la voiture chargée repasse par les portails prêts, roule le long de la route lisse ombragée par les arbres et dépose sa bande de dames élégamment habillées sur le grand escalier menant aux lourdes portes de Cumnor. Tours. Retour à la ville ; un autre ramassage de femmes dans leurs plus beaux vêtements, et un autre retour, et ainsi de suite jusqu'à ce que toute la fête soit rassemblée soit dans la maison, soit dans les très beaux jardins. Après que l'exposition d'une part et l'admiration de l'autre eurent été faites, il y eut une collation pour les visiteurs, puis une exposition et une admiration supplémentaires des trésors à l'intérieur de la maison. Vers quatre heures, on apporta du café ; et c'était le signal de la voiture qui approchait et qui devait les ramener chez eux ; où ils revinrent avec la conscience heureuse d'une journée bien passée, mais avec une certaine fatigue à cause de l' effort prolongé pour se comporter de manière optimale et pour parler sur des échasses pendant tant d'heures. Lady Cumnor et ses filles n'étaient pas non plus exemptes de la même approbation d'elles-mêmes, et aussi de la même fatigue ; la fatigue qui suit toujours les efforts conscients pour se comporter de la manière qui plaira le mieux à la société dans laquelle vous vous trouvez.

Pour la première fois de sa vie, Molly Gibson devait figurer parmi les invités des Towers.

Un moulin de Manchester en feu

De *Mary Barton* , 1848

TOUT À COUP, des pas se firent entendre dans la petite cour pavée ; personne après personne courait devant la fenêtre à rideaux.

"Il se passe quelque chose", dit Mary. Elle se dirigea vers la porte et arrêta la première personne qu'elle vit, lui demandant la cause de l'agitation.

« Eh, fille ! tu ne vois pas la lumière du feu ? Le moulin de Carsons est un plaisir flamboyant » ; et son informateur s'est enfui.

« Viens, Margaret, avec ton bonnet, et allons voir le moulin de Carsons ; il y a un feu, et on dit qu'un moulin en feu est un spectacle si grandiose. Je n'en ai jamais vu.

« Eh bien, je pense que c'est un spectacle effrayant. En plus, j'ai tout ce travail à faire.

Mais Mary la cajolait par ses manières douces et par ses douces caresses, promettant de l'aider à porter les robes toute la nuit, si nécessaire – et même, disant qu'elle devrait vraiment en profiter.

La vérité était que le secret de Margaret pesait lourdement et douloureusement sur son esprit, et qu'elle ressentait son incapacité à la réconforter ; en outre, elle voulait changer le cours des pensées de Margaret ; et à ces sentiments désintéressés s'ajoutait le désir qu'elle avait honnêtement exprimé, de voir une usine en feu.

Donc en deux minutes ils étaient prêts. Sur le seuil de la maison, ils rencontrèrent John Barton, à qui ils racontèrent leur mission.

« Le moulin des Carsons ! Oui, il y a un moulin en feu quelque part, bien sûr à cause de la lumière, et ce sera un incendie rare, car il n'y a pas une goutte d'eau à trouver. Et les Carsons s'en soucieront beaucoup, car ils sont bien assurés et les machines sont du genre démodées. Voyez s'ils ne trouvent pas que c'est une bonne chose pour eux-mêmes. Ils ne les remercieront pas en essayant de le diffuser.

Il céda le passage aux filles impatientes. Guidés par la lumière rougeoyante plus que par une connaissance exacte des rues qui menaient au moulin, ils trottinaient la tête courbée, faisant face comme ils pouvaient au terrible vent d'est.

Le moulin de Carsons s'étendait dans le sens de la longueur d'est en ouest. Le long de cette route se trouvait l'une des plus anciennes artères de Manchester. En fait, toute cette partie de la ville était relativement ancienne ; c'est là que furent construites les premières filatures de coton, et les ruelles et ruelles bondées du quartier y faisaient un incendie particulièrement redoutable. L'escalier du moulin montait depuis l'entrée à l'extrémité ouest, qui donnait sur une large rue d'aspect sombre, composée principalement de débits de boissons, de prêteurs sur gages, d'entrepôts de chiffons et d'os et de magasins de provisions sales. L'autre, l'extrémité est de l'usine, donnait sur une ruelle très étroite, large de moins de vingt pieds, et mal éclairée et pavée. Juste contre cette extrémité de l'usine se trouvaient les pignons de la dernière maison de la rue principale – une maison qui, par sa taille, ses beaux parements de pierre et la tentative d'ornementation de la façade, avait probablement été autrefois une maison de gentleman ; mais maintenant la lumière qui coulait de ses fenêtres agrandies éclairait l'intérieur de la pièce magnifiquement aménagée, avec ses murs peints, ses niches à piliers, ses décorations dorées et somptueuses, ses pensionnaires misérables et sordides. C'était un palais du gin.

Mary aurait presque souhaité s'en aller, tant le spectacle était effrayant (comme Margaret l'avait dit) lorsqu'ils rejoignirent la foule rassemblée pour assister à l'incendie. Il y avait un murmure de nombreuses voix chaque fois que le rugissement des flammes cessait un instant. Il était facile de percevoir que la masse était profondément intéressée.

"Qu'est-ce-qu'ils disent?" » demanda Margaret à un voisin dans la foule, en entendant quelques mots clairs et distincts du murmure général.

"Il n'y a jamais personne dans le moulin, c'est sûr !" s'exclama Mary, alors que la mer de visages tournés vers le haut se déplaçait d'un commun accord vers l'extrémité est, regardant Dunham Street, l'étroite ruelle déjà mentionnée.

L'extrémité ouest du moulin, où les flammes déchaînées étaient chassées par le vent, était couronnée et dotée de tourelles d'un feu triomphant. Il sortait ses langues infernales par chaque trou de fenêtre, léchant les murs noirs avec une férocité amoureuse ; il a été balancé ou est tombé devant le puissant vent, pour ensuite s'élever de plus en plus haut, pour ravager et rugir encore plus sauvagement. Cette partie du toit s'écroula avec un fracas stupéfiant, tandis que la foule luttait de plus en plus pour se presser dans Dunham Street ; Car qu'étaient des flammes magnifiques et terribles, qu'étaient des poutres qui tombaient ou des murs chancelants, en comparaison de la vie humaine ?

Là où les flammes dévorantes avaient été repoussées par un vent encore plus puissant, mais où pourtant une fumée noire jaillissait de toutes les ouvertures, là, près d'une des fenêtres du quatrième étage, ou plutôt d'une porte où était fixée une grue. pour hisser des marchandises, on apercevait parfois, lorsque d'épaisses rafales de fumée dissipaient partiellement, pendant un instant, les figures implorantes de deux hommes. Ils étaient restés après le reste des ouvriers pour une raison ou une autre, et, comme le vent avait poussé le feu dans la direction opposée, ils n'avaient perçu aucune vue ni aucun bruit d'alarme, longtemps après (si l'on pouvait appeler quelque chose longtemps dans cette foule de terreurs qui passa en moins d'une demi-heure), l'incendie avait consumé le vieil escalier de bois, à l'autre bout du bâtiment. Je ne sais pas si ce n'est pas le premier bruit de la foule qui se précipitait en contrebas qui leur fit pleinement prendre conscience de leur horrible position.

« Où sont les moteurs ? » demanda Margaret à son voisin.

« Ils arrivent, sans aucun doute ; mais soyez bénis, je pense que cela ne fait que dix minutes que nous avons découvert l'incendie pour la première fois ; ça fait tellement rage avec ce vent, et tout est si sec.

"Personne n'est allé chercher une échelle?" » haleta Mary, tandis que les hommes priaient de manière perceptible, quoique non audible, la grande multitude en bas pour obtenir de l'aide.

« Oui, le fils de Wilson et un autre homme sont partis comme un coup de feu, il y a environ cinq minutes. Mais les maçons, les couvreurs et autres ont abandonné leur travail et fermé les chantiers.

Wilson, alors, était cet homme dont la silhouette se détachait sur la lumière toujours plus sourde et chaude derrière, chaque fois que la fumée était claire – était-ce George Wilson ? Mary était malade de terreur. Elle savait qu'il travaillait pour Carsons ; mais au début, elle n'avait aucune idée que des vies étaient en danger ; et depuis qu'elle s'en était rendu compte, l'air chaud, les flammes rugissantes, la lumière vertigineuse, la foule agitée et murmurante, avaient égaré ses pensées.

"Oh! rentrons à la maison, Margaret ; Je ne peux pas rester."

« Nous ne pouvons pas y aller ! Voyez à quel point nous sommes coincés par les gens. Pauvre Marie ! vous n'aurez plus envie d'un incendie. Écoutez ! écouter!"

Car à travers la foule silencieuse qui se pressait autour de l'angle du moulin et remplissait Dunham Street, on pouvait entendre le crépitement de la machine, le pas lourd et rapide des chevaux chargés.

"Dieu merci!" dit le voisin de Margaret, "le moteur est arrivé."

Une autre pause ; les bouchons étaient raides et il était impossible d'obtenir de l'eau.

Puis il y a eu une pression dans la foule, les premiers rangs se sont appuyés sur ceux qui étaient derrière, jusqu'à ce que les filles en aient assez de l'enfermement serré et brutal. Puis une relaxation, et une respiration libre à nouveau.

«C'était le jeune Wilson et un pompier avec une échelle», a déclaré le voisin de Margaret, un homme de grande taille qui pouvait ignorer la foule.

"Oh, dis-nous ce que tu vois?" supplia Marie.

« Ils l'ont fait fixer contre le mur du gin-shop. L'un des hommes de l'usine s'est replié ; étourdi par la fumée, je le garantis. Le sol n'est pas cédé là-bas. Dieu!" dit-il en baissant les yeux, l'échelle est trop courte ! C'est fini avec eux, les pauvres ! Le feu arrive lentement et sûrement dans ce but, et avant qu'ils n'aient trouvé de l'eau ou une autre échelle, ils seront morts de plein fouet. Seigneur, aie pitié d'eux.

Un sanglot, comme celui de femmes excitées, se fit entendre dans le silence de la foule. Encore une pression comme la précédente ! Mary s'accrochait au bras de Margaret avec une poigne pinçante et avait envie de s'évanouir et de devenir insensible, pour échapper à la misère oppressante de ses sensations. Une minute ou deux.

« Ils ont pris l'échelle pour entrer dans le temple d'Apollor. Je ne peux pas le ramener dans le chantier d'où il vient.

Un puissant cri s'éleva ; un son pour réveiller les morts. Là-haut, frémissant dans l'air, on voyait le bout de l'échelle, dépassant de la fenêtre du grenier, dans le pignon du palais du gin, presque en face de la porte où les hommes avaient été vus. Ceux de la foule la plus proche de l'usine, et par conséquent ceux qui pouvaient le mieux voir jusqu'à la fenêtre du grenier, disaient que plusieurs hommes en tenaient une extrémité et guidaient par leur poids son passage jusqu'à la porte. Le cadre de la fenêtre du grenier avait été retiré avant que la foule en dessous ne se rende compte de la tentative.

Enfin, car cela paraissait long, mesuré aux battements des cœurs, bien que deux minutes à peine s'étaient écoulées, l'échelle fut fixée, un pont aérien à une hauteur vertigineuse, au-dessus de la rue étroite.

Tous les yeux étaient fixés dans une anxiété constante, et la respiration même des gens semblait arrêtée en suspens. Les hommes étaient introuvables, mais le vent parut, pour l'instant, plus fort que jamais, et repoussa les flammes envahissantes jusqu'à l'autre extrémité.

Mary et Margaret pouvaient voir maintenant ; juste au-dessus d'eux, l'échelle dansait au vent. La foule reculait par en dessous ; des casques de pompiers apparaissaient à la fenêtre, retenant fermement l'échelle, lorsqu'un homme, d'un pas vif et régulier, la tête immobile, passait d'un côté à l'autre. La multitude ne murmurait même pas pendant qu'il traversait le pont périlleux, qui tremblait sous lui ; mais lorsqu'il fut de l'autre côté, relativement en sécurité dans l'usine, une acclamation s'éleva un instant, stoppée cependant presque immédiatement par l'incertitude du résultat et le désir de ne pas ébranler en aucune façon les nerfs du brave garçon qui avait a jeté sa vie sur un tel dé.

« Le revoilà ! » » sauta aux lèvres de beaucoup, lorsqu'ils le virent sur le seuil de la porte, debout comme pour respirer un instant une gorgée d'air plus frais, avant de se confier à la traversée. Il portait sur ses épaules un corps insensible.

« C'est Jem Wilson et son père », murmura Margaret ; mais Mary le savait avant.

Les gens étaient malades d'une terreur anxieuse. Il ne pouvait plus se tenir en équilibre avec ses bras ; tout doit dépendre des nerfs et des yeux. Ils virent que celle-ci était fixée par la position de la tête, qui ne vacillait jamais ; l'échelle tremblait sous le double poids ; mais il ne bougeait toujours pas la tête, il n'osait pas regarder en bas. Cela me parut une éternité avant que la traversée ne soit accomplie. Enfin la fenêtre fut gagnée ; le porteur soulagé de son fardeau ; les deux avaient disparu.

Alors la multitude pourrait crier ; et au-dessus des flammes rugissantes, plus fortes que le souffle du vent puissant, s'élevait ce formidable éclat d'applaudissements pour le succès de cette entreprise audacieuse. Alors un cri aigu se fit entendre, demandant :

"Le oud man est-il vivant et susceptible de le faire?"

«Oui», répondit l'un des pompiers à la foule silencieuse en contrebas. "Il va bien, maintenant il a bu un peu d'eau de vache."

Il recula la tête ; et les demandes avides, les cris, les murmures marins de la masse roulante en mouvement recommencèrent à se faire entendre, mais seulement pour un instant. En beaucoup moins de temps que celui pendant lequel j'ai essayé de décrire brièvement la pause des événements, le même héros audacieux monta de nouveau sur l'échelle, dans le but évident de sauver l'homme qui restait encore dans le moulin en feu.

Il traversa l'usine avec la même rapidité et la même régularité qu'auparavant, et les gens en bas, rendus moins inquiets par son succès précédent, se parlaient entre eux, criant des nouvelles de la progression de l'incendie à l'autre bout de l'usine : racontant les efforts des pompiers de cette partie pour obtenir de l'eau, tandis que le corps serré des hommes se soulevait et roulait d'un côté à l'autre. C'était différent de l'ancien silence silencieux et haletant. Je ne sais pas si c'était à cause de cette cause, ou du souvenir d'un péril passé, ou du fait qu'il regardait en bas pendant le moment de respirer avant de revenir avec le reste de la personne (un petit homme mince) en bandoulière, mais le pas de Jem Wilson était moins stable, sa démarche plus incertaine ; il semblait tâter avec son pied en attendant le prochain tour de l'échelle, vaciller et finalement s'arrêter à mi-chemin. A cette époque, la foule était encore suffisante ; dans l'instant terrible qui s'est produit, personne n'a osé parler, même pour encourager. Beaucoup tombèrent malades de terreur et fermèrent les yeux pour ne pas voir la catastrophe qu'ils redoutaient. Il est venu. Le brave homme se balança d'un côté à l'autre, d'abord aussi légèrement que s'il se balançait lui-même ; mais il perdait visiblement son sang-froid et même son sens ; c'était seulement merveilleux de voir comment l'instinct animal de conservation ne surmontait pas tous les sentiments généreux et ne le poussait pas immédiatement à laisser tomber le corps impuissant et inanimé qu'il portait ; peut-être le même instinct lui disait-il que la perte soudaine d'un poids aussi lourd serait en soi un danger grand et imminent.

"Aide-moi; elle s'est évanouie, s'écria Margaret. Mais personne n'y prêta attention. Tous les regards étaient tournés vers le haut. A ce moment-là, une corde, munie d'un nœud coulant, a été adroitement lancée par l'un des pompiers, à la manière d'un lasso, par-dessus la tête et autour des corps des deux hommes. Il est vrai que c'était avec un ajustement grossier et léger ; mais si léger soit-il, il servait de guide stabilisant ; cela encourageait le cœur qui se serrait, la tête étourdie. Une fois de plus, Jem s'avança. Il n'a été pressé par aucune secousse ni aucune traction. Lentement et progressivement, la corde fut remontée, lentement et progressivement il fit les quatre ou cinq pas qui le séparaient du lieu sûr. La fenêtre fut gagnée et tous furent sauvés. La multitude dans la rue dansait de triomphe, huz et criait jusqu'à ce qu'on aurait cru que leur gorge se briserait ; puis, avec toute l'inconstance de l'intérêt caractéristique d'un grand groupe de gens, pressés et trébuchés, maudits et jurés, pressés de sortir de Dunham Street et de revenir à la scène immédiate de l'incendie, le puissant diapason de dont les flammes rugissantes formaient un terrible accompagnement aux cris, aux cris et aux imprécations de la foule en lutte.

Alors qu'ils s'éloignaient, Margaret restait pâle et presque en train de sombrer sous le poids du corps de Mary, qu'elle avait maintenu en position verticale en gardant ses bras serrés autour de la taille de Mary, redoutant, avec raison, le piétinement de pieds indifférents.

Maintenant, cependant, elle la laissait doucement tomber sur le trottoir froid et propre ; et le changement de posture et la différence de température, maintenant que les gens s'étaient retirés de leur voisinage immédiat, la rendirent bientôt consciente.

Son premier regard fut perplexe et incertain. Elle avait oublié où elle était. Son lit froid et dur lui paraissait étrange ; l'éclat trouble du ciel l'effrayait. Elle ferma les yeux pour réfléchir, pour se souvenir.

Son regard suivant fut vers le haut. L'effrayant pont avait été retiré ; la fenêtre était inoccupée.

«Ils sont en sécurité», a déclaré Margaret.

"Tous? Est-ce que tout le monde est en sécurité, Margaret ? » demanda Marie.

« Demandez à votre pompier, et il vous en dira plus que moi. Mais je sais qu'ils sont tous en sécurité.

Le pompier a rapidement corroboré les propos de Margaret.

"Pourquoi as-tu laissé Jem Wilson partir deux fois?" demanda Marguerite.

« Laissons !… eh bien, nous ne pouvions pas l'en empêcher. Dès qu'il entendait son père parler (ce qu'il faisait depuis longtemps), Jem partait comme un tireur ; disant seulement qu'il ne savait pas mieux ni nous où trouver l'autre homme. Nous serions tous partis s'il n'avait pas été si pressé, car personne ne peut dire que les pompiers de Manchester sont toujours en retard lorsqu'il y a un danger.

En disant cela, il s'est enfui ; et les deux jeunes filles, sans remarque ni discussion, revinrent chez elles.

« À la poursuite du *John Cropper* »

De Mary Barton , 1848

« OH , combien veux-tu ? Dépêchez-vous, j'ai de quoi vous payer, mais chaque instant est précieux, dit Mary.

«Oui, c'est vrai. Moins d'une heure ne nous amènera pas à l'embouchure du fleuve, et elle sera partie à deux heures !

Les idées de la pauvre Mary concernant « beaucoup d'argent » étaient cependant différentes de celles des bateliers. Il ne restait plus que quatorze ou quinze shillings du souverain que Margaret lui avait prêté, et les bateliers, imaginant que « beaucoup » ne signifiait pas moins de plusieurs livres, insistaient pour recevoir un souverain (tarif exorbitant, d'ailleurs, bien que réduit dès leur premier paiement). demande de trente shillings).

Tandis que Charley, avec l'impatience d'un garçon, disait :

« Donnez-leur, Mary ; ils ne vous prendront pas pour moins cher. C'est ta seule chance. Voilà Saint-Nicolas qui sonne !

« Je n'ai que quatorze et neuf pence », s'écria-t-elle désespérée après avoir compté son argent ; mais je te donnerai mon châle, et tu pourras le vendre quatre ou cinq shillings… oh ! est-ce que ça ne fera pas l'affaire ? demanda-t-elle d'un tel ton, qu'il fallait bien avoir le cœur dur pour refuser une supplication aussi angoissante.

Ils l'ont embarquée.

Et en moins de cinq minutes, elle se balançait et se balançait dans un bateau pour la première fois de sa vie, seule avec deux hommes rudes et durs.

Mary n'avait pas compris que Charley ne l'accompagnait pas. En fait, elle n'y avait pas pensé jusqu'à ce qu'elle s'aperçoive de son absence, alors qu'ils s'éloignaient du débarcadère, et se rappela qu'elle ne l'avait jamais remercié pour tout l'intérêt qu'il avait envers elle ; et maintenant, son absence la faisait se sentir très seule – même la sienne, le petit ami champignon d'une heure de croissance.

Le bateau se frayait un chemin à travers le dédale de plus gros navires qui entouraient le rivage, se heurtant à l'un, empêché par les rames d'aller directement contre un autre, éclipsé par un troisième, jusqu'à ce qu'ils soient enfin assez au large sur le large fleuve, à l'écart de l'une ou l'autre rive ; les images et les sons de la terre se font entendre au loin.

Et puis il y a eu une sorte de pause.

Le vent et la marée étaient contre les deux hommes, et malgré leur travail, ils n'ont fait que peu de chemin. Une fois, Marie, dans son impatience, s'était levée pour mieux voir les progrès qu'ils avaient faits ; mais les hommes lui avaient dit brutalement de s'asseoir immédiatement, et elle s'était laissée tomber sur son siège comme un enfant en bas âge, même si l'impatience était toujours dans son cœur.

Mais maintenant, elle était sûre qu'ils s'éloignaient du cap droit qu'ils avaient jusqu'alors suivi du côté Cheshire de la rivière, où ils étaient allés pour éviter la force du courant, et peu de temps après, elle ne put s'empêcher de nommer sa conviction. , alors qu'une sorte de terreur et de croyance cauchemardesque l'envahit, que tout ce qui était animé et inanimé était ligué contre son seul but et objectif de dépasser Will.

Ils ont répondu d'un ton bourru. Ils virent un batelier qu'ils connaissaient et désirèrent obtenir ses services comme timonier, afin que tous deux puissent ramer avec plus d'effet. Ils savaient de quoi ils parlaient. Elle resta donc silencieuse, les mains serrées, pendant que les pourparlers se poursuivaient, que l'explication était donnée, que la faveur était demandée et accordée. Mais elle souffrait tout le temps d'une peur nerveuse.

Ils avaient ramé depuis très, très longtemps – au moins une demi-journée, semblait-il – et pourtant Liverpool semblait toujours à portée de main, et Mary commença presque à s'étonner que les hommes n'étaient pas aussi découragés qu'elle, lorsque le vent, qui avaient été jusqu'alors contre eux, tombèrent, et de minces nuages commencèrent à se rassembler dans le ciel, masquant le soleil et jetant une obscurité glaciale sur tout.

Il n'y avait pas un souffle d'air, et pourtant il faisait plus froid que lorsque la douce violence du vent d'ouest s'était fait sentir.

Les hommes redoublent d'efforts. Le bateau faisait un bond en avant à chaque coup de rame. L'eau était vitreuse et immobile, reflétant teinte par teinte le ciel à l'encre de Chine au-dessus. Mary frissonna et son cœur se serra. Pourtant, à l'évidence, ils faisaient désormais des progrès. Alors le timonier désigna une ligne ondulante sur la rivière à peu de distance, et les hommes dérangeèrent Marie, qui surveillait les navires qui gisaient dans ce qui lui semblait être la haute mer, pour qu'ils mettent leurs voiles.

Elle sursauta et se leva. Sa patience, son chagrin et peut-être son silence avaient commencé à gagner les hommes.

« Le deuxième derrière le Norrard est le *John Cropper* . Le vent est là, et les voiles vont bientôt nous porter à ses côtés.

Il avait oublié (ou peut-être n'aimait-il pas le rappeler à Mary) que le même vent qui portait désormais leur petite embarcation avec un mouvement facile et rapide, serait également favorable au *John Cropper* .

Mais tandis qu'ils regardaient avec des yeux tendus, comme pour mesurer la distance décroissante qui les séparait d'elle, ils virent ses voiles déployées et battre au vent, jusqu'à ce que, attrapant le bon point, ils s'élancèrent dans une rondeur blanche, et le navire commença. plonger et se soulever, comme si elle était une créature vivante, impatiente de s'en aller.

"Ils lèvent l'ancre !" dit l'un des bateliers à l'autre, tandis que le faible cri musical des matelots flottait sur les eaux qui les séparaient encore.

Pleins de l'esprit de chasse, bien qu'ignorant encore les motivations de Mary, les hommes se précipitèrent pour hisser une autre voile. C'était tout ce que le bateau pouvait supporter, dans le vent d'est vif et en rafales qui soufflait maintenant, et il se courbait, peinait, labourait et craquait en se réprimandant comme si une tâche dépassait ses forces ; mais elle courait avec une rapidité vaillante.

Ils se rapprochèrent et entendirent plus clairement le lointain «ahoy». Cela a cessé. L'ancre était levée et le navire était parti.

Mary se leva, se retenant au mât et étendant les bras, implorant le vaisseau volant de maintenir son cap, par cette action muette, tandis que les larmes coulaient sur ses joues. Les hommes reprenaient leurs rames, les hissaient en l'air et criaient pour attirer l'attention.

Ils ont été vus par les hommes à bord du plus gros vaisseau ; mais ils étaient trop occupés par toute la confusion qui régnait dans un navire en route pour y prêter beaucoup d'attention. Il y avait des rouleaux de cordes et des coffres de marins sur lesquels trébucher à chaque détour ; il y avait des animaux mal attachés, errant ahuri sur le pont, ajoutant à l'ensemble des bruits leurs mugissements et leurs bêlements pitoyables. Il y avait des carcasses non découpées, ressemblant à des cadavres de moutons et de porcs plutôt qu'à des cadavres de mouton et de porc ; il y avait des marins qui couraient çà et là et partout, n'ayant pas eu le temps de se mettre à la méthode, et l'esprit partagé entre les pensées de la terre et des gens qu'ils avaient quittés, et les devoirs présents à bord du navire ; tandis que le capitaine s'efforçait de procurer une sorte d'ordre par des ordres hâtifs donnés, d'une voix forte et impatiente, à droite et à gauche, à tribord et à bâbord, à la cabine et à l'entrepont.

Alors qu'il parcourait le pont d'un pas irrité, contrarié par une ou deux petites erreurs de la part du second et souffrant lui-même de la douleur de la séparation d'avec sa femme et ses enfants, mais ne montrant sa souffrance que par son irritation extérieure, il entendit un grêle du petit bateau fluvial minable qui s'efforçait de rattraper son navire ailé. Car les hommes, craignant que, le navire étant maintenant bien au-dessus de la barre, ils ne devaient qu'augmenter la distance qui les séparait, et étant maintenant à portée de cris, avaient demandé à Mary son désir plus particulier.

Sa gorge était sèche, tout son musical avait disparu de sa voix ; mais dans un murmure fort et dur, elle raconta aux hommes sa mission de vie et de mort, et ils hélèrent le navire.

« Nous sommes venus chercher un certain William Wilson, qui doit prouver son *alibi* demain devant la cour d'assises de Liverpool. James Wilson doit être jugé pour un meurtre commis jeudi soir alors qu'il était avec William Wilson. Y a-t-il autre chose, mademoiselle ? » demanda le batelier de Marie à voix basse et en retirant ses mains de sa bouche.

«Dites que je suis Mary Barton. Oh, le bateau avance ! Oh, pour l'amour du Ciel, demandez-leur d'arrêter.

Le batelier était en colère contre le peu d'attention accordée à sa convocation et appela de nouveau ; répétant le message avec le nom de la jeune femme qui l'a envoyé, et l'interlardant de serments de marins.

Le navire s'est envolé, s'est éloigné, et le bateau a lutté après.

On voyait le capitaine prendre son porte-parole. Et oh ! et hélas ! ils ont entendu ses paroles.

Il a prêté un terrible serment ; il a traité Marie d'un nom honteux ; et il a dit qu'il n'arrêterait son navire pour personne, et qu'il ne pourrait pas s'en séparer d'une seule main, quel que soit celui qui se dirigeait vers lui.

Les mots retentissaient avec une clarté impitoyable au son de la trompette. Marie s'assit, ressemblant à une personne qui prie à l'agonie. Car ses yeux étaient tournés vers ce ciel où demeure la miséricorde, tandis que ses lèvres bleues frémissaient, même si aucun son ne sortait. Puis elle baissa la tête et la cacha dans ses mains.

« Écoutez ! ce marin nous salue.

Elle leva les yeux. Et son cœur s'arrêta de battre pour écouter.

William Wilson se tenait aussi près que possible de la poupe du navire ; et, incapable d'obtenir la trompette du capitaine en colère, il fabriqua un tube de ses propres mains.

"Alors aide-moi mon Dieu, Mary Barton, je reviendrai dans le bateau-pilote suffisamment de temps pour sauver la vie des innocents."

"Qu'est ce qu'il dit?" » demanda Mary sauvagement, tandis que la voix s'éteignait à mesure que la distance s'éloignait, tandis que les bateliers applaudissaient, dans leur sympathie allumée pour leur passager.

"Qu'est ce qu'il dit?" répéta-t-elle. "Dites-moi. Je ne pouvais pas entendre.

Elle avait entendu avec ses oreilles, mais son cerveau refusait de reconnaître ce sens.

Ils répétèrent son discours, tous trois parlant à la fois, avec de nombreux commentaires ; tandis que Marie les regardait, puis le vaisseau au loin.

«Je n'en suis pas vraiment au courant», dit-elle tristement. "Qu'est-ce que le bateau-pilote ?"

Ils le lui dirent, et elle comprit le sens de l'argot des marins qui l'enveloppait. Il y avait encore un espoir, bien que si léger et si faible.

Loisirs parmi les pauvres du Lancashire

De *Mary Barton* , 1848

IL existe à Manchester une classe d'hommes, inconnue même de beaucoup d'habitants, et dont beaucoup mettront probablement en doute l'existence, qui pourtant peuvent prétendre être apparentés à tous les noms nobles que la science reconnaît. J'ai dit dans « Manchester », mais ils sont dispersés dans tout le district manufacturier du Lancashire. Dans le quartier d'Oldham, il y a des tisserands, des tisserands ordinaires, qui lancent la navette avec un bruit incessant, bien que *les Principia de Newton* soient ouverts sur le métier à tisser, pour être arrachés pendant les heures de travail, mais se délectent pendant les repas ou la nuit. . Les problèmes mathématiques sont reçus avec intérêt et étudiés avec une attention captivante par de nombreux ouvriers d'usine au langage large et à l'apparence commune. Il est peut-être moins étonnant que les branches de l'histoire naturelle les plus intéressantes pour le public aient leurs adeptes chaleureux et dévoués parmi cette classe. Il y a parmi eux des botanistes, également familiers avec le système linnéen ou naturel, qui connaissent le nom et l'habitat de chaque plante située à une journée de marche de leur habitation ; qui volent le congé d'un jour ou deux quand une plante particulière devrait être en fleur, et attachant leur simple nourriture dans leurs mouchoirs de poche, partent dans un seul but pour rapporter chez eux cette humble herbe. Il y a des entomologistes, qu'on voit avec un filet grossier, prêt à attraper n'importe quel insecte ailé, ou une sorte de drague, avec laquelle ils ratissent les mares vertes et gluantes ; des hommes pratiques, astucieux et travailleurs, qui examinent chaque nouveau spécimen avec un véritable plaisir scientifique. Ce ne sont pas non plus les divisions communes et plus évidentes de l'Entomologie et de la Botanique qui, à elles seules, attirent ces chercheurs sérieux de connaissances. Peut-être est-ce dû à la grande fête annuelle de la Pentecôte, qui tombe si souvent en mai ou en juin, que les deux grandes et belles familles des Éphémérides et des Phryganides ont été si étudiées de si près par les ouvriers de Manchester, tandis qu'elles ont été étudiées avec tant d'attention. dans une large mesure, ils ont échappé à l'observation générale. Si vous vous référez à la préface de la Vie de Sir JE Smith (je ne l'ai pas chez moi, sinon je vous copierais le passage exact), vous constaterez qu'il cite une petite circonstance corroborant ce que j'ai dit. Alors qu'il était en visite à Roscoe, de Liverpool, il s'enquit auprès de lui de l'habitat d'une plante très rare, qu'on dit qu'on trouve dans certains endroits du Lancashire. M. Roscoe ne savait rien de l'usine ; mais a déclaré que si quelqu'un pouvait lui donner les informations souhaitées, ce serait un tisserand sur métier à main de Manchester, qu'il a nommé. Sir JE Smith se rendit en bateau à Manchester et, en arrivant dans cette ville, il demanda au porteur qui portait ses bagages s'il pouvait le diriger vers un tel.

"Oh, oui," répondit l'homme. « Il fait un peu à ma manière » ; et après une enquête plus approfondie, il s'est avéré que le porteur et son ami le tisserand étaient tous deux d'habiles botanistes et capables de donner à Sir JE Smith les informations mêmes qu'il souhaitait.

Tels sont les goûts et les aspirations de certains des ouvriers réfléchis et peu compris de Manchester.

Et le grand-père de Margaret en faisait partie. C'était un petit vieillard à l'air nerveux, qui se déplaçait avec des mouvements saccadés, comme si ses membres étaient actionnés par une ficelle, comme un jouet d'enfant, avec des cheveux bruns tombant fins et doux à l'arrière et sur les côtés de sa tête. ; son front était si large qu'il semblait contrebalancer le reste de son visage, qui avait en effet perdu son contour naturel par l'absence de toutes les dents. Les yeux brillaient absolument d'intelligence ; si vifs, si observateurs, on avait l'impression qu'ils ressemblaient presque à des sorciers. En effet, la pièce entière ressemblait un peu à la demeure d'un sorcier. Au lieu de tableaux, on accrochait de grossiers cadres en bois représentant des insectes empalés ; la petite table était couverte de livres cabalistiques ; et à côté d'eux se trouvait une caisse d'instruments mystérieux, dont Job Legh utilisait lorsque sa petite-fille entra.

À son apparition, il releva ses lunettes jusqu'à mi-hauteur de son front et accueillit Mary brièvement et aimablement. Mais il caressait Marguerite comme une mère caresse son premier-né ; il la caressait avec tendresse et changeait presque sa voix en lui parlant.

Mary regarda autour d'elle les choses étranges et étranges qu'elle n'avait jamais vues chez elle et qui lui semblaient avoir un aspect très étrange.

« Votre grand-père est-il un devin ? murmura-t-elle à sa nouvelle amie.

"Non", répondit Margaret de la même voix; mais vous n'êtes pas le premier à le prendre pour tel. Il n'aime que les choses dont la plupart des gens ignorent l'existence.

« Et tu sais aussi quelque chose sur eux ?

« Je connais un peu certaines des choses qui plaisent à grand-père ; juste parce qu'il les aime, j'ai essayé d'en apprendre davantage à leur sujet.

"Qu'est-ce que c'est?" » dit Mary, frappée par les créatures étranges qui s'étalaient dans la pièce dans leurs vitrines en verre grossièrement fabriquées.

Mais elle n'était pas préparée aux noms techniques que Job Legh lui notait à l'oreille, sur lesquels ils tombaient comme de la grêle sur une lucarne ; et ce langage étrange ne faisait que la déconcerter plus que jamais. Margaret a vu l'état de l'affaire et est venue à la rescousse.

«Regarde, Mary, cet horrible scorpion. Il m'a fait tellement peur : je suis pourtant tout twitter quand j'y pense. Grand-père est allé à Liverpool une semaine de Pentecôte pour se promener sur les quais et prendre ce qu'il pouvait chez les matelots, qui apportent souvent quelque chose de bizarre des pays chauds où ils vont ; et ainsi il voit un type avec une bouteille à la main, comme la bouteille de pharmacien ; et dit grand-père : « Qu'as-tu eu là ? Ainsi le marin le brandit, et grand-père savait que c'était une espèce rare de scorpion, peu commune même dans les Indes orientales d'où venait l'homme ; et il lui dit : « Comment avez-vous attrapé ce brave garçon, car il ne serait pas pris pour rien, je pense ? Et l'homme raconta que, alors qu'ils déchargeaient le bateau, il l'avait trouvé allongé derrière un sac de riz, et il pensait que le froid l'avait tué, car il n'était ni écrasé ni blessé du tout. Il n'aimait pas se séparer de l'esprit de son grog pour y mettre le scorpion, mais le glissa dans la bouteille, sachant qu'il y avait suffisamment de gens qui lui donneraient quelque chose pour lui. Alors grand-père lui donne un shilling.

« Deux shillings », interrompit Job Legh ; "et c'était une bonne affaire."

«Eh bien, grand-père est rentré à la maison aussi fier que Punch et a sorti la bouteille de sa poche. Mais, voyez-vous, les scorpions étaient doublés, et grand-père pensait que je ne pouvais pas vraiment voir sa taille. Alors il le secoue juste avant le feu ; et il faisait bien chaud, car je repassais, je m'en souviens. J'ai arrêté de repasser et je me suis penché sur lui pour mieux le regarder, et mon grand-père a pris un livre et a commencé à lire comment ces espèces étaient les espèces les plus venimeuses et les plus vicieuses, comment leurs morsures étaient souvent mortelles, puis j'ai continué. lire comment les personnes mordues étaient enflées et criaient de douleur. J'écoutais attentivement, mais au fur et à mesure qu'elle tombait, je n'ai jamais quitté la créature des yeux, même si je n'aurais pas pu dire que je la regardais. Soudain, il a semblé donner un sursaut, et avant que je puisse parler, il en a donné un autre, et en une minute, il était aussi sauvage qu'il pouvait l'être, courant vers moi comme un chien enragé.

"Qu'est-ce que tu as fait?" demanda Marie.

"Moi! eh bien, j'ai sauté d'abord sur une chaise, puis sur toutes les choses que j'avais repassées sur la commode, et j'ai crié à grand-père de venir près de moi, mais il ne m'a pas écouté.

"Pourquoi, si j'étais passé près de toi, qui aurait attrapé cette créature, j'aimerais le savoir ?"

«Eh bien, j'ai supplié grand-père de l'écraser, et j'ai mis le fer dessus une fois, prêt à tomber, mais grand-père m'a supplié de ne pas le blesser de cette façon. Je ne pouvais donc pas imaginer ce qu'il aurait, car il sautait dans la pièce comme s'il avait très peur, malgré tout, il m'a supplié de ne pas le blesser. Enfin, il se dirige vers la bouilloire, soulève le couvercle et jette un coup d'œil à l'intérieur. « Pourquoi diable fait-il cela ? je pense ; « Il ne boira jamais son thé avec un scorpion courant librement et tranquillement dans la pièce ! Puis il prend les pinces, et il met ses lunettes sur son nez, et en une minute il a soulevé la créature par la jambe et l'a laissée tomber dans l'eau bouillante.

"Et est-ce que ça l'a tué ?" dit Marie.

« Oui, bien sûr ; Cependant, il a bouilli plus longtemps que grand-père ne l'aurait souhaité. Mais j'avais tellement peur qu'il revienne, j'ai couru au pub chercher du gin, et grand-père a rempli la bouteille, puis nous avons vidé l'eau, l'avons sorti de la bouilloire et l'avons laissé tomber dans la bouteille. , et il y est resté plus de douze mois.

« Qu'est-ce qui lui a donné vie au début ? » demanda Marie.

"Eh bien, voyez-vous, il n'a jamais été vraiment mort, seulement engourdi, c'est-à-dire endormi par le froid, et notre bon feu l'a ramené à la vie."

« Je suis heureuse que mon père ne se soucie pas de ce genre de choses », a déclaré Mary.

"Es-tu? Eh bien, je suis souvent carrément heureux que grand-père aime autant ses livres, ses créatures et ses plantes. Cela me fait du bien au cœur de le voir si heureux, les triant tous à la maison, et si prêt à partir en chercher d'autres, chaque fois qu'il a un jour libre. Regardez-le maintenant ! il est retourné à ses livres, et il sera heureux comme un roi, travaillant jusqu'à ce que je le fasse se coucher. Cela le garde silencieux, bien sûr ; mais tant que je le vois sérieux, content et enthousiaste, qu'importe ? Ensuite, quand il a ses crises de parole, on ne peut pas imaginer tout ce qu'il a à dire. Cher grand-père ! tu ne sais pas à quel point nous sommes heureux !

Mary se demandait si le cher grand-père avait entendu tout cela, car Margaret ne parlait pas à voix basse ; mais non! il était beaucoup trop profond et désireux de résoudre un problème. Il n'a même pas remarqué les adieux de Mary, et elle est rentrée chez elle avec le sentiment que cette nuit-là, elle avait fait la connaissance de deux des personnes les plus étranges qu'elle ait jamais vues de sa vie. Margaret si calme, si banale, jusqu'à ce que ses pouvoirs de chant soient sollicités ; si silencieux à la maison, si joyeux et agréable à la maison ; et son grand-père si différent de tous ceux que Mary avait jamais vus. Margaret avait dit qu'il n'était pas un devin, mais elle ne savait pas si elle devait la croire.

Pour lever ses doutes, elle raconta l'histoire de la soirée à son père, intéressé par son récit et curieux de voir et de juger par lui-même. Les occasions ne manquent pas souvent là où l'envie se présente, et avant la fin de cet hiver, Mary considérait Margaret presque comme une vieille amie. Cette dernière lui apportait du travail lorsque Mary était susceptible d'être à la maison le soir et s'asseyait avec elle ; et Job Legh mettait un livre et sa pipe dans sa poche, et passait au coin de la rue pour aller chercher son petit-enfant, prêt à discuter s'il trouvait Barton à l'intérieur ; prêt à sortir sa pipe et son livre si les filles voulaient qu'il attende, et John était toujours dans son club. Bref, prêt à faire tout ce qui ferait plaisir à sa chérie Margaret.

Je ne sais quels points de ressemblance ou de dissemblance (car ceci rejoint les gens aussi souvent que cela) attiraient les filles les unes vers les autres. Margaret avait le grand charme de posséder un bon bon sens, et ne voyez-vous pas à quel point cela est involontairement valorisé ? Il est si agréable d'avoir un ami qui possède le pouvoir de mettre clairement en lumière une question difficile ; dont le jugement peut dire ce qu'il y a de mieux à faire ; et qui est si convaincu de ce qui est « le plus sage, le meilleur », qu'en considération de la fin, toutes les difficultés sur le chemin diminuent. Les gens admirent le talent et parlent de leur admiration. Mais ils valorisent le bon sens sans en parler, et souvent sans le savoir.

Le gang de la presse dans le Yorkshire à la fin du XVIIIe siècle

Tiré *des Amants de Sylvia* , 1863

DEPUIS la fin de la guerre américaine, rien n'avait nécessité une énergie inhabituelle pour doter la marine ; et les subventions exigées par le gouvernement à cet effet diminuaient avec chaque année de paix. En 1792, cette subvention atteignit son minimum depuis de nombreuses années. En 1793, les démarches des Français avaient enflammé l'Europe, et les Anglais étaient en colère contre l'enthousiasme anti-gallican, fomenté par tous les expédients de la Couronne et de ses ministres. Nous avions nos navires ; mais où étaient nos hommes ? L'Amirauté disposait cependant d'un recours facile à portée de main, avec de nombreux précédents pour son utilisation et avec le droit commun (sinon la loi) pour sanctionner son application. Ils ont émis des « mandats de presse », appelant le pouvoir civil dans tout le pays à soutenir leurs officiers dans l'accomplissement de leur devoir. La côte de la mer était divisée en districts, sous la direction d'un capitaine de marine, qui déléguait à son tour des sous-districts à des lieutenants ; et de cette manière tous les navires qui rentraient chez eux étaient surveillés et attendus, tous les ports étaient sous surveillance ; et en un jour, s'il en était besoin, un grand nombre d'hommes pourraient être ajoutés aux forces de la marine de Sa Majesté. Mais si l'Amirauté devenait urgente dans ses demandes, elle était également prête à se montrer sans scrupules. Les terriens, s'ils sont valides, pourraient bientôt devenir de bons marins ; et une fois dans la cale de l' appel d'offres, qui attendait toujours le succès de l'opération du groupe de presse, il était difficile à ces prisonniers d'apporter des preuves de la nature de leurs anciennes occupations, surtout quand personne n'avait le loisir d'écouter de telles preuves. , ou étaient prêts à le croire s'ils l'écoutaient, ou agiraient en conséquence pour la libération du captif s'ils avaient par possibilité à la fois écouté et cru. Des hommes ont été kidnappés, ont littéralement disparu et on n'a plus jamais entendu parler d'eux. La rue d'une ville animée n'était pas à l'abri de telles captures par des gangs de presse, comme Lord Thurlow aurait pu le dire, après une certaine promenade qu'il avait faite à cette époque à Tower Hill, lorsque lui, le procureur général d'Angleterre, fut impressionné, lorsque l'Amirauté avait ses propres méthodes pour se débarrasser des assiégeants et des pétitionnaires ennuyeux. Les habitants solitaires de l'intérieur des terres n'étaient pas non plus plus en sécurité ; beaucoup de paysans se rendaient à une foire aux statuts ou à une « vadrouille » et ne revenaient jamais à la maison pour parler de leur embauche ; Beaucoup de jeunes et robustes fermiers ont disparu de chez eux près du foyer de leur père, et leur mère ou leur amant n'ont plus entendu parler ; tant était grande la pression pour que les hommes servent dans la marine pendant les premières années de la guerre avec la France et après chaque grande victoire navale de cette guerre.

Les serviteurs de l'Amirauté guettaient tous les marchands et commerçants ; il y a eu de nombreux cas de navires rentrant chez eux après une longue absence, et chargés d'une riche cargaison, étant arraisonnés à moins d'un jour de distance de la terre, et tant d'hommes pressés et emportés, que le navire avec sa cargaison est devenu ingérable à cause de la perte de son équipage. , dérivait de nouveau dans le vaste océan sauvage, et était parfois retrouvé sous la direction impuissante d'un ou deux marins infirmes ou ignorants ; parfois, on n'a plus jamais entendu parler de tels navires. Les hommes ainsi pressés étaient arrachés à l'emprise étroite de leurs parents ou de leurs épouses, et étaient souvent privés des durs gains des années, qui restaient entre les mains des maîtres du navire marchand dans lequel ils avaient servi, sous réserve de toutes les chances d'honnêteté. ou la malhonnêteté, la vie ou la mort. Or toute cette tyrannie (car je ne sais pas employer d'autre mot) nous est merveilleuse ; nous ne pouvons pas imaginer comment il se fait qu'une nation s'y soit soumise pendant si longtemps, même sous un enthousiasme guerrier, une panique d'invasion, une soumission loyale aux pouvoirs gouvernants. Quand nous lisons que les militaires ont été appelés pour aider le pouvoir civil à soutenir la bande de presse, que des groupes de soldats patrouillaient dans les rues et que des sentinelles avec des baïonnettes vissées étaient placées à chaque porte tandis que la bande de presse entrait et fouillait chaque trou et coin du logement; quand nous entendons parler d'églises entourées de troupes pendant le service divin, tandis que la bande de presse se tenait prête à la porte pour arrêter les hommes qui sortaient du culte public, et prenons ces exemples comme de simples types de ce qui se passait constamment dans différents formes, nous ne nous étonnons pas que les lord-maires et autres autorités civiques des grandes villes se plaignent de ce que les affaires soient stoppées par le danger que courent les commerçants et leurs domestiques en quittant leurs maisons et en sortant dans les rues, infestées par la presse. des gangs.

Soit que le fait de vivre à proximité de la métropole, centre de la politique et de l'information, ait inspiré aux habitants des comtés du sud un fort sentiment de cette sorte de patriotisme qui consiste à haïr toutes les autres nations ; ou bien est-ce parce que les chances de capture étaient tellement plus grandes dans tous les ports du sud que les marins marchands s'étaient habitués au danger ? ou si le service dans la marine, pour ceux qui connaissent des villes comme Portsmouth et Plymouth, attirait la plupart des hommes en raison de l'enthousiasme et de l'éclat de cet emploi aventureux - il est certain que les sudistes ont accepté l'oppression des mandats de presse. plus soumis que les peuples sauvages du Nord-Est. Car chez eux, les chances de profit au-delà de leur salaire dans la chasse à la baleine ou dans le commerce groenlandais s'étendaient au marin le plus bas. Il pourrait s'élever en osant et en épargnant pour devenir lui-même armateur. Nombreux étaient ceux autour de lui qui l'avaient fait ; et ce fait même rendait la distinction entre classe et classe moins apparente ; et les aventures et les dangers communs, l'intérêt universel ressenti dans une même poursuite, liaient les habitants de cette ligne de côte entre eux par un lien fort, dont la rupture par toute mesure étrangère violente provoquait une colère passionnée et une soif de vengeance. Un homme du Yorkshire m'a dit un jour : « Les gens de mon comté sont tous pareils. Leur première réflexion est de savoir comment résister. Pourquoi! Moi-même, si j'entends un homme dire qu'il fait beau, je me surprends à chercher que ce n'est pas une telle chose. Il en est ainsi en pensée ; il en est ainsi en paroles ; il en est ainsi en fait.

Vous imaginez donc peut-être que la bande de presse n'a pas eu des moments faciles sur la côte du Yorkshire. Dans d'autres endroits, ils inspiraient la peur, mais ici la rage et la haine. Le lord-maire de York fut averti le 20 janvier 1777, par une lettre anonyme, que « si ces hommes n'étaient pas envoyés de la ville au plus tard le mardi suivant, la propre demeure de sa seigneurie, ainsi que le manoir également, devraient être entièrement brûlé. »

Les funérailles du marin à Monkshaven

Tiré *des Amants de Sylvia* , 1863

LE vicaire de Monkshaven était un vieil homme gentil et paisible, détestant par-dessus tout les conflits et les eaux troubles. En théorie, il était un conservateur véhément, ce qui convenait à son image à l'époque. Il avait deux épouvantails à craindre : les Français et les dissidents. Il était difficile de dire lequel avait la pire opinion et la plus grande crainte. Peut-être détestait-il le plus les dissidents, parce qu'ils étaient plus près de lui que les Français ; en outre, les Français avaient l'excuse d'être papistes, tandis que les dissidents auraient pu appartenir à l'Église d'Angleterre s'ils n'avaient pas été complètement dépravés. Pourtant, en pratique, le Dr Wilson ne s'opposait pas à dîner avec M. Fishburn, qui était un ami personnel et un disciple de Wesley ; mais ensuite, comme dirait le médecin : « Wesley était un homme d'Oxford, et cela fait de lui un gentleman ; et il était un ministre ordonné de l'Église d'Angleterre, de sorte que la grâce ne peut jamais le quitter. Mais je ne sais quelle excuse il aurait invoquée pour envoyer du bouillon et des légumes au vieux Ralph Thompson, un indépendant enragé, qui avait eu l'habitude d'abuser de l'église et du vicaire, depuis une chaire dissidente, aussi longtemps qu'il pouvait monter sur le trône. escaliers. Cependant, cette incohérence entre les théories et la pratique du Dr Wilson n'était généralement pas connue à Monkshaven, nous n'avons donc rien à voir avec cela.

Le Dr Wilson avait eu un rôle très difficile à jouer et un sermon encore plus difficile à écrire au cours de la semaine dernière. Le Darley qui avait été tué était le fils du jardinier du vicaire, et les sympathies du Dr Wilson en tant qu'homme étaient toutes du côté du père endeuillé. Mais ensuite il avait reçu, en tant que magistrat le plus âgé du quartier, une lettre du capitaine de l' *Aurora* , explicative et disculpatoire. Darley avait résisté aux ordres d'un officier au service de Sa Majesté. Que deviendraient la subordination et la loyauté qui leur sont dues, les intérêts du service et les chances de battre ces maudits Français, si une conduite telle que celle de Darley devait être encouragée ? (Pauvre Darley ! Il a désormais dépassé tous les effets néfastes des encouragements humains !)

Alors le vicaire marmonna précipitamment au cours d'un sermon sur le texte : « Au milieu de la vie, nous sommes dans la mort » ; ce qui aurait pu faire aussi bien pour un bébé coupé dans une crise de convulsion que pour l'homme fort abattu de tout son sang avide et brûlant en lui, par des hommes au sang aussi chaud que lui. Mais un jour, alors que l'œil du vieux docteur croisa le regard tendu et tendu du père Darley, cherchant de toute son âme à trouver un grain de sainte consolation dans la paille des mots, sa conscience le frappa. N'avait-il rien à dire qui puisse calmer la colère et se venger avec un pouvoir spirituel ? pas de souffle de consolateur pour apaiser la résignation ? Mais encore une fois, la discorde entre les lois de l'homme et les lois du Christ se dressait devant lui ; et il renonça à tenter de faire plus que ce qu'il faisait, comme étant au-delà de ses forces. Même si les auditeurs repartirent aussi pleins de colère qu'ils étaient entrés dans l'église, et certains avec un sourd sentiment de déception quant à ce qu'ils y étaient arrivés, personne n'éprouva autre chose que de la bienveillance envers le vieux vicaire. Sa vie simple et heureuse fut menée parmi eux pendant quarante ans et ouverte à tous les hommes dans son cours quotidien ; ses manières douces et cordiales ; sa gentillesse pratique l'a rendu aimé de tous; et ni lui ni eux ne pensaient beaucoup ou ne se souciaient beaucoup de l'admiration de ses talents. Le respect de sa fonction était tout le respect auquel il pensait ; et cela lui a été concédé par une ancienne association traditionnelle et héréditaire. En regardant le siècle dernier, il paraît curieux de voir combien peu nos ancêtres avaient le pouvoir de mettre deux choses ensemble et de percevoir soit la discorde, soit l'harmonie ainsi produite. Est-ce parce que nous sommes plus éloignés de ces époques et avons, par conséquent, un plus grand champ de vision ? Nos descendants s'étonneront-ils de nous, comme nous l'avons fait de l'incohérence de nos ancêtres, ou seront-ils surpris de notre aveuglement de ne pas nous rendre compte que, ayant telle ou telle opinion, notre ligne de conduite doit être telle ou telle, ou que la conséquence logique d'opinions particulières doit être des convictions que nous détestons actuellement ? Il semble étonnant de penser à des hommes comme notre vicaire, qui soutenaient presque la doctrine selon laquelle le roi ne pouvait pas faire de mal, et pourtant étaient toujours prêts à parler de la glorieuse Révolution et à insulter les Stuarts pour avoir entretenu la même doctrine, et essayé de le mettre en pratique. Mais de telles divergences traversaient la vie des hommes de bien à cette époque. C'est bien pour nous de vivre à l'heure actuelle, où tout le monde est logique et cohérent. Cette petite discussion doit être prise à la place du sermon du Dr Wilson, dont personne ne pouvait se souvenir plus que du texte une demi-heure après avoir été prononcé. Même le médecin lui-même avait le souvenir des paroles qu'il avait prononcées effacé de son esprit, car, après avoir ôté sa robe et enfilé son surplis, il sortit de l'obscurité de sa sacristie et se dirigea vers la porte de l'église, regardant dans le large lumière qui tombait sur la plaine du cimetière sur les falaises ; car le soleil ne s'était pas encore couché et la lune pâle se levait lentement à travers la brume argentée qui obscurcissait les landes lointaines. Il y avait une foule dense et dense, immobile et silencieuse, qui détournait les yeux de l'église et du curé qui attendait l'arrivée des morts. Ils regardaient la lente ligne noire qui serpentait les longues marches, déposant leur lourd fardeau ici et là, debout par groupes silencieux à chaque palier ; tantôt perdu de vue alors qu'un morceau de terrain accidenté et en surplomb intervenait, tantôt émergeant soudainement plus près ; et au-dessus de nous la grande cloche de l'église, avec son inscription médiévale, familière au vicaire, si ce n'est à personne d'autre qui l'a entendue :

"Je vais tous dans la tombe,"

il continuait son lourd et monocorde retentissant, auquel aucun autre bruit de terre ou de mer, proche ou lointain, ne se mêlait, à l'exception du caquet des oies de quelque ferme lointaine de la lande, alors qu'elles rentraient chez elles pour se percher ; et ce bruit venant de si grande distance ne faisait qu'approfondir le silence. Puis il y eut un petit mouvement dans la foule ; un peu de poussée d'un côté à l'autre, pour tracer un chemin pour le cadavre et ses porteurs, un agrégat de fragments de pièce.

La tête baissée et les forces épuisées, ceux qui portaient le cercueil repartirent ; derrière venait le pauvre vieux jardinier, un manteau funéraire brun-noir jeté sur sa robe simple, et soutenant sa femme d'un pas à peine moins faible que le sien. Il était venu à l'église cet après-midi-là en lui promettant qu'il reviendrait pour la conduire aux funérailles de son premier-né ; car il se sentait, dans son cœur douloureux et perplexe, plein d'indignation et de colère muette, comme s'il devait aller entendre quelque chose qui devrait exorciser le désir inaccoutumé de vengeance qui troublait sa douleur et lui faisait prendre conscience de ce grand manque de consolation que l'infidélité. produit. Et pour le moment, il était infidèle. Comment Dieu a-t-il pu permettre une injustice aussi cruelle envers l'homme ? Si cela était permis, il ne pourrait pas être bon. Alors qu'était la vie et qu'était la mort, sinon le malheur et le désespoir ? Les belles paroles solennelles du rituel lui avaient fait du bien et lui avaient redonné une grande partie de la foi. Même s'il ne comprenait pas pourquoi un tel chagrin lui était arrivé plus qu'auparavant, il était revenu à une partie de sa confiance enfantine ; il se répétait tout bas, tout en montant les marches fatiguées : « C'est l'œuvre du Seigneur » ; et la répétition l'apaisait indiciblement. Derrière ce vieux couple suivaient leurs enfants, hommes et femmes adultes, venus de lieux lointains ou de fermes : les domestiques du presbytère, et bien des voisins, soucieux de témoigner leur sympathie, et la plupart des matelots des équipages des navires de port, se joignit à la procession et suivit le cadavre dans l'église.

Il y avait trop de monde immédiatement devant la porte pour que Sylvia et Molly puissent entrer de nouveau, et elles se dirigèrent donc vers l'endroit où la tombe profonde attendait, large et affamée, pour recevoir ses morts. Là, appuyés contre les pierres tombales tout autour, il y en avait beaucoup qui regardaient la mer vaste et placide et se tournaient vers l'air doux et salé qui soufflait sur leurs yeux brûlants et leurs visages rigides ; car personne n'a parlé de tout ce nombre. Ils pensaient à la mort violente de celui sur qui les paroles solennelles étaient maintenant prononcées dans la vieille église grise, à peine hors de leur portée, si le bruit n'avait pas été interrompu par le clapotis mesuré de la marée au loin.

Soudain, depuis les marches du cimetière, tout le monde se tourna vers le chemin. Deux matelots soutenaient une silhouette effroyable qui, avec de faibles mouvements, s'approchait de la tombe ouverte.

« C'est le Specksioneer qui a essayé de le sauver ! c'est lui qui a été laissé pour mort ! les gens murmuraient autour.

"C'est Charley Kinraid, car je suis un pécheur !" dit Molly en s'avançant pour saluer sa cousine.

Mais à mesure qu'il avançait, elle comprit que toutes ses forces étaient nécessaires au simple fait de marcher. Les matelots, dans leur vive sympathie, avaient cédé à ses sincères supplications et l'avaient porté sur les marches, afin qu'il puisse voir le dernier de son camarade de mess. On le plaça près du tombeau, appuyé contre une pierre ; et à peine était-il là que le vicaire sortit et que la grande foule sortit de l'église en courant, suivant le corps jusqu'à la tombe.

Sylvia était tellement absorbée par la solennité de l'occasion qu'elle n'eut aucune pensée à consacrer au premier instant à la silhouette pâle et hagarde d'en face ; Elle avait encore moins conscience de son cousin Philippe, qui maintenant, la distinguant pour la première fois parmi la foule, se pressait à ses côtés, avec une intention de compagnie et de protection.

A mesure que l'office avançait, des sanglots mal réprimés s'élevaient derrière les deux jeunes filles, qui étaient parmi les premières de la foule, et peu à peu les cris et les gémissements se généralisaient. Les larmes de Sylvia coulèrent sur son visage et sa détresse devint si évidente qu'elle attira l'attention de nombreuses personnes dans son entourage. Parmi ceux qui le remarquèrent, les yeux creux du specksioneer furent attirés par la vue du visage innocent et épanoui d'enfant en face de lui, et il se demanda si elle était une parente ; pourtant, voyant qu'elle ne portait aucun signe de deuil, il conclut plutôt qu'elle devait être une amie du mort.

Et maintenant tout était fini : le bruit des graviers sur le cercueil ; le dernier long regard persistant des amis et des amants ; les brins de romarin avaient été jetés par tous ceux qui avaient eu la chance de les avoir apportés – et oh ! combien Sylvia aurait aimé se souvenir de ce dernier acte de respect – et lentement, le bord extérieur de la foule commença à se ralentir et à disparaître.

Une émeute de la presse à Monkshaven (Whitby)

Tiré *des Amants de Sylvia*, 1863

Cette émeute, que Mme Gaskell décrit si graphiquement, a effectivement eu lieu le 23 février 1797, et le prototype de Daniel Robson a été pendu à York pour avoir encouragé les émeutiers. Mme Gaskell a obtenu des copies des documents relatifs au procès et à l'exécution, et elle a interviewé plusieurs des anciens résidents de Whitby lors de la rédaction de son histoire.

QUICONQUE était capable de comprendre l'état d'esprit qui régnait à Monkshaven à cette époque devait savoir qu'à tout moment une explosion pouvait se produire ; et il y avait probablement ceux qui avaient assez de jugement pour s'étonner que cela n'ait pas eu lieu plus tôt qu'il ne l'a fait. Car jusqu'en février, il n'y eut que des cris et des grognements de rage occasionnels, tandis que l'équipe de presse effectuait ses captures d'abord ici, puis là ; souvent, apparemment, tranquilles pendant des jours, puis entendus parler à quelque distance le long de la côte, puis emmenant un marin du cœur même de la ville. Ils semblaient craindre de provoquer une hostilité générale, telle que celle qui les avait chassés de Shields, et auraient concilié les habitants s'ils l'avaient pu ; les officiers en service et à bord des trois navires de guerre venaient souvent dans la ville, dépensaient beaucoup, parlaient avec tous avec une joyeuse amitié et se rendaient très populaires dans la société à laquelle ils pouvaient avoir accès dans les maisons des magistrats voisins ou au presbytère. Mais cela, si agréable soit-il, n'atteignait pas le but que le service d'impression avait en vue ; et, en conséquence, une mesure plus décisive fut prise à une époque où, bien qu'il n'y ait aucune preuve apparente de ce fait, la ville était pleine de marins groenlandais venant tranquillement renouveler leurs engagements annuels, qui, une fois accomplis, seraient légalement leur donnent droit à une protection contre l'impression. Une nuit – c'était un samedi 23 février, alors qu'il y avait une gelée noire et amère, avec un vent du nord-est soufflant dans les rues, et que les hommes et les femmes étaient enfermés dans leurs maisons – tous furent surpris par leur contenu domestique et chaleur au son de la cloche à feu qui se balance activement et appelle à l'aide. La cloche à feu était conservée dans le marché où se rencontraient High Street et Bridge Street : tout le monde savait ce qu'elle signifiait. Une habitation, ou peut-être une chaufferie, était en feu, et l'aide des voisins fut appelée en toute hâte, dans une ville où il n'y avait pas d'eau et où les pompiers étaient prêts. Les hommes s'emparèrent de leurs chapeaux et se précipitèrent dehors, suivis par les femmes, les unes avec les écharpes les plus prêtes qu'elles pouvaient trouver pour habiller les maris trop pressés, les autres avec ce mélange d'effroi et de curiosité qui attire les gens sur les lieux de tout événement. catastrophe. Ceux des marchands qui faisaient de leur mieux pour rentrer chez eux, après avoir attendu dans la ville jusqu'à ce que l'obscurité matinale leur cache le chemin, rebroussèrent chemin au son de la cloche à feu qui résonnait sans cesse, sonnant de plus en plus vite comme si le le danger devenait à chaque instant plus pressant.

Alors que les hommes couraient les uns contre les autres ou les uns à côté des autres, leur question haletante était toujours : « Où est-il ? et personne ne pouvait le dire ; ils se précipitèrent donc vers la place du marché, sûrs d'y obtenir les renseignements désirés, où la cloche à feu ne cessait de crier avec sa furieuse langue métallique.

Les lampes à huile éteintes dans les rues voisines ne faisaient que rendre visible l'obscurité sur la place bondée, où le bourdonnement des questions restées sans réponse de nombreux hommes montait de plus en plus fort. Un étrange sentiment de terreur envahit ceux qui se trouvaient les plus proches du marché fermé. Au-dessus d'eux, dans les airs, la cloche sonnait toujours ; mais devant eux se trouvait une porte bien fermée et verrouillée ; personne pour parler et leur dire pourquoi ils ont été convoqués – où ils devraient être. Ils étaient au cœur du mystère, et c'était un silence silencieux ! Leur peur informe a pris forme au cri venant de l'extérieur de la foule, d'où les hommes descendaient encore du côté est de Bridge Street. "Le gang! le gang!" » cria quelqu'un. « La bande est sur nous ! Aide! aide!" Alors la cloche à feu avait été un leurre ; une sorte de bouillonnement du chevreau dans le lait de sa mère, conduisant les hommes dans un piège par leurs sentiments les plus gentils. Un sentiment sourd de cela s'ajoutait à la consternation totale, et faisait que toutes les luttes et tous les efforts étaient déployés pour atteindre tous les débouchés, sauf celui par lequel se déroulait actuellement un combat ; le bruissement des fouets lourds, le bruit sourd des matraques, les gémissements, les grognements d'hommes blessés ou furieux, arrivant avec une terrible netteté à travers l'obscurité jusqu'à l'oreille vivifiée de la peur.

Un groupe essoufflé se précipita dans l'obscurité d'une entrée étroite pour rester immobile un moment et reprendre des forces pour courir à nouveau. Pendant un certain temps, on n'entendit parmi eux que des pantalons lourds et des halètements. Personne ne connaissait son voisin, et leur bonne humeur, si récemment abusée et exploitée, les rendait pleins de suspicion. Le premier qui parla fut reconnu à sa voix.

« Est-ce toi, Daniel Robson ? demanda son voisin à voix basse.

« Oui ! Qui d'autre devrait-il s'agir.

"Je ne sais pas."

« Si je dois être quelqu'un d'autre, j'aimerais être un type de Nobbut Eight Stun. Je suis bien fini !

« C'était aussi dommage que jamais que j'aie entendu cela. Qui doit aller au prochain feu, et j'aimerais le savoir ! »

"Je vous dis quoi, les gars", dit Daniel, reprenant son souffle, mais parlant à voix basse. "Nous étions une bande de lâches pour les laisser emporter vos gars aussi facilement qu'eux, je pense!"

"Je le pense, en effet", dit une autre voix.

Daniel poursuivit :

« Nous avions deux cents ans, si nous étions un homme ; aucun gang n'a jamais été supérieur à douze.

« Mais ils étaient armés. On les voit briller sur leurs coutelas, dit une voix fraîche.

« Et alors ! » répondit celui qui était venu le dernier et qui se tenait à l'entrée de l'entrée. "J'avais mon couteau de chasse à la baleine avec moi et ma vareuse pendant que ma femme me les lançait, et je les aurais déchirés dès qu'ils feraient un clin d'œil, si j'avais pu penser à ce qu'il y avait de mieux à faire avec ' cette **cloche** qui fait un tel vacarme juste au-dessus de nous. Un homme ne peut mourir qu'un seul, et nous étions prêts à aller dans le feu pour sauver la vie des gens, et pourtant nous n'avions personne sur nous pour voir comment nous aurions pu sauver ces pauvres gars comme le criait demander de l'aide.

«Ils les auront déjà amenés à Randyvow», dit quelqu'un.

« Ils ne peuvent pas les embarquer avant le matin ; « La marée ne servira à rien », dit l'avant-dernier orateur.

Daniel Robson a exprimé la pensée qui surgissait dans le cerveau de tout le monde là-bas.

« Il y a une chance pour nous. Combien sommes-nous ? A force de se toucher les chiffres se comptaient. Sept. "Sept. Mais si nous sept arrivons et réveillons la ville, il y en aura plusieurs dizaines prêts à s'attaquer aux Mariners' Arms, et ce sera un travail facile de les recontacter au fur et à mesure. Nous sept, chacun nous attaque, allons chercher ses amis et emmenez-le du mieux qu'il peut sur les marches de l'église ; alors, peut-être, il y en aura là qui ne seront pas aussi doux que nous, se laissant emporter ces pauvres gars sous notre nez, juste parce que nos oreilles étaient occupées à écouter cette foutue cloche, dont la langue claquait. je vais l'arracher avant la fin de cette semaine.

Avant que Daniel ait fini de parler, ceux qui étaient les plus proches de l'entrée marmonnèrent leur assentiment à son projet et s'étaient enfuis, se tenant du côté le plus sombre des rues et des ruelles, qu'ils parcouraient dans des directions différentes ; la plupart d'entre eux se dirigeaient directement comme des chiens de détective vers les repaires de la partie la plus sauvage et la plus désespérée de la population maritime de Monkshaven. Car, dans la poitrine de beaucoup, la vengeance de la misère et de l'inquiétude de l'hiver dernier prenait une forme plus profonde et plus féroce que celle à laquelle Daniel avait pensé lorsqu'il proposait un sauvetage. Pour lui, c'était une aventure comme tant d'autres dans lesquelles il s'était engagé dans sa jeunesse ; en effet, l'alcool qu'il avait bu lui avait donné une jeunesse fictive pour l'époque ; et c'était plutôt à la lumière d'une rude ébats dont il devait être le chef qu'il boitait (toujours boiteux de vieilles crises de rhumatismes), riant pour lui-même du calme apparent de la ville, qui ne prévenait pas les habitants. press-gang au Rendez-vous de tout dans le vent. Daniel aussi avait ses amis à convoquer ; des vieux comme lui, mais des « profonds », aussi, comme lui, comme il l'imaginait.

Il était neuf heures lorsque tous ceux qui étaient convoqués se retrouvèrent sur le parvis de l'église ; et à neuf heures, Monkshaven, à cette époque, était plus calme et endormi que bien des villes ne l'étaient aujourd'hui à minuit.

L'église et le cimetière au-dessus d'eux étaient inondés d'une lumière argentée, car la lune était haute dans le ciel : les marches irrégulières étaient ici et là dans une clarté d'un blanc pur, ici et là dans l'ombre la plus noire. Mais à mi-hauteur, les hommes se regroupaient comme des abeilles ; tous se pressaient pour être suffisamment proches pour interroger ceux qui se tenaient le plus près de la planification de l'attaque. Çà et là, une femme, avec des gestes sauvages et une voix aiguë qu'aucune supplication ne pouvait étouffer au ton chuchoté des hommes, se fraya un chemin à travers la foule - celle-ci implorant une action immédiate, celle-là adjurant ceux qui l'entouraient de frapper et de ne pas épargner ceux-là. qui lui avait enlevé son « homme » – le père, le soutien de famille. Au fond de la ville sombre et silencieuse, nombreux étaient ceux dont le cœur accompagnait la foule en colère et excitée, et qui les béniraient et les caresseraient pour les actes de cette nuit. Daniel s'est vite retrouvé à la traîne en matière de planification, comparé à certains de son entourage. Mais quand, avec le bruit précipité de nombreux pas et peu de mots, ils arrivèrent au bras des marins vide, sombre et fermé, ils s'arrêtèrent de surprise devant l'aspect inhabité de toute la maison : ce fut une fois de plus Daniel qui a pris les devants.

« Parlez-leur honnêtement », dit-il ; «Essayez d'abord de bons mots. Hobbs va peut-être les laisser sortir tranquillement, si nous pouvons lui parler. Un mot, Hobbs, dit-il en élevant la voix, c'est se taire pour la nuit ; car je serais heureux d'avoir un verre. Je suis Daniel Robson, tu le sais.

Pas un mot de réponse, pas plus que du tombeau ; mais son discours avait néanmoins été entendu. La foule derrière lui commença à se moquer et à menacer ; on ne pouvait plus retenir leurs voix, leurs rages, leurs terribles jurons. Si les portes et les fenêtres n'avaient pas été récemment renforcées par des barres de fer en prévision d'une telle occasion, elles auraient été brisées sous l'assaut de la foule féroce et maintenant hurlante qui se précipitait contre elles avec la force d'un bélier. reculer avec une rage déconcertée devant cet vain assaut. Aucun signe, aucun son venant de l'intérieur, dans cette pause haletante.

« Venez par ici ! "J'ai trouvé un moyen de revenir derrière, là où, semble-t-il, ce n'est pas si bien clôturé", a déclaré Daniel, qui avait laissé la place à des hommes plus jeunes et plus puissants pour mener l'assaut, et avait entre-temps employé son temps à examiner le terrain. arrière locaux. Les hommes se précipitèrent après lui, le renversant presque, alors qu'il s'avançait dans l'allée sur laquelle s'ouvraient les portes des dépendances de l'auberge. Daniel avait déjà brisé l'attache de celui qui ouvrait sur un bateau humide et moisi, dans un coin duquel une pauvre vache maigre se remuait sur ses jambes, d'une manière inquiète et agitée, tandis que son couchage était envahi par autant de monde. beaucoup d'hommes pourraient s'entasser dans la cale sombre. Daniel, à l'extrémité la plus éloignée de la porte, fut presque étouffé avant de pouvoir briser le volet de bois pourri qui, une fois ouvert, montrait la cour herbeuse de la vieille auberge, la pleine lumière claire définissant le contour de chaque brin d'herbe par la délicate ombre noire derrière.

Ce trou, utilisé pour donner de l'air et de la lumière à ce qui avait été autrefois une écurie, au temps où les voyageurs à cheval avaient l'habitude de venir aux Mariners' Arms, était assez grand pour laisser passer un homme ; et Daniel, grâce à sa découverte, fut le premier à passer au travers. Mais il était plus grand et plus lourd qu'avant ; sa boiterie le rendait moins agile, et la foule impatiente derrière lui lui donna une poussée qui l'envoya sur les pierres rondes dont la cour était pavée et le handicapa tellement pour le moment qu'il ne put que ramper hors de la cour. une manière de sauter des pieds et de lourdes bottes clouées, qui passaient par l'ouverture jusqu'à ce que la cour soit remplie d'hommes, qui poussèrent alors un cri féroce et moqueur auquel, à leur plus grand plaisir, fut répondu de l'intérieur. Plus de silence, plus d'opposition morte : une lutte vivante, un combat ardent et déchaîné ! et Daniel pensa qu'il devrait être obligé de rester assis là, appuyé contre le mur, inactif, tandis que se déroulaient les conflits et l'action dans lesquels il avait été autrefois le premier.

Il vit les pierres déchirées ; il les vit utilisés avec succès sur la porte arrière non gardée ; » cria-t-il en avertissement inutile en voyant les fenêtres supérieures s'ouvrir et viser parmi la foule ; mais à ce moment-là, la porte céda, et il y eut un mouvement involontaire dans la foule, de sorte que personne ne fut handicapé par les coups de feu, pour les empêcher de pénétrer de force avec les autres. Et maintenant, les bruits arrivaient, voilés par les murs, comme ceux d'une bête enragée et vorace grognant sur sa proie ; le bruit allait et venait, puis cessa complètement ; et Daniel se releva avec difficulté pour en déterminer la cause, quand de nouveau le rugissement devint clair et frais, et les hommes affluèrent de nouveau dans la cour, criant et se réjouissant des victimes sauvées de la bande de presse. Daniel boitait, criait, se réjouissait et serrait la main des autres, se souciant à peine de comprendre que le lieutenant et sa bande avaient quitté la maison par une fenêtre de devant, et que tous étaient sortis en masse à leur recherche ; la plupart, cependant, revenaient pour libérer les prisonniers, puis se vengeaient de la maison et de son contenu.

De toutes les fenêtres, du haut et du bas, des meubles étaient maintenant jetés dans la cour. Le fracas des verres, le fracas plus violent du bois, les cris, les rires, les jurons, tout excitait Daniel au plus haut point ; et, oubliant ses bleus, il s'avança pour lui prêter main forte. Le succès sauvage et brutal de son projet lui tourna presque la tête. Il hurlait à chaque destruction flagrante

; il serra la main de tous ceux qui l'entouraient et, enfin, lorsque les destroyers à l'intérieur s'arrêtèrent pour reprendre leur souffle, il s'écria :

« Si on était aussi jeune qu'on l'était, il faudrait que Randyvow descende et fasse un feu de joie dessus. Nous sonnerions la cloche d'incendie dans un but précis.

À peine dit que c'était fait. Leur excitation était prête à prendre le moindre soupçon de malice ; de vieilles chaises, des tables cassées, des tiroirs bizarres, des coffres brisés furent rapidement et adroitement entassés en une pyramide, et l'un d'entre eux, qui dès la première idée avait cherché des braises pour allumer le feu plus rapidement, traversa la foule avec une grosse pelletée de cendres chauffées au rouge. Les émeutiers s'arrêtèrent pour reprendre leur souffle et regardèrent comme des enfants l'incendie vacillant et incertain, qui s'élevait haut un instant et retombait l'instant d'après pour ramper le long de la base du tas d'épaves et assurer son travail futur. Puis l'incendie sinistre s'est élevé de manière sauvage, haute et irrépressible ; et les hommes autour poussèrent un cri d'exultation féroce et, dans une gaieté grossière, commencèrent à essayer de se pousser les uns les autres. Dans l'une des pauses du bruit précipité et rugissant des flammes, les gémissements sourds et les gémissements de la pauvre vache alarmée se sont attachés. dans le bateau, il attira l'oreille de Daniel, et il comprit ses gémissements aussi bien que s'ils avaient été des mots. Il sortit en boitant de la cour, traversa la maison désormais déserte, où les hommes étaient occupés à un travail insensé de destruction, et retrouva le chemin vers l'allée dans laquelle débouchait le navire. La vache dansait au rugissement, à l'éblouissement et à la chaleur du feu ; mais Daniel sut comment la calmer, et en quelques minutes il lui passa une corde autour du cou et la fit sortir doucement du lieu de son alarme. Il était encore dans l'allée lorsque Simpson, l'homme à tout faire des Mariners' Arms, sortit furtivement d'une cachette dans la dépendance déserte et se retrouva soudain face à face avec Robson.

L'homme était blanc de rage et de peur.

« Tiens, prends ta bête et conduis-la là où elle n'entendra pas tes cris et tes cris. Elle est assez humide de chaleur et de bruit.

"Ils fabriquent tous les chiffons que j'ai dans le monde", haleta Simpson; "Je n'ai jamais eu grand-chose et maintenant je suis un mendiant."

"Bien! tu n'aurais pas dû retourner tes propres citadins et héberger cette bande. Sarves-toi, répète-toi. Personne ne serait ici à la tête des bêtes s'ils étaient aussi jeunes qu'ils l'étaient ; je serais dans le coup là-dessus.

« C'est toi qui les as lancés, qui t'as écouté et qui t'a vu les aider à entrer par effraction ; ils n'auraient jamais pensé à attaquer la maison et à mettre le feu à ces affaires si tu n'en avais pas parlé. Simpson pleurait maintenant beaucoup. Mais Daniel ne se rendait pas compte de ce que la perte de tous les petits biens qu'il possédait dans le monde représentait pour le pauvre garçon (même vaurien qu'il fût, un vaurien délabré et sans prospérité !) dans sa fierté du bon travail. il croyait avoir mis le pied.

«Oui», dit-il; « C'est une bonne chose pour les gens d'avoir un type pour les diriger avec la tête sur les épaules. Je ne doute pas qu'il y ait là un gars qui aurait pensé à démanteler votre nid de guêpes ; il faut beaucoup de bon sens pour être à la hauteur. Mais la bande ne s'y réfugiera plus jamais, d'ici un moment. Un seul souhait que nous les ayons cochés. Et j'aurais aimé que Hobbs me fasse un peu oublier.

« Il a eu sa sauce », dit Simpson d'un ton triste. "Lui et moi sommes ruinés."

« Eh bien, tu as ton frère, il est assez riche. Et Hobbs fera bien mieux ; il a eu sa leçon maintenant, et il restera à ses côtés le temps prochain. Tiens, prends ta bête et prends soin d'elle, car mes os me font mal. Et fais-toi rare, car certains d'entre eux ont le sang gonflé, et ne seront pas d'accord pour te traiter plus bien s'ils tombent avec toi.

« Hobbs devrait être servi ; c'était lui qui aurait négocié avec le lieutenant ; et il s'en va sain et sauf avec sa femme et son sac d'argent, et je me retrouve mendiant cette nuit dans la rue Monkshaven. Mon frère et moi avons eu des mots, et il ne fera rien pour moi mais me maudira. J'avais trois écus, une bonne culotte, une chemise, et j'ose dire mieux, ni deux paires de bas. Un groupe de souhaits, et toi, Hobbs et ces fous là-bas, vous étiez en enfer. A faire.

"Coom, mon garçon", dit Daniel, toujours offensé par le souhait de son compagnon en sa faveur. « Je ne me chasse pas moi-même, mais voici une demi-couronne, et deux centimes, c'est un « que j'ai eu avec moi ; mais il te gardera, toi et la bête, dans de la nourriture et abritera ce filet, et t'apportera aussi un verre de réconfort. J'avais pensé à en prendre un moi-même, mais il ne me reste plus qu'un sou, alors je vais juste le confier à ma femme.

Daniel n'avait pas l'habitude de ressentir la moindre émotion face à des actions qui ne l'affectaient pas directement ; ou bien il aurait pu mépriser le pauvre malheureux qui s'est immédiatement emparé de l'argent et a accablé de remerciements baveux cet homme qu'il n'avait pas une minute auparavant maudit. Mais toutes les passions les plus fortes de Simpson étaient épuisées depuis longtemps ; maintenant, il n'aimait et ne détestait plus que vaguement, là où autrefois il aimait et détestait ; son seul sentiment véhément était pour lui-même ; dont on prend soin, d'autres hommes pourraient dépérir ou prospérer comme cela leur convient le mieux.

De nombreuses portes qui avaient été fermées lorsque la foule descendait la High Street étaient partiellement ouvertes lorsque Daniel revenait lentement

; et la lumière jaillissait d'eux sur la route autrement sombre. La nouvelle de la tentative de sauvetage réussie était parvenue à ceux qui étaient assis dans le deuil et la désolation il y a une heure ou deux, et plusieurs d'entre eux se pressèrent en avant alors que de leur coin d'observation ils reconnurent l'approche de Daniel ; ils se pressèrent dans la rue pour lui serrer la main, pour le remercier (car son nom avait été répandu comme l'un de ceux qui avaient planifié l'affaire), et à plusieurs endroits on l'invita à prendre un verre - il était urgent qu'il Pour de nombreuses raisons, il répugnait à refuser, mais son inquiétude et sa douleur croissantes le rendaient pour une fois abstinent et seulement impatient de rentrer chez lui et de se reposer. Mais il ne pouvait s'empêcher d'être à la fois touché et flatté de la façon dont ceux qui formaient son « monde » le considéraient comme un héros ; et ne fut pas insensible aux paroles de bénédiction qu'une femme, dont le mari avait été impressionné et sauvé cette nuit, déversa sur lui au passage.

« Là, là… ne te casse pas la gorge avec la bénédiction. Ton homme en aurait fait autant pour moi, même s'il n'aurait peut-être pas fait preuve d'autant de courage et de capacités ; mais ce sont des cadeaux, et il ne faut pas en être fier.

Lorsque Daniel atteignit le sommet de la colline sur le chemin du retour, il se tourna pour regarder autour de lui ; mais il était boiteux et meurtri. Il avait avancé lentement, le feu était presque éteint ; seule une teinte rouge dans l'air autour des maisons au bout de la longue High Street, et une brume chaude et sinistre sur le flanc de la colline au-delà de l'endroit où se trouvaient les Mariners' Arms, restaient encore comme signes et témoignages de l'acte de violence. .

Daniel regarda et rit. « Cela vient du son de la cloche du feu », se dit-il ; "Ce serait dommage de mentir, pauvre conteur."

Un jeu d'aveugle

Tiré *des Amants de Sylvia* , 1863

Moss Brow, l'ancienne maison de Molly Corney, existe toujours et la pièce dans laquelle le jeu a été joué est visible.

SYLVIA était par tous reconnue et traitée comme la belle. Quand on jouait à l'aveugle, allez où elle voulait, elle se faisait toujours prendre ; on l' appelait à plusieurs reprises pour faire ce qui était requis dans n'importe quel jeu, comme si tout le monde prenait plaisir à voir sa silhouette légère et ses manières adroites. Elle était suffisamment contente de tout cela pour avoir surmonté sa timidité avec tout le monde sauf Charley. Quand les autres lui faisaient leurs compliments rustiques, elle secouait la tête et faisait ses petites réparties coquines ; mais quand il disait quelque chose de bas et de flatteur, c'était trop doux pour son cœur pour se laisser ainsi détourner. Et d'une

manière ou d'une autre, plus elle cédait à cette fascination, plus elle évitait Philip. Il ne parlait pas de manière flatteuse, il ne faisait pas de compliments, il la regardait avec des yeux mécontents et désireux, et de moment en moment, à mesure qu'il se souvenait de son anticipation d'une soirée heureuse, il était de plus en plus enclin à crier dans son cœur *vanitas vanitatum*
.

Et voici que vint crier les forfaits. Molly Brunton s'est agenouillée, le visage enfoui dans les genoux de sa mère ; celle-ci sortit les forfaits un à un, et, tout en les levant, elle prononça la formule accoutumée :

« Une belle chose, et une très belle chose, que doit faire celui qui possède cette chose ? »

On avait dit à un ou deux de s'agenouiller devant la plus jolie, de s'incliner devant la plus spirituelle et d'embrasser celles qu'ils aimaient le plus ; d'autres avaient dû mordre au poker, ou de tels jeux de mots. Et maintenant arrivait le joli nouveau ruban que Philip lui avait offert à Sylvia (il avait presque envie de l'arracher des mains de Mme Corney et de le brûler devant tous leurs visages, tellement il était ennuyé par toute cette affaire).

« Une belle chose et une très belle chose – une chose très particulièrement belle – choisissez comment elle l'a obtenue. Que doit-elle faire en tant que propriétaire de cette chose ?

"Elle doit souffler la bougie et embrasser le chandelier."

En un instant, Kinraid saisit la seule bougie à sa portée ; tous les autres avaient été placés en hauteur sur des étagères et dans d'autres endroits inaccessibles. Sylvia s'approcha et souffla la bougie, et avant que l'obscurité partielle ne soit passée, il avait pris la bougie entre ses doigts et, selon le sens traditionnel des mots, il se trouvait à la place du chandelier, et en tant que tel devait être embrassé. Tout le monde se moqua du visage innocent de Sylvia alors que le sens de sa pénitence entrait en jeu, tout le monde sauf Philip, qui faillit s'étouffer.

"Je suis un chandelier", a déclaré Kinraid, avec moins de triomphe dans la voix qu'il n'en aurait eu avec n'importe quelle autre fille dans la pièce.

« Yo'mun kiss t'chandelier », crièrent les Corney, « ou vous ne récupérerez jamais votre ruban. »

"Et elle fait une affaire avec ce ruban", dit Molly Brunton avec malice.

"Je n'embrasserai pas le chandelier, ni lui non plus", dit Sylvia d'une voix basse et déterminée en se détournant, pleine de confusion.

« Vous n'aurez pas votre ruban si vous ne le savez pas », criaient tout le monde.

"Je m'en fiche du ruban", dit-elle en jetant un coup d'œil à ses bourreaux, maintenant son dos tourné à Kinraid. « Et je ne jouerai plus à des jeux pareils », ajouta-t-elle, avec une nouvelle indignation montant dans son cœur tandis qu'elle prenait son ancienne place dans un coin de la pièce un peu à l'écart des autres.

Le moral de Philip remonta et il avait envie d'aller vers elle et de lui dire combien il approuvait sa conduite. Hélas, Philippe ! Sylvia, bien que la fille la plus modeste qui ait jamais existé, n'était pas prude et avait été élevée dans un style campagnard simple et direct ; et avec n'importe quel autre jeune homme, à l'exception peut-être de Philippe, elle n'aurait pas plus songé à faire semblant de baiser rapidement la main ou la joue du « chandelier » temporaire, que nos aïeules dans un rang beaucoup plus élevé ne le faisaient en des occasions similaires. Kinraid, bien que mortifié par son rejet public, en était plus conscient que Philip, inexpérimenté ; il résolut de ne pas se laisser décourager et saisit l'occasion qui s'offrait à lui. Pendant ce temps, il continua à jouer comme si la conduite de Sylvia ne l'avait pas affecté le moins du monde et comme s'il se rendait à peine compte de son abandon du jeu. En voyant d'autres se soumettre, tout naturellement, à de semblables pénitences, elle commença à s'en vouloir d'y avoir réfléchi à deux fois, et presque à se détester à cause de l'étrange conscience qui faisait alors paraître impossible de faire ce qu'on lui a dit. Ses yeux ne cessaient de se remplir de larmes tandis que sa position isolée dans la fête gay, l'idée de l'idiotie qu'elle s'était faite elle-même, revenaient sans cesse dans son esprit ; mais personne ne la vit, pensa-t-elle en pleurant ainsi ; et, honteuse d'être découverte au moment où les gens s'arrêtaient dans leur jeu, elle se glissa derrière eux dans la grande chambre dans laquelle elle avait aidé à préparer le souper, avec l'intention de se laver les yeux et de boire de l'eau. Un instant, Charley Kinraid manqua du cercle dont il était la vie et l'âme ; puis il revint avec un air de satisfaction sur le visage, assez intelligible pour ceux qui avaient vu son jeu ; mais inaperçu de Philippe, qui, au milieu du bruit et des mouvements perpétuels autour de lui, n'avait aperçu Sylvia quitter la chambre, qu'au bout d'un quart d'heure environ, elle revint plus belle que jamais, le teint brillant, les yeux brillants. tombantes, ses cheveux proprement et fraîchement arrangés, attachés avec un ruban marron au lieu de celui dont elle était censée avoir perdu. Elle avait l'air de ne pas souhaiter que son retour soit remarqué, se faufilant doucement derrière les garçons et les filles qui s'ébattaient avec des mouvements silencieux, et dans l'ensemble, elle contrastait tellement avec eux dans sa fraîcheur froide et sa propreté modeste que Kinraid et Philip avaient du mal à garder le silence. leurs yeux la quittent. Mais le premier avait dans son cœur un triomphe secret qui lui permettait de continuer ses réjouissances comme si elles l'absorbaient ; tandis que Philip quittait la foule et s'approchait de l'endroit où elle se tenait silencieusement à côté de Mme Corney, qui, les bras sur les hanches, riait des ébats et des amusements autour d'elle. Sylvia sursauta un peu lorsque Philip parla, et garda ses doux yeux détournés de lui après le premier regard ; elle lui répondit brièvement, mais avec une douceur inhabituelle. Il lui avait seulement demandé quand elle aimerait qu'il la ramène à la maison ; et elle, un peu surprise à l'idée de rentrer chez elle alors que la soirée lui semblait ne faire que commencer, avait répondu :

"Rentrer chez soi? Je ne sais pas! C'est le réveillon du Nouvel An !

Philip Hepburn quitte la fête du Nouvel An

Tiré *des Amants de Sylvia* , 1863

FERMANT la porte derrière lui, il sortit dans la nuit morne et commença sa marche solitaire vers Monkshaven. La neige fondue froide l'aveugla presque alors que le vent marin la lui envoyait directement au visage ; il l'a frappé alors qu'il était soufflé avec une force dérivée. Le rugissement de la mer hivernale était porté par la brise ; il y avait plus de lumière provenant du sol blanchi que du ciel sombre et chargé au-dessus. Les chemins de campagne auraient été un sujet de perplexité sans les brèches bien connues au bord de la digue, qui laissaient voir la terre blanchie au-delà, entre les deux murs de pierre sombre. Pourtant, il a suivi son chemin clairement et droit, ayant inconsciemment laissé toute direction à l'instinct animal qui coexiste avec l'âme humaine et qui prend parfois d'étranges responsabilités sur le corps humain, lorsque toutes les puissances les plus nobles de l'individu sont absorbées dans des pensées aiguës. souffrance. Enfin, il se retrouva dans le chemin, gravissant péniblement la colline d'où, de jour, on pouvait voir Monkshaven. Désormais, tous les éléments du paysage devant lui se perdaient dans l'obscurité de la nuit, sur laquelle les flocons blancs se rapprochaient de plus en plus, de plus en plus épais et plus rapides. Soudain, les cloches de l'église de Monkshaven sonnèrent la bienvenue à la nouvelle année 1796. Vu la direction du vent, il semblait que le son était projeté avec force et puissance directement au visage de Philippe. Il descendit la colline au son de son joyeux son – son joyeux son, son cœur lourd. En entrant dans la longue rue principale de Monkshaven, il pouvait voir les lumières éteintes dans le salon, la chambre ou la cuisine. La nouvelle année était arrivée et les attentes étaient terminées. La réalité avait commencé.

Il tourna à droite, dans la cour où il logeait avec Alice Rose. Là, une lumière brillait encore et des voix joyeuses se faisaient entendre. Il ouvrit la porte; Alice, sa fille et Coulson se tenaient comme si elles l'attendaient. Le manteau mouillé d'Hester était accroché à une chaise devant le feu ; elle portait sa capuche, car Coulson et elle étaient allés à la nuit de garde.

L'excitation solennelle des offices avait laissé des traces sur son visage et dans son esprit. Il y avait une lumière spirituelle dans ses yeux habituellement ombragés et une légère rougeur sur sa joue pâle. De simples sentiments personnels et conscients de soi se fondaient dans une bonne volonté aimante envers tous ses semblables. Sous l'influence de cette grande charité, elle oublia sa réserve habituelle et se présenta à l'entrée de Philippe pour lui présenter ses vœux de nouvel an, vœux qu'elle avait auparavant échangés avec les deux autres.

« Bonne année à toi, Philippe, et que Dieu t'ait sous sa garde tous les jours ! »

Il lui prit la main et la serra chaleureusement en réponse. La rougeur de sa joue s'accentua à mesure qu'elle la retirait. Alice Rose dit quelque chose sèchement à propos de l'heure tardive et de sa grande fatigue ; puis elle et sa fille montèrent à l'étage dans la chambre de devant et Philip et Coulson dans celle qu'ils partageaient à l'arrière de la maison.

Le retour de Kinraid à Monkshaven

Tiré *des Amants de Sylvia* , 1863

Cette description de la rencontre des deux amants de Sylvia après son mariage avec Philip Hepburn constitue la scène la plus dramatique du récit.

QUELQU'UN se tenait dans la ruelle juste de l'autre côté de la brèche ; il tournait le dos au soleil du matin ; tout ce qu'elle vit d'abord, c'était l'uniforme d'officier de marine, si connu à Monkshaven à cette époque.

Sylvia se précipita devant lui, sans plus le regarder, même si ses vêtements effleuraient presque les siens alors qu'il restait immobile. Elle n'avait pas parcouru un mètre, non, pas un demi-mètre, que son cœur fit un bond et retomba mort en elle, comme si on lui avait tiré dessus.

« Sylvie ! » dit-il d'une voix tremblante de joie et d'amour passionné. « Sylvie ! »

Elle regarda autour d'elle ; il s'était un peu tourné, de sorte que la lumière tombait directement sur son visage. Il fut bronzé et les lignes renforcées ; mais c'était le même visage qu'elle avait vu pour la dernière fois à Haytersbank Gully il y a trois longues années et qu'elle n'avait jamais pensé revoir dans la vie.

Il était près d'elle et lui tendait ses bras affectueux ; elle s'avança en papillonnant vers leur étreinte, comme attirée par l'ancienne fascination ; mais quand elle les sentit se serrer autour d'elle, elle s'éloigna, poussa un grand cri pitoyable, et porta ses mains à son front comme pour essayer de dissiper quelque brume ahurissante.

Puis elle le regarda une fois de plus, une histoire terrible dans les yeux, s'il avait pu la lire.

Par deux fois, elle ouvrit ses lèvres raides pour parler, et deux fois les mots furent submergés par les élans de sa misère, qui les ramenaient au plus profond de son cœur.

Il pensait qu'il l'avait rencontrée trop soudainement, et il essaya de la calmer avec de doux murmures d'amour et de la courtiser une fois de plus dans ses bras affamés tendus. Mais quand elle vit ce mouvement, elle fit un geste comme pour le repousser ; et avec un gémissement d'agonie inarticulé, elle porta de nouveau ses mains à sa tête et, se détournant, se mit à courir aveuglément vers la ville pour se protéger.

Pendant environ une minute, il fut stupéfait par son comportement ; puis il pensa que cela s'expliquait par le choc de son approche, et qu'elle avait besoin de temps pour comprendre cette joie inattendue. Il la suivit donc rapidement, la gardant toujours en vue, mais sans essayer de la rattraper trop rapidement.

«J'ai effrayé mon pauvre amour», pensait-il. Et par cette pensée il essayait de réprimer son impatience et de freiner la vitesse qu'il avait envie d'utiliser ; pourtant il était toujours si près derrière lui que son sens aigu entendit ses pas bien connus suivre, et une idée folle lui traversa l'esprit qu'elle irait vers la grande rivière pleine et mettrait fin à la misère désespérée qu'elle sentait l'envelopper. Il y avait une cachette sûre contre tous les reproches humains et contre les lourds malheurs mortels sous les eaux tumultueuses portées vers la terre par la marée matinale.

Personne ne peut dire ce qui a changé son cours ; peut-être la pensée de son enfant allaité ; peut-être sa mère ; peut-être un ange de Dieu ; personne sur terre ne le sait, mais alors qu'elle courait le long du quai, elle arriva tout d'un coup à une entrée et franchit une porte ouverte.

Lui, le suivant tout le temps, entra dans un salon calme et sombre, avec un torchon et des ustensiles de thé sur la table, prêts pour le petit déjeuner ; le passage de l'air clair et ensoleillé du dehors à l'ombre profonde de cette pièce lui fit penser pour le premier instant qu'elle était décédée et que personne n'était là, et il resta un instant déconcerté et n'entendant aucun son sauf les battements de son propre cœur ; mais un sanglot irrépressible le fit se retourner, et là il la vit recroquevillée derrière la porte, le visage bien couvert, et des frissons aigus parcourant tout son corps.

"Mon amour, ma chérie!" dit-il en s'approchant d'elle et en essayant de la relever et de détacher ses mains de son visage. « J'ai été trop soudain pour toi ; c'était irréfléchi de ma part ; mais j'ai tellement attendu ce moment, et te voir venir le long du champ et passer devant moi ; mais j'aurais dû être plus tendre et plus prudent envers toi. Non! laisse-moi jeter un autre regard sur ton doux visage.

Tout cela, il le murmurait sur le ton ancien d'un amour manœuvrant, de cette voix qu'elle avait aspiré et désiré entendre dans sa vie et qu'elle n'avait entendue, malgré tout son désir, que dans ses rêves.

Elle essayait de s'accroupir de plus en plus dans le coin, dans l'ombre cachée, de s'enfoncer dans le sol, hors de vue.

Il parla encore une fois, la suppliant de relever la tête pour qu'il l'entende parler.

Mais elle se contentait de gémir.

« Sylvia », dit-il, pensant qu'il pourrait changer de tactique et la pousser à parler, qu'il ferait semblant de soupçonner et d'offenser.

« Sylvie ! on dirait que vous n'êtes pas content de me revoir longuement. Je ne suis rentré que tard hier soir, et ma première pensée en me réveillant fut pour toi ; c'est le cas depuis que je t'ai quitté.

Sylvia retira ses mains de son visage ; il était gris comme le visage de la mort ; ses yeux affreux étaient sans passion dans son désespoir.

"Où étais-tu?" » demanda-t-elle d'une voix lente et rauque, comme si sa voix était à moitié étranglée en elle.

"A été!" dit-il, une lumière rouge lui venant dans les yeux, tandis qu'il tournait son regard vers elle ; maintenant, en effet, un soupçon réel et non fictif lui vient à l'esprit.

"A été!" Il a répété; puis, s'approchant d'elle, et lui prenant la main, non pas tendrement cette fois, mais avec la résolution d'être satisfaite.

« Est-ce que votre cousin… Hepburn, je veux dire… ne vous l'a-t-il pas dit ?… il a vu la bande de presse m'attraper… je vous ai donné un message… je vous ai dit de rester fidèle à moi comme je le serais à vous.

Entre chaque clause de ce discours, il s'arrêtait et haletait pour une réponse ; mais aucun n'est venu. Ses yeux se dilatèrent et maintinrent son regard fixe prisonnier comme avec un charme magique – aucun des deux ne pouvait détourner le regard du regard sauvage et inquisiteur de l'autre. Quand il eut fini, elle resta un moment silencieuse, puis elle s'écria, aiguë et féroce :

"Philippe!" Pas de réponse.

Plus sauvage et plus criard encore, « Philip ! » elle a pleuré.

Il était dans l'entrepôt éloigné, complétant le travail de la nuit précédente avant le début des heures d'ouverture habituelles du magasin ; avant le petit déjeuner aussi, pour que sa femme ne le trouve pas attendant et impatient.

Il l'entendit pleurer ; il traversait les portes, l'air immobile et les grosses balles d'étoffes de laine ; il pensa qu'elle s'était fait mal, que sa mère allait plus mal, que son bébé était malade, et il courut vers l'endroit d'où partait le cri.

En ouvrant la porte qui séparait la boutique du salon, il aperçut le dos d'un officier de marine et sa femme à terre, entassés en tas ; lorsqu'elle l'aperçut entrer, elle se hissa au moyen d'une chaise, à tâtons comme un aveugle, et vint se placer en face de lui.

L'officier se retourna violemment et se serait dirigé vers Philippe, qui était si abasourdi par la scène que même encore il ne comprenait pas qui était l'étranger, ne s'apercevait pas un instant qu'il voyait la réalisation de sa plus grande peur.

Mais Sylvia posa la main sur le bras de Kinraid et s'arrogea le droit de parler. Philip ne connaissait pas sa voix, elle était tellement changée.

«Philip», dit-elle, «voici Kinraid qui revient pour m'épouser. Il est vivant; il n'a jamais été mort, seulement emmené par la bande de presse. Et il dit que tu l'as vu et que tu le savais tout le temps. Parlez, était-ce ainsi ?

Philippe ne savait que dire, vers qui se tourner, sous quel refuge de paroles ou d'actes s'abriter.

L'influence de Sylvia maintenait Kinraid silencieux, mais il la dépassait rapidement.

"Parler!" s'écria-t-il en se détachant de l'étreinte légère de Sylvia et en s'approchant de Philippe avec un geste menaçant. « Ne vous ai-je pas demandé de lui dire comment c'était ? ne vous ai-je pas demandé de dire comment je lui serais fidèle, et qu'elle me serait fidèle ? Oh! espèce de foutu canaille ! est-ce que tu lui as caché tout ce temps, et lui as-tu laissé me croire mort ou faux ? Prend ça!"

Son poing fermé était prêt à frapper l'homme, qui baissa la tête avec une honte amère et un misérable reproche ; mais Sylvia s'interposa rapidement entre le coup et sa victime.

"Charley, tu ne le frapperas pas", dit-elle. «C'est un foutu canaille» (cela fut dit sur le ton le plus dur et le plus calme), «mais c'est mon mari.»

"Oh! toi, faux cœur ! s'exclama Kinraid en se tournant brusquement vers elle. "Si jamais j'ai fait confiance à une femme, je t'ai fait confiance, Sylvia Robson."

Il fit comme pour la rejeter loin de lui, avec un geste de mépris qui la fit vivre.

"Oh, Charley!" s'écria-t-elle en s'élançant vers lui, je ne vais pas me blesser au vif ; ayez pitié de moi, bien qu'il n'en ait pas eu. Je t'aimais tellement ; c'est mon cœur qui a cédé lorsqu'on m'a annoncé que tu t'étais noyé – mon père, les Corney et tout le monde. Ton chapeau et le morceau de ruban que je t'ai donné ont été trouvés trempés et dégoulinants d'eau de mer ; et j'ai pleuré pour toi tout le jour, sans me détourner de moi ; écoutez seulement ceci une fois, puis tuez-moi mort, et je vous bénirai – et je ne suis plus jamais moi-même depuis ; Je n'ai jamais cessé de sentir le soleil s'assombrir et l'air froid et morne quand je pensais à l'époque où tu étais en vie. Je l'ai fait, mon Charley, mon propre amour ! Et je pensais que tu étais mort depuis toujours, et j'aurais aimé être couché à côté de toi. Oh, Charley ! Philippe, là où il se trouve, pourrait vous dire que c'était vrai. Philippe, n'est-ce pas ?

« Dieu serait-il mort ! » gémit le malheureux et coupable. Mais elle s'était tournée vers Kinraid et lui parlait à nouveau, et aucun d'eux ne l'entendit ou ne l'écouta – ils se rapprochèrent de plus en plus – elle, les joues et les yeux enflammés, parlant avec enthousiasme.

« Et mon père a été arrêté, et tout cela pour avoir libéré quelques-uns alors que la bande de presse les avait capturés par un ignoble tour ; et il a été mis dans la prison de York, jugé et pendu ! suspendu! Charley ! — ce bon et bon père a été pendu à une potence ; et ma mère a perdu la raison et est devenue idiote de chagrin, et nous étions comme rejetés dans le vaste monde, et pauvre mère sans rendez-vous – et je pensais que tu étais mort – oh ! Je pensais que tu étais mort, c'est vrai - oh, Charley, Charley !

À ce moment-là, ils étaient dans les bras l'un de l'autre, elle avec la tête sur son épaule, pleurant comme si son cœur allait se briser.

Philippe s'avança et la saisit pour l'éloigner ; mais Charley la serrait fort, défiant Philip en silence. Inconsciemment, elle était la protection de Philippe, en cette heure de danger, contre un coup qui aurait pu le tuer si une forte volonté avait pu l'aider à tuer.

« Sylvie ! » dit-il en la serrant fort. "Écoutez-moi. Il ne t'aimait pas comme moi. Il avait aimé d'autres femmes. Moi, toi, toi seul. Il avait aimé d'autres filles avant vous et avait cessé de les aimer. Je–j'aimerais que Dieu libère mon cœur de la douleur ; mais cela continuera jusqu'à ma mort, que vous m'aimiez ou non. Et puis… où en étais-je ? Oh! la nuit même où il fut enlevé, je pensais à toi et à lui ; et j'aurais pu vous donner son message, mais j'ai entendu parler de lui ceux qui le connaissaient bien ; ils parlaient de ses manières fausses et inconstantes. Comment pouvais-je savoir qu'il resterait fidèle à toi ? Cela pourrait être un péché en moi, je ne peux pas le dire ; mon cœur et mes sens sont morts en moi. Je le sais, je t'ai aimé comme aucun homme à part moi ne l'a jamais aimé auparavant. Aie pitié et pardon pour moi, ne serait-ce que parce que j'ai été tellement tourmenté par mon amour.

Il la regardait avec une nostalgie fébrile et avide ; cela s'évanouit dans le désespoir car elle ne faisait aucun signe d'avoir même entendu ses paroles. Il la lâcha et son bras tomba lâchement à ses côtés.

« Je peux mourir, dit-il, car ma vie est finie ! »

« Sylvie ! » » s'écria Kinraid, audacieux et fervent, « votre mariage n'est pas un mariage. Vous avez été trompé. Tu es ma femme, pas la sienne. Je suis ton mari; nous nous sommes promis notre serment. Voir! voici ma moitié des six pence.

Il le sortit de son sein, noué par un ruban noir autour du cou.

«Quand ils m'ont déshabillé et fouillé dans la prison française, j'ai réussi à garder ça. Aucun mensonge ne peut rompre le serment que nous nous sommes prêté. Je peux faire annuler votre prétention de mariage. Je suis en faveur de mon amiral, il conclura un marché pour moi et me reculera. Viens avec moi; votre mariage sera annulé et nous nous remarierons, tout à fait honnêtement et honnêtement. Viens. Laissez ce foutu se repentir du tour qu'il a joué à un honnête marin ; nous serons vrais, quoi qu'il arrive et reparti. Viens, Sylvie.

Son bras était autour de sa taille et il l'attirait vers la porte, le visage tout cramoisi d'empressement et d'espoir. C'est à ce moment-là que le bébé a pleuré.

«Écoutez!» dit-elle en s'éloignant de Kinraid, "bébé pleure pour moi. Son enfant — oui, c'est son enfant — j'avais oublié cela — tout oublié. Je vais faire mon vœu maintenant, de peur de me perdre à nouveau. Je ne lui pardonnerai jamais et je ne vivrai plus jamais avec lui comme épouse. Tout cela est fait et terminé. Il a gâché ma vie – il l'a gâchée aussi longtemps que je vis sur cette terre ; mais ni vous ni lui ne gâterez mon âme. Ça va dur pour moi, Charley, c'est vrai. Je vais juste te donner un baiser – un petit baiser – et puis, alors, alors, aide-moi mon Dieu, je ne verrai ni n'entendrai jamais jusqu'à ce que — non, pas cela, ce n'est pas nécessaire – je ne verrai jamais – bien sûr, cela suffit – Je ne vous reverrai plus jamais de ce côté du paradis, alors aide-moi mon Dieu ! Je suis lié et attaché, mais je lui ai prêté serment ainsi qu'à vous : il y a des choses que je ferai, et il y a des choses que je ne ferai pas. Embrasse-moi encore une fois. Que Dieu m'aide, il est parti !

Les adieux de Roger Hamley

La maison mentionnée dans cet incident est Church House, à Knutsford, où résidait l'oncle de Mme Gaskell, le Dr Holland. Elle est maintenant connue sous le nom de Hollingford House.

LE jour du départ de Roger arriva. Molly s'efforçait de l'oublier en travaillant sur un coussin qu'elle préparait comme cadeau à Cynthia ; à cette époque-là, on faisait du mauvais travail. Un deux trois. Un deux trois quatre cinq six sept; tout faux; elle pensait à autre chose et a dû le décrocher. C'était aussi un jour de pluie ; et Mme Gibson, qui avait prévu de sortir et de payer quelques visites, a dû rester à l'intérieur. Cela la rendait agitée et agitée. Elle allait et venait aux différentes fenêtres du salon pour regarder le temps, comme si elle imaginait que pendant qu'il pleuvait à une fenêtre, il pouvait faire beau à une autre. « Molly, viens ici ! qui est cet homme enveloppé dans un manteau, là-bas, près du mur du parc, sous le hêtre, il est là depuis une demi-heure et plus, sans bouger, et regardant cette maison tout le temps ! Je pense que c'est très suspect.

Molly regarda et reconnut en un instant Roger sous toutes ses couvertures. Son premier réflexe fut de reculer. Le prochain à s'avancer et à dire : « Eh bien, maman, c'est Roger Hamley ! Regardez maintenant : il lui baise la main ; il nous souhaite au revoir de la seule manière possible ! Et elle répondit à son signe ; mais elle n'était pas sûre s'il percevait son mouvement modeste et calme, car Mme Gibson devint immédiatement si démonstrative que Molly crut que ses mouvements pantomimiques impatients et stupides devaient absorber toute son attention.

«J'appelle cela si attentif de sa part», dit Mme Gibson au milieu d'une volée de baisers sur sa main. « Vraiment, c'est assez romantique. Cela me rappelle le passé, mais il sera trop tard ! Je dois le renvoyer ; il est midi et demie!" Et elle sortit sa montre et la leva en la tapotant de l'index et en occupant tout le centre de la fenêtre. Molly ne pouvait que jeter un coup d'œil ici et là, esquivant tantôt vers le haut, tantôt vers le bas, tantôt de ce côté, tantôt de celui des bras en perpétuel mouvement. Il lui semblait percevoir un mouvement correspondant de la part de Roger. Enfin, il s'éloigna lentement, lentement, et souvent en regardant en arrière, malgré la montre mise sur écoute. Mme Gibson se retira enfin et Molly s'installa tranquillement à sa place pour revoir sa silhouette avant que le virage de la route ne la cache à sa vue. Lui aussi savait où se trouvait le dernier aperçu de la maison de M. Gibson, et une fois de plus il se tourna et son mouchoir blanc flotta dans les airs. Molly agita la sienne très haut, avec un désir ardent qu'elle soit vue. Et puis il était parti! et Molly retourna à son travail de laine, heureuse, rayonnante, triste, contente, et pensant en elle-même combien l'amitié est douce !

Lorsqu'elle parvint à comprendre le présent, Mme Gibson disait :

« Ma parole, bien que Roger Hamley n'ait jamais été un de mes grands favoris, cette petite attention de sa part m'a rappelé très fortement un jeune homme très charmant – un *soupirant* , comme diraient les Français – le lieutenant Harper. m'a entendu parler de lui, Molly ?

"Je pense que j'ai!" dit Molly distraitement.

« Eh bien, vous vous souvenez à quel point il m'était dévoué lorsque j'étais chez Mme Duncombe, ma première situation, et je n'avais que dix-sept ans. Et lorsque l'équipe de recrutement a reçu l'ordre de se rendre dans une autre ville, le pauvre M. Harper est venu et s'est tenu devant la fenêtre de la salle de classe pendant près d'une heure, et je sais que c'est grâce à lui que l'orchestre a joué « La fille que j'ai laissée derrière moi » lorsqu'ils ont défilé. sortir le lendemain. Pauvre M. Harper ! C'était avant que je connaisse le cher M. Kirkpatrick ! Cher moi. Combien de fois mon pauvre cœur a dû saigner dans ma vie ! non que ce cher papa soit un très digne homme, et qui me rende bien heureux. Il me gâterait, en effet, si je le lui permettais. Pourtant, il n'est pas aussi riche que M. Henderson.

Cette dernière phrase contenait le germe du grief actuel de Mme Gibson. Après avoir épousé Cynthia, comme le disait sa mère — s'en attribuant le mérite comme si elle avait joué le rôle principal dans l'exploit — elle devint maintenant un peu envieuse de la chance de sa fille d'être l'épouse d'un jeune, beau, riche et homme moyennement à la mode, qui vivait à Londres. Elle exprima naïvement ses sentiments à ce sujet à son mari un jour où elle ne se sentait vraiment pas très bien, et où par conséquent ses contrariétés étaient bien plus présentes à son esprit que ses sources de bonheur.

"C'est vraiment dommage!" dit-elle, que je suis née quand j'étais. J'aurais tellement aimé appartenir à cette génération.

« C'est parfois mon propre sentiment », dit-il. « Tant de nouvelles perspectives semblent s'ouvrir dans la science, que j'aimerais, s'il était possible, vivre jusqu'à ce que leur réalité soit vérifiée et qu'on voie à quoi elles conduisent. Mais je ne pense pas que ce soit pour cela, ma chère, que vous souhaiteriez avoir vingt ou trente ans de moins.

"Non en effet. Et je ne l'ai pas exprimé d'une manière aussi dure et désagréable ; J'ai seulement dit que j'aimerais appartenir à cette génération. A vrai dire, je pensais à Cynthia. Sans vanité, je crois que j'étais aussi jolie qu'elle, quand j'étais petite, je veux dire ; Je n'avais pas ses cils foncés, mais mon nez était plus droit. Et maintenant, regardez la différence ! Je dois vivre dans une petite ville de campagne avec trois domestiques et pas de voiture ; et elle, avec sa beauté inférieure, vivra à Sussex Place, et aura un homme et un coupé, et je ne sais quoi. Mais le fait est que dans cette génération, il y a bien plus de jeunes hommes riches que lorsque j'étais petite. »

« Ah, oh ! c'est donc votre raison, n'est-ce pas, ma chère ? Si tu avais été jeune maintenant, tu aurais peut-être épousé quelqu'un d'aussi aisé que Walter ?

"Oui!" dit-elle. «Je pense que c'était mon idée. Bien sûr, j'aurais aimé qu'il soit toi. Je pense toujours que si vous étiez inscrit au Barreau, vous auriez peut-être mieux réussi et vécu à Londres aussi. Je ne pense pas que Cynthia se soucie beaucoup de l'endroit où elle vit, et pourtant, vous voyez, cela lui est venu à l'esprit.

"Qu'est-ce que... Londres ?"

« Oh, cher homme facétieux. Voilà justement ce qui a captivé un jury. Je ne crois pas que Walter sera un jour aussi intelligent que toi. Pourtant, il peut emmener Cynthia à Paris, à l'étranger et partout. J'espère seulement que toute cette indulgence ne développera pas les défauts du caractère de Cynthia. Cela fait une semaine que nous n'avons pas eu de ses nouvelles, et je lui ai écrit spécialement pour lui demander les modes d'automne avant d'acheter mon nouveau bonnet. Mais les richesses sont un grand piège.

"Soyez reconnaissant d'avoir été épargné par la tentation, ma chère."

"Non, je ne suis pas. Tout le monde aime être tenté. Et après tout, il est très facile de résister à la tentation, si on le souhaite.»

« Je ne trouve pas cela si facile », a déclaré son mari.

"Voici des médicaments pour toi, maman", dit Molly en entrant avec une lettre à la main. "Une lettre de Cynthia."

« Oh, cher petit messager de la bonne nouvelle ! Il y avait une des divinités païennes dans les Questions de Mangnall dont la fonction était d'apporter des nouvelles. La lettre est datée de Calais. Ils rentrent à la maison ! Elle m'a acheté un châle et un bonnet ! La chère créature ! Penser toujours aux autres avant elle : la chance ne peut pas la gâter. Il leur reste quinze jours de vacances ! Leur maison n'est pas tout à fait prête ; ils viennent ici. Oh, maintenant, M. Gibson, nous devons avoir le nouveau service de table chez Watt sur lequel je tiens depuis si longtemps ! « Maison » Cynthia appelle cette maison. Je suis sûr que c'est sa maison, pauvre chérie ! Je doute qu'il y ait un autre homme au monde qui aurait traité sa belle-fille comme son cher papa ! Et, Molly, tu dois avoir une nouvelle robe.

"Viens viens! N'oubliez pas que j'appartiens à la dernière génération », a déclaré M. Gibson.

"Et Cynthia ne se souciera pas de ce que je porte", dit Molly, rayonnante de plaisir à l'idée de la revoir.

"Non! mais Walter le fera. Il a un sens si vif pour s'habiller, et je pense que je rivalise avec papa ; s'il est un bon beau-père, je suis une bonne belle-mère, et je ne pourrais pas supporter de voir ma Molly en mauvais état et ne pas être à son meilleur. Je dois aussi avoir une nouvelle robe. Il ne faut pas avoir l'air de n'avoir rien d'autre que les robes que nous portions au mariage !

Mais Molly s'est opposée à la nouvelle robe et a insisté sur le fait que si Cynthia et Walter venaient leur rendre visite souvent, ils feraient mieux de les voir tels qu'ils étaient réellement, dans leur tenue vestimentaire, leurs habitudes et leurs rendez-vous. Lorsque M. Gibson eut quitté la pièce, Mme Gibson reprocha doucement à Molly son obstination.

« Tu m'aurais peut-être permis de mendier une nouvelle robe pour toi, Molly, quand tu savais à quel point j'admirais cette soie sculptée chez Brown's l'autre jour. Et maintenant, bien sûr, je ne peux pas être égoïste au point de l'obtenir pour moi et vous n'avez rien. Vous devriez apprendre à comprendre les souhaits des autres. Pourtant, dans l'ensemble, vous êtes une fille chère et douce, et je souhaite seulement… eh bien, je sais ce que je souhaite ; seulement, mon cher papa n'aime pas qu'on en parle. Et maintenant, couvre-moi de près, et laisse-moi m'endormir et rêver à ma chère Cynthia et à mon nouveau châle !

Cousine Phillis

Tiré de *Cousin Phillis* , publié pour la première fois sous forme de feuilleton dans le *Cornhill Magazine* de novembre 1863 à février 1864, puis publié sous forme de livre en 1865. Cette idylle en prose exquise représente le meilleur travail de Mme Gaskell et a été décrite comme « une joyau sans défaut »; en tant que nouvelle, c'est certainement un modèle. Le souffle de la campagne l'entoure toujours. Les lieux si graphiquement décrits sont associés à la ferme du grand-père maternel de Mme Gaskell à Sandlebridge, près de Knutsford.

UNE VISITE À LA FERME DE L'ESPOIR

« DÉCIDEZ -vous, partez voir à quoi ressemble ce ministre-agriculteur, et revenez me dire : j'aimerais l'entendre. »…

J'ai suivi l'allée, je me souviens, en passant devant toutes les mauvaises herbes les plus hautes du bord de la route, jusqu'à ce qu'après un virage ou deux, je me retrouve tout près devant la ferme Hope. Il y avait un jardin entre la maison et l'allée herbeuse et ombragée ; J'ai appris depuis que ce jardin s'appelait la cour ; peut-être parce qu'il y avait un muret tout autour, avec une balustrade en fer au sommet du mur, et deux grandes portes entre des piliers couronnées de boules de pierre pour une entrée officielle sur le chemin dallé menant à la porte d'entrée. Ce n'était pas l'habitude du lieu d'entrer soit par ces grandes portes, soit par la porte d'entrée ; les portes, en effet, étaient verrouillées, comme je l'ai découvert, bien que la porte soit grande ouverte. Je dus faire le tour par un chemin de traverse légèrement tracé sur un large chemin herbeux, qui conduisait, le long du mur de la cour, devant une monture à cheval à moitié couverte d'orpin et d'un peu de fumeterre jaune sauvage, jusqu'à une autre porte : « le vicaire. ", comme je l'ai découvert, était appelé par le maître de la maison, tandis que la porte d'entrée, "belle et tout pour le spectacle", était appelée "recteur". Je frappai de la main à la porte du curé ; une grande fille, à peu près de mon âge, à ce que je pensais, vint l'ouvrir et resta là, silencieuse, attendant de connaître ma course. Je la vois maintenant : la cousine Phillis. Le soleil de l'ouest brillait en plein sur elle et faisait un jet de lumière oblique dans la pièce intérieure. Elle était vêtue d'une sorte de coton bleu foncé ; jusqu'à la gorge, jusqu'aux poignets, avec un petit volant partout où il touchait sa peau blanche. Et une peau si blanche ! Je n'ai jamais vu ça. Elle avait les cheveux clairs, plus proches du jaune que de toute autre couleur. Elle m'a regardé fixement en face avec de grands yeux calmes, étonnée, mais indifférente à la vue d'un étranger. J'ai trouvé étrange qu'aussi vieille, si adulte qu'elle soit, elle porte un tablier par-dessus sa robe.

Avant que j'aie vraiment décidé quoi répondre à sa question muette sur ce que je voulais là, une voix de femme m'a appelé : « Qui est-ce, Phillis ? Si c'est quelqu'un qui veut du babeurre, envoyez-le par la porte arrière.

Je pensais que je préférerais parler au propriétaire de cette voix plutôt qu'à la fille devant moi ; Je la dépassai donc et me tins à l'entrée d'une pièce, mon chapeau à la main, car cette porte latérale ouvrait directement sur le hall ou la maison où la famille s'asseyait quand le travail était fait. Il y avait une petite femme vive d'une quarantaine d'années qui repassait d'énormes cravates en mousseline à la lumière d'une longue fenêtre à battants ombragée de vigne. Elle m'a regardé avec méfiance jusqu'à ce que je commence à parler. «Je m'appelle Paul Manning», dis-je; mais j'ai vu qu'elle ne connaissait pas le nom. « Le nom de ma mère était Moneypenny, dis-je, Margaret Moneypenny.

"Et elle a épousé un certain John Manning, de Birmingham", a déclaré Mme Holman avec empressement. « Et tu seras son fils. Asseyez-vous! Je suis vraiment content de vous voir. Penser que tu es le fils de Margaret ! Eh bien, elle était presque une enfant il n'y a pas si longtemps. Eh bien, bien sûr, c'était il y a vingt-cinq ans. Et qu'est-ce qui vous amène ici ?

Elle s'assit, comme opprimée par sa curiosité quant aux vingt-cinq années qui s'étaient écoulées depuis qu'elle avait vu ma mère. Sa fille Phillis s'est mise à tricoter – un long bas gris pour homme, je me souviens – et a tricoté sans regarder son travail. Je sentais que le regard constant de ces yeux gris profonds était sur moi, même si une fois, alors que je levais furtivement les miens vers les siens, elle examinait quelque chose sur le mur au-dessus de ma tête.

Quand j'eus répondu à toutes les questions de ma cousine Holman, elle poussa un long soupir et dit : « Penser au fils de Margaret Moneypenny étant dans notre maison ! J'aurais aimé que le ministre soit là. Phillis, dans quel domaine est ton père aujourd'hui ?

« Dans les cinq acres ; ils commencent à couper le maïs.

« Il n'aimera pas qu'on le fasse chercher alors, sinon j'aurais aimé que vous voyiez le ministre. Mais les cinq acres sont un bon pas en avant. Cependant, vous prendrez un verre de vin et un morceau de gâteau avant de quitter cette maison. Vous êtes obligé d'y aller, dites-vous, sinon le ministre vient surtout quand les hommes ont leur quatre heures.

"Je dois y aller, j'aurais dû partir plus tôt."

"Alors, Phillis, prends les clés." Elle donna à sa fille quelques instructions à voix basse et Phillis quitta la pièce.

"C'est ma cousine, n'est-ce pas ?" J'ai demandé. Je savais qu'elle l'était, mais d'une manière ou d'une autre, j'avais envie de parler d'elle et je ne savais pas par où commencer.

« Oui – Phillis Holman. Elle est notre unique enfant, maintenant.

Soit à partir de ce « maintenant », soit à cause d'une étrange nostalgie momentanée dans ses yeux, je savais qu'il y avait eu d'autres enfants, qui étaient maintenant morts.

« Quel âge a le cousin Phillis ? » dis-je en osant à peine ce nouveau nom, il me paraissait trop joliment familier pour que je puisse l'appeler par ce nom ; mais le cousin Holman n'y prêta pas attention, répondant droit au but.

« Dix-sept derniers jours du 1er mai ; mais le ministre n'aime pas m'entendre appeler cela le 1er mai, dit-elle en se considérant avec un peu de crainte. «Phillis avait dix-sept ans le premier mai dernier», répéta-t-elle dans une édition modifiée.

« Et j'aurai dix-neuf ans dans un mois », pensais-je ; Je ne sais pas pourquoi.

Puis Phillis entra, portant un plateau rempli de vin et de gâteaux.

"Nous avons une servante", a déclaré la cousine Holman, "mais la journée est chargée et elle est occupée." C'était censé être une petite excuse fière pour que sa fille soit la servante.

"J'aime le faire, maman", dit Phillis de sa voix grave et pleine.

J'avais l'impression d'être quelqu'un de l'Ancien Testament – dont je ne me souvenais pas – servi et servi par la fille de l'hôte. Étais-je comme l'intendant d'Abraham, quand Rébecca lui donnait à boire au puits ? Je pensais qu'Isaac n'avait pas suivi la voie la plus agréable pour lui trouver une femme. Mais Phillis n'a jamais pensé à de telles choses. C'était une jeune femme majestueuse et gracieuse, avec la tenue et la simplicité d'une enfant.

Comme on me l'avait appris, j'ai bu à la santé de ma nouvelle cousine et de son mari ; et puis j'ai osé nommer ma cousine Phillis en inclinant la tête vers elle ; mais j'étais trop gêné pour regarder et voir comment elle prenait mon compliment. «Je dois y aller maintenant», dis-je en me levant.

L'aube de l'amour

De Cousin Phillis , 1865

« IL n'avait jamais beaucoup parlé de toi auparavant, mais ce départ soudain lui a ouvert le cœur et il m'a dit combien il t'aimait et combien il espérait à son retour que tu pourrais être sa femme.

« Ne le faites pas », dit-elle, haletant presque le mot qu'elle avait déjà essayé de prononcer une ou deux fois ; mais sa voix était étouffée. Maintenant, elle a mis sa main en arrière ; elle s'était complètement détournée de moi et se souciait du mien. Elle lui exerça une légère pression persistante ; puis elle posa ses bras sur la division en bois, posa sa tête dessus et pleura de douces larmes. Je ne la comprenais pas tout de suite et craignais de m'être trompé sur toute l'affaire et de ne faire que l'ennuyer. Je suis allé vers elle. « Oh, Phillis, je suis vraiment désolé… je pensais que vous auriez peut-être eu envie de l'entendre ; il parlait avec tant d'émotion, comme s'il t'aimait tellement, et d'une manière ou d'une autre, j'ai pensé que cela te ferait plaisir.

Elle leva la tête et me regarda. Quel regard ! Ses yeux, tout brillants de larmes, exprimaient un bonheur presque céleste ; sa bouche tendre était courbée par le ravissement ; sa couleur était vive et rougissante ; mais comme si elle craignait que son visage n'exprimât trop de choses, plus que la gratitude qu'elle essayait de me dire, elle le cacha presque aussitôt. Tout allait donc bien à ce moment-là et ma conjecture était fondée. J'ai essayé de me souvenir de quelque chose de plus pour lui dire ce qu'il avait dit, mais encore une fois, elle m'a arrêté.

«Ne le fais pas», dit-elle. Elle gardait toujours son visage couvert et caché. Au bout d'une demi-minute, elle ajouta d'une voix très basse : « S'il vous plaît, Paul, je pense que je préférerais ne plus entendre… je ne veux pas dire ce que j'ai… mais ce que je suis très obligé… seulement… seulement, Je pense que je préférerais entendre le reste de lui-même à son retour.

Et puis elle a pleuré encore un peu, d'une tout autre manière. Je n'en ai pas dit plus, je l'ai attendue. Peu à peu, elle se tourna vers moi, sans toutefois croiser mon regard ; et posant sa main dans la mienne comme si nous étions deux enfants, elle dit : « Nous ferions mieux de rentrer maintenant ; je n'ai pas l'air d'avoir pleuré, n'est-ce pas ?

«On dirait que vous avez un gros rhume», fut toute ma réponse.

"Oh! mais je vais... je vais très bien, j'ai seulement froid ; et une bonne course me réchauffera. Viens, Paul.

Nous courîmes donc main dans la main, jusqu'à ce que, juste au moment où nous étions sur le seuil de la maison, elle s'arrêta :

"Paul, s'il te plaît, nous n'en reparlerons *plus* ."

Je ne l'ai jamais vue aussi charmante ni aussi heureuse. Je pense qu'elle savait à peine pourquoi elle était si heureuse tout le temps. Je la vois maintenant, debout sous les branches naissantes des arbres gris, sur lesquels une teinte de vert semblait s'approfondir de jour en jour, son bonnet retombant sur son cou, les mains pleines de délicates fleurs des bois, tout à fait inconsciente de mon regard, mais attentif à la douce moquerie d'un oiseau dans un buisson ou un arbre voisin. Elle avait l'art de gazouiller et de répondre aux notes de différents oiseaux, et connaissait leur chant, leurs habitudes et leurs manières, plus précisément que quiconque que j'aie jamais connu. Elle l'avait souvent fait à ma demande le printemps précédent ; mais cette année, elle gargouillait, sifflait et gazouillait vraiment comme eux, de la plénitude et de la joie mêmes de son cœur. Elle était plus que jamais la prunelle des yeux de son père ; sa mère lui a donné à la fois sa part d'amour et celle de l'enfant mort, décédé en bas âge. J'ai entendu la cousine Holman murmurer, après un long regard rêveur à Phillis, et se dire à quel point elle devenait semblable à Johnnie, et s'apaiser avec des sons plaintifs et inarticulés et de nombreux doux secousses de tête, pour le sentiment douloureux de perte qu'elle avait ressenti. ne s'en remettrait jamais dans ce monde. Les vieux domestiques du lieu avaient cet attachement muet et loyal envers les enfants de la terre, commun à la plupart des ouvriers agricoles ; pas souvent mêlé à l'activité ou à l'expression. Mon cousin Phillis était comme une rose qui avait éclos sur le côté ensoleillé d'une maison isolée, à l'abri des tempêtes. J'ai lu dans un livre de poésie :

"Une servante qu'il n'y avait personne à louer,

Et très peu à aimer.

Et d'une manière ou d'une autre, ces lignes me rappellent toujours Phillis ; pourtant, ce n'était pas vrai pour elle non plus. Je ne l'ai jamais entendue louée ; et hors de sa propre maison, il y en avait très peu pour l'aimer ; mais même si personne n'a exprimé son appréciation, elle a toujours agi correctement aux yeux de ses parents, par simple bonté et sagesse naturelles.

III
Histoires

La seule biographie écrite par Mme Gaskell était *La vie de Charlotte Brontë*, qui est l'une des meilleures biographies jamais écrites. C'est désormais devenu un classique. Au moment de sa mort, en 1865, Mme Gaskell rassemblait du matériel pour une Vie de Madame Sévigné.

Mme Gaskell a écrit très peu de choses autobiographiques. Elle a toujours étudié pour rester en retrait, même si ses histoires contiennent en grande partie des éléments basés sur sa propre vie.

Autobiographique

Marie Barton

Préface à l'édition originale de 1848

TROIS ans, j'ai eu envie (en raison de circonstances auxquelles il n'est pas nécessaire d'évoquer plus en détail) de m'employer à écrire une œuvre de fiction. Vivant à Manchester, mais avec un profond goût et une profonde admiration pour le pays, ma première pensée a été de trouver un cadre à mon histoire dans une scène rurale ; et j'avais déjà fait un peu de progrès dans un conte dont la période remontait à plus d'un siècle et qui concernait un lieu situé aux confins du Yorkshire, lorsque je me suis demandé quelle pourrait être la profondeur du romantisme dans la vie de certains de ceux qui me coudoyait quotidiennement dans les rues animées de la ville où je résidais. J'avais toujours ressenti une profonde sympathie pour ces hommes épuisés par les soucis, qui semblaient condamnés à lutter toute leur vie dans d'étranges alternances entre le travail et le besoin ; ballotté par les circonstances, apparemment dans une mesure encore plus grande que les autres hommes. Une petite manifestation de cette sympathie et un peu d'attention à l'expression des sentiments de certains ouvriers que je connaissais m'avaient ouvert le cœur d'un ou deux des plus réfléchis d'entre eux ; J'ai vu qu'ils étaient courroucés et irritables contre les riches, dont la teneur même de la vie apparemment heureuse semblait accroître l'angoisse causée par leur propre nature de loterie. Que les plaintes amères qu'ils faisaient de l'abandon qu'ils éprouvaient de la part des riches, surtout de la part des maîtres dont ils avaient contribué à bâtir la fortune, étaient fondées ou non, ce n'est pas à moi d'en juger. Il suffit de dire que cette croyance de l'injustice et de la méchanceté qu'ils endurent de la part de leurs semblables entache ce qui pourrait être une résignation à la volonté de Dieu et la transforme en vengeance chez beaucoup d'ouvriers d'usine pauvres et sans instruction de Manchester.

Plus je réfléchissais à cet état de choses malheureux entre ceux qui étaient si liés les uns aux autres par des intérêts communs, comme doivent toujours l'être les employeurs et les employés, plus j'étais impatient de donner quelque expression à l'agonie qui, de temps en temps, se convulse. ce peuple stupide; l'agonie de souffrir sans la sympathie des heureux, ou de croire à tort que tel est le cas. Si c'est une erreur que les malheurs, qui s'accompagnent d'une marée sans cesse revenue pour submerger les ouvriers de nos villes manufacturières, passent inaperçus de tous, sauf de ceux qui souffrent, c'est en tout cas une erreur si amère dans ses conséquences pour tous. que tout ce que l'effort public peut faire en termes d'actes de miséricorde, ou l'amour impuissant à la manière des « acariens des veuves », doit être fait, et cela rapidement, pour désabuser les travailleurs d'une si misérable méprise. À présent, ils me semblent être laissés dans un état où les lamentations et les larmes sont rejetées comme inutiles, mais où les lèvres sont comprimées pour les malédictions et les mains serrées et prêtes à frapper.

Je ne connais rien à l'économie politique ni aux théories du commerce. J'ai essayé d'écrire honnêtement; et si mes comptes sont en accord ou en conflit avec un système, l'accord ou le désaccord n'est pas intentionnel.

Pour moi, l'idée que je me suis formée de l'état d'esprit d'un trop grand nombre d'ouvriers d'usine à Manchester, et que j'ai essayé de représenter dans ce récit (achevé il y a plus d'un an), a reçu une certaine confirmation des événements qui ont eu lieu. ce qui s'est produit récemment parmi une classe similaire sur le continent.

Octobre 1848.

Société d'Édimbourg en 1830

Tiré de *Autour du canapé* , 1859

Mme Gaskell a passé un hiver à Édimbourg en 1830-31 et elle a tissé certains de ses souvenirs dans *Round the Sofa* . Le M. Sperano mentionné était probablement Agostino Ruffini, un ami de Mazzini, bien qu'il se soit exilé à Édimbourg plus tard.

APRÈS avoir passé environ quinze jours à Édimbourg, M. Dawson dit à Miss Duncan d'une manière presque douteuse :

« Ma sœur me fait dire que tous les lundis soir, quelques amis viennent s'asseoir autour de son canapé pendant environ une heure – certains avant d'aller à des soirées plus gays – et que si vous et Miss Greatorex désirez un peu de changement, elle ne ferait que le faire. je serai trop content de te voir. De sept à huit heures ce soir ; et je dois ajouter ici mes injonctions, tant pour elle que pour celui de ma petite patiente, que vous partiez à neuf heures. Après tout, je ne sais pas si vous voudrez bien venir ; mais Margaret m'a demandé de vous le demander, » et il nous lança un regard suspicieux et aigu. Si l'un de nous avait éprouvé la moindre réticence, si bien dissimulée par nos manières, à accepter cette invitation, je suis sûr qu'il aurait immédiatement détecté nos sentiments et les aurait retirés, tant il était jaloux et méfiant à l'égard de tout ce qui concernait l'appréciation de cette sœur bien-aimée.

Mais, s'il s'agissait de passer une soirée chez le dentiste, je crois que j'aurais accueilli favorablement l'invitation, tant j'étais las de la monotonie des nuits dans notre logement ; et quant à Miss Duncan, une invitation à prendre le thé était en soi un honneur pur et sans mélange, et un honneur qui devait être accepté avec toute la forme et la gratitude qui convenaient ; aussi les regards aiguisés de M. Dawson par-dessus ses lunettes ne décelèrent-ils rien d'autre que le plaisir le plus véritable, et il poursuivit :

« Vous trouverez cela très ennuyeux, j'ose dire. Seulement quelques vieux idiots comme moi, et une ou deux bonnes et douces jeunes femmes ; Je ne sais jamais qui viendra. Margaret est obligée de rester allongée dans une pièce sombre – seulement à moitié éclairée, je veux dire – parce que ses yeux sont faibles – oh, ce serait très stupide, j'ose dire ; ne me remercie pas avant d'avoir essayé une fois, et si tu l'aimes, ton meilleur remerciement sera de revenir tous les lundis, de sept heures et demie à neuf heures, tu sais. Au revoir au revoir."

Jusqu'à présent, je n'avais jamais assisté à une fête entre adultes ; et aucun bal de cour pour une jeune dame de Londres ne pourrait paraître plus évocateur d'honneur et de plaisir que ce lundi soir à mes yeux.

Vêtue d'une nouvelle mousseline de livre rigide, maquillée jusqu'au cou - une robe qui m'avait semblé, à moi et à mes sœurs, le summum de la grandeur et de la parure terrestres - Alice, notre vieille nourrice, l'avait confectionnée à la maison, en contemplant le possibilité d'un tel événement pendant mon séjour à Édimbourg, mais qui m'était alors apparu comme une robe trop belle et trop angélique pour être jamais portée sans le ciel - j'allai avec Miss Duncan chez M. Dawson à l'heure convenue. Nous entrâmes par une petite pièce élevée – peut-être devrais-je l'appeler une antichambre, car la maison était démodée, majestueuse et grandiose – le grand salon carré, au centre duquel était tiré le canapé de Mme Dawson. . Derrière elle était placée une petite table sur laquelle était posé un grand chandelier en grappe, portant sept ou huit bougies de cire ; et c'était là toute la lumière de la pièce, qui me paraissait très vaste et indistincte après notre appartement pincé chez les Mackenzie. Mme Dawson devait avoir soixante ans ; et pourtant son visage paraissait très doux, lisse et enfantin. Ses cheveux étaient plutôt gris ; il aurait paru blanc sans la neige de sa casquette et de son ruban de satin. Elle était enveloppée dans une sorte de robe de chambre en mérinos gris français. Le mobilier de la chambre était d'un rose profond, blanc et or ; le papier qui recouvrait les murs était indien, commençant en bas avec une profusion de feuilles tropicales, d'oiseaux et d'insectes, et diminuant progressivement en richesse de détails, jusqu'à ce qu'au sommet il se termine par les vrilles les plus délicates et les insectes les plus vaporeux.

M. Dawson avait acquis beaucoup de richesses dans sa profession, et sa maison donnait cette impression. Dans les coins des pièces se trouvaient de grands pots de porcelaine orientale, remplis de feuilles de fleurs et d'épices ; et au milieu de tout cela se trouvait le canapé sur lequel la pauvre Margaret Dawson passait des jours, des mois et des années entiers, sans la possibilité de bouger par elle-même. Peu à peu, la femme de chambre de Mme Dawson nous apporta du thé et des macarons, ainsi qu'une petite tasse de lait et d'eau et un biscuit pour elle. Puis la porte s'est ouverte. Nous étions arrivés très tôt et sont arrivés des professeurs d'Édimbourg, des beautés d'Édimbourg et des célébrités, tous en route vers une autre fête plus gay et plus tardive, mais venant d'abord voir Mme Dawson et lui dire leurs *bons mots* ou leurs intérêts. , ou leurs projets. Par chaque homme instruit, par chaque jolie fille, elle était traitée comme une amie chère, qui en savait plus sur elle-même, indépendamment de sa réputation et de son caractère général dans la société, que quiconque.

C'était très brillant et très éblouissant, et cela a donné matière à réflexion et à s'interroger pendant plusieurs jours.

Lundi après lundi, nous allions, immobiles, silencieux ; que pourrions-nous trouver à dire à quelqu'un d'autre qu'à Mme Margaret elle-même ? L'hiver est passé, l'été arrive.

Les gens ont commencé à descendre d'Edimbourg, il n'en reste que quelques-uns, et je ne sais pas si nos lundis soirs n'en ont pas été plus agréables.

Il y avait M. Sperano, l'exilé italien, banni même de France, où il avait longtemps résidé, et qui enseignait maintenant l'italien avec une douce diligence dans la ville du nord ; il y avait M. Preston, l'écuyer de Westmorland, ou, comme il préférait être appelé, homme d'État, dont la femme était venue à Édimbourg pour l'éducation de leur nombreuse famille, et qui, chaque fois que son mari venait chez lui lors d'une de ses visites occasionnelles , n'était que trop heureux de l'accompagner chez Mme Dawson le lundi soir, lui et la dame invalide étant amis de longue date. Ceux-ci et nous-mêmes gardions des visiteurs réguliers et nous amusions d'autant plus à profiter davantage de la société de Mme Dawson.

Tondeurs de moutons de Cumberland

Extrait de *Mots ménagers* , 1853

Un récit graphique d'une visite que M. et Mme Gaskell et leurs filles ont faite à la tonte des moutons dans une ferme de Westmorland près de Keswick. L'article a suscité beaucoup d'intérêt parmi les lecteurs de *Household Words* . John Forster, écrivant à Dickens, demanda : « Qui diable avait écrit ce délicieux article sur la tonte des moutons ?

TROIS ou quatre ans, nous avons passé une partie de l'été dans l'un des vallons du quartier de Keswick. Nous logeâmes chez un petit homme d'État, qui joignit à son métier d'éleveur de moutons celui de fabricant de laine. Son propre troupeau n'était pas nombreux, mais il achetait les toisons des autres, soit sur commission, soit pour ses propres besoins ; et sa vie semblait réunir de nombreux modes d'emploi agréables et variés, et le grand homme joyeux et costaud prospérait dans tout, tant physiquement que mentalement.

Un jour, sa belle épouse nous proposa de l'accompagner dans une tonte de moutons lointaine, qui aurait lieu chez un des clients de son mari, où elle était sûre que nous serions chaleureusement accueillis et où nous verrions un vieux la tonte à la mode, comme on n'en rencontre pas souvent maintenant dans les Dales. Je ne sais pas pourquoi, mais nous étions paresseux et avons décliné son invitation. Il se peut que la journée ait été brûlante, même pour juillet, ou qu'il s'agisse d'un accès de timidité ; mais, quelle qu'en soit la raison, cela a disparu de manière inexplicable peu de temps après son départ, et l'occasion semblait nous avoir échappé. La journée était plus chaude que jamais ; et nous aurions deux fois plus de raisons d'être timides et gênés, maintenant que nous n'aurions plus notre hôtesse pour nous présenter et nous chaperonner. Cependant, notre désir était si grand d'y aller que nous avons soufflé ces obstacles au vent, s'il y en avait ce jour-là ; et, après avoir obtenu les instructions nécessaires du domestique de la ferme, nous partîmes pour notre promenade de cinq milles, vers une heure, par une journée sans nuages de la première quinzaine de juillet.

Notre groupe se composait de deux adultes et de quatre enfants, le plus jeune étant presque un bébé, qu'il fallut porter la plus grande partie de ce pénible trajet. Nous avons traversé Keswick et avons vu les groupes de touristes dessinateurs et plaisanciers que nous, en tant que résidents du quartier depuis un mois, considérions avec un certain mépris comme de simples étrangers, qui étaient sûrs de se tromper ou de se perdre. ou être imposé par des guides, ou admirer les mauvaises choses et ne jamais voir les bonnes choses. Après nous être traînés à travers la longue ville dispersée, nous arrivâmes à une partie de la route où elle serpentait entre des bosquets suffisamment élevés pour former une « pensée verte dans une ombre verte » ; les branches se touchaient et s'entrelaçaient au-dessus, tandis que la route était si droite que pendant tout le quart d'heure que nous marchions, nous pouvions voir l'ouverture de la lumière bleue à l'autre bout, et remarquer le frémissement de l'air chauffé et lumineux au-delà de la densité dense. l'ombre dans laquelle nous évoluions. De temps en temps, nous apercevions le lac argenté qui scintillait à travers les arbres ; et, de temps en temps, dans le silence de midi, nous entendions le doux clapotis de l'eau sur le rivage de galets - le seul son que nous entendions, à l'exception du bourdonnement sourd et profond de myriades d'insectes se réjouissant de leur vie estivale. Nous étions tous d'accord sur le fait que parler nous rendait plus chauds, alors nous et les oiseaux étions très silencieux. De nouveau sur la route chaude, lumineuse, ensoleillée et éblouissante, le soleil brûlant au-dessus de nos têtes nous donnait envie d'être chez nous ; mais nous avions parcouru la moitié du chemin, et continuer était plus court que revenir. Nous quittons maintenant la route et commençons à monter. L'ascension semblait décourageante, mais à chaque pas, nous gagnions une fraîcheur d'air accrue ; et l'herbe courte et croquante de la montagne était douce et fraîche en comparaison de la grande route. Les petites brises errantes qui nous traversaient de temps en temps étaient chargées de senteurs odorantes, tantôt de thym sauvage, tantôt de petite rose blanche grimpante et rampante, qui courait sur le sol et nous piquait les pieds de ses épines acérées ; et maintenant nous arrivâmes à un ruisseau ruisselant, sur les rives spongieuses duquel poussaient de grands buissons de myrte des tourbières, donnant à l'air une odeur épicée. Lorsque notre souffle nous manquait au cours de cette montée raide, nous avions une esquive invariable par laquelle nous espérions échapper à la citation « gros et à bout de souffle » ; nous nous retournâmes et admirâmes les belles vues qui, à chaque élévation successive, devenaient de plus en plus belles.

Enfin, perchés sur un niveau qui semblait n'être qu'un simple replat rocheux, nous vîmes notre havre de paix : une ferme en pierre grise, bien au-dessus de nos têtes, au-dessus du lac comme nous l'étions, avec des dépendances assez nombreuses tout autour. cela pour justifier le nom écossais d'une « ville » ; et à proximité, un de ces grands sycomores autoritaires, si communs dans des situations similaires dans tout le Cumberland et le Westmorland. Encore un long coup, et nous devrions y être. Alors, encourageant les pauvres petits fatigués, nous partons courageusement vers ce dernier morceau de sentier rocailleux et escarpé ; et nous n'avons jamais regardé derrière nous jusqu'à ce que nous nous retrouvions dans la fraîcheur du porche profond, regardant depuis notre terrasse naturelle le Derwentwater vitreux, loin, bien en contrebas, reflétant chaque teinte du ciel bleu, seulement dans des couleurs plus sombres et plus pleines. Nous semblions au niveau du sommet de Catbells ; et les cimes des grands arbres s'étendaient en profondeur, si profondément que nous avions l'impression qu'elles étaient suffisamment rapprochées et suffisamment solides pour supporter nos pieds si nous choisissions de sauter et de marcher dessus. Juste en face de nous, il y avait une corniche du champ rocheux qui entourait la maison. Nous avions frappé à la porte, mais il était évident que nous n'étions pas entendus dans le vacarme et le joyeux cliquetis des voix intérieures, et notre ancienne timidité originelle est revenue. Peu à peu, quelqu'un nous a découvert, et un accueil chaleureux et hospitalier s'est ensuivi. Notre venue s'est bien passée ; on comprit en une minute qui nous étions ; notre véritable hôtesse n'était guère moins pressée dans ses politesses que notre hôtesse temporaire, et toutes deux sortirent précipitamment de la pièce sur laquelle donnait la porte extérieure, dans une grande chambre qui s'ouvrait sur celle-ci - l'appartement d'apparat, dans toutes les maisons de ce genre à Cumberland. - où les enfants font leur première apparition et où les chefs de famille se couchent pour mourir si le Grand Conquérant les avertit suffisamment pour qu'ils se soumettent avec autant de dignité et de calme qu'il convient le mieux à la simple dignité de leur vie.

Dans cette chambre, nous avons été introduits, et le soulagement immédiat de sa fraîcheur sombre pour nos corps surchauffés et nos yeux éblouis était inexprimablement rafraîchissant. Les murs étaient si épais qu'il y avait de la place pour un siège de fenêtre très confortable, sans qu'il y ait aucune projection dans la pièce ; et la forme longue et basse empêchait l'horizon d'être inhabituellement déprimé, même à cette hauteur ; et ainsi la lumière fut atténuée, et la teinte générale de la pièce s'approfondit en obscurité, où l'œil tomba sur ce lit prodigieux, avec ses poteaux, et sa tête, et son pied de lit, et ses ornements de toutes sortes des plus profonds. brun; et le cadre lui-même paraissait suffisamment grand pour que six ou sept personnes puissent s'y coucher confortablement, sans même se toucher. Dans l'âtre se trouvait une grande cruche remplie de branches de fleurs odorantes des montagnes ; et de petits morceaux de romarin et de lavande étaient répandus dans la pièce, en partie, comme je l'ai appris par la suite, pour empêcher des pieds imprudents de glisser sur le parquet en chêne poli. Lorsque nous eûmes tout remarqué, reposés et rafraîchis (autant que nous pouvions le faire avant l'équinoxe), nous retournâmes à la compagnie rassemblée dans la maison.

Cette maison était presque une salle des grandeurs. Sur un côté se trouvait une commode en chêne, toutes ornées des mêmes conifères dont des fragments jonchaient le sol de la chambre. Au-dessus de cette commode se trouvaient des étagères, brillantes d'étain le plus exquisement poli. En face de la porte de la chambre se trouvait la grande cheminée hospitalière, encastrée dans ses coins de cheminée appropriés et ayant le « placard du maître » sur son côté droit. Savez-vous ce qu'est une « armoire de maître » ? M. Wordsworth aurait pu vous le dire ; oui, et je vous en ai également montré un au Mont Rydal. C'est une armoire d'environ un pied de largeur et un pied et demi de largeur, expressément réservée à l'usage du maître de maison. Ici, il peut garder pipe et chope, almanach et ainsi de suite ; et bien qu'aucune porte n'empêche l'accès de quiconque, dans cette armoire ouverte ses propriétés particulières restent en sécurité, car n'est-ce pas « l'armoire du maître » ? Il y avait du feu dans la maison, même en cette chaude journée ;

cela donnait une grâce et une vivacité à la pièce, et étant maintenu dans des limites convenables, il ne semblait rien de plus qu'il n'en fallait pour faire bouillir la bouilloire. Car, dois-je dire, dès notre arrivée, notre hôtesse (je désignerai ainsi la femme du fermier chez qui devait avoir lieu la tonte des moutons) nous proposa du thé ; et bien que nous n'ayons pas dîné, car il était à peine trois heures, nous avons cependant, selon le principe de « Faites à Rome comme les Romains », nous avons acquiescé de bonne grâce, reconnaissants de pouvoir nous offrir un rafraîchissement, à court d'eau. gruau, après notre longue et fatigante marche, et plutôt effrayé que nos enfants « refroidissent trop vite ».

Pendant que le thé se préparait, et qu'il fallait six charmantes matrones pour lui rendre justice, nous avons proposé à Mme C. (notre véritable hôtesse) d'aller voir la tonte des moutons. Elle nous a donc emmenés dans une cour arrière, où le processus se déroulait. Par arrière-cour, j'entends un endroit très différent de ce qu'un Londonien désignerait ainsi ; notre cour arrière, en hauteur sur le flanc de la montagne, était un espace d'environ quarante mètres sur vingt, éclipsé par le noble sycomore, qui aurait pu être celui-là même qui suggérait à Coleridge :

« Ce sycomore (souvent musical avec les abeilles…

De telles tentes que les Patriarches aimaient), etc., etc.

A la porte par laquelle on accédait à ce champ depuis la cour se tenait un groupe de garçons aux yeux impatients, haletant comme les moutons, mais non pas comme eux de peur, mais d'excitation et d'effort joyeux. Leurs visages étaient rougis de brun-pourpre, leurs lèvres écarlates étaient entrouvertes en sourires, et leurs yeux avaient cet éclat bleu particulier, que l'on ne peut acquérir que par une vie libre dans l'air pur et joyeux. Dès que ces jeunes hommes voyaient qu'un mouton était recherché par les tondeurs à l'intérieur, ils se précipitaient vers un mouton dans le champ - plus un vieux bélier était bruyant et têtu, mieux c'était - et tiraient et tiraient et poussaient et criaient - parfois montés à califourchon sur les pauvres. brute tapageuse, et tenant ses cornes comme une bride, ils gagnèrent leur point et traînèrent leur captif jusqu'au tondeur, comme de petits vainqueurs qu'ils étaient, tous brillants et rouges de conquête. Les tondeurs étaient assis chacun à califourchon sur un long banc, graves et importants : les héros du jour. Le troupeau de moutons à tondre à cette occasion était composé de plus d'un millier, et onze tondeurs célèbres étaient venus, marchant à plusieurs kilomètres de distance, pour essayer leur habileté les uns contre les autres ; car la tonte des moutons est une sorte de olympiade rurale. C'étaient tous des jeunes hommes dans la fleur de l'âge, forts et bien bâtis ; sans habit ni gilet, et avec les manches de chemise retroussées. Ils s'assirent chacun en face d'un long banc ou d'une table étroite, et attrapèrent le mouton des garçons qui l'avaient traîné ; ils le soulevèrent sur le banc, et le plaçant par un tour de passe-passe adroit sur le dos, ils commencèrent à tondre la laine de la queue et du dessous ; puis ils attachèrent ensemble les deux pattes postérieures et les deux pattes antérieures, et les posèrent d'abord d'un côté, puis de l'autre, jusqu'à ce que la toison se détache en un seul morceau ; l'art consistait à tondre toute la laine, sans toutefois blesser le mouton par une coupure maladroite ; si un tel accident se produisait, un mélange de goudron et de beurre était immédiatement appliqué ; mais chaque blessure était une tache sur la renommée du tondeur. Tondre bien et complètement, tout en le faisant rapidement, montre la perfection des tondeuses. Certains peuvent achever jusqu'à six douzaines de moutons par jour d'été ; et si vous considérez le poids et la grossièreté de l'animal, ainsi que la chaleur générale du temps, vous verrez qu'à juste titre, la tonte ou la tonte est considérée comme un travail plus dur que la tonte. Mais la plupart des tondeurs se contentent d'en expédier quatre ou cinq ; ce n'est qu'en des occasions inhabituelles, ou lorsque le grec rencontre le grec, que six-vingts sont tentés ou accomplis.

Lorsque le mouton est divisé en sa toison et en lui-même, il devient la propriété de deux personnes. Les femmes s'emparent de la toison et, debout à côté d'une commode temporaire (en l'occurrence constituée de planches posées sur des tonneaux, sous lesquelles on pouvait obtenir une ombre nette et peu visible depuis l'avant-toit de la maison), elles la replient. Ceci, encore une fois, est un art, aussi simple que cela puisse paraître ; et les épouses et filles des fermiers de Langdale Head en sont célèbres. Ils commencent par replier les jambes, puis enroulent toute la toison et l'attachent avec le cou ; et l'habileté consiste, non seulement à le faire rapidement et fermement, mais à certains tirages artistiques de la laine de manière à faire apparaître les parties les plus fines, et non, en écrasant la fibre, à la faire paraître grossière à l'acheteur. Six jolies femmes furent ainsi employées ; ils riaient, parlaient et envoyaient des traits de satire joyeuse aux tondeurs graves et occupés, qui étaient trop sérieux dans leur travail pour répondre, bien qu'un accent occasionnel de couleur ou un clin d'œil indique que la remarque avait touché. Mais ils réservaient leurs répliques, s'ils en avaient, jusqu'au soir, lorsque la journée de travail serait terminée et que, dans la licence de l'humour campagnard, j'imagine, certains des orateurs impertinents rencontreraient leur adversaire. Pour l'instant, les applaudissements venaient de leur propre groupe de femmes ; mais de temps en temps un des vieillards, assis à l'ombre d'un sycomore, retirait sa pipe de sa bouche pour cracher, et, avant de recommencer à faire monter les volutes blanches et douces de la fumée, il condescendait sur un un rire court et profond et un « Bravo, Maggie ! » "Donnez-le-lui, ma fille!" car, avec la jalousie non méchante de l'âge envers la jeunesse, les vieux grands-pères prenaient invariablement parti avec les femmes contre les jeunes hommes. Ceux-ci tondaient, jetant les toisons dans les dossiers et jetant les moutons à terre avec une force douce, prêts à ce qu'une autre troupe de garçons les traîne vers le côté droit de la cour de la ferme, où étaient placées les grandes dépendances ; où toutes sortes de véhicules de campagne étaient entassés et entassés, et semblaient jeter en l'air leurs flèches écarlates, comme pour implorer du soulagement à la foule de marchands et de chariots de marché qui se pressaient sur eux. Au soleil, dans l'ombre sombre d'un hangar à charrettes, une poêle de charbons ardents brillait dans un dessous de plat ; et sur eux était placé un bassin de fer contenant du goudron et une râpe, ou gouvernail. Ici, la troupe de garçons de droite traînait les pauvres moutons nus pour qu'ils soient « frappés », c'est-à-dire marqués des initiales ou du chiffre du propriétaire. Dans ce cas, le signe du possesseur était un cercle ou une tache d'un côté et une ligne droite de l'autre ; et, après que les moutons furent ainsi marqués, ils furent conduits vers la lande, au milieu de la foule d'agneaux bêlants qui poussaient un gémissement incessant pour leurs mères perdues ; chacune découvrit la brebis à laquelle elle appartenait dès qu'elle fut chassée de la cour, et le contentement placide des moutons qui erraient sur le flanc de la colline, avec leurs petits agneaux trottant à côté d'eux, donna juste la touche de paix nécessaire. et reposez-vous sur les lieux. Il y avait tous les éléments classiques pour la représentation de la vie : il y avait les « vieillards et jeunes filles, jeunes hommes et enfants » du Psalmiste ; il y avait toutes les étapes et conditions d'être qui chantaient leurs adieux aux croisés en partance dans la « Tragédie du Saint ».

Nous étions en effet très heureux d'avoir vu la tonte des moutons, même si la route avait été chaude, longue et poussiéreuse, et que nous n'étions pas encore rafraîchis et affamés.

Mon maître de français

Extrait de *Mots ménagers* , 1853

NOUS prenions nos leçons de français plus souvent dans le jardin qu'à la maison ; car il y avait une sorte de tonnelle sur la pelouse, près de la fenêtre du salon, où il nous était toujours facile d'apporter une table et des chaises, et tout le reste de l'attirail de leçon, si ma mère n'interdisait pas *toujours une leçon. fresque* .

M. de Chalabre portait, comme une sorte de costume du matin, un habit, un gilet et une culotte, tous faits de la même espèce de gros drap gris qu'il avait acheté dans le quartier. Son chapeau à trois coins était joliment brossé, sa perruque était plus assise que celle de personne d'autre. (Celui de mon père était toujours de travers.) Et la seule chose qu'il voulait dans son costume quand il venait, c'était une fleur. Parfois, je croyais qu'il omettait volontairement de cueillir une des roses qui regroupaient la ferme dans laquelle il logeait, afin de donner à ma mère le plaisir de cueillir ses plus beaux œillets et ses roses pour lui composer son bouquet, ou « bouquet ». comme il aimait l'appeler. Il avait repris ce joli mot campagnard et l'avait adopté comme un favori particulier, s'attardant sur la première syllabe avec toute la douceur langoureuse d'un accent italien. Nous avons souvent essayé, Mary et moi, de le dire comme lui, tant nous admirions sa façon de parler.

Une fois assis autour de la table, que ce soit dans la maison ou hors de la maison, nous étions tenus d'assister à nos leçons ; et d'une manière ou d'une autre, il nous a fait comprendre que cela faisait partie du même code chevaleresque qui le rendait si utile aux impuissants, de faire respecter pleinement la moindre revendication de devoir. Pas de cours à moitié préparés pour lui ! La patience et la ressource avec lesquelles il a illustré et appliqué chaque précepte ; la douceur infatigable avec laquelle il faisait prononcer, mal prononcer et re-prononcer certains mots à nos langues anglaises têtues ; surtout, la douceur de caractère, qui ne variait jamais, était telle que je n'en ai jamais vu égalée. Si nous nous étonnions de ces qualités quand nous étions enfants, combien plus grande notre surprise a été de leur existence depuis que nous avons grandi et appris que, jusqu'à son émigration, c'était un homme d'action rapide et impulsif, avec l'imparfait l'éducation impliquait le fait qu'à quinze ans il était sous-lieutenant dans le régiment de la Reine, et devait, par conséquent, avoir dû s'appliquer dur et consciencieusement pour maîtriser la langue qu'il devait enseigner plus tard.

Par deux fois, nous avons eu des vacances à sa triste convenance. Chez nous, les vacances n'étaient pas à Noël, ni à la Saint-Jean, à Pâques et à Saint-Michel. Si ma mère était particulièrement occupée, nous avions ce que nous appelions des vacances, même si en réalité cela impliquait un travail plus dur que nos cours habituels ; mais nous allions chercher, transportions et faisions des courses, et nous sommes devenus roses et poussiéreux, et avons chanté des chansons joyeuses dans la gaieté de nos cœurs. Si la journée était remarquablement belle, mon cher père, dont l'humeur était plutôt susceptible de varier selon le temps, faisait irruption avec son visage brillant, bon et bronzé, et emportait la journée d'assaut avec ma mère. «C'était dommage d'enfermer de si jeunes animaux dans une maison», disait-il, «alors que tous les autres jeunes animaux gambadaient dans l'air et au soleil. La grammaire ! – qu'était-ce sinon l'art d'arranger les mots ? – et il n'a jamais connu de femme qui ne puisse le faire assez vite. Géographie ! — il entreprendrait de nous apprendre plus de géographie en un soir d'hiver, en nous racontant les pays où il avait été, avec juste une carte devant lui, que nous pourrions en apprendre en dix ans avec ce livre stupide, tout plein de mots durs. . Quant aux Français, eh bien, cela s'apprend ; car il ne voudrait pas que M. de Chalabre pense que nous méprisions les leçons qu'il prenait tant de peine à nous donner ; mais nous pourrions sûrement nous lever plus tôt pour apprendre notre français. Nous avons promis par acclamation ; et ma mère, parfois en souriant, parfois à contrecœur, était toujours obligée de céder. Et c'étaient les occasions habituelles de nos vacances.

Il était alors de mode de tenir les enfants beaucoup moins informés qu'aujourd'hui sur les sujets qui intéressent leurs parents. Une sorte de discours hiéroglyphique ou chiffré était utilisé afin de dissimuler le sens de beaucoup de choses dites en présence d'enfants. Ma mère maîtrisait cette manière de parler et prenait, croyions-nous, un certain plaisir à embarrasser mon père en inventant pour ainsi dire chaque jour un nouveau chiffre. Par exemple, pendant quelque temps, on m'a appelé Martia, parce que j'étais très grande pour mon âge ; et, au moment où mon père commençait à comprendre ce nom – et, il faut l'avouer, longtemps après que j'avais appris à dresser l'oreille chaque fois qu'on nommait Martia – ma mère me transforma brusquement en « contrefort », par habitude. J'avais acquis l'habitude d'appuyer ma longueur languissante contre un mur. J'ai vu pendant quelques jours la perplexité de mon père à propos de ce « contrefort », et j'aurais pu l'aider à s'en sortir, mais je n'ai pas osé. Ainsi, lorsque le malheureux Louis XVI fut exécuté, la nouvelle était trop terrible pour être exprimée en anglais simple, et trop terrible aussi pour être connue de nous, les enfants, et nous ne pouvions pas non plus trouver immédiatement la clé du chiffre dans lequel elle était écrite. parlé. Nous avons entendu parler de « l'Iris abattu », et avons vu l'enthousiasme honnête et loyal de mon père à ce sujet, ainsi que la réserve tranquille qui trahissait toujours un chagrin secret de la part de ma mère.

Nous n'avions pas de cours de français ; et d'une manière ou d'une autre, la pauvre Iris, meurtrie et déchirée par la tempête, en était responsable. Il fallut plusieurs semaines après pour que nous connaissions la véritable raison de la profonde dépression de M. de Chalabre lorsqu'il revint parmi nous ; pourquoi il secoua la tête lorsque ma mère lui offrit timidement des perce-neige le premier matin où il recommençait les cours ; pourquoi il portait le profond deuil de ce jour, alors que toutes les robes qui pouvaient être noires étaient noires et que les volants et les volants de mousseline blanche étaient dégrafés et mous, comme pour exprimer l'abandon même du chagrin. Nous connaissions assez bien la signification de l'annonce hiéroglyphique suivante : « Les garçons méchants et cruels avaient cassé la tête du Lys Blanc ! » Cette belle reine, dont on nous avait montré autrefois le portrait, avec ses yeux bleus et son regard blond et résolu, sa profusion de cheveux légèrement poudrés, son cou blanc orné de colliers de perles ! Nous aurions pu pleurer, si nous l'avions osé, en entendant ces paroles transparentes et mystérieuses. Nous pleurions la nuit, assis sur notre lit, les bras autour du cou, et jurant, de notre manière faible, passionnée et enfantine, que si nous vivions assez longtemps, la mort de cette dame serait vengée. Quiconque ne se souvient pas de cette époque ne peut dire le frisson d'horreur qui parcourut le pays à l'annonce de cette dernière exécution. Pour le moment, il n'y avait pas de temps pour réfléchir aux horreurs silencieuses endurées pendant des siècles par le peuple, qui finit par se soulever dans sa folie contre ses dirigeants. Ce dernier coup changea notre cher M. de Chalabre. Je ne l'ai jamais revu avec la même gaieté de cœur qu'avant cette fois. Il semblait y avoir des larmes très proches derrière ses sourires pour toujours. Mon père est allé le voir alors qu'il était absent de nous depuis environ une semaine, sans aucune raison, car n'est-ce pas, tout le monde ne savait-il pas l'horreur que le soleil avait vue ? Dès que mon père fut parti, ma mère nous chargea de faire en sorte que le cabinet de toilette de notre chambre d'amis ressemble le plus possible à un salon. Mon père espérait ramener M. de Chalabre pour nous rendre visite ; mais il aimerait probablement être beaucoup seul ; et nous pourrions déplacer n'importe quel meuble qui nous plaisait, si seulement nous pensions que cela le mettrait à l'aise.

L'échange de romans entre auteurs anglais et américains

Extrait d' *Introduction à Mabel Vaughan* , 1857

SI ce n'était pas une manière irlandaise de m'exprimer, j'appellerais les préfaces en général le supplément de l'auteur à son œuvre ; soit en expliquant les raisons pour lesquelles il l'a écrit, soit en donnant des éléments supplémentaires, qui n'ont pas pu être inclus, ou bien ont été oubliés dans le livre lui-même.

Or, comme je ne suis pas l'auteur du récit suivant, je ne peux lui donner les raisons de l'écrire, ni ajouter à ce qu'elle a déjà dit ; je ne peux même pas non plus donner mon opinion sur celui-ci, car ce faisant, je devrais révéler une grande partie de l'intrigue afin de justifier les éloges ou d'expliquer les critiques.

L'auteur m'a permis d'apporter dans le corps de l'ouvrage les modifications qui pourraient être nécessaires pour rendre certaines expressions claires aux lecteurs anglais ; quelques notes en bas de page que j'ai annexées explicatives de ce qui étaient autrefois pour moi des coutumes et des phrases mystérieuses ; et, ici et là, j'ai été tenté de faire des ajouts, toujours avec l'aimable autorisation de l'auteur.

En conclusion, je puis dire quelques mots sur les relations agréables que nous, Anglais, entretenons avec nos relations américaines, dans l'échange de romans, qui semble avoir lieu assez constamment entre les deux pays. Notre lien de cousinage avec les Américains date d'ancêtres communs dont nous sommes tous deux fiers. Jusqu'à une certaine époque, chaque grand nom dont se vante l'Angleterre est un sujet direct de fierté pour l'Américain ; depuis l'époque où la race s'est divisée en deux canaux différents, nous captons un reflet réflexe de la part des grands hommes des uns et des autres. Lorsque nous sommes émus au plus profond de nous-mêmes par tel ou tel passage d' *Oncle Tom* , nous disons de tout notre cœur : « Et moi aussi, je suis de la même race que cette femme. » Lorsque nous entendons parler d'actes nobles ou d'actions généreuses ; lorsque Lady Franklin est aidée dans sa triste et fidèle recherche par des Américains sympathisants ; Lorsque le *Resolute* est ramené sur nos côtes par les vaillants marins américains, nous saluons le courageux vieux sang anglo-saxon et comprenons comment ils en sont venus à le faire, tout comme nous comprenons instinctivement les motivations d'un frère pour ses actions, même s'il ne devrait jamais parler. un mot.

C'est notre origine anglo-saxonne qui nous rend tous les deux si peu démonstratifs, ou peut-être devrais-je plutôt dire, si prêts à exprimer notre petit mécontentement l'un envers l'autre, tandis que les sentiments les plus profonds (tels que notre amour et notre confiance l'un envers l'autre) restent inexprimés. Même si nous ne parlons pas beaucoup de ces sentiments, nous apprécions tout lien entre nous qui peut les renforcer ; et parmi ceux-ci, les liens d'une littérature commune ne sont pas les moindres. On me considère peut-être aussi comme le tanneur de la vieille fable, qui recommandait le cuir comme meilleur moyen de défense pour une ville assiégée, mais j'ai tendance à considérer l'échange de romans entre l'Angleterre et l'Amérique comme ayant plus de valeur, comme propice à un échange de romans entre l'Angleterre et l'Amérique. une connaissance agréable les uns des autres, que l'échange d'œuvres d'une valeur intrinsèque bien plus élevée. Grâce aux œuvres de fiction, nous avons un aperçu de la vie familiale américaine ; de leurs modes de pensée, de leurs observances traditionnelles et de leurs tentations sociales, bien au-delà et en dehors des observations d'un voyageur, qui après tout ne voit la famille que dans la rue ou les jours de fête, pas dans le calme cercle domestique , dans lequel l'étranger est rarement admis.

Ces romans américains dévoilent inconsciemment tous les petits secrets de la maison ; nous voyons les repas tels qu'ils sont servis sur la table, nous apprenons les robes que portent ceux qui s'y asseyent (et quelle tentatrice la « mode » semble être dans certaines villes pour toutes sortes d'extravagances vulgaires !) ; nous entendons leurs aimables discours familiaux, nous entrons dans leurs luttes familiales et nous nous réjouissons lorsqu'ils remportent la victoire. Or, toute cette connaissance de ce que sont réellement les Américains est bonne pour nous, car elle tend à renforcer notre capacité de les comprendre, et par conséquent à accroître notre sympathie à leur égard. Espérons qu'ils apprennent quelque chose de la même vérité en lisant des fictions écrites de ce côté-ci de l'Atlantique ; la vérité que, si différentes que soient les manifestations nationales du fait, néanmoins, au-delà des accents, des manières, des vêtements et du langage, nous avons

« Nous sommes tous un seul cœur humain. »

Biographique

Description de Charlotte Brontë

Extrait de la vie de Charlotte Brontë

C'EST peut-être le moment idéal pour donner une description personnelle de Miss Brontë. En 1831, c'était une jeune fille calme et réfléchie, âgée de près de quinze ans, de très petite taille – « rabougrie » était le mot qu'elle s'appliquait à elle-même – mais dont les membres et la tête étaient justement proportionnés à un corps léger et fragile. , aucun mot, même si léger, suggérant une difformité ne pourrait lui être correctement appliqué ; avec des cheveux bruns, doux et épais, et des yeux particuliers, dont j'ai du mal à donner une description, tels qu'ils me sont apparus plus tard dans sa vie. Ils étaient grands et bien formés ; leur couleur est brun rougeâtre; mais si l'on examinait l'iris de près, il paraissait composé d'une grande variété de teintes. L'expression habituelle était celle d'une intelligence calme et à l'écoute ; mais de temps en temps, dans une juste occasion de susciter un vif intérêt ou une saine indignation, une lumière brillait, comme si une lampe spirituelle avait été allumée, qui brillait derrière ces orbes expressifs. Je n'ai jamais vu cela chez aucune autre créature humaine. Quant au reste de ses traits, ils étaient simples, larges et mal dessinés ; mais, à moins de commencer à les cataloguer, on s'en rendait à peine compte, car les yeux et la puissance du visage contrebalançaient tous les défauts physiques ; la bouche tordue et le nez large furent oubliés, et le visage tout entier attira l'attention et attira bientôt tous ceux qu'elle-même aurait voulu attirer. Ses mains et ses pieds étaient les plus petits que j'aie jamais vus ; quand l'un des premiers était placé dans le mien, c'était comme le doux contact d'un oiseau au milieu de ma paume. Les longs doigts délicats avaient une finesse de sensation particulière, ce qui était une des raisons pour lesquelles tous ses travaux manuels, quels qu'ils soient – écrire, coudre, tricoter – étaient si clairs dans leur minutie. Elle était remarquablement soignée dans toute sa tenue personnelle ; mais elle était délicate quant à l'ajustement de ses chaussures et de ses gants.

Je peux bien imaginer que le calme grave qui, lorsque je l'ai connue, donnait à son visage la dignité d'un vieux portrait vénitien, n'était pas une acquisition des années ultérieures, mais datait de cet âge précoce où elle se trouvait dans la position d'une sœur aînée d'enfants sans mère. Mais chez une fille qui vient tout juste d'entrer dans l'adolescence, une telle expression serait qualifiée (pour reprendre une expression campagnarde) de « démodée » ; et en 1831, période dont j'écris maintenant, nous devons la considérer comme une petite fille posée et démodée, très calme dans ses manières et très pittoresque dans sa tenue ; car, outre l'influence exercée par les idées de son père concernant la simplicité de tenue vestimentaire qui sied à la femme et aux filles d'un ecclésiastique de campagne, sa tante, à qui incombait principalement le devoir d'habiller ses nièces, n'avait jamais été dans le monde depuis qu'elle quitta Penzance, huit ans plus tard. ou neuf ans auparavant, et les modes Penzance de cette époque étaient toujours chères à son cœur.

Le point de vue de Patrick Brontë sur la gestion de ses enfants

Extrait de la *vie de Charlotte Brontë*

LES idées de Rousseau et de M. Day sur l'éducation avaient filtré dans de nombreuses classes et se sont largement répandues. J'imagine que M. Brontë a dû former certaines de ses opinions sur la gestion des enfants à partir de ces deux théoriciens. Sa pratique n'était pas aussi sauvage ou extraordinaire que celle à laquelle une de mes tantes était soumise par un disciple de M. Day. Elle avait été emmenée par ce monsieur et sa femme pour vivre avec eux comme leur enfant adoptive, peut-être environ vingt-cinq ans avant l'époque dont j'écris. C'étaient des gens riches et bienveillants, mais sa nourriture et ses vêtements étaient de la description la plus simple et la plus grossière, selon les principes spartiates. Enfant joyeuse et en bonne santé, elle ne se souciait pas beaucoup de s'habiller ni de manger ; mais le traitement qu'elle ressentait comme une véritable cruauté était celui-ci. Ils avaient une voiture dans laquelle elle et son chien préféré se promenaient un jour sur deux ; l'être dont c'était le tour de rester à la maison était jeté dans une couverture, opération que ma tante redoutait particulièrement. Son effroi face au lancer était probablement la raison pour laquelle on avait persévéré. Les fantômes déguisés étaient devenus courants, et elle ne s'en souciait pas, donc l'exercice de la couverture devait être le prochain moyen de durcir ses nerfs. Il est bien connu que M. Day a renoncé à son intention d'épouser Sabrina, la fille qu'il avait éduquée à cet effet, parce que, quelques semaines après l'heure fixée pour le mariage, elle s'était rendue coupable de frivolité, alors qu'elle était en voyage. visite de chez soi, de porter des manches fines. Pourtant, M. Day et les parents de ma tante étaient des gens bienveillants, fortement imprégnés de la croyance selon laquelle, par un système de formation, on pourrait acquérir la hardiesse et la simplicité du sauvage idéal, oubliant le terrible isolement des sentiments et des habitudes que leurs élèves connaîtraient. , dans la vie future qu'ils doivent passer parmi les corruptions et les raffinements de la civilisation.

M. Brontë souhaitait rendre ses enfants robustes et indifférents aux plaisirs de manger et de s'habiller. Dans ce dernier cas, il réussit, en ce qui concerne ses filles ; mais il poursuivit son objectif avec un sérieux sans faille. La nourrice de Mme Brontë m'a raconté qu'un jour, alors que les enfants étaient dehors dans la lande et qu'il pleuvait, elle pensait que leurs pieds seraient mouillés, et en conséquence, elle a fouillé des bottes colorées qui leur avaient été offertes par une amie. – M. Morgan, qui a épousé « la cousine Jane », croit-elle. Elle rangeait ces petits couples autour du feu de la cuisine pour les réchauffer ; mais, quand les enfants revinrent, les bottes étaient introuvables ; seule une très forte odeur de cuir brûlé se faisait sentir. M. Brontë était entré et les avait vus ; ils étaient trop gais et luxueux pour ses enfants et favoriseraient l'amour de la toilette ; alors il les avait mis au feu. Il n'épargnait rien qui offensait son antique simplicité.

Visite à Charlotte Brontë au Haworth Vicarage

Extrait de la *vie de Charlotte Brontë*

HAWORTH est un village long et dispersé : une rue étroite et escarpée, si escarpée que les dalles dont elle est pavée sont placées aux extrémités, afin que les pieds des chevaux puissent avoir quelque chose à quoi s'accrocher et ne pas glisser à la renverse ; et s'ils le faisaient, ils atteindraient bientôt Keighley. Mais si les chevaux avaient des pattes et des griffes de chat, ils s'en sortiraient encore mieux. Eh bien, nous (l'homme, le cheval, la voiture et moi) avons escaladé cette rue et atteint l'église dédiée à Saint-Autest (qui était-il ?) ; puis nous tournâmes dans une ruelle sur la gauche, passâmes devant le logement du vicaire chez les Sexton, passâmes devant l'école, jusqu'à la porte de cour du Parsonage. J'ai contourné la maison jusqu'à la porte d'entrée, regardant vers l'église ; des landes partout au-delà et au-dessus. Le cimetière bondé entoure la maison et un petit enclos en herbe pour sécher les vêtements.

Je ne sais pas avoir jamais vu un endroit plus délicieusement propre ; l'endroit le plus délicat que j'aie jamais vu. Certes, la vie est comme sur des roulettes. Personne ne vient à la maison ; rien ne trouble le profond repos ; à peine une voix se fait-elle entendre ; vous entendez le tic-tac de l'horloge dans la cuisine ou le bourdonnement d'une mouche dans le salon, dans toute la maison. Miss Brontë est assise seule dans son salon ; déjeunant avec son père dans son bureau à neuf heures. Elle aide aux travaux ménagers ; car l'un de leurs serviteurs, Tabby, a près de quatre-vingt-dix ans, et l'autre n'est qu'une fille. Puis je l'accompagnai dans ses promenades sur les vastes landes : les fleurs de bruyère avaient été ravagées par un orage un jour ou deux auparavant, et étaient toutes d'une couleur brun livide, au lieu de l'éclat de gloire pourpre qu'elles auraient dû être. Oh! ces landes hautes, sauvages et désolées, au-dessus du monde entier, et des royaumes mêmes du silence ! Je rentre à la maison pour dîner à deux heures. M. Brontë se fait envoyer son dîner. Tous les arrangements de petites tables avaient la même simplicité délicate. Ensuite nous nous sommes reposés et avons discuté devant le feu clair et brillant ;

c'est un pays froid, et les incendies formaient une lumière dansante assez chaude dans toute la maison. Le salon avait visiblement été meublé ces dernières années, puisque le succès de Miss Brontë lui avait permis d'avoir un peu plus d'argent à dépenser. Tout s'accorde et s'accorde avec l'idée d'un presbytère de campagne, possédé par des gens de condition très modeste. La couleur dominante de la pièce est le pourpre, pour créer un cadre chaleureux pour le paysage gris et froid de l'extérieur. Il y a son portrait par Richmond et une gravure tirée du portrait de Thackeray par Lawrence ; et deux niches, de chaque côté de la cheminée haute et étroite, à l'ancienne, remplies de livres – des livres qui lui ont été donnés, des livres qu'elle a achetés et qui racontent ses activités et ses goûts individuels ; *pas* des livres standards.

Elle ne voit pas bien et ne fait pas grand-chose à part tricoter. La façon dont elle a affaibli sa vue était la suivante : quand elle avait seize ou dix-sept ans, elle avait beaucoup envie de dessiner ; et elle copiait des gravures sur cuivre niminipimini à partir d'annuelles (« pointillés », n'appellent-ils pas cela les artistes ?), en y mettant chaque petit point, jusqu'à ce qu'au bout de six mois elle ait produit une copie extrêmement fidèle de la gravure. Elle voulait apprendre à exprimer ses idées en dessinant. Après avoir essayé de *dessiner* des histoires, sans y parvenir, elle a choisi la meilleure manière d'écrire ; mais dans une écriture si petite, qu'il est presque impossible de déchiffrer ce qu'elle a écrit à cette époque.

Mais revenons maintenant à notre heure tranquille de repos après le dîner. Je remarquai bientôt que ses habitudes d'ordre étaient telles qu'elle ne pouvait continuer la conversation, si une chaise n'était pas à sa place ; tout était arrangé avec une délicate régularité. Nous avons parlé des vieux temps de son enfance ; de la mort de sa sœur aînée (Maria), tout comme celle d'Helen Burns dans *Jane Eyre* ; de ces journées étranges et affamées à l'école, du désir (qui s'apparentait presque à une maladie) de s'exprimer d'une manière ou d'une autre – en écrivant ou en dessinant ; de sa vue affaiblie, qui l'a empêchée de faire quoi que ce soit pendant deux ans, de dix-sept à dix-neuf ans ; qu'elle soit gouvernante ; d'elle allant à Bruxelles; sur quoi j'ai dit que je n'aimais pas Lucy Snowe, et nous avons discuté de M. Paul Emanuel ; et je lui ai parlé de l'admiration de — pour *Shirley* , ce qui lui plaisait, car le personnage de Shirley était destiné à sa sœur Emily, dont elle ne se lasse jamais de parler, ni moi d'écouter. Emily devait être un reste des Titans, arrière-petite-fille des géants qui habitaient la Terre. Un jour, Miss Brontë rapporta une peinture à l'huile grossière et d'apparence commune, réalisée par son frère, représentant elle-même - une petite fille de dix-huit ans plutôt guindée - et les deux autres sœurs, des filles de seize et quatorze ans, aux cheveux coupés court. , et des yeux tristes et rêveurs.... Emily avait un grand chien, mi-dogue, mi-bouledogue, si sauvage, etc.... Ce chien alla à ses funérailles, marchant côte à côte avec son père ; puis, jusqu'au jour de sa mort, il dormit à la porte de sa chambre, reniflant dessous et gémissant chaque matin.

Nous avons généralement fait une autre promenade avant le thé, qui est à six heures ; à huit heures et demie, prières ; et à neuf heures, toute la maison est couchée, sauf nous. Nous restons assis ensemble jusqu'à dix heures ou après ; et après mon départ, j'entends Miss Brontë descendre et se promener dans la pièce pendant environ une heure.

Nous sommes allés, non pas exprès, mais accidentellement, voir divers pauvres au cours de nos promenades lointaines. Nous avions emprunté à l'un d'eux un parapluie ; dans la maison d'un autre, nous nous étions abrités contre une violente tempête de septembre. Dans toutes ces chaumières, sa présence tranquille était connue. À trois milles de chez elle, la chaise fut époussetée pour elle, avec un gentil « Asseyez-vous, Miss Brontë » ; et elle savait de quels membres de la famille absents ou malades s'enquérir. Ses paroles calmes et douces, aussi rares soient-elles, étaient évidemment reconnaissantes envers ces oreilles du Yorkshire. Leur accueil, bien que rude et brusque, fut sincère et chaleureux.

Nous avons parlé des différents cours par lesquels la vie s'est déroulée. Elle dit, de sa propre manière posée, comme si elle avait accepté la théorie comme un fait, qu'elle croyait que certains étaient désignés d'avance pour le chagrin et beaucoup de déception ; qu'il n'appartenait pas à tous, comme nous le dit l'Écriture, de voir leur vie se dérouler dans des endroits agréables ; qu'il était bon pour ceux qui avaient des chemins plus difficiles de percevoir que telle était la volonté de Dieu à leur égard, et d'essayer de modérer leurs attentes, laissant l'espoir à ceux d'un sort différent, et recherchant la patience et la résignation comme vertus qu'ils devaient cultiver. J'ai adopté un point de vue différent : je pensais que les sorts humains étaient plus égaux qu'elle ne l'imaginait ; que pour certains, le bonheur et le chagrin se présentaient sous forme de fortes zones d'ombre et de lumière (pour ainsi dire), tandis que dans la vie des autres, ils étaient à peu près également mélangés. Elle sourit et secoua la tête et dit qu'elle essayait de s'empêcher d'anticiper un quelconque plaisir ; qu'il valait mieux être courageux et se soumettre fidèlement ; il y avait une bonne raison, que nous connaîtrions avec le temps, pour laquelle le chagrin et la déception devaient être le lot de certains sur terre. Il valait mieux le reconnaître et affronter la vérité dans une foi religieuse.

Sur les évaluateurs

Extrait de la *vie de Charlotte Brontë*

UN auteur peut se résoudre à croire qu'il peut supporter le blâme avec sérénité, d'où qu'il vienne ; mais sa force dérive entièrement du caractère de celui-ci. Pour le public, un critique peut être le même être impersonnel qu'un autre ; mais un auteur a souvent une signification bien plus profonde à attacher à ses opinions. Ce sont les verdicts de ceux qu'il respecte et admire, ou les simples paroles de ceux dont il ne se soucie pas du tout. C'est cette connaissance de la valeur individuelle de l'opinion du critique qui fait que les censures de certains s'enfoncent si profondément et s'attaquent si lourdement au cœur d'un auteur. Et ainsi, proportionnellement à sa véritable et ferme estime pour Miss Martineau, Miss Brontë souffrait de ce qu'elle considérait comme une erreur de jugement non seulement sur l'écriture, mais sur le caractère.

Elle avait demandé depuis longtemps à Miss Martineau de lui dire si elle considérait qu'un manque de délicatesse ou de convenance féminine était trahi chez *Jane Eyre* . Et après avoir reçu l'assurance de Miss Martineau que ce n'était pas le cas, Miss Brontë la supplia de le déclarer franchement si elle pensait qu'il y aurait un échec de cette description dans un ouvrage futur de « Currer Bell ». La promesse alors faite de dire fidèlement la vérité, Miss Martineau la tint lorsque *Villette* apparut. Miss Brontë se tordait sous ce qu'elle ressentait comme une injustice.

Cela semble être le moment approprié pour souligner à quel point elle était totalement inconsciente de ce que certains considéraient comme grossier dans ses écrits. Un jour, lors de cette visite au Briery où je la rencontrai pour la première fois, la conversation tourna sur le sujet de l'écriture féminine de fiction ; et quelqu'un a fait remarquer que, dans certains cas, les auteurs avaient largement dépassé la ligne que les hommes estimaient convenable dans des œuvres de ce genre. Miss Brontë dit qu'elle se demandait dans quelle mesure cela était une conséquence naturelle du fait de laisser l'imagination travailler trop constamment ; Sir James, Lady Kay Shuttleworth et moi-même avons exprimé notre conviction que de telles violations des convenances étaient totalement inconscientes de la part de ceux à qui il avait été fait référence. Je me souviens de sa façon grave et sérieuse de dire : « J'espère que Dieu me retirera tout pouvoir d'invention ou d'expression que je pourrais avoir, avant de me laisser devenir aveugle au sens de ce qui est approprié ou inapproprié d'être dit ! »

Encore une fois, elle était invariablement choquée et affligée lorsqu'elle entendait parler de désapprobation à l'égard de *Jane Eyre* sur le terrain mentionné ci-dessus. Quelqu'un lui a dit à Londres : « Vous savez, vous et moi, Miss Brontë, avons tous les deux écrit des livres coquins ! » Elle s'est beaucoup attardée là-dessus ; et, comme si cela lui pesait sur l'esprit, elle saisit l'occasion pour demander à Mme Smith, comme elle eût demandé à une mère – si elle n'avait pas été orpheline depuis sa plus tendre enfance – si, en effet, il y avait quelque chose d'aussi mauvais chez *Jane Eyre* .

Je ne nie pas pour moi l'existence de grossièretés çà et là dans ses œuvres, par ailleurs si tout à fait nobles. Je demande seulement à ceux qui les lisent de considérer sa vie, qui a été ouvertement mise à nu devant eux, et de dire comment il pourrait en être autrement. Elle voyait peu d'hommes ; et parmi eux, il y en avait un ou deux qu'elle connaissait depuis sa plus tendre enfance, qui lui avaient montré beaucoup d'amitié et de bonté, par l'intermédiaire desquels elle avait reçu de nombreux plaisirs, pour l'intelligence desquels elle avait un grand respect, mais qui parlaient devant elle. , sinon à elle, avec aussi peu de réticence que Rochester parlait à Jane Eyre. Prenez cela en relation avec la triste vie de son pauvre frère et les gens francs parmi lesquels elle vivait - rappelez-vous son fort sentiment du devoir de représenter la vie telle qu'elle est réellement, et non telle qu'elle devrait être - et rendez-lui justice pour tout cela. elle l'était, et tout ce qu'elle aurait été (si Dieu l'avait épargnée), plutôt que de la censurer parce que sa situation l'obligeait à toucher le ton, pour ainsi dire, et par cela sa main était un instant souillée. Ce n'était qu'à fleur de peau. Chaque changement dans sa vie la purifiait ; cela pouvait à peine la relever. Encore une fois, je crie : « Si seulement elle avait vécu ! »

Une proposition de mariage

Extrait de la *vie de Charlotte Brontë*

LA difficulté qui s'est présentée le plus fortement à moi, lorsque j'ai eu pour la première fois l'honneur d'être sollicité pour écrire cette biographie, était de savoir comment montrer ce qu'était réellement Charlotte Brontë une femme noble, vraie et tendre, sans pour autant se mêler de sa vie. une grande partie de l'histoire personnelle de ses amis les plus proches et les plus intimes. Après mûre réflexion sur ce point, je suis parvenu à la résolution d'écrire véritablement, si j'écrivais du tout ; de ne rien cacher, bien que certaines choses, de par leur nature même, ne puissent pas être évoquées aussi complètement que d'autres.

L'un des intérêts les plus profonds de sa vie tourne naturellement autour de son mariage et des circonstances qui l'ont précédé ; mais plus que tout autre événement (en raison de sa date plus récente et concernant une autre aussi intimement qu'elle-même), il exige de ma part un traitement délicat, de peur de m'immiscer trop brutalement dans ce qu'il y a de plus sacré dans la mémoire. J'ai cependant deux raisons, qui me paraissent bonnes et valables, pour donner quelques détails sur le cours des événements qui ont conduit à ses quelques mois de vie conjugale, à cette courte période de bonheur excessif. La première est mon désir d'attirer l'attention sur le fait que M. Nicholls la voyait presque quotidiennement depuis des années ; je la voyais comme une fille, une sœur, une maîtresse et une amie. Il n'était pas homme à se laisser attirer par une quelconque renommée littéraire. J'imagine que cela, en soi, le rebuterait plutôt quand il le verrait en possession d'une femme.

C'était un homme grave, réservé, consciencieux, doté d'un sens profond de la religion et de ses devoirs de ministre.

En silence, il l'avait observée et l'aimait longtemps. L'amour d'un tel homme, spectateur quotidien de sa manière de vivre depuis des années, est un grand témoignage de son caractère de femme.

À quel point son affection était profonde, j'ose à peine le dire, même si je le pouvais avec des mots. Elle ne savait pas — elle commençait à peine à le soupçonner — qu'elle était l'objet d'une quelconque considération de sa part, quand, en ce même mois de décembre, il vint un soir prendre le thé. Après le thé, elle revint du bureau dans son propre salon, comme c'était son habitude, laissant son père et son vicaire ensemble. Bientôt, elle entendit la porte du bureau s'ouvrir et s'attendait à entendre ensuite le fracas de la porte d'entrée. Au lieu de cela, vint un coup ; et, « comme un éclair, il m'a fait comprendre ce qui allait arriver. Il est entré. Il se tenait devant moi. Quelles étaient ses paroles, vous pouvez l'imaginer ; ses manières, vous pouvez à peine vous en rendre compte, et je ne peux pas non plus l'oublier. Il m'a fait ressentir, pour la première fois, ce qu'il en coûte à un homme de déclarer de l'affection lorsqu'il doute de la réponse.... Le spectacle d'un homme, d'ordinaire si statuaire, ainsi tremblant, ému et vaincu, m'a donné un choc étrange. Je ne pus que le supplier de me quitter alors et lui promettre une réponse le lendemain. J'ai demandé s'il avait parlé à papa. Il a dit qu'il n'osait pas. Je pense que je l'ai à moitié dirigé, à moitié mis hors de la pièce.

Si profonde, si fervente et si durable était l'affection que Miss Brontë avait inspirée au cœur de ce brave homme ! C'est un honneur pour elle ; et, en tant que tel, j'ai pensé qu'il était de mon devoir d'en parler autant et de citer ainsi pleinement sa lettre à ce sujet. Et maintenant je passe à ma deuxième raison de m'attarder sur un sujet qui peut être considéré par certains, à première vue, comme étant de nature trop privée pour être publié. Lorsque M. Nicholls l'eut quittée, Charlotte se rendit immédiatement chez son père et lui raconta tout. Il a toujours désapprouvé les mariages et a constamment parlé contre eux. Mais il était plus que désapprouvé à ce moment-là ; il ne pouvait supporter l'idée de cet attachement de M. Nicholls à sa fille. Craignant les conséquences de l'agitation sur un invalide si récemment, elle s'empressa de promettre à son père que, le lendemain, M. Nicholls aurait un refus catégorique. C'est ainsi que, tranquillement et modestement, elle, sur laquelle des critiques ignorants avaient porté des jugements si sévères, reçut cette déclaration d'amour véhémente et passionnée - ainsi, prévenante pour son père et altruiste pour elle-même, elle mit de côté toute considération sur la façon dont elle devrait répondre, sauf si il souhaitait!

Le résultat immédiat de la déclaration d'attachement de M. Nicholls fut qu'il envoya sa démission de la curée de Haworth ; et que Miss Brontë se tenait simplement passive, en ce qui concerne les paroles et les actions, alors qu'elle souffrait d'une douleur aiguë à cause des expressions fortes que son père utilisait en parlant de M. Nicholls, et de la détresse et de la mauvaise santé trop évidentes de sa part. du dernier.

Les funérailles de Charlotte Brontë

Extrait de la *vie de Charlotte Brontë*

J'AI TOUJOURS ÉTÉ TRÈS FRAPPÉ PAR UN PASSAGE DE *la Vie de Goldsmith* de M. Forster . Parlant de la scène qui a suivi sa mort, l'écrivain dit :

« On dit que l'escalier de Brick Court était rempli de personnes en deuil, l'inverse des domestiques ; des femmes sans foyer, sans domestique d'aucune sorte, sans ami autre que lui pour qui elles étaient venues pleurer ; des parias de cette grande ville solitaire et méchante, envers qui il n'avait jamais oublié d'être bon et charitable.

Cela m'est venu à l'esprit lorsque j'ai entendu parler de certaines circonstances entourant les funérailles de Charlotte.

Peu de gens au-delà de ce cercle de collines savaient qu'elle, que les nations lointaines louaient, gisait morte ce matin de Pâques. Elle avait plus de parents et amis dans la tombe où elle allait bientôt être portée que parmi les vivants. Les deux personnes en deuil, stupéfaites de leur grande douleur, ne désiraient pas la sympathie des étrangers. Parmi la plupart des familles de la paroisse, un membre fut invité aux funérailles ; et c'est devenu un acte d'abnégation dans beaucoup de ménages pauvres que de céder à un autre le privilège de lui rendre son dernier hommage ; et ceux qui étaient exclus du cortège officiel des personnes en deuil se pressaient dans le cimetière et dans l'église, pour voir être emmenés et déposés à côté de son propre peuple, celle qu'ils avaient regardée il y a peu de mois comme une épouse blanche et pâle, entrant sur un une nouvelle vie avec un espoir heureux et tremblant.

Parmi ces humbles amis qui pleuraient passionnément les morts, se trouvait une jeune fille du village qui avait été trahie peu de temps auparavant, mais qui avait trouvé une sainte sœur en Charlotte. Elle l'avait hébergée par son aide, ses conseils, ses paroles fortifiantes ; avait répondu à ses besoins pendant son temps d'épreuve. Amère, amère fut la douleur de cette pauvre jeune femme, lorsqu'elle apprit que son amie était malade à mort, et son deuil est profond jusqu'à ce jour. Une jeune fille aveugle, vivant à environ quatre milles de Haworth, aimait si tendrement Mme Nicholls que, avec de nombreux cris et supplications, elle implorait ceux qui l'entouraient de la conduire le long des routes et sur les sentiers de lande, afin qu'elle puisse entendre le dernier mot. paroles solennelles : « Terre à terre, cendres en cendres, poussière en poussière ; dans l'espérance sûre et certaine de la résurrection pour la vie éternelle, par notre Seigneur Jésus-Christ.

Telles étaient les personnes en deuil sur la tombe de Charlotte Brontë.

J'ai un peu plus à dire. Si mes lecteurs trouvent que je n'en ai pas dit assez, c'est que j'en ai trop dit. Je ne peux pas mesurer ou juger un caractère tel que le sien. Je ne peux pas cartographier les vices, les vertus et les terrains discutables. Celui qui la connaissait depuis longtemps – la « Marie » de cette *Vie* – écrit ainsi à propos de son amie décédée :

« Elle tenait beaucoup à son devoir, en avait des notions plus élevées et plus claires que la plupart des gens, et s'y tenait fermement avec plus de succès. Cela s'est fait, me semble-t-il, avec beaucoup plus de difficulté que n'en ont les gens ayant des nerfs plus forts et de meilleures fortunes. Toute sa vie n'était que travail et douleur ; et elle n'a jamais abandonné ce fardeau pour le plaisir présent. Je ne sais pas quel usage vous pouvez faire de tout ce que j'ai dit. Je l'ai écrit avec le fort désir d'obtenir de l'appréciation pour elle. Mais qu'importe ? Elle-même faisait appel au jugement du monde pour avoir utilisé certaines des facultés qu'elle possédait – pas les meilleures – mais néanmoins les seules qu'elle pouvait mettre au profit des étrangers. Ils apprécièrent chaleureusement et avidement les fruits de son travail, puis découvrirent qu'elle était grandement responsable de posséder de telles facultés. Pourquoi demander un jugement sur elle à un tel monde ?

Extraits plus courts

Vieilles filles

Tiré de « Les trois époques de Libbie Marsh », *Howitt's Journal* .

« Ne parlez JAMAIS à la légère du sort de la femme dont le mari est abreuvé ! »

« Mon cher, quel sermon ! Je te dis, Libbie, tu es aussi née vieille fille que je l'ai jamais vu. Vous ne serez jamais marié à une personne ivre ou sobre.

Le visage de Libbie devint plutôt rouge, mais sans perdre son expression douce.

« Je le sais aussi bien que vous pouvez me le dire ; et à plus forte raison, comme Dieu a jugé bon de me garder à l'écart du travail naturel de la femme, je devrais essayer de trouver du travail pour moi-même. Je veux dire, » en voyant le regard perplexe d'Annie Dixon, « que, comme je le sais, je n'aurai probablement jamais de maison à moi, ni un mari qui compterait sur moi pour que tout soit droit, ou des enfants à surveiller et à soigner. , tout ce que je considère comme le travail naturel de la femme, je ne dois pas perdre de temps à m'inquiéter et à m'agiter après le mariage, mais simplement chercher autour de moi quelque chose d'autre à faire. Je peux voir que cela manque à beaucoup de gens. Elles désireront ce qui ne leur appartiendra probablement pas, au lieu d'y faire face et de s'installer pour être de vieilles filles et, en tant que vieilles filles, de chercher simplement les petits travaux que Dieu laisse dans le monde pour des personnes âgées. servantes à faire. Il y a beaucoup de travail de ce genre, et il y a aussi la bénédiction de Dieu sur eux.» Libbie était presque essoufflée face à cet effusion de ce qui avait longtemps été ses pensées intérieures.

Miséricorde pour les égarés

De *Ruth* .

Frederick Denison Maurice a mentionné l'histoire de *Ruth* dans l'une de ses conférences, parlant de Mme Gaskell comme d'une « écrivaine au cœur noble et à l'esprit pur, qui avait raconté une histoire aussi fidèle à l'expérience humaine qu'à la moralité la plus divine ».

« MAINTENANT, j'aimerais que Dieu me donne le pouvoir d'exprimer de manière convaincante ce que je crois être sa vérité, à savoir que toutes les femmes déchues ne sont pas dépravées ; que beaucoup – combien le Jour du Grand Jugement révélera à ceux qui ont secoué les cœurs pauvres, endoloris et pénitents sur terre – beaucoup, beaucoup aspirent et ont faim après une chance de vertu – l'aide qu'aucun homme ne leur donne – l'aide – cette aide douce et tendre que Jésus a donnée autrefois à Marie-Madeleine. M. Benson était presque étouffé par ses propres sentiments.

« Allons, allons, monsieur Benson, finissons-en avec cette façon morbide de parler. Le monde a décidé comment ces femmes doivent être traitées ; et, vous pouvez en être sûr, il y a tellement de sagesse pratique dans le monde que sa manière d'agir est juste à long terme, et que personne ne peut lui faire face impunément, à moins qu'en réalité il ne s'abaisse à tromper et à tromper. imposition."

«Je prends position aux côtés du Christ contre le monde», a déclaré solennellement M. Benson, sans tenir compte de l'allusion secrète à lui-même. « À quoi ont abouti les voies du monde ? Pouvons-nous être bien pires que nous ne le sommes ?

"Parlez pour vous, s'il vous plaît."

« N'est-il pas temps de changer certaines de nos façons de penser et d'agir ?
Je déclare devant Dieu que si je crois en une seule vérité humaine, c'est celle-
ci : à chaque femme qui, comme Ruth, a péché, devrait avoir une chance de
se racheter elle-même, et qu'une telle chance devrait être donnée. sans mépris
ni mépris, mais dans l'esprit du saint Christ. »

"Comme la faire entrer chez un ami sous de fausses couleurs."

« Je ne discute pas du cas de Ruth. En cela, j'ai reconnu mon erreur. Je ne
discute en aucun cas. J'affirme ma ferme conviction que c'est la volonté de
Dieu que nous n'osions piétiner aucune de ses créatures jusqu'à la poussière
sans espoir ; que c'est la volonté de Dieu que les femmes qui sont tombées
soient comptées parmi celles qui ont le cœur brisé et qu'elles soient liées, et
non rejetées comme perdues et irrécupérables. Si telle est la volonté de Dieu,
elle subsistera en tant que chose de Dieu ; et Il ouvrira une voie.

Le soliloque d'un ecclésiastique

Du *Nord et du Sud* .

Le propre père de Mme Gaskell a renoncé à sa nomination comme ministre
unitaire pour des raisons de conscience, et le beau caractère de M. Hale doit
sûrement quelque chose à M. Stevenson. M. Travers Madge, pasteur unitarien
à Manchester, ami et collègue des Gaskell, a également renoncé à son poste
de ministre parce qu'il s'opposait à être un prédicateur rémunéré.

« C'EST le soliloque de quelqu'un qui fut autrefois ecclésiastique dans une
paroisse de campagne, comme moi ; il a été écrit par un certain M. Oldfield,
ministre de Carsington, dans le Derbyshire, il y a cent soixante ans ou plus.
Ses épreuves sont terminées. Il a mené le bon combat. Il prononça ces deux
dernières phrases à voix basse, comme pour lui-même. Puis il lut à haute voix
:

« Quand tu ne peux plus continuer ton œuvre sans déshonorer Dieu,
discréditer la religion, renoncer à ton intégrité, blesser ta conscience, gâcher
ta paix et risquer la perte de ton salut ; en un mot, lorsque les conditions dans
lesquelles vous devez continuer (si vous voulez continuer) dans vos emplois
sont pécheresses et injustifiées par la parole de Dieu, vous pouvez, oui, vous
devez croire que Dieu transformera votre silence même en suspension,
privation et mise de côté, pour sa gloire et l'avancement des intérêts de
l'Évangile. Quand Dieu ne t'utilisera pas d'une manière, il le fera néanmoins
d'une autre. Une âme qui désire le servir et l'honorer ne manquera jamais
d'opportunités pour le faire ; tu ne dois pas non plus limiter le Saint d'Israël,
au point de penser qu'il n'a qu'un seul moyen par lequel il peut se glorifier
par toi. Il peut le faire par ton silence aussi bien que par ta prédication ; ta

mise de côté ainsi que ta continuation dans ton travail. Ce n'est pas la prétention de rendre à Dieu le plus grand service, ou d'accomplir le devoir le plus important, qui excusera le moindre péché, même si ce péché nous a permis ou nous a donné l'occasion d'accomplir ce devoir. Tu auras peu de remerciements, ô mon âme ! si, lorsque tu es accusé de corrompre le culte de Dieu, de falsifier tes vœux, tu prétends que cela est nécessaire pour continuer dans le ministère.

En lisant ceci et en jetant un coup d'œil à bien d'autres choses qu'il n'avait pas lu, il prit de la résolution et sentit que lui aussi pouvait être courageux et ferme en faisant ce qu'il croyait être juste ; mais alors qu'il s'interrompait, il entendit le faible sanglot convulsif de Margaret ; et son courage s'effondra sous le sentiment aigu de la souffrance.

"Margaret, chérie!" dit-il en la rapprochant, pensez aux premiers martyrs ; pensez aux milliers de personnes qui ont souffert.

« Mais, mon père, » dit-elle en relevant soudain son visage rouge et humide de larmes, « les premiers martyrs ont souffert pour la vérité, tandis que vous… oh ! cher, cher papa !

« Je souffre pour la conscience, mon enfant ! dit-il avec une dignité qui ne faisait que trembler à cause de la sensibilité aiguë de son caractère ; «Je dois faire ce que ma conscience me demande. J'ai supporté longtemps des reproches qui auraient éveillé n'importe quel esprit moins engourdi et moins lâche que le mien.

Le goûter de Lady Ludlow

De *Ma Dame Ludlow*.

MME BROOKE est un diamant brut, c'est sûr. Les gens ont dit ça de moi, je sais. Mais, étant Galindo, j'ai appris les bonnes manières dans ma jeunesse et je peux les adopter quand je le souhaite. Mais Mme Brooke n'a jamais appris les bonnes manières, je serai lié. Lorsque John Footman lui tendit le plateau avec les tasses de thé, elle le regarda comme si elle était profondément perplexe devant cette façon de procéder. J'étais assis à côté d'elle, alors j'ai fait semblant de ne pas voir sa perplexité, et j'ai mis sa crème et son sucre pour elle, et j'étais tout prêt à le lui mettre dans les mains - quand qui devrait venir, sinon cet impudent garçon Tom Diggles (je appelez-le mon garçon, car tous ses cheveux sont poudrés, car vous savez que ce ne sont pas naturellement des cheveux gris) avec son plateau plein de gâteaux et autres, tous aussi bons que Mme Medlicott pourrait les préparer. À ce moment-là, je devrais vous le dire, toutes les curées regardaient Mme Brooke, car elle avait déjà montré son manque d'éducation ; et les curés, qui étaient juste au-dessus d'elle par les manières, étaient très enclins à sourire de ses actes et de ses paroles. Bien! que fait-elle sinon sortir un mouchoir de poche Bandana propre, tout en soie rouge et jaune ; je l'ai étalé sur sa plus belle robe de soie - c'était, comme assez, une nouvelle, car je le tenais de Sally, qui le tenait de sa cousine Molly, qui est laitière « chez les Brooke », que les Brooke étaient puissants. mise en place avec une invitation à prendre le thé au Hall. Nous étions là, Tom Diggles toujours souriant (je me demande depuis combien de temps il n'était plus le propre frère d'un épouvantail, mais pas aussi décemment habillé), et Mme Parsoness de Headleigh - j'ai oublié son nom, et ce n'est pas grave, car c'est une créature de mauvaise éducation, j'espère que Bessy se comportera mieux ; elle éclatait de rire, et était aussi proche de l'âne que jamais ; quand que fait ma dame ? Ouais ! voici ma chère Lady Ludlow, que Dieu la bénisse ! Elle sort son propre mouchoir de poche, tout en batiste neigeuse, et le pose doucement sur ses genoux de velours, comme si elle le faisait tous les jours de sa vie, tout comme Mme Brooke, la femme du boulanger ; et quand l'un se levait pour secouer les miettes dans la cheminée, l'autre faisait de même. Mais avec une telle grâce ! et quel regard sur nous tous ! Tom Diggles est devenu rouge partout ; et Mme Parsoness de Headleigh parla à peine pendant le reste de la soirée ; et les larmes sont venues dans mes vieux yeux idiots ; et M. Gray, qui était auparavant silencieux et maladroit d'une manière dont je dis à Bessy qu'elle devait le guérir, fut rendu si heureux par cette jolie action de milady qu'il parla tout le reste de la soirée, et fut la vie. de la compagnie.

La digitale

De *Ruth*, 1853

Écrivant sur les vieilles traditions du Cheshire, Mme Gaskell a déclaré : « Je disais un jour à une vieille paysanne aveugle combien j'admirais la digitale. Elle avait l'air mystérieusement solennelle lorsqu'elle me disait qu'elles n'étaient pas comme les autres fleurs ; ils avaient la « connaissance » en eux !

« J'AI des vacances annuelles, que je passe généralement au Pays de Galles ; et souvent dans ce voisinage immédiat.

"Je ne m'étonne pas de votre choix", répondit Ruth. "C'est un beau pays."

"Il est en effet; et un vieil aubergiste de Conway m'a inoculé l'amour de ses habitants, de son histoire et de ses traditions. J'ai suffisamment appris la langue pour comprendre bon nombre de leurs légendes ; et certains sont très beaux et impressionnants, d'autres très poétiques et fantaisistes.

Ruth était trop timide pour entretenir la conversation par sa propre remarque, même si son attitude douce et pensive était très séduisante.

« Par exemple, dit-il en touchant une longue tige de digitale chargée de bourgeons au bord d'une haie, au pied de laquelle une ou deux fleurs mouchetées pourpres jaillissaient de leurs gaines vertes, j'ose dire, vous ne le faites pas. Je sais ce qui fait que cette digitale se plie et se balance si gracieusement. Vous pensez qu'il est soufflé par le vent, n'est-ce pas ? Il la regardait avec un sourire grave qui n'égayait pas ses yeux pensifs, mais donnait à son visage une douceur inexprimable.

«J'ai toujours pensé que c'était le vent. Qu'est-ce que c'est?" » demanda innocemment Ruth.

« Oh, les Gallois vous disent que cette fleur est sacrée pour les fées, et qu'elle a le pouvoir de les reconnaître, ainsi que tous les êtres spirituels qui passent par là, et qu'elle s'incline avec déférence devant elles tandis qu'elles s'envolent. Son nom gallois est Maneg Ellyllyn – le gant des bonnes personnes ; et de là, j'imagine, notre gant folklorique ou notre digitale.

«C'est une très jolie fantaisie», dit Ruth, très intéressée et souhaitant qu'il continue, sans attendre qu'elle réponde.

Un tonique pour le chagrin

De *Mary Barton*

OH! Je pense que la nécessité de faire des efforts, pour une certaine sorte d'action (corporelle ou mentale) en période de détresse, est une bénédiction des plus infinies, même si les premiers efforts dans de telles périodes sont douloureux. Quelque chose à faire implique qu'il y a encore de l'espoir qu'une bonne chose soit accomplie, ou qu'un mal supplémentaire puisse être évité ; et peu à peu l'espoir absorbe une grande partie du chagrin.

Ce sont les malheurs auxquels on ne peut échapper d'aucune manière terrestre qui admettent le moins de réconfort terrestre. De toutes les moqueries de réconfort banales, usées et creuses qui ont jamais été prononcées par des gens qui ne prennent pas la peine de sympathiser avec les autres, celle que je déteste le plus est l'exhortation à ne pas s'affliger d'un événement, « car cela ne peut pas être aidé." Pensez-vous que si je pouvais m'en empêcher, je resterais assis, les mains jointes, content de pleurer ? Ne croyez-vous pas que tant que l'espoir demeurerait, je serais debout et en bonne santé ? Je pleure parce que ce qui s'est produit ne peut être aidé. La raison que vous me donnez pour ne pas être en deuil est la seule et même raison de mon chagrin. Donnez-moi des raisons plus nobles et plus élevées d'endurer docilement ce que mon Père juge bon de m'envoyer, et j'essaierai sincèrement et fidèlement d'être patient ; mais ne vous moquez pas de moi, ni de toute autre personne en deuil, avec ce discours : « Ne vous affligez pas, car on ne peut rien y faire. C'est un remède irréparable.

Un nouveau commandement

De *Mary Barton*

JE pense parfois qu'il y a deux côtés au commandement ; et que nous puissions dire : « Laissez les autres vous faire ce que vous leur feriez », car l'orgueil nous empêche souvent de donner aux autres beaucoup de plaisir, en ne les laissant pas être bons, quand leur cœur aspire à les aider ; et quand nous souhaiterions nous-mêmes faire de même, si nous étions à leur place. Oh! combien de fois j'ai été blessé par des personnes qui m'ont froidement dit de ne pas me soucier de leurs soins ou de leur chagrin, alors que je les voyais dans un grand chagrin et que je voulais être réconforté. Notre Seigneur Jésus n'hésitait pas à laisser les gens le servir, car il savait à quel point il est heureux de faire quelque chose pour autrui. C'est le travail le plus heureux sur terre.

La vertu a sa propre récompense

De *Ruth*

LES GENS peuvent parler comme ils veulent du peu de respect qu'on accorde à la vertu, sans s'accompagner des accidents extérieurs de la richesse ou de la position ; mais je pense plutôt qu'on découvrira qu'à la longue, la vertu vraie et simple a toujours sa récompense proportionnée dans le respect et la révérence de tous ceux dont l'estime mérite d'être eue. Certes, il n'est pas récompensé selon la manière du monde comme le sont de simples possessions mondaines, avec une faible obéissance et des paroles en l'air ; mais toutes les qualités les meilleures et les plus nobles du cœur des autres se préparent et vont à sa rencontre à son approche, pourvu seulement qu'il soit pur, simple et inconscient de sa propre existence.

Thomas Wright, le philanthrope des prisons de Manchester

De *Mary Barton*

LE mois était terminé : la lune de miel des nouveaux mariés ; la convalescence exquise de la « mère vivante d'un enfant vivant » ; « les premiers jours sombres du néant » à la veuve et à l'enfant endeuillé ; la peine de pénitence, de travaux forcés et d'isolement cellulaire pour le prisonnier rétréci, frissonnant et désespéré.

"Malade et en prison, et vous m'avez rendu visite." Allez-vous, ou moi, recevoir une telle bénédiction ? J'en connais un qui le fera. Un surveillant d'une fonderie, un homme âgé aux cheveux blanchis, a passé ses sabbats, pendant de nombreuses années, à visiter les prisonniers et les affligés, à Manchester New Bailey ; non seulement conseiller et réconforter, mais mettre les moyens en leur pouvoir pour retrouver la vertu et la paix qu'ils avaient perdues ; devenant lui-même leur garantie pour obtenir un emploi, et n'abandonnant jamais ceux qui lui ont demandé de l'aide. [1]

[1] Vide *Manchester Guardian* du mercredi 18 mars 1846 ; et aussi les rapports du capitaine Williams, inspecteur des prisons.

Faites le bien quelles que soient les conséquences

De *Ruth*

IL vaut mieux ne pas s'attendre ni calculer les conséquences. Plus je vis longtemps, plus je le vois pleinement. Essayons simplement de faire les bonnes actions, sans penser aux sentiments qu'elles suscitent chez les autres. Nous savons qu'aucun effort sacré ou d'abnégation ne peut échouer en vain et inutile ; mais le champ de l'éternité est vaste, et Dieu seul sait quand l'effet doit se produire. Nous essayons de le faire maintenant et de nous sentir bien ; ne nous laissons pas perplexes en essayant de déterminer ce qu'elle devrait ressentir ou comment elle devrait montrer ses sentiments.

Remerciements et témoignages

Professeur Minto

"Mme Gaskell était en effet une conteuse née, chargée de part en part de l'élément particulier du conteur, de ce que l'on peut appeler un bohémien refoulé, un instinct agité qui la poussait à faire constamment des essais imaginaires sur divers modes de vie. . Son imagination était perpétuellement occupée par les vicissitudes que les jours et les années apportaient aux autres ; elle entra dans leur vie, riait avec eux, pleurait avec eux, spéculait sur les incidents et circonstances cardinaux, les bonnes qualités et les « taupes vicieuses de la nature », qui avaient fait d'eux ce qu'ils étaient, complotait comment ils auraient pu être différents, et vécu les méandres de leur destin, l'excitation d'attendre avec impatience l'inconnu....

« Monsieur, semble-t-elle dire à l'adorateur de la nature, jetons un coup d'œil dans une maison anglaise. Observons ses détenus dans le confort et dans la détresse, je vous raconterai leur histoire. Vous verrez comment un mécanicien du Lancashire divertit ses amis, comment un médecin de campagne s'entend avec ses voisins, comment une coquette fille de fermier se comporte avec ses amants. Je n'ai aucune expérience étrange à vous révéler, seulement la vie qui se trouve à vos portes ; mais je vous montrerai ses tragédies et ses comédies. Je vous décrirai les caractères de vos compatriotes et je vous dirai à leur sujet des choses qui vous intéresseront, certaines choses qui vous feront pleurer et beaucoup qui vous feront sourire. » (*Fortnightly Review* , 1878.)

Dr AW Ward

« Le « siècle de louange », qu'il ne serait pas difficile de composer à partir des hommages publics et privés rendus au génie de Mme Gaskell par des hommes et des femmes éminents de sa propre génération, n'a guère besoin d'être invoqué par ses successeurs, pour à qui parlent encore ses écrits. Une telle liste comprendrait, entre autres éloges funèbres, ceux de Carlyle et Ruskin, de Dickens, qui l'appelait sa « Shéhérazade », et de Thackeray, de Charles Kingsley et de Matthew Arnold, dont sa sœur, feu Mme WE Forster. , a dessiné un tableau à sa manière joyeuse, "étendu de tout son long sur un canapé en train de lire un conte de Noël de Mme Gaskell, qui l'émeut jusqu'aux larmes, et les larmes jusqu'à l'admiration complaisante de sa propre sensibilité". Lord Houghton, John Forster, George Henry Lewes, Tom Taylor comptaient parmi ses admirateurs déclarés ; à qui il faut ajouter parmi les hommes d'État, Cobden et le défunt duc d'Argyll. Parmi les collègues écrivains de Mme Gaskell, Charlotte Brontë et George Eliot, Harriet Martineau et Mme Beecher Stowe (*faciès non omnibus una*) se ressemblaient au moins dans leur chaleureuse admiration pour elle. À ces noms, il convient

d'ajouter celui de celle dont les éloges ont touché le cœur de Mme Gaskell :
Mme. Stanley, la mère de Dean Stanley. Parmi les amoureux français de son
génie, Ampère a déjà été cité, et avec lui il faut nommer Guizot et Jules
Simon. (Introduction à *Mary Barton* , édition Knutsford, 1906.)

Susanna Winkworth

« Lorsque nous avons connu Mme Gaskell pour la première fois, elle n'était
pas encore célèbre, mais dès les premiers jours de nos relations avec elle,
nous avons été frappés par son génie et nous avions l'habitude de nous dire
que nous étions sûrs qu'elle savait écrire des livres ou faire des choses. tout
ce qu'elle aimait au monde. Et plus nous la connaissions, plus nous
l'admirions. C'était une femme d'apparence noble, avec une présence royale,
et son front haut, large et serein et ses traits mobiles et finement dessinés
étaient éclairés par un jeu d'expression constamment varié tandis qu'elle
déversait son merveilleux discours. C'était comme l'ondulation et le
ruissellement brillant d'un ruisseau clair et profond au soleil. Bien qu'elle soit
l'une des personnes les plus brillantes que j'aie jamais vues, elle n'avait rien
de l'inquiétude et de l'empressement qui gâchent tant notre conversation de
nos jours. Il n'y avait ni précipitation ni pression chez elle, mais elle semblait
toujours entourée d'une atmosphère de facilité, de loisirs et de gentillesse
enjouée, qui faisait ressortir le meilleur côté de tous ceux qui étaient en sa
compagnie.

«Quand vous étiez avec elle, vous aviez l'impression d'avoir en vous deux
fois plus de vie qu'en temps ordinaire. Tous ses grands dons intellectuels -
son observation rapide et fine, sa mémoire merveilleuse, sa richesse de
pouvoir imaginatif, sa rare félicité de l'instinct, son humour gracieux et racé
- étaient si réchauffés et égayés par la sympathie et le sentiment, que, tout en
étant réellement avec elle, vous aviez moins conscience de sa puissance que
de son charme.

« Personne ne l'a jamais approchée avec le don de raconter une histoire.
Entre ses mains, l'incident le plus simple – une rencontre dans la rue, une
conversation avec une ouvrière, une promenade à la campagne, une vieille
histoire de famille – devenait pittoresque, vivant et intéressant. Son
amusement, son pathétique, ses touches graphiques, sa perspicacité
sympathique étaient inimitables. (*Mémoriaux de deux sœurs : Susanna et Catherine
Winkworth* , 1908.)

Thomas Seccombe

«Ses romans sont toujours d'une grande fraîcheur. Ils ne fatiguent pas, ne
brûlent pas et ne narcotisent pas. Nous y revenons avec un plaisir constant
et constant. Ses livres engendrent un sentiment de gratitude envers l'écrivain

ainsi qu'un fort regret sentimental - le regret qu'une vie si heureuse, si sympathique, si bien équilibrée et, en un mot, si belle, n'ait pu se prolonger, que son esprit vif et sa plume n'aurait pas dû irradier notre génération particulière.

« Pourriez-vous imaginer l'Angleterre personnifiée comme un être sensible et intelligent, à la mort d'Elizabeth Gaskell, comme à la mort de Charles Lamb ou de Walter Scott, on s'attendrait à ce qu'elle pousse un long soupir comme quelqu'un se sentant sensiblement plus pauvre pour une perte qui n'a jamais eu lieu. pourrait être réparé. Vous pensez peut-être qu'il s'agit d'une exagération délibérée, mais ce n'est certainement pas le cas. Dans la mesure où la perfection artistique peut être atteinte dans une chose aussi informe et chaotique que le roman moderne, je crois délibérément que Mme Gaskell n'a pas de rivale absolue dans la mesure du succès complet qu'elle a pu atteindre.

« Si vous demandez le type normal de roman anglais dans le plus haut degré de perfection qu'il ait jamais atteint, je serais certainement enclin à dire : prenez *Mary Barton* , *North and South* , *Sylvia's Lovers* et *Wives and Daughters* . Aucun d'eux n'atteignit complètement ou entièrement la perfection dont Mme Gaskell elle-même était capable. Mais ils révèlent pleinement et adéquatement sa puissance et également son intention de se subordonner dans une certaine mesure à une forme de potentialités et de limites dont, me semble-t-il, elle avait une intuition dépassant les plus grands efforts de tous ses plus grands contemporains. » (Introduction aux *Amants de Sylvia* , 1910.)

Dame Ritchie

"Mme. Gaskell s'est impliquée dans ses histoires ; ses émotions, ses amusements jaillissaient d'un cœur plein, et elle racontait l'expérience de son propre travail loyal parmi les pauvres, de ses récréations parmi les aisés. Et à mesure qu'elle en savait de plus en plus, elle racontait de mieux en mieux ce qu'elle avait vécu. Elle a raconté l'histoire de ceux qu'elle avait connus, de ceux qu'elle avait aimés — c'est du moins ce que pensent certains lecteurs, venant après de longues années et relisant de manière plus critique, peut-être, avec une nouvelle admiration. Un autre fait à son sujet est qu'elle a fait face aux nombreux problèmes difficiles de sa vie, qu'elle les a affrontés avec audace et qu'elle a donné l'exemple de l'écriture au point. Elle a été suivie par de nombreuses personnes avec la moitié de ses connaissances et de sa perspicacité, et sans son dessein généreux, abordant des sujets sombres pour le bien de l'art plutôt que pour le bien de l'humanité, comme elle l'a fait. (*Papiers Blackstick* , 1908.)

Frédéric Greenwood

« L'esprit bienveillant qui ne pense à aucun mal regarde hors de ses pages irradie ; et tandis que nous les lisons, nous respirons l'intelligence plus pure qui préfère s'occuper des émotions et des passions qui ont une racine vivante dans les esprits dans l'enceinte du salut, et non de celles qui pourrissent sans lui. Cet esprit est plus spécialement déclaré dans *Cousin Phillis* et *Wives and Daughters* , les derniers ouvrages de leur auteur ; ils semblent montrer que pour elle la fin de la vie n'était pas la descente parmi les mottes de la vallée, mais l'ascension vers l'air plus pur des collines aspirant au ciel.

« Nous ne parlons pas des qualités purement intellectuelles manifestées dans ces œuvres ultérieures. Vingt ans à venir, telle est peut-être la question la plus importante des deux ; en présence de sa tombe, nous ne pouvons le penser ; mais il est vrai néanmoins qu'en tant que simples œuvres d'art et d'observation, ces derniers romans de Mme Gaskell sont parmi les plus beaux de notre temps. Il y a une scène dans *Cousin Phillis* — où Holman, faisant le foin avec ses hommes, termine la journée avec un psaume — qui n'a pas d'excellence en tant qu'image dans toute la fiction moderne ; et on peut en dire autant du chapitre de cette dernière histoire dans lequel Roger fume la pipe avec le Squire après la dispute avec Osborne. Il n'y a pas grand-chose dans l'une ou l'autre de ces scènes, ni dans une vingtaine d'autres qui se succèdent comme des joyaux dans un cabinet, que le romancier ordinaire puisse « s'emparer ». Il n'y a aucun « matériau » pour *lui* dans une demi-douzaine de paysans chantant des hymnes dans un champ, ou dans un vieux monsieur mécontent fumant du tabac avec son fils ; encore moins pouvait-il profiter des misères d'une petite fille envoyée pour être heureuse dans une belle maison pleine de braves gens ; mais c'est justement dans de telles choses que le vrai génie apparaît le plus brillant et le plus inaccessible. (*Magazine Cornhill* , 1865.)

Mlle Catherine J. Hamilton

« Pour la pureté du ton, le sérieux de l'esprit, la profondeur du pathos et la légèreté du toucher, Mme Gaskell n'a pas laissé son supérieur dans la fiction.

« Quelqu'un qui la connaissait a dit : 'Elle était ce que ses livres montrent qu'elle était, une femme sage et bonne.'

« Elle était même plus que sage ou bonne, elle avait ce vrai sentiment poétique qui exalte tout ce qu'il touche et ne rend rien de commun ou d'impur. Elle avait cette vision claire qui voit tout et croit au meilleur. (*Femmes écrivains* , deuxième série.)

Richard D.Graham

"Mme. Gaskell, à travers tous les efforts et les excitations de la paternité, est restée une vraie femme dans le sens le plus doux et le plus digne du nom. Dans toutes les relations ordinaires de la vie, elle était admirable, ne négligeant aucun devoir social ou domestique, reculant devant toute tentative de la ridiculiser, et charmante non moins par ses attraits personnels et la grâce de ses manières que par la douceur de son caractère. (*Les maîtres de la littérature victorienne.*)

Edna Lyall

« De tous les romanciers du règne de la reine Victoria, il n'y en a pas un seul vers lequel l'auteur du présent article se tourne avec un tel sentiment d'amour et de gratitude qu'à Mme Gaskell. Ce sentiment est sans aucun doute partagé par des milliers d'hommes et de femmes, car dans tous les romans il y a ce merveilleux sentiment de sympathie, ce vaste intérêt humain qui séduit les lecteurs de toutes sortes.

(*Femmes romancières du règne de la reine Victoria.*)

G. Barnett Smith

« Nous avons été frappés, en lisant ses différents volumes, par ce fait : il y a en réalité moins de choses dans ces livres que dans la plupart des autres auteurs qu'elle pourrait souhaiter elle-même voir modifiés. En fait, il n'existe pas d'auteur plus pur à l'époque moderne. Et qu'a-t-elle perdu en étant pure ? A-t-elle échoué à donner une représentation juste d'une classe d'êtres humains qu'elle prétend représenter ? Pas une; et son œuvre constitue aujourd'hui un excellent modèle pour ceux qui voudraient éviter les tendances de l'école sensuelle et chercher une autre base sur laquelle acquérir une réputation qui devrait avoir quelques chances de durabilité. L'auteur de *Femmes et filles* ne cessera jamais d'occuper une grande place en notre estime. S'il le pouvait, nous serions désespérés quant à l'avenir de la fiction en Angleterre. Son esprit était un de ces esprits qui ouvraient la voie à un jour plus pur. (*Cornhill Magazine, février 1874.*)

Clément K. Plus court

"Mme. Gaskell, en tant qu'artiste, a clairement utilisé d'autres expériences que celles offertes par Knutsford et, transmuant tout au long de sa nature bienveillante et généreuse, nous a donné la délicieuse idylle pure (*Cranford*) que nous connaissons, le livre le plus tendrement humoristique que notre littérature ait vu. depuis que Goldsmith a écrit. L'une des grandes distinctions de Mme Gaskell réside dans la gentillesse de son humour ; elle est, chose étrange à dire, la seule femme romancière qui soit entièrement pleine de bonté et d'humour bienveillant... Cet humour bienveillant de Mme Gaskell se retrouve dans tous ses livres, et on le retrouve surtout à *Cranford* . (Introduction à *Cranford* . Les classiques du monde, 1906.)

Bibliographie

Bibliographie des œuvres de Mme Gaskell par ordre chronologique

1837.   Croquis parmi les pauvres. *Le magazine Blackwood.* Janvier.

1840.   Salle Clopton. *Visites de Howitt dans des lieux remarquables.*

1847.   Les trois époques de Libbie Marsh. *Journal de Howitt*, I.

Le héros de Sexton. *Journal de Howitt*, II.

1848.   Tempêtes et soleil de Noël. *Journal de Howitt*, III.

MARIE BARTON. Une histoire de la vie à Manchester. 2 vol. Londres. Chapman et Hall. Cinquième édition 1854 ; Édition allemande 1849 ; Traduction française 1856. A été publié par au moins une douzaine d'éditeurs depuis l'épuisement des droits d'auteur.

1849.   Main et coeur. *Magazine Penny de l'école du dimanche.*

1850.   Lizzie Leigh. *Mots ménagers.* 30 mars.

Puits de Pen Morfa. *Mots ménagers.* 16 et 23 novembre.

Le cœur de John Middleton. *Mots ménagers.* 28 décembre.

LE CHALET DES LANDES. Chapman et Hall. Réédité en 1892.

1851.   Les confessions de M. Harrison. *Compagnon des dames.* Février, mars, avril.

Disparitions. *Mots ménagers.* 7 juin.

Cranford. *Mots ménagers.* Du 13 décembre 1851 au mai 1853.

1852.   Le jardinier anglais de Schah. *Mots ménagers.* 19 juin.

L'histoire de la vieille infirmière. *Mots ménagers.* Numéro de Noël.

Les problèmes de Bessy à la maison. *Magazine Penny de l'école du dimanche.* Janvier.

1853.   Tondeurs de moutons de Cumberland. *Mots ménagers.* 22 janvier.

CRANFORD. Chapman et Hall. 1 vol.

Éditions bon marché 1853-5 ; Traduction française 1856 ; Traduction allemande 1857. Réédité par plus de vingt éditeurs en Angleterre et en Amérique depuis l'épuisement des droits d'auteur.

Salle Morton. *Mots ménagers*. 19 et 26 novembre.

Traits et histoires des huguenots. *Mots ménagers*. 10 décembre.

Mon maître de français. *Mots ménagers*. 17 et 24 décembre.

L'histoire de l'écuyer. *Mots ménagers*. Numéro de Noël.

Introduction à l'histoire du savant. *Mots ménagers*. Numéro de Noël.

RUTH , un roman. Chapman et Hall. 3 vol. Troisième édition 1855 ; Édition américaine 1855 ; Traduction française 1856. Publié par trois autres éditeurs en 1857, 1861, 1872. Réédité après la cessation du droit d'auteur par trois éditeurs différents.

1854.   Chansons grecques modernes. *Mots ménagers*. 25 février.

Manières de l'entreprise. *Mots ménagers*. 20 mai.

Nord et Sud. *Mots ménagers*. Du 2 septembre 1854 au 27 janvier 1855.

LIZZIE LEIGH. Chapman et Hall. 1 vol. Édition allemande 1855.

1855.   Une course accusée. *Mots ménagers*. 25 août.

Il y a une demi-vie. *Mots ménagers*. 6, 13, 20 octobre.

NORD ET SUD. Chapman et Hall. 2 vol. Deuxième édition 1855 ; Quatrième édition 1859 ; Édition américaine 1864 ; Edition française 1859. Réédité par deux éditeurs après épuisement des droits d'auteur.

1856.   Le pauvre Charé. *Mots ménagers*. 13 et 27 décembre.

1857.   VIE DE CHARLOTTE BRONTË. Smith, Elder & Co. 2 vol. Troisième édition revue et corrigée 1857 ; Édition américaine 1857 ; Édition bon marché 1860 ; Édition française de 1877. Une fois les droits d'auteur épuisés, il a été réédité dans l'édition Haworth en 1900 avec une introduction et des notes de Clement Shorter. Thornton Edition avec introduction de BW Willett et notes de Temple Scott, 1901. Réédité par trois autres éditeurs.

Edité par MABEL VAUGHAN par Miss Cummins et rédigé la préface. Sampson Low & Co.

1858.   Le destin des Griffith. *Le magazine Harper.* Janvier.

Ma dame Ludlow. *Mots ménagers.* 19 juin au 25 septembre.

Enfin (sous le titre de Sin of a Father). *Mots ménagers.* 27 novembre.

Les demi-frères. *Magazine de l'Université de Dublin.* Novembre.

Mariage à Manchester. *Mots ménagers.* Numéro de Noël.

1859.   Loïs la sorcière. *Toute l'année.* 8 et 22 octobre.

Le fantôme dans le salon du jardin. *Toute l'année.* Numéro de Noël. (Réimprimé sous le titre de The Crooked Branch.)

AUTOUR DU CANAPÉ. Londres : Sampson Low & Co. 2 vol. Traduction française 1860 ; Deuxième édition française 1865.

1860.   ENFIN ENFIN ET AUTRES CONTES. Sampson Low & Co. Édition américaine Harper & Brothers.

Curieux si c'est vrai. *Magazine Cornhill.* Février.

1861.   La femme grise. *Toute l'année.* 5, 12, 19 janvier.

MA LADY LUDLOW ET AUTRES CONTES. Londres : Sampson Low & Co. Nouvelle édition 1866 ; Édition américaine 1867.

1862.   Six semaines à Heppenheim. *Magazine Cornhill.* Peut.

Préface à GARIBALDI À CAPRERA . Macmillan & Co.

1863.   Le travail d'une nuit noire. *Toute l'année.* Du 24 janvier au 21 mars.

LE TRAVAIL D'UNE NUIT NOIRE. Traduction allemande 1865 ; Éditions anglaises publiées en 1863 et 1871. Smith, Elder & Co.

Une institution italienne. *Toute l'année.* 21 mars.

La cage à Cranford. *Toute l'année.* 28 novembre.

Cousine Phillis. *Magazine Cornhill.* Novembre 1863 à février 1864.

Château de Crowley. *Toute l'année.* Numéro de Noël.

LES AMANTS DE SYLVIA. Londres : Smith, Elder & Co. 3 vol. Traduction allemande 1864 ; Traduction française 1865. Depuis que le droit d'auteur a expiré, il a été réédité dans une édition bon marché.

Robert Gould Shaw. *Le magazine Macmillan.* Décembre.

1864. La vie française. *Le magazine Fraser.* Avril Mai Juin.

Épouses et filles. *Magazine Cornhill.* Août 1864 à janvier 1866.

1865. COUSIN PHILLIS ET AUTRES CONTES. Londres : Smith, Elder & Co. Traduction française 1866 ; Édition allemande 1867.

LA FEMME VERTE ET AUTRES CONTES. Londres : Smith, Elder & Co.

1866. ÉPOUSES ET FILLES. Londres : Smith, Elder & Co. 3 vol. Édition américaine 1866 ; Traduction allemande 1867 ; Traduction française 1868.

1906. Deux fragments d'histoires de fantômes imprimés pour la première fois dans COUSIN PHILLIS , Knutsford Edition.

Court poème « Sur la visite de la tombe de ma petite fille mort-née », écrit en 1836 et publié pour la première fois dans l'introduction biographique de MARY BARTON , Knutsford Edition.